Kerstin Decker
Meine Farm in Afrika

Friedrich
der
Große
in der
Schieß-
stunde.

PIPER

Zu diesem Buch

Bin ich ein Sekundärtalent, eine zweitrangige Begabung? Die
spätere Schöpferin des »deutschen Kolonialromans« Frieda von
Bülow neigt dazu, diese Frage zu bejahen. Doch dann tritt ein
Mann in ihr Leben, der ihr mit Nietzsche sagt: Werde, der du bist!
»Meine Farm in Afrika« berichtet von einer Frau, die im fremden
Land nicht als Eroberin auftritt, sondern gemeinsam mit den
Einheimischen ein neues Leben beginnen will. Das Buch taucht
tief ein in ein fast vergessenes, äußerst widersprüchliches Kapitel
deutscher Geschichte. Es entsteht das Tableau einer Gesellschaft,
getragen von Menschen Anfang dreißig, vornehmlich Adligen, die
sich gleichsam auf exterritorialem Gebiet neu erfinden wollten:
Wir sind zwar Deutsche, aber wir haben es satt, der Poet unter den
Völkern zu sein! Aktion statt Traum! Kerstin Decker erzählt mit
viel Gespür für die Charaktere und die skurrilen Züge einer Zeit,
in der es möglich war, die höchste Erhebung Afrikas auf den
Namen Kaiser-Wilhelm-Spitze zu taufen.

Kerstin Decker, geboren 1962 in Leipzig, promovierte Philoso-
phin, ist Autorin des »Tagesspiegels«. Zahlreiche Buchveröffentlich-
ungen, zuletzt erschienen »Lou Andreas-Salomé. Der bittersüße
Funke Ich«, »Nietzsche und Wagner. Geschichte einer Hassliebe«
und »Richard Wagner. Mit den Augen seiner Hunde betrachtet«.
Sie lebt in Berlin.

Kerstin Decker

Meine Farm
in Afrika

Das Leben der Frieda von Bülow

PIPER
München Berlin Zürich

Mehr über unsere Autoren und Bücher:
www.piper.de

MIX
Papier aus verantwor-
tungsvollen Quellen
FSC® C083411

Ungekürzte Taschenbuchausgabe
Piper Verlag GmbH, München/Berlin
Juli 2016
© Berlin Verlag in der Piper Verlag GmbH, Berlin 2015
Alle Rechte vorbehalten
Umschlaggestaltung: ZERO Werbeagentur GmbH, München
Umschlagabbildung: bridgemanart
Typografie: Birgit Thiel, Berlin
Satz: Fagott, Ffm
Gesetzt aus der Minon
Druck und Bindung: CPI books GmbH, Leck
Printed in Germany   ISBN 978-3-492-30886-1

All unsere Probleme beginnen damit,
dass wir nicht zu Hause bleiben.

Blaise Pascal

Das Glück gleicht durch Höhe aus,
was ihm an Länge fehlt.

Robert Lee Frost

DEUTSCH-OSTAFRIKA

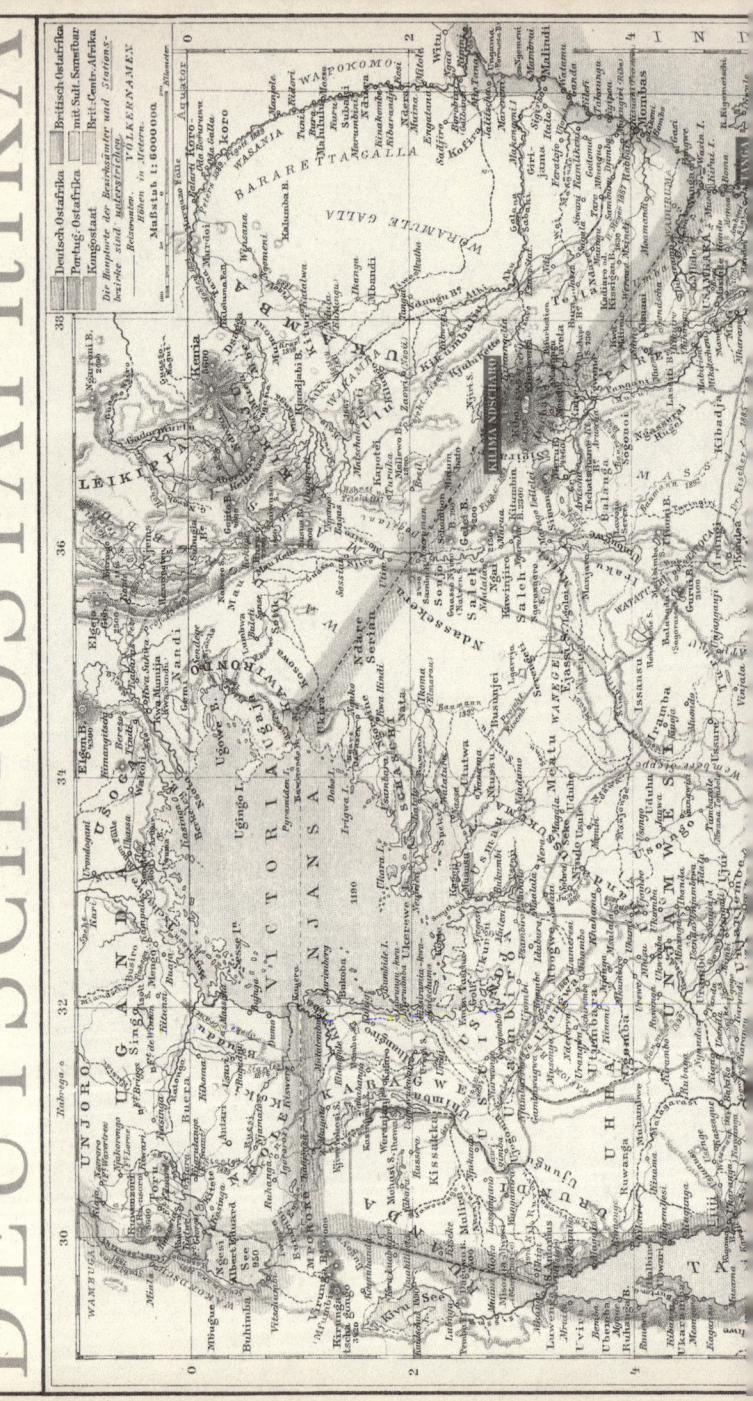

VÖLKERNAMEN

Deutsch-Ostafrika

Portug.-Ostafrika

Kongostaat

Britisch-Ostafrika

mit Sult. Sansibar

Brit.-Centr.-Afrika

Die Hauptorte der Bezirksämter und Stationen
bezirke sind unterstrichen.

Reiseruten.

Maßstab 1:6000000

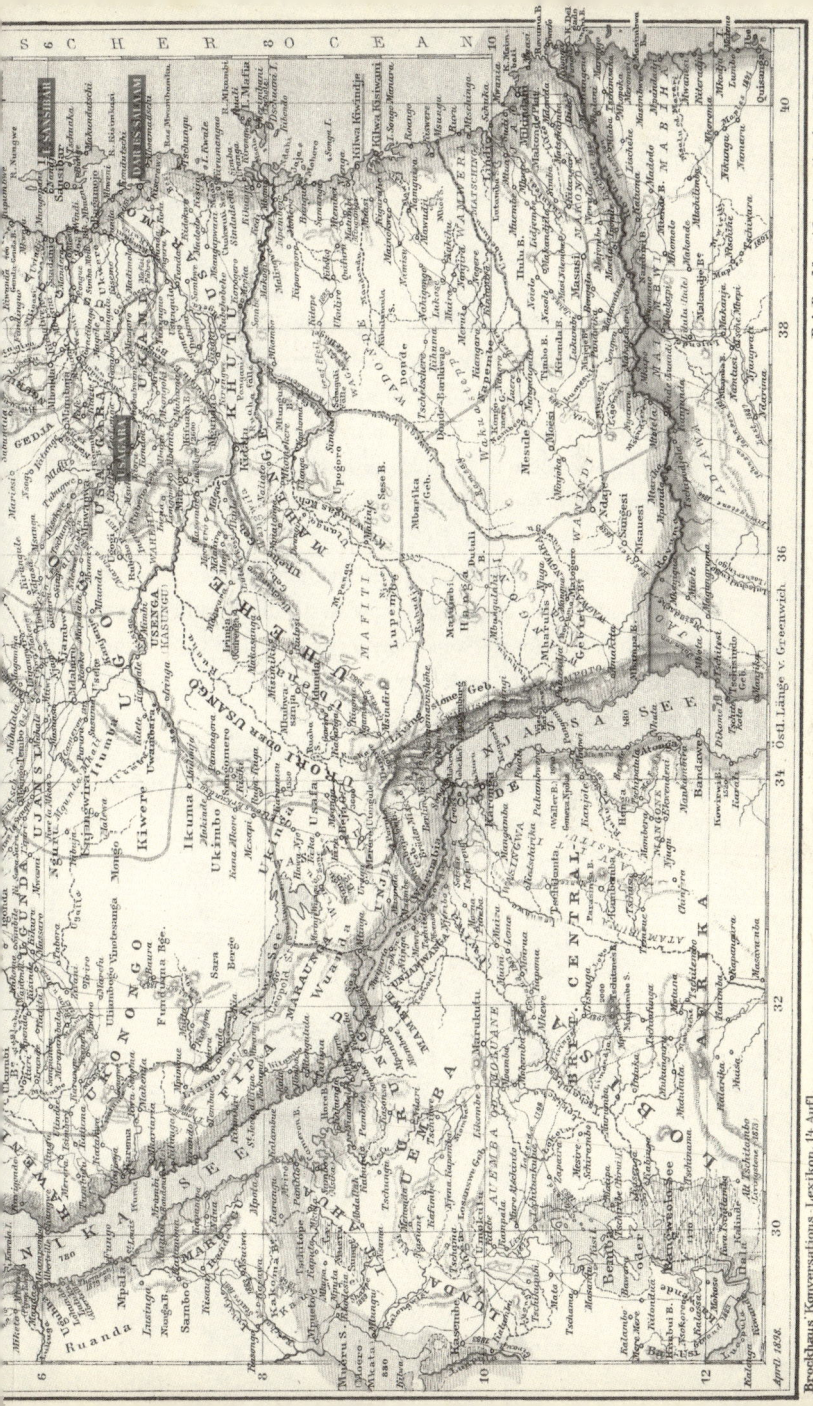

F. A. Brockhaus' Geogr.-artist. Anstalt, Leipzig.

Am 6. Oktober 1889 bestieg der Leipziger Buchhändler Hans Meyer den Kilimandscharo. Er war der Erste, dem es gelang. Auf seinem Hauptgipfel rief er drei Mal Hurra! und hisste die deutsche Flagge. Er nannte ihn die *Kaiser-Wilhelm-Spitze*.

Unser größter Berg ist 6010 Meter hoch, erklärten die Lehrer in einem fernen Land fortan ihren Schülern.

Dies ist ein Roman und ist doch keiner. Denn im Zweifelsfall ist nichts phantastischer, nichts unwahrscheinlicher als die Wirklichkeit.

Ähnlichkeiten mit Personen der Zeitgeschichte sind demnach nicht nur beabsichtigt, sondern ausdrücklich verbürgt. Nichts von dem, was hier folgt, ist erfunden.

Alle Mitwirkenden treten unter den Namen auf, die sie auch im Leben trugen. Zur besseren Orientierung findet sich ein Personenverzeichnis am Schluss des Buches.

Originalzeugnisse sind kursiv gesetzt.

Inhalt

DRITTER TEIL
Leg dein Herz nieder

ERSTER TEIL

Wie gründe ich eine Kolonie?

Nachtwache

Beim geringsten Laut im Haus fährt der angehende Privatdozent der Philosophie zusammen. Er kennt diese Räume gut, er war nur ein paar Monate fort gewesen. Und jetzt kommt es ihm vor, als habe er sie niemals verlassen. Hier, in 54 Addison Road, Kensington, London, hat er gelebt, allein mit seinem Onkel, das Personal nicht mitgezählt. Wer erst beginnt, das Personal mitzuzählen, expandiert nie.

Am Morgen ist er angekommen. Für Augenblicke scheint ihm alles wie immer: der Onkel und er, allein in den vielen Räumen der Villa. Nur dass sich der Onkel jetzt in dem Zimmer befindet, das bisher ihm gehörte.

Und dass er in seinem Bett liegt.

Wie viele Nächte hat der strebsame junge Mann hier geschlafen, scheinbar fest, während sein Traumbewusstsein weiter an *Willenswelt und Weltwille* arbeitete. Das ist der Titel seines philosophischen Hauptwerks. Carl Peters ist jetzt 26 Jahre alt. *Willenswelt und Weltwille* muss jeden Augenblick im Druck erscheinen, bei Brockhaus in Leipzig.

Das erste eigene Buch!

Es wird die akademische Welt auf den Kopf stellen, weiß sein Autor. Aber nicht das macht ihn jetzt so unruhig, so hellhörig, nimmt ihm den Schlaf augenblicklich von der Stirn, sobald sich seine übernächtigten, vor Müdigkeit brennenden Augen schließen wollen. Es war eine anstrengende Reise, ohne Zwischenhalt von Hannover nach London. Etwas zwingt ihn, fortwährend an die Decke des Salons zu blicken, über dem er sein altes Zimmer, sein Bett und in diesem Bett den Onkel weiß.

Drei volle Tage liegt Karl Engel nun schon so da. Die Fenster stehen ein wenig offen, des Geruchs wegen. Durch den Spalt streckt der Londoner November des Jahres 1882 seine Nebelhand ins Zimmer und streicht sanft über die gelösten Züge des Onkels.

Der Nebel war schon da, als sein Neffe an der Victoria Station ausstieg. Dank dieser simplen Verbindung aus Ruß, Schwefeldioxid, Staub und kondensiertem Wasser wissen selbst die Bürger einer so großen Stadt, was es heißt, allein auf der Welt zu sein. Alle Verhältnisse zu anderen sind am Ende doch nur Illusion. Das Nichts beginnt mitunter schon eine Handbreit vom Leib, und natürlich ist die Einsamkeit ein metaphysischer Begriff. Seltsam, dass viele Sprachen kein Wort dafür haben. Fürs Alleinsein schon, aber nicht für die Einsamkeit.

Und das ist etwas anderes.

Einsamkeit. Eigentlich ist es ein schönes Wort.

Nie ist man einsamer als kurz vor Mitternacht allein in einem großen alten Londoner Haus, ganz vom Nebel verschluckt, und mit einer Leiche im ersten Stock, im eigenen Bett. Dem Neubegründer der Philosophie wäre ein anderes Wetter zu seiner Ankunft auch lieber gewesen, gerade zu dieser.

Manchmal ist er nahe daran zu glauben, dass Arthur Schopenhauer doch im Recht war, dabei hat er ihn gerade widerlegt. *Willenswelt und Weltwille* ist die Fortsetzung von Schopenhauers *Die Welt als Wille und Vorstellung*, genauer: deren grundstürzende Verbesserung. Immer wenn Carl Peters an sein Werk denkt – und das macht er sehr oft –, fühlt er sein Inneres weit werden wie die Welt. Es scheint ihm die angemessene Art, sein Ich zu spüren. Er hängt sehr an diesem Ich. Und Schopenhauer nennt es eine Illusion? Leben sei Leiden, sei Erleiden? Nein, das kann er so nicht stehenlassen. Er hat es anders erfahren. Was lebt, wirklich lebt, fühlt wie er. Es nimmt zu, es dehnt sich aus, es expandiert.

Normalerweise. Aber nicht jetzt. Und nicht hier. Hat gar Arthur Schopenhauer den Nebel erfunden? Es ist sein Wetter, erkenntnistheoretisch betrachtet. Der Nebel greift nach allem, was in ihm noch Ich! sagt, er will ihn auflösen, aber sein Herz hämmert immer weiter ein trotziges Ich! gegen die Wände seines Brustkorbs.

Der Anwalt des Onkels war am Vormittag bald nach seiner Ankunft gekommen und hatte ihm mitgeteilt, was er schon wusste: dass er, Carl Peters, zum Testamentsvollstrecker ernannt sei. Bis zehn Uhr abends hatte er Briefe geschrieben. Jetzt will er schlafen. Er ist ein Mann der Wissenschaft. Es ist seine Pflicht, sich in ein überlegenes Verhältnis zu der Person im ersten Stock zu setzen, die bis vor drei Tagen sein Onkel war und sich inzwischen nicht zu ihrem Vorteil verändert hat. Er hat sich vorgenommen, über die Frage »Ist Metaphysik als Wissenschaft möglich?« zu habilitieren. Das Problem hatte zwar schon Immanuel Kant untersucht und war zu einem Kopfschütteln gelangt, das man auch unter dem Titel *Kritik der reinen Vernunft* kennt, aber Carl Peters ist zuversichtlich. Auch große Geister irren, er wird das aufklären. Philosoph sein heißt, den Dingen des Lebens mit Gelassenheit zu begegnen. Nur zählt der Mann über ihm nicht mehr zu den Dingen des Lebens, das macht es nicht leichter.

Das knisternde Kaminfeuer illuminiert den Salon, es hängt den Musikinstrumenten seines Onkels, die überall sind, an den Wänden, auf dem Boden, lange, lebendige Schatten an, um sie im nächsten Augenblick wieder fortzunehmen. So hat er diese Sammlung noch nie gesehen. Können auch Gegenstände Verlassene sein? Können auch sie trauern?

Der Mann im ersten Stock, der jetzt die letzte Nacht in seinem Haus verbringt und am nächsten Morgen abgeholt wird, heißt Carl wie er, nur mit K vorn. Karl Engel, Bruder seiner Mutter, Organist und Klavierspieler. Mit diesen Qualifikationen war er einst nach London aufgebrochen und nie zurückgekehrt.

Die Briten sind das meistbeschäftigte Volk der Erde, sie müssen ihr großes Weltreich draußen und ein ebensolches Fabrikreich auf ihrer Heimatinsel kontrollieren, da können sie unmöglich noch selbst Musik machen. Das haben sie schon immer gern den Deutschen überlassen. Dass der Onkel nie zurückkam, lag aber vor allem daran, dass er sich mitten in das Herz einer Londoner Dame aus erster Familie hineingespielt hatte, deren Bruder der Augenarzt von Königin Victoria und deren Neffe der Handelsminister des Empire war, Joseph Chamberlain. Eine Paget – dies war ihr Name – konnte unmöglich einen hergelaufenen Ausländer heiraten, einen Musikanten dazu.

Konnte sie nicht?

Ich bin eine Paget, beharrte die musikalische Frau, ich heirate, wen ich will! Und das tat sie. Nur öffentlich auftreten durfte der Onkel nicht mehr, das wäre mit seiner neuen Stellung in der Welt nicht vereinbar gewesen. Weshalb er begann, mit dem Geld seiner Frau alte Instrumente zu sammeln und der stilleren, würdevolleren Tätigkeit eines Musikhistorikers nachzugehen. Er brachte es in beiden Disziplinen zu ebensolchem Ansehen wie zuvor als Virtuose.

Erst vor zwei Jahren war seine Frau gestorben. Und nun liegt auch er da, weltenfern von allem, was er bis eben war. Seltsamerweise bestätigt das den Neffen nur in seiner Auffassung, dass die Eroberung der Welt nichts ist, was sich vertagen ließe. Und wenn er »die Welt« sagt, dann meint er die des Geistes. Denn das ist nach allen Erfahrungen, die er gerade hier in London gemacht hat, wohl doch die einzige, in der ein Deutscher es zu etwas bringen kann. Zumindest nach Meinung der Ausländer. Auch der Onkel war in dieser Welt zu Hause gewesen, aber sie hat ihn nicht festhalten können. All die Geigen und Klaviere in diesem großen Salon – sie waren doch nur in Bezug auf ihn. Und nun sind sie Waisen, die wahren Hinterbliebenen des Karl Engel. Was soll er mit ihnen tun? Was soll er mit den vielen Dingen in diesem großen Haus anfangen?

Er wird morgen darüber nachdenken. Morgen wird er es besser wissen.

Er muss nur schlafen können.

Es ist ganz still, auch wenn er manchmal meint, oben eine sich öffnende Tür zu hören. Er weiß, Karl Engel hatte ihm noch etwas sagen wollen. Nur etwas? Nicht viel mehr? Ihm, dem Lieblingsneffen, der größten Hoffnung seines Alters. Ihm, der größten Enttäuschung seines Alters. Über ihm öffnet sich keine Tür, sagt sich Carl Peters. Es sind die Nerven, nur die Nerven. Er hat zwei Nächte lang nicht geschlafen. Wenn es nur nicht so still wäre. Kein Mensch kann bei dieser Stille schlafen. Er hört den Onkel schweigen, es ist eine Grabesstille. Als er am Morgen ankam, war das anders.

Da war das Haus voller Menschen gewesen.

Er kannte diese Leute nicht, doch er fand ihr Betragen gleich unangemessen. Die Selbstverständlichkeit, mit der sie sich in diesen Räumen bewegten. Der geschäftige Lärm, den sie machten. Die Unverfrorenheit, mit der sie Schränke öffneten. Er war nicht darauf gefasst gewesen, hatte aber sofort gewusst, dass es sich um die Familie der Braut handeln musste.

Sein Onkel hatte zuletzt wieder heiraten wollen. Carl Peters ahnt, dass er mit schuld ist an diesem Entschluss. Die Braut sah sehr mitgenommen aus, als er sie begrüßte, er verstand das. Wer am Tag seiner Hochzeit statt des Bräutigams nur seine Leiche vorfindet, mit einem Strick um den Hals, hat wenig Gründe, besser auszusehen. Aber das heißt doch nicht, dass die vom Schicksal Getäuschte hierbleiben kann. Schließlich gehört sie nicht zur Familie.

Niemand gehört so wenig zur Familie wie eine Beinahe-Braut. So ist das.

Der Verfasser von *Willenswelt und Weltwille* kennt die Nicht-Braut, es ist die kleine Miss Lawrence. Miss Lawrence hatte bereits Mrs. Paget gepflegt, als sie sehr krank war. Trotzdem setzte er die kleine Miss Lawrence vor die Tür, sie und ihre Familie, noch an diesem Nachmittag, ohne Höflichkeitsfrist, sofort. Die Lawrences schafften es eben noch, ihm das Nachtlager im Salon zu bereiten und ein kleines Souper danebenzustellen.

Manchmal versteht er diesen Schopenhauer nicht. Mitleid sei der vornehmste moralische Affekt? Aber so kommt kein Mensch durchs Leben. Erst recht kein Testamentsvollstrecker. Die Briten, überlegt er, hätten nie einen Schopenhauer hervorgebracht. Spricht das nun für oder gegen sie? Immerhin haben sie ihn entdeckt. Und er hat lange genug unter ihnen gelebt, um ihre Vorzüge zu kennen. Es sind nicht wenige.

Heiraten wollte der Onkel also, die kleine Miss Lawrence. Aber man heiratet nicht das Personal. Schon gar nicht hier in London, schon gar nicht in seinen Kreisen. Karl Engel wusste das. Er wusste auch, dass er dem Augenarzt der Königin und dem Handelsminister des Empire nie wieder unter die Augen treten konnte, und der Königin schon gar nicht. Ja, vielleicht könnte er nicht einmal dem Andenken seiner eigenen Frau begegnen.

Die Stille wächst, jetzt, da alle aus dem Haus sind, die unmögliche Braut und ihre unmögliche Familie. Unmögliche Familien sind vor allem eins: zu große Familien. Er hatte den Onkel am Morgen gesehen, nun schiebt sich das Bild immer wieder vor seine Augen. Er wischt es jedes Mal fort, aber es kommt doch zurück. In seinem Schlafrock lag Karl Engel da, und um den Hals zog sich ein roter Streifen. Er hatte es selbst getan.

Ich weiß, wer schuld ist am Tod des Onkels!, flüstert eine Stimme im Ankömmling dieses Tages. Er ist Philosoph genug, sie sofort zu erkennen: Es ist die Stimme seines Gewissens. Dieses hinderliche Organ neigt zu solchen Wortmeldungen, immer ungefragt, immer in den unpassendsten Augenblicken. Er selbst hat das noch nicht oft erfahren, aber schon viel darüber gelesen. Das Gewissen ist wie eine Uhr, die immer richtig geht, nur wir gehen manchmal falsch, wird ein zum Tiefsinn neigender Unterhaltungsautor bald feststellen. Carl Peters teilt der unangemeldeten Rednerin mit, dass er jetzt schlafen müsse; was sie vorzubringen habe, könne sie ihm auch morgen noch mitteilen.

Aber er schläft nicht.

Wie gut er dieses Haus kennt, seine Geräusche in der Nacht. Nach dem Tod seiner Frau hatte Karl Engel ihn, den Mittellosen, zu sich geholt, fast zwei Jahre ist das nun her. Es war genau der richtige Augenblick gewesen. Denn lange hätte Carl Peters sein Probejahr als Gymnasiallehrer nicht mehr hinausschieben können.

Gymnasiallehrer, er wusste, was das hieß: Abschied von seiner Jugend. Abschied vom Leben. Abschied von sich selbst. Das war die Drohung, die über ihm hing. Noch spielte er mit ihr, hielt vor jungen Damen in Hannover Vorträge über Literatur, Mythologie und griechische Geschichte. Nicht, dass er das studiert hätte, aber Philosophie hatte er schließlich auch nicht studiert. Und dann, von einem Tag auf den anderen, ohne Vorankündigung, stand der Horizont weit offen: London.

Carl Peters' Pflichten im Leben bestanden fortan darin, sich wie ein Gentleman zu kleiden, von seinem Gentleman-Konto Geld abzuheben, und zwar so viel, wie ein Gentleman benötigt, und im Übrigen das zu tun, was ein Gentleman tun muss: was er will. Er hatte nur einen wirklich festen, unumstößlichen Termin am Tag. Zum Fünf-Uhr-Tee musste er da sein, denn dann spielte der Onkel Klavier, er brauchte ein Publikum, er hatte immer eins gehabt, und danach wollte er mit seinem Neffen spazieren gehen. Die Familien, mit denen der Onkel verkehrte, übertrafen einander in dem Bemühen, *the foreign nephew* in ihre Kreise einzuführen. Sein vertrautes Londoner Leben stand wieder vor seinen schlaflosen Augen, als hätte es nie geendet.

An dieser Stelle übergeben wir das Wort, schon der Glaubwürdigkeit halber, dem Schlaflosen selbst: *Ich nahm plötzlich wahr, wie jemand sich auf dem Bett bewegte, dann sich erhob. Ein Schritt wie auf Fußsohlen ging über den Fußboden meines früheren Schlafzimmers. Dann öffnete sich oben die Tür, und jemand kam die Treppe herunter, auf die Tür des Salons zu, in welchem ich lag. Ich erhob mich im Bett und ergriff die Feuerzange neben mir. Mein Haar muß emporgestiegen sein.* Der ruhelose Privatdozent wusste, warum er die Zange nicht am Kamin liegen gelassen hatte. In ein paar Jahren würde er nur noch ruhigen Schlaf finden mit einem Gewehr im Arm. *Da tappte eine Hand von außen über die Tür zu meinem Zimmer bis zum Griff. Dieser Griff drehte sich, und die Tür ging auf. In derselben stand mein Onkel mit einer Kerze in der Hand, im Schlafrock, in welchem ich ihn am Morgen auf seinem Lager gesehen hatte; ich nahm sogar den roten Streifen um sein Genick wahr, der mich am Morgen so entsetzt hatte. Ich war aufgerichtet im Bett, voll Grauen, er stand 15–20 Sekunden in der Tür, lächelnd.*

Carl Peters hatte gleich gewusst, dass Karl Engel mit ihm reden wollte. Aber er konnte es offenbar nicht. Stand da, so ungut umrändert, und lächelte nur.

Warum lächeln die Toten? Woher dieser Ausdruck des Einverständnisses? *Dann schloß sich die Tür, ich hörte den Schritt die Treppe zurückschlurfen. Die Tür oben öffnete und schloß sich; der Körper streck-*

te sich wieder auf dem Lager über mir aus, und alles war still.[1] Nur sein eigenes Herz nicht, es hämmerte gegen den Brustkorb, als wolle es raus.

Hat er wirklich gesehen, was er sah?

Ohne Zweifel. Er hat es gesehen. Aber war das wirklich der Onkel? Ja! Ja! Er war's, rief die Physis des Autors von *Willenswelt und Weltwille* mit jedem erhöhten Pulsschlag, mit jedem Nachbeben. Doch sein Verstand verlangte, die Frage zu verneinen, und zwar entschieden zu verneinen.

Es gab demnach nur zwei Erklärungen: Entweder er hatte das Nervenkostüm eines Mädchens, oder der Onkel war nur scheintot. Und was war Karl Engel jetzt, da er, offenbar die Kälte in seinen Adern spürend, es vorgezogen hatte, sich wieder in das Bett zu legen, das nicht sein Bett war?

Ich muss nachschauen, dachte Carl Peters, ich bin es mir schuldig.

Er, der in diesem Hause Arthur Schopenhauer widerlegt und geschlussfolgert hatte, dass der Weise den Willen, dieses unbewusst Dranghafte in allen Dingen, das für Schopenhauer das Weltprinzip ausmachte, nicht zu verneinen, sondern im Gegenteil aufs Höchste zu begrüßen und zu bejahen habe – er sollte jetzt nicht genug davon aufbringen, um die Situation im ersten Stock zu überprüfen?

Der 26-Jährige kann nicht wissen, dass zur gleichen Zeit, genau an diesem Novemberende des Jahres 1882, in einem kleinen italienischen Fischerdorf ein entlaufener, latent suizidgefährdeter Professor sitzt, dessen Gemüt sich kaum in besserer Verfassung befindet als das seine in dieser Nacht – wenn auch aus anderen Gründen –, und über die gleichen Probleme nachdenkt:

Nieder mit Schopenhauer!

Bejahung des Willens!

Bejahung des Lebens!

Carl Peters und Friedrich Nietzsche: Sie werden beide folgenreich werden, auf ihre je eigene Art. Sie ahnen sich beide voraus, selbst dann, wenn sie schon fast kein Gefühl mehr von sich haben.

Nein, der große Bejaher wagt nicht, die Treppe hochzugehen. Die Feuerzange umklammernd, bringt er den Rest der Nacht schlaflos zu, beim leisesten Geräusch auffahrend. Aber der Onkel unternimmt nichts, seinen Neffen erneut zu besuchen.

Am Morgen erscheint der Arzt, um den Ausflügler noch einmal wissenschaftlich zu betrachten, vor Zeugen. Der junge Mann begrüßt ihn mit einer leicht unangemessenen Erleichterung, um nicht von Euphorie zu sprechen. Die Frage, die ihn besonders interessiert, lässt sich nicht so unvermittelt stellen, wie er das wohl möchte, will er nicht das Misstrauen des Mediziners erregen. Schließlich ahnt der Arzt, was der etwas derangiert wirkende Neffe wissen will: Ob der Tote denn wirklich tot sei?

Ja, schon, doch, doch, das würde er wohl annehmen, bestätigt der Gefragte mit einem minimalsten Lächeln und richtet seinen prüfenden Blick auf den Fragesteller. Aber die Annahme allein genüge hier nicht, antwortet dieser in sichtlicher Unruhe, denn … und an dieser Stelle bricht er ab. Der Leichenbeschauer spürt das Zögern des nervösen jungen Mannes, er nickt ihm ermutigend zu, worauf Carl Peters noch die Kraft findet, um eine besonders gründliche Untersuchung zu bitten, denn seine Familie neige zu Scheintoden.

Dieser hier aber sei nicht schein-, sondern ganz tot, und zwar nicht erst seit gestern, bekräftigt der Mediziner schließlich.

Sie wissen beide, dass vor ihnen ein Selbstmörder liegt. Sie wissen auch um die Unmöglichkeit, diesen Befund aufzuschreiben, denn das brächte den nervenschwachen jungen Mann in erhebliche Schwierigkeiten. Weder der Körper des Eigenmächtigen noch dessen Eigentum wären in einem solchen Falle freizugeben, zumindest vorläufig nicht. Nun treffen auch die Geschworenen zur Totenschau ein, zum Inquest, zum Letztbefund über die Persönlichkeit des Verstorbenen. Er lautet nach kurzer Beratung dahin, dass Karl Engel in einem akuten Zustand geistiger Zerrüttung Hand an sich gelegt habe. Nichts von vorsätzlichem Selbstmord.

Als alle aus dem Haus sind, vor allem der Onkel, den sie dankenswerterweise gleich mitnehmen, läuft der unsagbar erleichterte Neffe in den novemberkalten Garten hinaus, in dem er so oft mit Karl En-gel gesessen hatte. Er wirft sich auf den feuchten Rasen. *Nun ist diese Welt so eingerichtet, wie sie sein musste, um mit genauer Not bestehen zu können. Wäre sie aber noch ein wenig schlechter, so könnte sie schon gar nicht mehr bestehen.* Schopenhauers Theodizee. Seine stellvertre-tende Antwort auf die ewige Frage nach der Rechtfertigung Gottes an-gesichts der Übel in der Welt. Der Herr antwortet nie selbst, er lässt immer andere für sich sprechen. Carl Peters wüsste nicht, wann er je so nah daran gewesen sei, dem Philosophen recht zu geben.

Gewiss sieht er auch noch einmal im oberen Schlafzimmer nach, ob sein früheres Bett wirklich leer ist.

Es ist leer.

Er schläft wieder nicht in der folgenden Nacht.

Bleich steht der nächste Morgen im Fenster. Ebenso bleich steht der angehende Privatdozent auf, besieht den Nachlass des Onkels und beginnt, erste Dinge zu ordnen, mit ebenjenem Sinn für Systematik und Effizienz, den Menschen, die der Schlaf mit ebensolcher Effizi-enz und Systematik meidet, zu entwickeln pflegen. Gut, dass er am Abend eingeladen ist.

Und dann ist ihm schon schwindlig, bevor er den Wein der Gast-geber getrunken hat, und nachher erst recht. Am liebsten würde er gleich wieder gehen, aber das darf er nicht, er muss bleiben, er muss der dem Onkel nahestehenden Familie, die ihn schon früher einge-laden hatte, Gelegenheit geben, ihn zu bitten, über Nacht zu bleiben. Sie würde es bestimmt tun. Also harrt er aus, er kann nicht zurück-gehen, nicht heute. Das erlösende Wort wird, ja es muss gesprochen werden.

Frieda oder der Adel, zweiter Klasse

Sie ist ungefähr so neu in Berlin wie die Straßenbahn. Am 16. Mai 1881 eröffnete Werner von Siemens in Lichterfelde die erste elektrische

Linie der Erde, während seine Vertreter auf anderen Kontinenten Fernmeldenetze errichten. Täglich geht irgendwo eine Welt auf, sie weiß es, seit sie in diese Stadt kam. Sie muss bloß die richtige Tür finden, einzutreten.

Frieda von Bülow überprüft ihre Möglichkeiten, sich selbst zu entkommen.

Es sind nicht viele.

Sie könnte heiraten, sie könnte ihre ganze unmögliche Existenz einfach einem Mann übergeben. Es wird ohnehin höchste Zeit, sie ist schon Mitte zwanzig, bald würden Blicke des Bedauerns sie treffen, das tägliche Brot alt gewordener Mädchen, die niemand haben wollte. Überzähliges Dasein, ein verfehltes Frauenleben, am biologischen Zweck geradewegs vorbei.

Ja, sie müsste heiraten. Aber sie kennt niemanden, der vorhätte, sie zu heiraten. Und, fast schlimmer noch: Sie kennt auch niemanden, den sie heiraten wollte.

Sie hat nicht die Anmut ihrer kleinen Schwester Margarete. Margarete ist ihr zweites Ich. Vielleicht hat sie auch nicht Margaretes Talent, aber das zählt nicht: Männer mögen keine Frauen mit Talent, zumindest nicht im eigenen Haus. Doch da ist etwas Herbes in ihren Zügen, beinahe etwas Männliches. Ihre Geschwister nennen sie ohnehin nur Frieder, nicht Frieda, aber das ist eine Zärtlichkeit. Und dieses vorspringende Tatmenschen-Kinn, dieses Bülow-Kinn! Das Kinn ist eine vollkommene Fehlinformation. Sie besitzt nicht die Hälfte des Willens, den es vortäuscht. Welcher Mann heiratet schon ein solches Kinn?

Ja, wenn sie eine gute Partie wäre. Wenn sie eine Mitgift hätte. Aber sie kennt ihre Stellung in der Welt nur zu genau: Sie ist die weitgehend mittellose Tochter eines früh verstorbenen preußischen Legationsrates, seinerzeit Konsul in Smyrna.

Die Familie ging in den Orient, als sie fünf Jahre alt war. Irgendwie sind ihr die Rufe des Muezzins noch immer vertraut, heimatlicher fast als Kirchenglocken. Hugo von Bülow hinterließ eine Frau und fünf Kinder, da war Frieda keine zwölf. Vielleicht wäre alles anders gekommen, wäre Hugo von Bülow nicht so kurzsichtig gewesen. Seit Menschengedenken hatte der Dennewitzer Zweig derer von Bülow preußische Offiziere hervorgebracht, und noch davor hauptsächlich mecklenburgische Junker. Wer kennt – nein, kannte – nicht den Grafen Bülow von Dennewitz oder den Fürsten Bernhard? Und wie viele Offizierslebensläufe hat der Deutsch-Französische Krieg verklärt!

Was für einen Aufstieg hätte Hugo von Bülow nehmen können, aber nicht mit diesen ihn militärisch disqualifizierenden Augen! Und nun sind sie die »armen Bülows«, Kostgänger bei den glücklicheren Verwandten. Vor allem die Brüder, Albrecht und Kuno, aus denen etwas werden soll.

Aus einem Mädchen muss nichts werden.

Sie weiß nicht recht, ob sie das als Privileg empfinden soll oder als Kränkung.

Frieda von Bülow spürt den Atem der großen Stadt. Als ob hier jeder seine ganz eigene Chance bekäme. Und könnten sie denn freier, zukünftiger leben, schon jetzt? Es ist beinahe eine Künstlerinnen-Kommune. Die drei Bülow-Schwestern wohnen zusammen mit ihrer geliebten Großmutter, Henriette Freifrau von Münchhausen. Die Baronin ist eben erst aus Thüringen gekommen, sie lassen einander jede Freiheit, haben Besuch, wann immer und so viel sie wollen.

Alle Macht der Zukunft!

Nur einen Makel hat die Künstlerinnen-Kommune: Noch ist Margarete die einzige anerkannte Künstlerin darin.

Die kleine Schwester hat einen Roman geschrieben, mit achtzehn Jahren hat sie ihn begonnen, als Titel wollte ihr »Aus der Chronik derer von Riffelshausen« passend scheinen. Die Familie las und war tief beeindruckt. Ein namhafter Kritiker müsse den Roman beurteilen, eine Autorität, beschloss der Familienrat. Ihm wolle man dann folgen wie einem Gottesurteil. Der Beschluss liegt nun schon etwas länger zurück, denn erst musste die Autorität gefunden werden, das war nicht leicht. Und jetzt liest sie noch, schon mindestens ein Jahr. Es ist Fritz Mauthner. Keiner wagt ihn zu drängen.

Frieda und Sophie stehen nicht unter Genieverdacht, und da sie auch nicht unter akutem Heiratsverdacht stehen, müssen sie Lehrerinnen werden. Es ist keine Herzenssache, aber es ist vernünftig, das sagen alle. Das sagt sogar sie. Also eine Künstlerinnen-Kommune mit einer angehenden Dichterin darin und einem gut verborgenen Talent, das ist sie. Sophie hospitiert, und Großmutter Henriette, die Hofmarschallin, hält über alle ihre schützende Hand.

Das machte sie schon immer.

Die von Münchhausen sind Friedas Vorfahren mütterlicherseits, und zwar die der schwarzen Linie, denn es gibt auch eine weiße Linie derer von Münchhausen. In der schwarzen ist das literarische Talent offenkundig, denn ihr entstammt der berühmte Lügenbaron, Hieronymus von Münchhausen. Natürlich haben auch die von Bülows musische Begabungen hervorgebracht, nicht nur Hans von Bülow, den Kapellmeister Richard Wagners. Da ist auch noch Karl Eduard von Bülow, Zeitgenosse der Romantik, der den *Simplicissimus* von Grimmelshausen wiederentdeckte, das Leben Heinrich von Kleists beschrieb und gemeinsam mit Ludwig Tieck Novalis' Dichtungen herausgab. Andererseits haben die Münchhausens auch bellizistische Talente in ihren Reihen, so soll Heino von Münchhausen einst mit Friedrich II. ins Heilige Land gezogen sein.

Es gehört zu den Kränkungen der neuen Zeit, dass keiner mehr von dem Ruf seiner Ahnen leben kann. Und ebendarum geht es auch in der »Chronik derer von Riffelshausen«, sie umfasst zwei Generationen einer alten thüringischen, latent insolventen Adelsfamilie, die nur unter größten Anstrengungen etwas aufrechterhalten kann, was man die Fassade eines standesgemäßen Lebens nennen dürfte. Leider hatte auch Henriette nichts als ihre gute Abstammung mitgebracht, als sie Thankmar von Münchhausen, den Hofmarschall des Herzogs von Meiningen, heiratete.

Sophie, Frieda und Margarete von Bülow lieben ihre Münchhausen-Großmutter, sie war das Gesicht, das über ihrer Kindheit stand, ihrer Nach-Smyrna-Kindheit, ihrer Thüringen-Kindheit. Henriette von Münchhausen hat nicht die weltverzagte Art ihrer Tochter, als ginge sie fortwährend in Deckung vor den Zumutungen des Lebens. Ob die Schwestern ihre Mutter Clothilde von Bülow, geborene Münchhausen, auch lieben, könnten sie nicht sagen. Oder doch, natürlich tun sie das. Aber es ist eine andere Art Liebe, wie man sie für jemanden hat, der einem zwar fremd ist, mit dem man aber erstaunlicherweise verwandt ist.

Ausgerechnet Neudietendorf!

Mit neun Jahren hatte Frieda Smyrna verlassen, den in allen Farben leuchtenden Orient, den Strand eines südlichen Meeres. Als sie zwölf wurde, fand sie sich plötzlich wieder in diesem kleinen Ort in Thüringen, an dem einfach alles zu klein war. Und merkwürdig: Man ging hier nicht zum Bäcker, sondern zum Bruder Bäcker, nicht zum Schuster, sondern zum Bruder Schuster. Und die Frauen von Neudietendorf nannten sich Schwestern, obwohl sie nichts weniger als verwandt waren. Es war sehr still in Neudietendorf, denn seine Bewohner vermieden es, beim Leben Geräusche zu machen, sie glaubten, dass Gott jede Lärmbelästigung durch seine Geschöpfe missfällt, es sei denn, sie beten und singen Choräle zu seinem Preis. Die Feste der Neudietendorfer waren grundsätzlich Gottesdienste. Der ganze Ort bildete eine einzige Gemeinde nach dem Vorbild der Herrnhuter, und in eben den Schutz eines solchen Lebens strebte Clothilde von Bülow nach dem frühen Tod ihres Mannes. Schließlich konnte sie in ihrem Alter nicht mehr ins Kloster gehen, auch hatte sie drei Töchter und zwei Söhne, lebendige Zeugen einer denkbar unklösterlichen Lebensführung.

Und so fanden sich ihre Kinder, diese Kinder des Orients, plötzlich unter der strengen Aufsicht von Menschen wieder, denen fast alles, was Kinder gern tun, als Sünde galt.

Bei den Schwestern der Töchter-Erziehungsanstalt gingen sie zur Schule. Sie lernten nicht viel, was schon daran lag, dass die Lehrenden selbst nicht viel wussten. Dieser Mangel erregte Letzteren aber einen gewissen Stolz, denn alles Weltwissen ist am Ende eitel, und ein

Das Herrenhaus von Ingersleben

Kind, zumal ein Mädchen, muss vor allem eines lernen: Beten! Sagten die Erziehungsbeauftragten.

Was für ein Glück, dass sie nur zwanzig Minuten durch Wiesen zu laufen brauchten, um in einem Gegen-Neudietendorf anzukommen. Auf Ingersleben wohnte die Großmutter Henriette von Münchhausen, die jetzige Schutzherrin der Berliner Zukunftsverschwörung. Ein schattiger Park umgab das alte Herrenhaus, hier standen an Teichen Blutbuchen und fremdartige Nadelbäume, vor dem Gutshaus aber war ein weiter Rasen ausgebreitet. Ingersleben bedeutet Freiheit, und diese Freiheit beschränkte sich keineswegs auf den englischen Park vorm Haus.

Der eigentliche Ort der Freiheit, der Lieblingsort der Schwestern, war die Bibliothek von Ingersleben. Sie nahm den ganzen weiten Saal des Erdgeschosses ein, wo auch gegessen wurde.

In der Bibliothek von Ingersleben sind die Schwestern eigentlich zur Schule gegangen, sie umfasste jeweils zwischen zwei Buchdeckeln ungefähr alles, was zu wissen den nachbarlichen Neudietendorfern verwerflich schien. Die Schwestern verschmähten weder Geschichtsbände noch Grundlagenwerke des Atheismus wie David Friedrich

Frieda von Bülow als kleines Mädchen

Strauß' *Das Leben Jesu*. Am liebsten aber lasen sie Romane, die Franzosen, die Engländer, die Russen, wobei die Russen schließlich einen klaren Vorsprung gewannen, besonders Turgenjew. *Väter und Söhne* wurde Margaretes Lieblingsbuch.

Die Schwestern? Nein, nicht alle drei. Die da von früher Kindheit an alles miteinander teilen, als wären sie ein Wesen, sind Frieda und Margarete.

Frieda ist die älteste, geboren am 12. Oktober 1857. Fast auf den Tag genau ein Jahr später kam Sophie zur Welt, Margarete, Jahrgang 1860, ist die jüngste. Albrecht und Kuno zählten nicht in ihrer Kindheitswelt, denn sie waren noch klein, und es gibt nichts Unerheblicheres, nichts Lästigeres für große Schwestern als kleine Brüder.

Margarete und Frieda.

Ein Herz und eine Seele.

Eigentlich ein schönes Wort, das die Sprache für eine Gemeinschaft wie die ihre hat, wenn es nicht zu einer Gedankenlosigkeit herabgesunken wäre.

Die eine ist nur im Hinblick auf die andere.

Den nicht zu leugnenden Umstand, dass sie in zwei getrennten Umrissen existieren, hielten beide bislang mehr für eine optische Täuschung.

»... seit gestern habe ich 84 Sklaven befreit«

Hier kommt nichts mehr, kein Überhauptgarnichts, glaubte schon mancher. Vorausgesetzt, er hatte es geschafft, nicht in den Sümpfen des Sudd unterzugehen und auch nicht mit einer jener großen schwimmenden Inseln zusammenzustoßen, die auf dem Weißen Nil statt Schiffen verkehren. Sümpfe, schwimmende Inseln und vor allem: Krokodile. Natürlich, man könnte auch am Ufer reisen. Doch der Weg ist keinesfalls komfortabler.

Hier kommt nichts mehr?

Plötzlich wird der Halbdschungel zum Garten: Zitronenhaine, Reis- und Weizenfelder, Tabak- und Kaffeepflanzungen. Der Ankömmling beginnt nach seiner langen Reise durch das Nichts unwillkürlich zu schmecken, was er sieht, zu sehen, was er schmeckt, und doch ist solche Hingegebenheit leichtfertig, will er nicht schon mit dem nächsten Schritt vier Meter tief in die Erde stürzen und den Himmel nur noch als mehr oder minder fernes blaues Rechteck über sich erblicken. Das wäre die zweckwidrige Nutzung einer Löwenfalle, und es gibt gleich mehrere vor dem hohen Palisadenzaun von Lado, sorgfältig bedeckt mit Blättern aller Art.

Am Abend werden kleine Zicklein in die Gruben abgeseilt, die Löwen finden so den Weg besser.

Manchmal weiß Emin Bey schon nicht mehr wohin mit den Grubenlöwen. Man könnte auch von einer Löwenplage in Äquatoria spre-

Emin Bey

chen. So heißt die südlichste Provinz Ägyptens, die dieses ein halbes Jahrhundert zuvor annektiert hatte, als es in Erinnerung seines einstigen Ruhmes von akuten Großmachtphantasien überwältigt wurde, denen es nichts entgegenzusetzen vermochte. Wer mit der Zeit geht, besitzt eine Kolonie.

Warum sollte nicht auch Ägypten eine haben?

Wahrscheinlich gedachte es auf diese Weise zugleich den Umstand zu kompensieren, dass es seinerseits nur eine Provinz des Osmanischen Reiches ist, wenn auch eine mit erheblichen Vollmachten.

Am südlichsten Punkt des Osmanischen Reiches gibt es neben der Löwenplage auch noch die Elefantenplage und natürlich die Krokodilplage. Gegen Letztere hat Emin Bey einfach einen Palisadenzaun in den Fluss setzen lassen, und seitdem gehen die Einwohner von Lado baden, sooft sie wollen. Im Gegensatz zu den meisten Orten auf der Welt haben die Leute von Lado kurz vorm Äquator nichts gegen ihren Bürgermeister, im Gegenteil.

Emin Bey ist nicht nur der Herr der Stadt, sondern auch Gouverneur von ganz Äquatoria. Charles George Gordon persönlich, einst Führer der *Ever Victorious Army* im chinesischen Opiumkrieg und längst eine lebende Legende, hat ihn zu seinem Nachfolger ernannt. Obwohl ihm der Mann anfangs durchaus suspekt vorkam.

Denn Emin Bey ist nicht Emin Beys richtiger Name, eigentlich heißt er Eduard Karl Oskar Theodor Schnitzer und kommt aus Oppeln in Oberschlesien. Gordon aber hat er erklärt, er sei Türke. Wahrscheinlich weiß kein Einwohner von Lado, dass ein Oppelner Oberschlesier sie regiert, er selbst vergisst es auch manchmal, zumal es die Dinge nur unnötig kompliziert machen würde.

Während der Verbesserer der Philosophie Arthur Schopenhauers in London eine schlaflose Nacht nach der anderen verbringt und der kommende Denker des Willens zur Macht versucht, den schlimmsten Winter seines Lebens zu überstehen, schreibt Eduard Karl Oskar Theodor Schnitzer aus Oppeln in Lado am Nil einen Brief, dessen letzte Zeilen lauten: *So viel weiß ich, daß gegenwärtig meine Provinz die einzige ist, in der Ruhe herrscht und die dem Gouvernement etwas einträgt.*[2]

Letzteres bezieht sich nicht zuletzt auf die Beilegung der Elefantenplage. Es war dem Absender bereits nach kürzester Zeit im Amt gelungen, seinen Regierungsbezirk schuldenfrei zu machen, was sonst nirgends in ganz Ägypten vorkam, und nach drei Jahren erzielte er schon einen Überschuss von 240 000 Mark.

Anfangs hatte der Bürgermeister von Lado die Summen noch ordnungsgemäß an das Generalgouvernement abgeführt, denn damals kam ab und zu ein Dampfer von Khartum, der den Lohn der Staatsdiener und Soldaten sowie neue Staatsdiener und neue Soldaten brachte. Zwar handelte es sich bei den Ankömmlingen meist um Strafversetzte, Trunkenbolde, Kriminelle oder einfach um solche Beamte, deren

Unfähigkeit selbst das in Ägypten tolerierbare Maß überschritt, aber Schnitzer hatte längst aufgehört zu klagen. Sein Reich war nun einmal ein Äquatorial-Sibirien, schon weil es so unfassbar weltentlegen war, weil kein gewöhnlicher Ägypter so weit nilabwärts denken konnte.

Natürlich brachte der Dampfer auch jene Güter, die sich in Lado nicht leicht herstellen ließen. Dazu gehörten namentlich guter italienischer Wein, Zucker und Seife sowie Stoffe, Stiefel und das Zubehör, das Eduard Karl Oskar Theodor Schnitzer zum Präparieren unbekannter, von ihm entdeckter Vogelarten benötigte, eine Tätigkeit, die ihn für alle Unbill zu entschädigen pflegt. Über der Entdeckung des *Anomalurus* etwa, einer Art von fliegendem Eichhörnchen, von dem die Wissenschaft bisher annahm, es komme nur in Guinea vor, konnte der Gouverneur von Äquatoria in hellste Grade des Entzückens geraten. Und wenn er ganz offen reden sollte, so müsste er sagen: Darum bin ich hier.

Natürlich auch, um auszuprobieren, was auf dem Boden Äquatorial-Sibiriens alles wächst, wozu er eine rege Korrespondenz mit Experten für tropische Landwirtschaft unterhält, um sie zu bewegen, ihm Samen der unwahrscheinlichsten Pflanzen zu schicken. Oder auch nur Kaffee.

Verzeihen Sie einem Unbekannten, der Sie zu belästigen wagt, hatte Eduard Schnitzer im August 1880 den großen Botaniker Professor Georg Schweinfurth gebeten, um fortzufahren: *Es sind nun zwei Jahre her, daß, als ich die Verwaltung dieses Landes übernahm, ich mich zugleich an Gordon Pascha und an einige tonangebende Persönlichkeiten in Aegypten mit der Bitte wandte, mich durch Zusendung von Sämereien in meiner Aufgabe zu unterstützen. Ich dachte dabei in erster Reihe an Kulturpflanzen, die mit der Zeit dem Lande Gewinn bringen könnten als Chinchona, Cacao, Kaffee, Vanille, Indigo etc., echten Bambus zum Häuserbau hier, und was immer noch sich fände.*[3] Von seinen Uganda-Reisen habe er selbst vieles mitgebracht, was gut angewachsen sei, etwa Dioscorea, Carica oder Papaya. Leider seien aber die Kaffeepflanzen auf dem Transport zugrunde gegangen. *Da mir auf meine eben erwähnten Bitten, sowie später auf ein Ersuchen um ägyp-*

tischen Reis (ich baue hier Uganda-Reis) und Liberia-Kaffee, nie eine Antwort zu Theil wurde, wagte ich es heute, mich an Sie zu wenden, dem es durch seine Welt-Verbindungen nicht schwerfallen dürfte, dieser Provinz durch Hilfe mit solchen Dingen zum Wohltäter zu werden. Professor Schweinfurth möge, vorausgesetzt, dass er dem Absender ob der Belästigung nicht doch zürne, nur alles an Herrn Konsul Hansal adressieren, der die Beförderung gewiss übernehme. Inzwischen hegt er da Zweifel.

Natürlich muss der Gouverneur einer so großen Provinz regelmäßig all seine Unterprovinzen aufsuchen, schon weil, und darüber pflegt Eduard Schnitzer sich keinen Illusionen hinzugeben, er selbst streng genommen das einzige Element der öffentlichen Ordnung Äquatorias darstellt. Dieses wird von insgesamt fünfzig mit Soldaten und Beamten bemannten Stationen aus regiert, und manchmal ist sich der Gouverneur durchaus nicht sicher, wer das größere Übel darstellt: die Regierenden oder die Regierten.

Denn die Sendboten der ägyptischen Macht pflegen alles, was sie brauchen, in den umliegenden Dörfern zu konfiszieren und nennen dies Ausübung der Staatsgewalt, wobei die Betonung auf der zweiten und dritten Silbe des Doppelworts liegt, auch hat von einer Staatszärtlichkeit noch nie jemand gehört.

Mitunter konfiszieren die Beamten die Einwohner gleich mit und suchen sie mit Gewinn weiterzuverkaufen. Das ist zwar einerseits verboten, sogar streng verboten, andererseits aber eine alte Gewohnheit und ein traditioneller Haupterwerbszweig ganzer zugewanderter Bevölkerungsteile, die eigentlich etwas nördlicher, etwas wüstennäher wohnen, hier unten jedoch bevorzugt ihren Beruf ausüben. Um zwischen allen stets aufs Neue eine wie immer geartete fragile Eintracht herzustellen, reist der Gouverneur, der im Grunde nur ein gut getarnter Ornithologe und Gärtner ist, von Ort zu Ort.

Die Pflicht korrespondiert aber auf erfreuliche Weise mit seiner Neugier, nachzuschauen, was an den verschiedenen Plätzen inzwischen wieder angewachsen ist und welche Vogelarten er vielleicht beim letzten Besuch übersehen haben könnte. Im vergangenen Jahr etwa hatte der oberste Befehlshaber Äquatorial-Sibiriens seine etwas entlegene Provinz Bufi besucht und über die Fortschritte der tropischen Landwirtschaft unter den spezifischen Bodenverhältnissen Bufis das Folgende notiert: *Jedes Gehöft umschließt einen kleinen Garten, in welchem Mais, Bamien, eine Art weißer Bohnen, Zwiebeln und Tabak gebaut werden. Die Tomate hat ihren Weg noch nicht hierhergefunden, dagegen sind Bananen, Zitronen, bittere Orangen in jungen Bäumen und die von mir aus Uganda bei uns eingeführte Papaya über Makraka bis hierher gelangt.*[4] An Kulturpflanzen seien außer den üblichen Getreidearten *noch süße Bataten (rothrindige), Corchorus, Gynandropsis, Hibiscus cannabinus und Baumwolle zweier Arten (eine mit weißgelbem Filz am Samen, während die des Bari-Landes grünen Samen hat) zu erwähnen.* Dass der Verfasser seine Stationsbesatzungen zu ehrgeizigen Landwirten und Gärtnern fortbildet, findet seine Rechtfertigung nicht zuletzt in der Absicht, das Konfiszieren von einer Haupttätigkeit ägyptischer Beamter zu einer Nebentätigkeit werden zu lassen.

Zu bemerken ist die Länge des Agrarreports aus Bufi, wogegen der Verfasser für die Tatsache, dass Leoparden hier am hellen Tag die Leute aus ihren Häusern holen, lediglich einen Satz übrig hat – nein, zwei Sätze, denn ihm fiel zudem auf, dass die Katzen die schwarzen Einwohner Bufis fast immer verschonen, wogegen die hellhäutigeren Wüstensöhne, meist Dongolaner, gefährdet waren. Rächten die Leoparden gar stellvertretend den Raub der Landeskinder? Der Gouverneur steht fest auf der Seite der Leoparden.

Am liebsten hätte er die islamischen Nomaden aus Danakil und Dongola schon längst dahin zurückgeschickt, woher sie kamen: in die Wüsten um Khartum. Meist ziehen sie als Kleinhändler durch das Land, verkaufen den Eingeborenen Stoffe und Pulver, wenn sie nicht gerade damit beschäftigt sind, diese selbst zu verkaufen. Dass überhaupt *noch Neger existieren*, sei unter diesen Umständen erstaunlich, schrieb er eben erst dem botanisierenden Professor, den er um neue Kaffeesetzlinge gebeten hatte. Gern lassen sie sich die Dongolaner auch als *Dragoman* – als Vorsteher – in den schwarzen Dörfern nieder, wo sie die verschiedenen Aspekte ihrer Tätigkeit besonders ertragreich zu verbinden wissen.

Auch in Bufi übergaben die Schwarzen dem Gouverneur bald wie fast überall eine Liste mit den Namen ihrer geraubten und versteckten Brüder und Schwestern, Kinder und Eltern. Mehr als zweihundert fehlten. Zwei Tage später war ihre Zahl nochmals gestiegen: *Trotz aller Mühen noch immer mitten in Sklavenhändeln, über vierhundert sind es geworden, die man bis jetzt reklamiert, und dies außer den versteckten Mombuttu- und Njam-Njam-Sklaven.*[5]

Der regierende Ornithologe aus Oberschlesien wusste, dass er nur über ein Mittel verfügte, sie wiederzuerlangen, und das ist die Würde seiner Person. Er ist sich durchaus nicht sicher, ob er eine solche besitzt, ja, mehr noch, seiner Ansicht nach lassen sich die Menschen in zwei Hauptgruppen teilen, in solche, die lachen, und in solche, die ausgelacht werden, *und es ist mir stets unklar geblieben, zu welcher ich gehöre.*[6] Das hat sich seit seiner Ankunft in Äquatorial-Sibirien keineswegs geändert. Nur dass er hier niemanden weiß, mit dem er die ihn umtreibende Frage, ob er ein lächerlicher Mensch sei, überhaupt diskutieren könnte.

Er ist vielmehr darauf angewiesen, dass alle ringsum, so verschieden ihre Interessen, ihre Lebenslagen sein mögen, das Gegenteil annehmen. Insbesondere die Abgesandten des sklaventreibenden Volkes der Dongolaner, denen er nun gegenübertreten musste.

Er habe noch nie *ein verächtlicheres Gesindel* gesehen, notierte er, auch wollte er diese Menschen mit ihren simplen, grausamen Weltbegriffen gar nicht beeindrucken, allein er musste es. Und hatte dazu wie so oft nichts als sich selbst, eine Gemessenheit in Bewegung und Sprache, eine äußere Ruhe, der keine innere entsprach, sowie einen überaus scharfen, das Gegenüber gleichsam inhaftierenden Blick durch die Gläser seiner Brille.

Ein Effekt, den er vor allem seiner Kurzsichtigkeit verdankte.

Auch spricht er statt nur einer viele Sprachen, darunter fließend Arabisch und Türkisch sowie mehrere lokale Dialekte, was ihn durchaus als Wesen höherer Ordnung beglaubigt. Das Ergebnis seines Auftritts überrascht ihn dennoch oft genug, und so war es auch in Bufi: *Von 8 Uhr Morgens bis 1 Uhr Nachmittags habe ich heute … einhundertunddreißig Sklaven an ihre Verwandten … zurückgegeben.*[7] Und das war erst der Anfang.

Dieser Bericht hat, wie er gern zugibt, seine Ursprungsfrage etwas aus den Augen verloren, oder sagen wir: Er hat sie in weiten Bögen umkreist, denn manchmal ist die direkteste Verbindung zwischen zwei Punkten eben doch die krumme. Zu erklären waren die Überschüsse der ägyptischen Provinz Äquatoria in Bezug auf die Elefantenplage unter besonderer Berücksichtigung des Umstands, dass im gerade vergehenden Jahr 1882 nur ein einziger Dampfer nach Lado kam.

Nur ein einziger Dampfer!

Der Amateurlandwirt und Sklavenbefreier hat mit der ihm eigenen Gewissenhaftigkeit längst begonnen, die erwirtschafteten, jedoch nicht abführbaren Erträge seiner Tätigkeit in Form von Elefantenzähnen einzulagern. Schon sein Vorgänger General Gordon begründete eine Art Elfenbein-Sozialismus im südlichen Ägypten: Alle Elefantenzähne gehören der Regierung!

Man wird den Wert von Emin Beys Elfenbeinmagazinen einmal auf über 1 000 000 Mark schätzen, auch hat der Gouverneur von Äquatoria der Regierung in Khartum unlängst in einer wissenschaftlichen Expertise mitgeteilt, welche bislang verkannten Werte die Rhinozerosse im Maul und die Flusspferde auf der Nase trügen. Beide gebe es, noch immer sträflich unbehelligt, im Überfluss in Äquatoria. Nein, sentimental ist er nicht.

So viel weiß ich, daß gegenwärtig meine Provinz die einzige ist, in der Ruhe herrscht und die dem Gouvernement etwas einträgt, hatte er einem Freund mitgeteilt. Der zweite Teil dieses Satzes darf als erklärt gelten, der erste ist es noch nicht.

Im Frühling dieses Jahres war Eduard Schnitzer an Bord des Dampfers *Bordein* zu einer Reise in die Hauptstadt des Generalgouvernements nach Khartum aufgebrochen, er würde alte Freunde wiedersehen, etwa Giegler Pascha oder Rosset Pascha. Jede Meile, die die *Bordein* gen Norden gewann, machte ihn lebendiger.

Giegler Pascha ist Carl Christian Giegler, Vertreter der Firma Siemens und als solcher Jahre zuvor mit der Aufgabe konfrontiert, ein sudanesisches Telegraphenwesen zu errichten; Friedrich Rosset hingegen hatte das Amt des deutschen Vizekonsuls in der sudanesischen Hauptstadt inne. Beide sahen 1875 einen jungen völlig mittellosen Mediziner in Khartum stranden, der sich als Türke ausgab, obwohl sein Pass etwas anderes sagte. Kein Türke heißt Eduard Karl Oskar Theodor Schnitzer. Aber der hoffnungsvolle Mann mit dem Identitätsproblem spielte gut Klavier und noch besser Schach, weshalb Rosset bald begann, ihn mittags zu sich zum Essen einzuladen, was der Pionier des sudanesischen Fernmeldewesens am Abend übernahm. Giegler und der junge Arzt, der sich Emin nannte, der Vertrauenswürdige, spielten nach Tisch oft noch etwas Schach.

Manchmal besuchten sie auch zu dritt den österreichischen Konsul Hansal, der ein Klavier besaß, und dann spielte Emin Bey Chopin und Mendelssohn, oder er begleitete den Konsul, der eine große Meinung von seiner Stimme besaß. Auch hatte er den Wiener Männergesangsverein mitgegründet, bevor er die Leichtfertigkeit beging, diese staubige Stadt mit nichts als Wüste drum herum zu seinem neuen Lebensmittelpunkt zu machen. Khartum!

Dieser Stadt strebte der führende Ornithologe Äquatorias nun nilaufwärts entgegen, als die *Bordein* an der Nil-Insel Aba vorüberkam. Schnitzer betrachtete sie nicht ohne eine gewisse Nachdenklichkeit. Denn hier war im Jahr zuvor, als er in Bufi Sklaven befreite, ein gutaussehender junger Mann, der eigentlich Schiffszimmermann werden sollte, zu der Überzeugung gelangt, doch einen anderen Beruf ergreifen zu müssen. Er sei, teilte Mohammed Ahmed zuerst den Einwohnern von Aba mit, der Erlöser. Er sei der verheißene letzte Prophet, der *Mahdi*, der Erneuerer des Islam.

Zwei Dinge waren Mohammed Ahmed aufgefallen: Die Sitten seien verkommen, zu viele Ungläubige regierten im Land. Es konnte dafür nur einen Grund geben: Das Volk Mohammeds ist nachlässig geworden im Glauben. So rief der Sohn eines Bootsbauers auf der Insel Aba im Weißen Nil den ersten Dschihad der Geschichte aus.

Aus seiner neuen Stellung als Mahdi folgte vieles, zum Beispiel zahlt ein Mahdi keine Steuern, und er sicherte allen, die ihm folgen wollten, ebenfalls eine Steuerbefreiung zu.

In diesem Memorandum des Steuerbürgers Mohammed Ahmed gab sich nicht zuletzt ein starker Vorbehalt gegen die Art der Erhebung des Zinses kund, denn er wird von Widerstrebenden gewöhnlich mit der Kiboko eingetrieben, der Peitsche aus harter Nilpferdhaut, die ganz Afrika kennt.

Der Generalgouverneur in Khartum entsandte daraufhin eine Kommission nach Aba, den Fall zu untersuchen und den Propheten gleich mitzubringen. Dies gelang aber nicht, stattdessen blieb die Kommission verschollen. Nun wurden dreihundert Soldaten gen Aba geschickt. Sie kamen nicht wieder. Doch der Erlöser verfügte jetzt über Waffen.

An all das musste der Oppelner Oberschlesier denken, als er an der Insel vorbeifuhr. Er nennt Mohammed Ahmed nur den *Fakir*, doch das ist nicht Geringschätzung des Bekenners einer fremden Religion, denn es handelt sich um seine eigene.

Eduard Schnitzer stand schon in den Diensten des Osmanischen Reichs, als er noch Arzt auf dem Balkan war. Das Osmanische Reich hat ihn immer gut behandelt, ist es da nicht angemessen, die Religion des Gastgeber-Imperiums nicht zu brüskieren? So ist er schon vor Jahren zum Islam übergetreten, nannte sich fortan Emin, und wahrscheinlich tat ihm das ungemein wohl.

Denn eigentlich heißt er auch nicht Eduard Karl Oskar Theodor Schnitzer. Bei seiner Geburt hieß Emin Bey noch Isaak Eduard Schnitzer. Erst nachdem sein Vater starb, der jüdische Kaufmann Louis Schnitzer, wurden ihm die Namen Karl, Oskar und Theodor zugefügt. Seine Mutter ließ sich und ihre Kinder taufen, um einen Christen zu heiraten. Damals war ihr Sohn wehrlos.

Aber warum sollte er nicht können, was seine Mutter konnte: einfach im Vorbeigehen die Religion wechseln?

Es hatte zudem den Vorteil, die fremden Namen abzuschütteln. Religion ist eine Hülle, eine Konvention, nicht mehr als eine Höflichkeit der Umwelt gegenüber.

Am Ende hat jeder seine eigene, und je tiefer sie ist, umso weniger lässt sie sich einfach bekennen. Was tief ist, liebt die Maske, weiß jener Philosoph, der noch immer in seinem italienischen Fischerdorf sitzt und den noch kaum einer kennt. Emin Bey ist von verwandtem Temperament. Er hat seinen Schritt nie einem Menschen erklärt, auch Charles George Gordon nicht, und der sollte ihn immerhin 1876 einstellen. Als Arzt für Ägyptens südliche Provinzen.

Alle waren sehr traurig, als der Klavier- und Schachspieler Khartum schließlich verließ, um nach Lado zu gehen, wohin ihn der Führer der *Ever Victorious Army* schließlich doch delegierte, nachdem er diesen Menschen mit tiefem Unbehagen besehen hatte: Man kann für diese Mohammedaner Kolonien erobern und verwalten, man kann ihren Reichtum und Ruhm mehren, durchaus, wenn es dem eigenen nicht schadet, um das Mindeste zu sagen. Aber ihre Religion annehmen?

Er ist Gordon Pascha, die Mohammedaner haben ihm den Titel verliehen, schließlich steht er in ihren Diensten. Und dennoch würde er, Charles George Gordon, Gordon Pascha, nie auf die Idee kommen, sich für einen Mohammedaner auszugeben. Nein, er war sich wirklich nicht sicher gewesen, ob er diesen merkwürdigen schlesischen Arzt ohne Vaterland in seinen Dienst nehmen sollte. Und dann vertraute er ihm schließlich nicht nur die Kranken von Lado, sondern die ganze Provinz an, die er einst für den Khediven von Ägypten miterobert hatte. Bei niemandem, das wusste er inzwischen, wäre sie besser aufgehoben. Nennen wir den Oppelner Oberschlesier von nun an Emin Bey, denn unter diesem Namen kennt man ihn hier, so unterzeichnet er seine Briefe. Bey heißen die, die noch nicht Pascha geworden sind, der Titel zeigt den Rang an in der Beamtenhierarchie des Osmanischen Reiches.

Lado ist so weit weg, dass kein Mensch bemerken würde, wenn es eines Tages einfach fehlte. Aber genau an einen solchen Ort hatte Eduard Schnitzer gewollt. Was zählen hier noch Herkunft, was Identität? Hier ist Identität das, was man täglich neu erwirbt. Giegler Pascha, der Siemens-Vertreter, wurde gerade zum *Generalinspektor für die Abschaffung des Sklavenhandels im Sudan* befördert. Es war schön gewesen in Khartum. Sie haben noch so viel vor. Und wie gern würde er wieder auf Hansals Klavier Mendelssohn spielen.

Emin Bey schaut zwischen den geblümten Vorhängen der Fenster hinaus auf seine Zitronenbäume und den Fluss. Seltsam, zu denken, dass sein Reich als einziges noch ruhig ist in ganz Ägypten. Überall sonst hat der *Fakir* es schon in Brand gesetzt.

Wenn endlich wieder ein Dampfer käme!

Wenn er nur Nachrichten hätte aus Khartum!

Ein zweitrangiges Talent. Eine Sekundärbegabung?

Der Welt beitreten! Nicht zuletzt um dieses Selbstgelöbnisses willen sind sie jetzt hier in der größtmöglichen Stadt Berlin und leben doch wie damals in Ingersleben: die Doppelschwestern, die Einzelschwester und die Großmutter.

Wenn da nur diese Nachricht nicht wäre, die sie so traurig macht: Onkel Otto kann Ingersleben nicht halten, ihr Ingersleben. Er will, er muss es verkaufen. Dabei ist es noch gar nicht lange her, dass es endlich schuldenfrei wurde, und das verdankte Friedas Großvater, der Hofmarschall des Herzogs von Meiningen, der Eisenbahn. Denn die Eisenbahn ließ sich nicht von ihrem Vorsatz abbringen, ein neues Gleis quer durch seinen Besitz zu legen, und zahlte dafür eine Entschädigung. Ingersleben war schuldenfrei. Und sein Sohn gibt es auf?

Sie fahren ein letztes Mal, einen letzten Sommer lang an den schönsten Ort ihrer Kindheit und Jugend, wenn man Smyrna wegen Unerreichbarkeit nicht mitzählt. Gibt es nicht Dinge im Leben, die unveräußerlich sind? Heimaten gehören dazu. Immer wieder wird Frieda von Ingersleben träumen. Auch die von Riffelshausen in Margaretes Roman, über den die Autorität noch immer ihr Urteil nicht gesprochen hat und in dem Ingersleben unsterblich geworden ist, stehen fortwährend am Rande ihrer Existenz.

Geld. Sobald das Wort fällt, möchte Frieda von Bülow die Augen schließen. Es ist nicht so, dass sie Geld mit einem Daseinszweck verwechseln würde. Aber seine Abwesenheit macht das Leben zu einem einzigen Hindernislauf. Der Vorteil, welches zu besitzen, liegt dagegen auf der Hand: Man muss nicht immerzu daran denken.

Gibt es einen Adel zweiter Klasse? Die junge Frau lehnt es ab, die Antwort vor sich zu verbergen. Sie lautet: Ja! Zwei Buchstaben nur, ein kurzes, hartes Wort, ein Wort wie ein Schicksal.

Die Herabgesunkenen, die Minderprivilegierten organisieren sich, kluge Männer schreiben ihnen Manifeste, immer lauter rufen diese Letzten von heute, von denen manche sagen, dass sie die Ersten von morgen sein werden. Reichskanzler Bismarck hat bereits Gesetze gegen diese neue Klasse erlassen, um sie zu bändigen: »Sozialistengesetze«. Die Proletarier haben, wenn man ihren Fürsprechern glauben darf, nichts zu verlieren als ihre Ketten. Das ist der Vorteil der Besitzlosen; sie dagegen haben viel mehr als nur einen Namen zu verlieren.

Wer spricht von der Klasse, der sie angehört? Ihre Klasse ist stumm, sie ist zu gut erzogen, um laut zu sein. Zu klagen wäre gegen jede Etikette. Der verarmende Adel leidet und schweigt. Oder er schreibt, wie Margarete, seinen Schicksalsroman. Proletarier! Die haben immerhin noch ihre Kinder. Das lateinische Wort proles bedeutet: die nichts haben als ihre Nachkommen.

Und sie, wird sie jemals welche haben?

Möchte sie denn Kinder haben? Möchte sie leben wie ihre Mutter, ein Stück Inventar im Dasein eines anderen, ein Frauenmöbel, irgendwo abgestellt und dann vom Leben vergessen? Nein, es ist unmöglich. Sie weiß zu viel von sich, schon jetzt, um für diese naive Lebensform zu taugen. Und Heirat ist eine naive Lebensform, letztlich Zeugnis einer fatalistischen Daseinsauffassung. Man kann zum Lobe der von Bülow vieles sagen, aber Gemütsmenschen sind sie nicht. Sie neigen zum Jähzorn, ihr Vater machte da keine Ausnahme. Und es ist eine

Zumutung, sich dem Temperament eines fremden Menschen ausliefern zu sollen.

Sie besucht Helene Langes Lehrerinnenseminar, und manchmal ist sie sehr froh darüber. Auf eigenen Füßen durchs Leben gehen! Eine weibliche Fortbewegungsart war das noch nie, aber ihren Töchtern, das weiß auch Mutter Clothilde von Bülow, würde im schlimmsten Fall nichts anderes übrigbleiben. Denn ihr Name macht ihre Stellung in der Welt nicht einfacher, sie können nicht einfach nach unten heiraten.

Auf eigenen Füßen. Für Helene Lange ist es die weibliche Gangart der Zukunft, ist es Tugend statt Makel. Oder nein, es ist Notwehr. Sie wird es einmal so erklären: *Eine rauhe Hand hat den häuslichen Herd gestreift und Millionen von Frauen hinausgewiesen in die Welt. … Wir alle wissen, wie es gekommen: wie zu derselben Zeit, wo … dem Manne sich neue, lohnende Felder der Thätigkeit erschlossen, das Sausen der Maschinen begann, die in der Werkstatt erzeugten, was emsige Frauenhände bisher geschaffen … Bei Tausenden von alleinstehenden Frauen hielt bittere Not, bei Tausenden unfreiwillige Muße und geistige Not ihren Einzug.*[8]

Frieda bewundert Helene Lange, ihren Mut, ihre Entschlossenheit, notfalls gegen eine ganze Welt zu stehen, gegen die Welt des Hergebrachten, gegen die Welt von gestern, die zu oft noch die Welt von heute ist.

Und Friedas Schülerinnen würden gewiss etwas ganz anderes lernen als sie selbst in Neudietendorf. Beten zumindest würden sie nicht lernen. Wer in einer Mädchenerziehungsanstalt der Herrnhuter groß wurde, besitzt starke Motive. Sie ist eine Entronnene. Wer den Frömmlern entkommen ist, wirft Ballast ab, zuerst Gott. Sie wird ihren Schülerinnen ungefähr das Gegenteil dessen sagen, was ihre Lehrer ihr gesagt haben. Vor allem, dass das Leben nicht in der Hand des Herrn liegt, sondern in der eigenen. Das geht nicht gegen den Herrn. Er ist entschuldigt, aus dem verzeihlichsten aller Gründe. Wegen Nichtexistenz. Diese Welt ist am besten erklärbar ohne ihn.

Alles liegt in der eigenen Hand?

Und doch erscheint ihr der Gedanke absurd, dass sie in einem Klassenzimmer alt werden soll. Morgen für Morgen, Tag für Tag vor jungen Mädchen stehen, die nichts vom Leben wissen und alles von ihm erwarten. Nein, es muss noch etwas anderes geben, eine Zugabe des Lebens.

So wie bei Margarete, der Schwester, ihrem zweiten Ich. Wie haben sie geträumt vom eigenen Schreiben in der Mädchenerziehungsanstalt von Neudietendorf! Es ist noch nicht lange her. Aber Margarete träumt nicht mehr. Mit achtzehn Jahren hat sie begonnen, ernst zu machen. Margarete, die kleine Schwester. Margarete, die Begabtere. Längst arbeitet sie an ihrem zweiten Roman, er heißt *Jonas Briccius* und handelt von einem Landpfarrer, der seinen Glauben bewohnt wie eine Festung und das Dorfluder heiratet, um es zu erlösen. Schon in der *Chronik derer von Riffelshausen* war der Pfarrer besonders gut gelungen.

Schriftsteller sind latent asozial. Sie leben nicht in der Wirklichkeit, sondern in ihren Manuskripten. Sie bewohnen mindestens zwei Welten gleichzeitig. Niemand weiß das so genau wie sie. Margarete und Frieda haben ihre Zweitwelt, die doch die eigentliche ist, den »Rosengarten« genannt. Darf sie Margarete dort allein lassen? Sie ist eine Heimatvertriebene des Rosengartens.

Und wenn Margarete sich Urlaub nimmt von ihren Novellen, von ihrem zweiten Roman, sind schon die da, die auch schreiben. Männer, Bewunderer, etwa Julian Schmidt. Sie behaupten, sie bewundern Margaretes Talent. Sie ist sich da nicht so sicher. Gott sei Dank ist Schmidt schon älter. Aber wenn die Autorität sich meldet, fängt das erst richtig an, ahnt Frieda. Was soll sie da noch, die Schwester? Und doch liebt sie Margarete zu sehr, um ihr Talent und Erfolg zu neiden. Sie liebt sie aber auch zu sehr, um sie mit anderen zu teilen.

Wer bewundert das Talent einer Lehrerin?

Sie könnte wieder beginnen zu schreiben. Vielleicht am Anfang kleine Feuilletons, Margarete schreibt auch Feuilletons für die *Tägliche Rundschau*, sie kennt den Herausgeber. Und selbst wenn sie, Frieda von Bülow, 25 Jahre alt, ein zweitrangiges Talent wäre, eine Sekundärbegabung: Gibt es nicht eine eigene Würde, ein eigenes Recht der Mittelmäßigkeit? Immerhin wäre es ein Mehrheitsrecht. Also ein Menschenrecht?

Sie muss sich eine Zukunft versprechen.

Die Selbstprophezeiung

Niemand lädt Carl Peters ein, zu bleiben. Sehen seine Gastgeber denn nicht, wie es um ihn steht? Oder geben sie ihm gar eine heimliche Mitschuld an Karl Engels Tod?

Es ist schon spät, als er sich erhebt und in die Londoner Novembernacht hinauswankt. Dennoch nimmt der strapazierte Gast nicht den kürzesten Weg nach Hause. Und wirklich, er hat sich nicht getäuscht, dort vorn steht ein Hotel. Er läuft hinein, ohne eine Tasche, geschweige denn einen Koffer bei sich zu tragen, lässt sich ein Zimmer geben und – schläft augenblicklich ein, schon auf der Bettkante.

Es war alles so schnell geschehen. Noch zu Beginn dieses Jahres war er mit dem Onkel in Tunbridge Wells gewesen. In dieser schönen Landschaft Kents hatten sie gemeinsam den Winter verbracht. Er arbeitete an *Willenswelt und Weltwille*, und der Onkel schlief. Das war außergewöhnlich, denn der Schlaf mied Karl Engel, so gut er konnte. Hier, in Tunbridge Wells, fand er endlich die Ruhe und Ausgeglichenheit, die London ihm verweigerte. Der Umstand versetzte ihn geradezu in Euphorie. Sein Wohlbefinden hatte einen Namen: Tunbridge Wells.

Und Karl Engel begann, mit seinem Neffen Häuser und Grundstücke zu besichtigen. Er studierte den Widerschein der Immobilien im Mienenspiel des jungen Mannes, las die kleinste Reaktion von dessen Gesicht. Sollte er selbst bauen? Oder nur einziehen? Irgendwann war Karl Engel ganz sicher, das Richtige gefunden zu haben. Da trat er vor seinen Neffen hin und begann ihm darzulegen, was sich nun schon seit einem Jahr in seinem Kopf vorbereitet hatte: Er könne sich ein neues Leben vorstellen. Für sich selbst und für ihn, den Neffen. Vor allem: ein gemeinsames Leben, wie es sich längst auf so erfreuliche Weise bewährt hatte. Ein Leben in Tunbridge Wells. Alles, sein Haus, sein Vermögen, seine Stellung in der Welt, wolle er mit seinem Neffen teilen. Ja, er werde ihn adoptieren.

Wer war Carl Peters denn, bevor Karl Engel in sein Leben trat? Ein Habenichts aus einem kleinen Ort an der Elbe, den schon in der nächstgrößeren Stadt niemand mehr mit Namen kannte. Er habe, erklärte der Onkel seinem Neffen, diesem noch mehr als Britannien, sich selbst und ein neues schlafförderliches Haus zu bieten. Er offeriere ihm eine Karriere als Gentleman. Schon morgen könne er in den *Civil Service*, in den britischen Staatsdienst, eintreten. Oder weiterhin ganz für seine Studien leben, wie er wolle. Nur eine Bedingung sei an diese Zukunft geknüpft, die morgen schon beginnen könne: Der Neffe müsse aufhören, ein Deutscher zu sein. Er müsse Brite werden, wie er selbst. Es handele sich nur um eine Äußerlichkeit, denn letztlich, da war der Künstler Karl Engel ganz sicher, gehöre doch jeder nur sich selber an. Also letztlich gar keiner Nation.

Was nun folgte, beendete das Leben des Virtuosen und Musikologen mit Schlafstörungen schon zu Lebzeiten. Las Engel das Erschrecken auf den vom Dasein noch kaum beschrifteten Zügen des Neffen? Spürte er die Ablehnung schon vor dem ersten Neffen-Wort? Er sei sich, sagte der Begünstigte, der Güte des Onkels sowie der Größe seines Angebots wohl bewusst. Allein, er könne es nicht annehmen. Weil er ein Deutscher sei. Peters sprach das Wort mit gemessenem Stolz.

Weil er was sei?, wollte Karl Engel fragen. Mit Ablehnung hatte er nicht gerechnet, nur mit verschiedenen Graden des Enthusiasmus. Und nun musste er beinahe lachen. Ja, aber Deutscher könne er doch bleiben, ganz für sich, denn abgesehen davon, dass grundsätzlich jeder sich selber angehöre, werde er seine Herkunft ohnehin niemals los.

Doch so, Karl Engel spürte es, meinte der Neffe es nicht. Er nahm eine ungute Art von Grundsätzlichkeit an dem jungen Mann wahr. Dieser Nationalstolz, war er nicht eher eine Art Nationaltrotz?

Jede Generation erhält ihre eigene Prägung. Über Carl Peters' Jugend lag der Widerschein der Gründung des Deutschen Reichs. Das Reich und er brachen gemeinsam auf in die Zukunft, die, anders war es nicht zu denken, eine große Zukunft sein musste. Der Sieg von Sedan! Bismarck! Der Kaiser!

Seltsam nur, dass die Nennung seines Heimatlandes noch keinen Fremden beeindruckt hatte. Eher meinte der designierte Privatdozent Mitleid in den Mienen der anderen zu entdecken; ja, er war sicher, *daß der Deutsche der Mindestgeachtete unter den Völkern Europas war, daß selbst die Holländer, Dänen, Norweger mit Verachtung auf uns heruntersahen.*[9] Dichten und denken können die Deutschen, vielleicht. Aber sonst? Irgendwann meinte Carl Peters zu wissen, was die anderen zu ihrer Herablassung inspirierte: Nicht die kleinste Kolonie hat dieses Unikum von Land, dieser Spätling unter den Nationen. Dagegen neigt selbst Belgien neuerdings zur Imposanz.

*

Mit dem ersten Strahl Bewusstsein, der den Erwachenden in seinem Hotelzimmer trifft, steht die Frage wieder vor ihm: Wer bin ich? – Ein Deutscher!, möchte er wohl antworten. Aber Menschen am frühen Morgen, die noch nicht einmal aufgestanden sind, sind zu solchen Selbstdefinitionen nur selten in der Lage. Niemand wacht als Deutscher oder als Brite auf. Karl Engels Neffe macht hier keine Ausnahme.

Die Stimme scheint ohnehin nach etwas anderem zu fragen.

Wer ich bin?

Der Mörder meines Onkels?

Es ist die Stimme seines Gewissens, schon wieder. Carl Peters weiß, wie man solche Stimmen zum Schweigen bringt: Sie gehen unter in der Brandung des Tages. Und seine Tage sind fortan bis zum Rand gefüllt: *Onkels Haus, seine Einrichtung, seine Sammlungen muß-*

ten verkauft, Bonds und Stocks an der Börse realisiert werden.[10] Statt mit Philosophen und Historikern hat er es plötzlich mit Rechtsanwälten und Auktionatoren zu tun. Auf seinem Frühstückstisch häufen sich allmorgendlich Einladungen jeder Art. Ich gelte als Erbe eines großen Vermögens, bemerkt der Neffe emporgehoben und melancholisch zugleich. Er hat es ausgeschlagen, dieses Vermögen, nun fällt es nicht an ihn, sondern an die Geschwister des Onkels. Der Erbschaftsabwicklungsverantwortliche zieht es vor, diese Veränderung bezüglich seines Status nicht aufzuklären.

Er liest in den Augen der Londoner Geschäftswelt nur allzu deutlich den Vorsatz, ihn, den Deutschen, diesen Amateur per Herkunft, nicht ernst zu nehmen. Carl Peters erkennt die Herausforderung. Er will die Briten lehren, was es heißt, ein Deutscher zu sein: *Einen Auktionator, der mich um 200 Pfund betrügen wollte, mußte ich verhaften lassen.*[11]

Hätte er das noch vor Wochen für möglich gehalten? Hätte er sich das zugetraut?

Seine Stirn ist hoch, das Gesicht schmal, ohne in bedenklichem Sinn vergeistigt oder gar anämisch zu wirken. Mit Wohlgefallen betrachtet er sein leicht vorspringendes Kinn. Es ist ein energisches Kinn. Hier wohnt der Wille! Er wird ihn nicht überwinden, wie Schopenhauer rät, im Gegenteil, er will ihn fördern.

Auch die Londoner Verleger bekommen diesen Willen zu spüren, denn Carl Peters ist fest entschlossen, Engels musikalischen Nachlass herauszugeben. »Researches into the early history of the violin family« soll das Buch heißen, aber er will es zu seinen Bedingungen herausgeben, nicht zu denen der Buchhändler. Er taucht tief ein in das Leben, das der Onkel ihm geboten und das er so leichthin abgelehnt hat. Nun ist es zu spät. Dabei fühlt er eine plötzlich stark abnehmende Neigung, sein künftiges Dasein mit dem einer Universität zu verbinden.

Wie viel Arbeit der Tod macht, und wie viele Geschwister Onkel Karl hatte, die er kaum dem Namen nach kennt! Onkel Anton zum Beispiel.

Onkel Anton ist noch weiter gegangen als Karl, bis nach Amerika. Er hat dort mehrere Farmen, vor allem aber eine Schweinezucht in Illinois, unweit der großen Chicagoer Schlachthöfe. Carl Peters teilt ihm den Tod seines Bruders mit, und Onkel Anton bietet ihm an, nach Amerika zu kommen und im Land der doch ziemlich unbegrenzten Möglichkeiten Schweinehändler zu werden wie er. Ein Leben zwischen Schweinehälften? *Das erschien mir immerhin verlockender, als deutschen Studenten die »Kritik der reinen Vernunft« zu erläutern.*[12] Er verhandelt mit Onkel Anton. Ihm ist so praktisch zumute.

Es wird Sommer, Sommer 1883. Manchmal fährt er ans Meer, aber nicht wie andere zur Erholung, denn er verachtet Badegäste. Badegäste haben keinen Willen. Der junge Deutsche tritt mit einer ehernen Miene an den Saum des großen Kanals. Noch könnte er umkehren, aber er geht weiter, mit jedem Schritt umspült ihn das Wasser höher, bald steht es ihm bis zum Hals, gleich würde es über seinem Kopf die gleichmütige indifferente Oberfläche wiederherstellen. Er müsste nur immer weitergehen, der Versuchung zu atmen wiederstehen, es ist eine Willensfrage. Es würde mit seinem Leben bezahlen für seine Schuld am Onkel. Andererseits: Hieße das nicht, Arthur Schopenhauer recht zu geben, jetzt noch? Vorsätzliches Ertrinken wäre die äußerste Verneinung des Willens zum Leben. Nein, ausgeschlossen, er darf das nicht. Es geht gegen seine philosophische Selbstachtung.

Er beginnt zu schwimmen, aber nicht wie die anderen, die nur hinausschwimmen, um gleich wieder umzukehren. Er will nicht umkehren. Er will so nicht leben, also auch nicht so schwimmen. Er muss bis nach Frankreich, auf nichts angewiesen als auf sich selbst. Er ist 26 Jahre alt, er ist nicht lebensmüde, im Gegenteil, das spürt er jetzt, so lebenswach war er noch nie. Einmal durch den Ärmelkanal! Es ist praktische Philosophie, es ist die Widerlegung Arthur Schopenhauers durch die Tat.

Am Anfang war die Tat. Und am Ende wird sie auch sein. Nicht auf die Selbstvernichtung des Willens zum Leben kommt es an, sondern auf seine äußerste Anspannung! Carl Peters wagt alles. Wer es auf dem Seeweg bis nach Frankreich schafft, dem wird sich auch kein anderer Weg verschließen. Der Verbesserer Schopenhauers kommt sehr weit, bis er nicht mehr weiterkommt.

Es ist der erste Versuch.

Es ist ein Probeschwimmen. Er gibt sich die Erlaubnis, umzukehren.

Als er Tage später wiederkommt, weiß er, dass er nun keine Entschuldigung mehr besitzt, die er von sich annehmen könnte.

Er schwimmt Stunde um Stunde. Vielleicht war er Schopenhauer noch nie so nah wie jetzt. *Denn, wie auf dem tobenden Meere, das, nach allen Seiten unbegrenzt, heulende Wasserberge erhebt und senkt, auf einem Kahn ein Schiffer sitzt, dem schwachen Fahrzeug vertrauend; so sitzt, mitten in einer Welt voll Qualen, ruhig der einzelne Mensch, gestützt und vertrauend auf das principium individuationis.*

Hat der Alte nicht recht?

Und er hat nicht einmal ein Boot! Um ihn herum, unter ihm – Wasser, Wasser, nichts als Wasser. Er möchte sich auflösen, Element werden, nicht mehr schwimmen: verschwimmen. Ja, er hat verloren. Er gewinnt diese Einsicht nicht wie andere Akademiker im Lesesaal, sondern ungefähr auf halber Strecke zwischen England und Frankreich. Es ist eine wassergeborene Erkenntnis. Aber er gibt nicht auf. Entweder wir gehen in Frankreich an Land oder gar nicht mehr!, teilt er seinem ermatteten, unterkühlten Körper mit, der sich bald in der verachtenswertesten Verfassung befindet: zunehmend willenlos. Weiter! Weiter!, befiehlt der Verstand, aber dieser fällt als Oberbefehlshaber der leibseelischen Einheit, genannt Carl Peters, immer wieder auf bedenklichste Weise aus. Nur nicht ohnmächtig werden!, ruft er sich zu.

Der angehende Privatdozent der Philosophie, vielleicht auch designierter Schweinehälftenhändler in Amerika, verdankt seine fortgesetzte Anwesenheit auf Erden ebenjenem Beförderungsmittel, dem Arthur Schopenhauer so misstraute. Ein kleines Fischerboot sichtet den Ertrinkenden, im letzten Moment. Wieder bei Atem, wieder bei Sinnen, wieder bei Verstand, ist er Philosoph genug, zu erkennen, was das bedeutet: Das principium individuationis persönlich erschien zu seiner Rettung. Er muss sich diesem Umstand, der eine Einsicht ist, würdig erweisen.

Wieder an Land, nicht mehr röchelnd, überdenkt der Gerettete seine Lage: Er hätte von Beruf Gentleman werden können. Er hat das abgelehnt. Aus dem lächerlichsten aller Gründe: wegen Nationalstolz. Oder nein, es so zu sagen wäre ungenau, geradezu fahrlässig ungenau: Wegen Kränkung seines Nationalstolzes. Weil andere lächeln, wo er Stolz fühlt.

Sollte er, statt anonym im Ärmelkanal zu ertrinken, den Deutschen nicht einen geachteten Platz unter den Völkern der Erde erwerben? Auch in diesem Fall wäre der Onkel nicht vergebens gestorben.

Er, Carl Peters, könnte eine Kolonie gründen, die erste deutsche Kolonie!

Nicht alle Amerikaner, die es zu etwas gebracht haben, handeln mit Schweinehälften. Mr. Stacy etwa hat eine ganz andere Geschäftsidee.

Mr. Stacy, ein durchreisender Amerikaner, war unlängst in dem Club erschienen, in welchem der Neffe den Platz seines verschiedenen Onkels eingenommen hatte. Mr. Stacy wusste die Aufmerksamkeit der Anwesenden mit einem temperamentvollen Bericht über die Goldvorkommen in Mashonaland[13] zu gewinnen. Dort liege das Metall auf der Straße, gewissermaßen.

Mashonaland. Die meisten Gentleman hatten diesen Namen noch nie vernommen, Carl Peters auch nicht. Südliches Afrika, so viel konnte er sich vorstellen. Kaum zu Hause, sah er auf der Karte nach. Mashonaland lag südlich des Sambesi.

Schon am nächsten Abend im Club entwickelte der Afrikaunkundige dem Amerikaner seinen Plan. Sie würden gemeinsam nach Mashonaland gehen. Er, Carl Peters, würde sich damit zufriedengeben, die schwarz-weiß-rote Flagge des Deutschen Reiches zu hissen, während Mr. Stacy alle Minenrechte erhalten solle. Eine große Kapitalgesellschaft würden sie gründen, das Deutsche Reich könnte diese unter seinen ausdrücklichen Schutz stellen, denn ein solcher wäre gewiss nötig, weshalb es – in Maßen natürlich – am Gewinn beteiligt werden müsse. Ein einfacher Plan. Die einfachen Pläne sind immer am besten.

Aber der Amerikaner schien ihn nicht recht zu verstehen. Was für Farben wolle der etwas blässliche Privatdozent in Mashonaland über seiner Goldader hissen? Natürlich hatte er schon vom Deutschen Reich gehört, war das nicht diese Neugründung, die noch nie einen Fuß vor die eigene Tür gesetzt hatte? Ein Land, das vielleicht Poeten und Privatdozenten in staunenswerter Zahl hervorbringen mag, aber doch kaum Männer der Tat.

Der Amerikaner lächelte. Wenn schon eine Fahne gehisst werden müsse über seiner Goldmine, dann würde er die britische wählen.

Wenn andere an einer Stelle lächeln, an der man selbst Stolz fühlt, handelt es sich um eine Kränkung.

Vielleicht sind Kränkungen die elementarsten, die tiefsten Ursachen des Schrecklichen, das Menschen anderen Menschen zufügen, das Nationen anderen Nationen zufügen können, zumal solchen, die noch keine sind? Aber wenn nicht Nation, wenn nicht Königreich, was sind diese Weltgegenden dann? Was ist Mashonaland? Eine bloße geographische Vorfindlichkeit? Die Briten haben längst ein Wort dafür; es stand am Beginn ihrer eigenen Kolonialgeschichte: *nobody's country*.

Nobody's country.

Ein Land, das niemandem gehört, darf sich jeder nehmen in dieser Willenswelt. Er muss nur genug Mut in sich fühlen. Und was ist Mut? Der Verbesserer Arthur Schopenhauers weiß es nur zu genau. Weltwille. Mut ist der Wille, eine Welt zu haben, ob mit oder ohne Mr. Stacy.

Was für Karl Engel zu tun war, ist getan. Es ist höchste Zeit, nach seinem akademischen Ruhm zu sehen und den philosophischen Resonanzraum seines Namens zu überprüfen. Im Oktober 1883 trifft Carl Peters in Berlin ein.

Der letzte Dampfer

Endlich! Manchmal, wenn er tagelang mit seinen Männern durch hohe Gras- und Rohrdschungel zieht und kein Laut hörbar wird als der Wind, der über das Gras streicht, und das Knacken eines dünnen Astes unter seinen längst undichten Stiefeln, dort, wo noch nie ein Mensch vor ihm ging und vermutlich auch keiner mehr nach ihm gehen wird; manchmal, wenn es noch dazu regnet, in grauen einförmigen Fäden, von morgens bis in die Nacht, manchmal an solchen Tagen glaubt er, dass Gott dieses Land hier schuf, als ihm schon alle Schöpferwollust vergangen war und er, in Gedanken längst woanders, aus alter Gewohnheit noch weitermachte. Sein Äquatoria, eine bloße Gedankenverlorenheit, eine Konzentrationslücke des Herrn.

Und dann doch: ein wohlvertrauter, lang erwarteter, tiefer Ton. Der dunkle Nebelhorn-Ruf tief aus dem Bauch eines Schiffes und dazu bald das helle, lebendig machende, wasserschäumende Spiel der Schaufeln.

Konzert für einen Dampfkessel und zwei Wasserräder!

Süßeste Zivilisationsmusik, er kann sich keine schönere denken. Es ist der 16. März 1883.

Die *Talahani* hat sich ihren Weg gebahnt, immer genug Abstand zu den schlammigen Ufern des Weißen Nil haltend, ohne dabei doch mit einer *Ssed* zusammenzustoßen, wie die schwimmenden Gras- und Schilfinseln heißen, die oft genug die Durchfahrt ganz versperren.

Der erste Dampfer aus Khartum nach acht Monaten!

Vielleicht möchte Emin Bey genau so zum Ufer rennen wie alle anderen Einwohner Lados, allein es ziemt sich nicht für den Gouverneur einer beängstigend entlegenen, halb vergessenen, aber doch überaus großen und – ja, er könnte noch hinzufügen: blühenden – ägyptischen Provinz, was auszusprechen seine Bescheidenheit ihm jedoch noch nie erlaubt hat. Nicht ohne feierliche Würde heißt er seinen neuen Stellvertreter Hauptmann Osman Latif willkommen, einst oberster Kriminalbeamter in Khartum.

Wahrscheinlich wird er dabei von den Salutschüssen seiner sich zum Begrüßungsregiment formierenden Offiziere und Soldaten unterstützt und lässt den neuen Stellvertreter noch für Augenblicke vergessen, wo er sich hier befindet und wie lange er voraussichtlich bleiben wird, nämlich für immer. Zurück nach Khartum wird er nicht laufen können. Und vielleicht ist Emin Bey grausam genug, dem Hauptmann vorzurechnen, wie viele Dampfer ihn in den letzten sechs Jahren besucht hatten: acht.

Es waren genau acht Schiffe.

Zwei davon kamen mit völlig leerem Bauch, wahrscheinlich wollten sie nur Emins Elfenbein abholen. Und zwischen Sommer 1878 und dem 3. April 1880 kam gar keins: Fast zwei Jahre lang – mag sein, Emin fasst den einstigen Kriminaloberinspektor von Khartum jetzt fest ins Auge – kein Schiff. Vielleicht könnte er auch noch erwähnen, dass hier schon seit Jahren niemand mehr ein Gehalt bezogen hat, weder er noch sonst ein Beamter.

Emin Bey pflegt diesen Umstand als wahre Herausforderung und Bewährungsprobe des Beamtentums zu begreifen, steht mit dieser Auffassung aber etwas allein da. Dass sich noch einmal jemand finden könnte, der *unter ähnlichen Verhältnissen hier sein Dasein wie ein Ausgestoßener der menschlichen Gesellschaft hinschleppen* werde, möchte er jedoch bezweifeln.

In welcher seelischen Gestimmtheit der neue Vizegouverneur von Äquatoria seine erste Nacht in Lado verbracht hat, ist nicht überliefert.

Ohnehin ist die Ankunft eines Stellvertreters höchstens ein Sekundärereignis.

Viel wichtiger sind die Nachrichten von dem Ort, den man gemeinhin *die Welt* nennt, daneben Neuigkeiten vom *Fakir* – es gibt eine gute und eine schlechte –, vor allem aber die Fracht der *Talahani*.

Ein befreundeter italienischer Professor sendet ihm eine Kiste mit Wein und Mortadella! Manfredo Camperio ist Herausgeber der geographischen Zeitschrift *L'Esploratore*, er schickt neben Care-Paketen meist auch Nummern seines Periodikums, und der Gouverneur von Äquatoria wagt gar nicht daran zu denken, wo er wäre ohne die Fürsorglichkeit der Professorenwelt. Allerdings weiß er sich zu revanchieren, Professor Schweinfurth hat er unlängst durch die Zusendung von ein paar *Helmia-Knollen* enthusiasmiert, welche inzwischen nicht nur in Kairo, sondern auch in Erfurt aufs Wunderbarste gedeihen.

Etwas südwestlich von Lado befindet sich ein anderer Italiener in einer Art freiwilligen Selbstverbannung im Dienst der Wissenschaft, sein Name ist Gaetano Casati. Der Gouverneur Ägyptisch-Sibiriens schickt unverzüglich einen Boten in Casatis Einsiedelei, worauf nach einer Reihe von Tagen dieser selbst erscheint.

Gaetano Casati kommt Emin etwas *abgerissen* vor, aber das lässt sich ändern: Gemeinsam sitzen sie nun vor seinen Zitronenbäumen, die in diesem Jahr besonders gut gedeihen, essen Mortadella und trinken Rotwein und neigen namentlich am späteren Abend zu der Auffassung, dass vielleicht doch noch nicht alles verloren sei. Obgleich die Nachrichten auf ganz anderes deuten oder ebendeshalb. In Ägypten und im Sudan steht die Welt kopf.

Der Oberschlesier blättert zwischendurch viel in der *Leipziger Illustrierten*, denn hauptsächlich dieses Presseerzeugnis hat die *Talahani* ihm mitgebracht, und er will es, wenn der Dampfer wieder ablegt, an einen befreundeten Forscher weiterschicken.

Zwar weiß im Augenblick keiner genau, wo der Mahdi steckt, aber Emin Bey ist weit entfernt, das für ein gutes Zeichen zu halten. Es geht das Gerücht, dass der Befehlshaber der *Ever Victorious Army* in den Sudan zurückkehren wird. Schließlich hat er ihn einst für Kairo annektiert, also besitzt er eine gewisse Verantwortlichkeit dafür.

Egal wie, als die *Talahani* nach einem Monat wieder ablegt, nicht ohne ein bedeutendes Deputat Elfenbein an Bord genommen zu haben, beschließt der Gouverneur von Äquatoria, den geographischen Eremiten an den Ort seiner wissenschaftlichen Feldforschung zu begleiten. Er bedarf noch ein wenig europäischer Gesellschaft und schließlich gehört Mombuttu zu seinem Reich. Er kann sowohl dort als auch schon unterwegs ein wenig nach dem Rechten sehen.

Es gefällt ihm gut in Mombuttu. Er wundert sich bald gar nicht mehr, dass Casati ebenhier seinen Forschungen obliegt und nirgends sonst. Einem Freund teilt er mit, dass sich die Kleiderschnitte in Mombuttu seit unvordenklicher Zeit nicht geändert hätten: *Könnten Sie so, wie ich wiederholt die Ehre gehabt habe, im Kreise von fünfzig bis sechzig schwarz bemalten … Mombuttu-Schönheiten sitzen, so würde Ihr Gefühl für Plastizität viel reger werden, und ich möchte nur wissen, wie sich fünfzig bis sechzig europäische Schöne im Mombuttu-Kostüme ausnehmen würden. Hier, enfin, hüllten sie sich in ihre Farbe, in was aber würden jene sich hüllen? Glauben Sie etwa, daß das Schamgefühl etwas mit der Länge der Unterröcke zu thun hat? Verzeihen Sie die indiskrete Frage – Sie sind ja nicht Vorsteher einer Mädchenschule, kennen Sie aber einen, so schlagen Sie ihm diese Frage als Thema für einen Preis-Aufsatz vor.*[14] Ja, Emin Bey überkommt eine gewisse Launigkeit, gerade jetzt, da nichts ungewisser ist als die Zukunft. Er atmet die Frauen auch gern ein, denn sie benutzen Palmöl als Ganzkörpercreme, was *dem Lande ein Parfüm nach Pivers Kokosnuß-Oel-Soda-Seife* gäbe. Es gäbe hier schon Mädchen, *die einen in Versuchung führen, und, was nicht unwahrscheinlich, auch aus der Versuchung erlösen könnten.*[15]

Umso mehr verstimmt es ihn, dass er, obwohl gerade erst in den Frauen-Kreis kooptiert, schon wieder abreisen muss, denn das schwarze Volk der Dinka hat eine seiner Stationen im Norden überfallen, niedergebrannt, alle Soldaten, Beamten getötet und eine große Anzahl Waffen erbeutet. Wahrscheinlich, so vermutet der Gestörte, sind sie dem Beispiel ihrer Stammesbrüder in der Nachbarprovinz Bahr el-Gazal gefolgt, wo seinem unglücklichen Amtsbruder, dem Briten Frank Lupton, die Kontrolle stündlich mehr entgleitet. Übel nur, dass Emin Beys *Corps der Rache* im Süden weilt, während die Dinka im Norden wohnen.

Als der Regierende Ornithologe gegen die Dinka rüstet, begibt sich noch viel weiter nördlich eine 8000 Mann starke ägyptische Armee unter dem Oberbefehl des General Hicks in die Entscheidungsschlacht gegen den *Fakir*. Es war wohl *die übelste Armee, die je in einen Krieg gezogen ist*, wird später einer ihrer Rekruten bemerken, vielleicht auch, weil die meisten einheimischen Soldaten am liebsten auf der anderen Seite gekämpft hätten. Der Name des Rekruten ist Winston Churchill.

Im Dezember sitzt Emin Bey wieder unter seinen heimatlichen Zitronenbäumen und skizziert seine Sicht der Weltdinge. Hätten die Missionare in Khartum, *statt Negermädchen mit Sonnenschirmen zu beschenken, die Dinka in guten Sitten unterrichtet, so hätten diese wiederum Herrn Schuver nicht totgeschlagen und so die griechischen Händler ihres besten Cognac-Kunden beraubt. So sehen Sie nun wiederum,* teilt er dem Freund in Kairo mit, *wie eigentlich die Sonnenschirme an allem Schuld sind.*[16]

Zur gleichen Zeit ist von der 8000-Mann-Armee des General Hicks nichts mehr übrig.

Emin Bey muss daran denken, dass der letzte Brief, den er aus Europa erhielt, vom 4. Januar 1883 datiert und mit *Prost Neujahr!* begann. Er beschließt am Silvesterabend, dem Absender in genau vier Tagen, am 4. Januar 1884, zurückzuschreiben und mit der gleichen Begrüßung anzufangen. Wenn alles gut geht und der Dampfer bald in Lado anlegt, könnte die Post noch vor Weihnachten des soeben beginnenden Jahres beim Empfänger eintreffen.

Emin Bey wartet auf den Dampfer.

Die nicht am Ufer bleiben

Margarete hat zu Weihnachten ein Tagebuch bekommen, es ist sehr groß, mit betont bedeutsamem Ledereinband. Margarete schreibt die ersten Zeilen: *Möge unserem Frieder diese Extratour die Gesundheit wiedergeben und ihm nebenbei noch allerhand erfreuliches zeigen.*[17] Otto von Münchhausen hat die Schwester nach Italien eingeladen. Aber wahrscheinlich ist es in Gardone auch kalt, trotzdem soll Frieda auf der südlichsten Münchhausen'schen Terrasse sitzen und viel atmen. Ihre Rest-Grippe wird den Gardasee nicht überstehen, hofft die Familie.

Margarete hat schon lange nicht mehr Tagebuch geführt, diesmal will sie durchhalten: *28. Dezember. Ich sitze bisweilen einem Menschen gegenüber, sage ja und nein, voll Bescheidenheit und denke, wie viel Großmut gestattet dir deine Natur? Wie weit darfst du an andere denken? Denn das ist es ja, nur die Kraft, die das eigene Leben nicht gebraucht, stellt sich in den Dienst der anderen. Also nur ein überaus lebenskräftiger oder ein anspruchsloser Mensch wird andere lieben können.*[18] Die Liebe des Ersteren sei stark und wohltuend, doch auch wechselhaft, denn irgendwann werde er seine Kraft wieder ganz für sich brauchen. Das sei die Liebe des Mannes. Und der Anspruchslose? Er *gibt, was er hat, fort und fort.* Das sei die Liebe der Frauen.

Margarete von Bülow glaubt nicht, dass sie nach Frauenart lieben kann. Sie will ihre Kraft an das eigene Leben wenden. Und sie will lieben aus ihren Überschüssen. Sie muss sich bei niemandem dafür entschuldigen. Denn sie ist freigesprochen von der Liebe der Frauen, freigesprochen zu sich selbst.

Die Autorität hat geurteilt!

Eine solche erzählerische Kraft bei einem jungen Mädchen sei ihr noch nicht vorgekommen, hat sie gesagt. Der scharfzüngige Sprachkritiker Fritz Mauthner, zuletzt Autor des Romans *Der neue Ahasver*, las die *Chronik derer von Riffelshausen*, und er hat Ja! gesagt.

Ja! Am Morgen des 30. Dezember zeigt das Thermometer minus fünf Grad. Die ganze Welt scheint Ja! zu sagen. Margarete und Sophie wollen Schlittschuh fahren, sie prüfen das Eis der Schöneberger Wiesen, es trägt noch nicht, aber sie möchten nicht umkehren, sie fahren weiter nach Moabit auf die Judenwiesen. *Wir liefen, bis es ganz dunkel war. Sonderbarer, eintönig roter Himmel, wie bei einem Brand. Die Spree floß langsam neben uns vorbei, ein Teil der Wiesen war wie bereiftes Feld.* Das Eis sei noch zu dünn?

Aber Leben heißt, auf dünnem Eis zu gehen. Schreibende wissen solche Dinge. Und sie neigen zu solchen Analogieschlüssen im Nicht-Analogen. In seinem tiefsten Grund ist Schreiben nichts anderes als diese Übertragungsliebe, glaubt sie. Leben heißt, auf dünnem Eis zu gehen? Schon deshalb bleiben die meisten lebenslang am Ufer, in der

Pose ewiger Zuschauer des Daseins. Frieda würde das noch besser verstehen als Sophie, aber jetzt schaut sie wohl allein von Onkel Ottos italienischer Terrasse hinunter auf den Gardasee. Ein Nachteil des Gardasees gegenüber den Judenwiesen besteht darin, dass man auf seinem Rücken niemals Schlittschuh laufen kann.

Und sie ziehen so leicht dahin.

Auch den Silvestertag verbringen die Schwestern auf dem Eis. Abends der Eintrag: *Ich habe gar keine Ruhe mehr. … Ich vergehe vor Ungeduld bis zum nächsten Morgen.* Margarete kennt die Symptome, es ist das *Eisfieber.*

Am 2. Januar 1884 fahren sie zur Rummelsburger Bucht. Sie sehen die dunklen Silhouetten vor der großen hellen klaren Fläche, noch liegt kein Schnee, es ist ein schönes Bild, ein beinahe Breughel'sches Bild. Und sie gehen mitten hinein, werden ein Teil von ihm.

Laute Rufe durchschneiden Margaretes Gedankenverlorenheiten, ihr Einssein mit dem Tag. Schreie. Die Schwestern laufen in ihre Richtung. Im nächsten Augenblick weiß Margarete von Bülow, was geschehen ist. Ein Kind ist eingebrochen, es ist ein Junge. Hat er das Loch im Eis nicht gesehen oder wollte er mit dem unverfälschten Instinkt des Kindes seinen Wagemut ausprobieren, wie nahe er ihm kommen darf?

Männer und Frauen rufen um Hilfe. Eine Stange, man muss eine Stange holen! Die Stange ist die Rechtfertigung all derer, die sich abkehren, die den Anblick des Jungen und seiner vergeblichen Versuche, den Eisrand zu fassen, an ihm sich festzuhalten, sich hochzuziehen, nicht ertragen können. Die meisten aber bleiben einfach stehen. Niemand wagt, sich so weit zu nähern, dass der Junge seine Hand fassen könnte. Schon werden die Bewegungen des Kindes in dem eiskalten Wasser schwach, als Margarete und Sophie von Bülow den Kreis der Umstehenden durchdringen. Jeden Augenblick droht der Junge unter das Eis zu geraten.

Wer sind diese Menschen, die einfach zusehen können, wie vor ihren Augen ein Kind stirbt?

Sie, Margarete von Bülow, gehört nicht zu den Zuschauern des Daseins. Der Eisrand wird sie nicht tragen, aber dies ist nicht die Stunde

Margarete von Bülow

der Physik. Ohnehin reicht die Kraft des Jungen nicht mehr, ihre Hand zu fassen. Erhitzt vom Lauf, spürt Margarete von Bülow die plötzliche Todeskälte des Wassers. Die Stange wird gleich da sein, sie muss den Jungen nur über Wasser halten, bis die Rettung kommt. Ihr ganzes Sein zieht sich auf diesen einen Punkt zusammen. Sie ist nichts mehr als dieser Wille. Das Kind darf nicht unter das Eis geraten. Die Stange wird gleich da sein. Ein Kind? Er mag vierzehn Jahre alt sein, werden die Zeugen des Unfalls später zu Protokoll geben, die ihren Zustand als ohnmächtig beschreiben.

Es ist nicht leicht, einen Vierzehnjährigen über Wasser zu halten.

Wie viel Großmut gestattet dir deine Natur? Wie weit darfst du an andere denken?, hat sie sich gefragt. Dass sie so bald würde antworten müssen, konnte sie nicht annehmen. Als ob man frei wäre, das zu entscheiden. Als ob man eine Wahl hätte. Stimmen. Stimmen, die näher kommen. Stimmen der Rettung. Sie spürt, wie die Last von ihren Armen weicht. Das Kind kann die Stange festhalten, die es zurück aufs Eis zieht. Gerettet. Fast im gleichen Augenblick schließt sich der Wasserspiegel über der jungen Frau. Spürt sie noch, wie sie sinkt, immer weiter sinkt, dem Grund des Sees entgegen? Sophie springt ihr nach, aber sie kann die Leblose schon nicht mehr fassen.

Nie werden die von Bülows nach dem Namen des geretteten Jungen fragen. Margaretes Leiche wird erst am nächsten Tag geborgen.

Wo war ich in diesem Augenblick? Habe ich nichts gespürt? Wieder und wieder stellt sich Frieda von Bülow diese Frage. Sie muss dieses Aufhören doch gespürt haben, sie sind schließlich Zwillinge, Seelen-Zwillinge. Getrennt waren sie ein verlorener Ton, jede für sich, erst gemeinsam wurden sie zum Akkord. So war es gewesen, von allem Anfang an, bis heute.

Bis heute? Selbst die Sprache verweigert das Verstehen.

Dabei hatte Margarete längst begonnen, sich unmerklich von ihr zu entfernen. Margarete, die Jüngere. Margarete, die Begabtere. Margarete, die Bevorzugte. Schon ihr Vater liebte die Schwester mehr. Aber das hatte nie etwas zwischen ihnen geändert. Und was heißt Entfernung? Andere hatten längst Margaretes Nähe gesucht, Männer wie Julian Schmidt, der Philologe. Manchmal schien es Frieda schon, dass der Schwester das Urteil des Julian Schmidt wichtiger war als das ihre. Und nichts hatte sie so froh gemacht wie ihr beiläufig hingeworfener Satz: *Deine Anerkennung macht mir noch mehr Freude als seine.*[19] Es ist kein Zweifel, Margarete wäre berufener gewesen, ihrer beider Überlebende zu sein. Es ist ein Irrtum des Schicksals.

Was würde nun aus ihr, der Übriggebliebenen, werden?

Ein dissonierender Laut, ein ewiger Klageton auf Erden?

Wird mir die Tatsache, daß Margarete aufgehört hat zu leben, einmal ins Gefühl übergehen? Immer kommen die Augenblicke, da ich mich sammle, zurückziehe und mit dem alten Gefühl der Erleichterung denke: Zu ihr![20]

Frieda schreibt diese Sätze noch im Januar in Margaretes kaum begonnenes Tagebuch, sie ist noch immer in Italien, in Gardone. Sophie hat ihr das Tagebuch gebracht, Nachricht und Tagebuch. *Es ist mir, als schriebe ich für sie, wenn ich in dies Buch schreibe. Ich habe geglaubt, ich würde nie wieder etwas schreiben, oder zeichnen oder schön finden, weil es doch alles in Beziehung auf sie war.* Wahrscheinlich liest Frieda auch immer wieder die Sätze, die ihre Mutter unter den letzten Eintrag Margaretes gesetzt hat: *Sterben ist notwendig. Schön sterben ist selten. Drum weigere sich nicht, wer schön sterben kann.*

Sie mag diesen Fatalismus, dieses Schicksalseinverständnis ihrer Mutter nicht, und doch nimmt sie wahr, dass in diesen beiden Sätzen auch Größe wohnt. Sie ergänzt: *Und niemand weigere sich, den liebsten Freund auf diese Weise gehen zu lassen.*

Die Mutter weiß, dass ihre älteste Tochter an dem Verlust am schwersten tragen wird. Darum hat sie Sophie zu ihr gesandt. Die Schwestern sollen gemeinsam durch Italien reisen, Abstand gewinnen. In Berlin, wo es fast keinen Ort gibt, der nicht ihr gemeinsamer war, wäre es unmöglich, zu vergessen.

Vergessen? Frieda lächelt. Es ist kein gutes Lächeln.

In Italien haben schon ganz andere ein neues Leben gefunden, sagen die Ermutiger. Ebendarin scheint Frieda die Erklärung zu liegen, es waren andere. Doch es ist nicht der richtige Zeitpunkt für Sarkasmen. Sie widerspricht nicht, sie fahren.

Venedig im Februar, Venedig, *die Stadt der Vergangenheit, die abgesetzte Königin.* Sie steht oben auf dem Turm der Markuskirche, sieht über das Dächermeer weit hinaus in die Lagune, über die kleinen Inseln, und hat doch Angst, sich diesem Anblick zu überlassen, denn *nichts ist schlimmer, als wenn man nach einem Moment des Vergessens den Stich durchs Herz fühlt, der sagt: was, du Unselige glaubst, du könntest dich freuen, vergißt du, daß etwas existiert, was so entsetzlich, so unbegreiflich ist, daß du es eben nur aushältst, weil du es nicht fassen kannst.*

Sie geht durch die Gassen der Serenissima und spricht stumm Margaretes Gedichte: *Als ob in jedem Wort meine eigene Seele wäre. Ich fühle dasselbe, bei ihr gelangte es zum Ausdruck, weil mehr Kraft da war.*

Bologna, Neapel, Salerno, Sorrent. Margaretes Geburtstag am 23. Februar. Sie wäre 24 Jahre alt geworden. *Ich rede gern und viel von ihr, als ob sie lebte. In anderer Weise ist es mir unmöglich.*

Sorrent, 26. Februar: *Ich fühle jetzt erst und bedenke es mit Staunen, daß mir fünfzehn Jahre lang das größte Gut zuteil war, was für den Menschen denkbar ist: den vertrautesten Verkehr mit dem Gleichgestimmten. Wir haben es zwar immer als großes Glück empfunden, aber weil wir's nicht anders kannten, hielten wir's für so selbstverständlich, wie das Leben selbst.* In Rom steht sie vor den Statuen des Kapitols, auch vor dem Satyr von Praxiteles, er war Margarete lieb. *Daß sie ihn nicht im Original sah. Es ist mir dann immer, als müsse ich doppelt sein, einmal ich und zweitens sie.* 27. März: *Mir ist's als sähe ich mit Gretes Augen. Ich weiß genau, was ihr am meisten gefiel und gefallen würde. ... Die Juno in der Villa Ludovisi, Goethes Liebling, läßt mich kalt. – Alte Parkwege, still und verwildert, haben in mir die alte Sehnsucht erneut, in einem parkumgebenen, verlassenen Landhaus mein Leben verbringen zu können.*

Und jeden Morgen ein neuer Sonnenaufgang, es scheint ihr geschmacklos. Jeden Morgen die erneuerte Pflicht, den ganzen Tag in der eigenen Gesellschaft zu verbringen. Wenn man nur nicht mit sich zusammenleben müsste, bis auf die kurzen Stunden des Schlafs, vieles könnte einfacher sein. Und selbst dann: Nacht für Nacht begegnet sie Margarete. Und an den Tagen, die sie in einer Art von Wachtraum verbringt, ist es nicht besser. Fast ohne Blick geht sie durch das Land, das anderen ein neues Leben gab. Anderen eben.

Florenz: *Und Grete sagte einmal vorigen Sommer: was mir sonst der Rosengarten gewesen ist, das muß ich jetzt auf meine Arbeit verwenden.* Wird auch sie es nun so halten, wird sie, das Sekundärtalent, nun für sie beide schreiben müssen? Die anderen sagen ihr, dass sie es versuchen muss. *Karfreitag. Ich habe von Ingersleben geträumt. Es war ein neuer Abschied – Leermachen der lieben Räume – aber ohne Grete. ... Keines von der ganzen Familie hat Ingersleben nur halb so lieb wie ich.*

Wenn der Sommer kommt, dann kommt rettungslos und erbarmungs-
los das Heimweh, ich mag sein, wo ich will.

Manchmal, wenn sie träumt, sieht sie die Schwester wieder heiter. Sie ist sehr froh darüber.

In Mailand, schon auf der Rückreise, erreicht sie eine Nachricht
von Albrecht. Der *Brecht* – anders nennen sie ihn nie – wird jetzt
Leutnant im Königin Augusta Garde-Grenadier-Regiment.

Im Mai 1884 ist Frieda von Bülow zurück in Berlin, sie sitzt ganze
Tage am Schreibtisch der Schwester, liest ihre Gedichte, Erzählungen,
Novellen, liest den *Jonas Briccius* wieder.

Sie geht unter in der Welt der Schwester.

In den kurzen Augenblicken, wenn sie emportaucht an ihre eigene
Oberfläche, notiert sie: *Wehe dem, der den Halt außerhalb seiner selbst
sucht.* Oder: *Böse Gedanken. Ich weiß nichts, was mir des Leidens und
Sterbens wert scheint. Ich hab manchmal Lust, mit allem zu brechen,
was mir das Fehlen des Liebsten predigt, mich unter ganz fremde Menschen und in starke Aktion zu begeben. Solange das Leben noch dauert,
will ich nicht Sklave sein, sondern Herr.*

In diesen Maitagen steht in der *Täglichen Rundschau* eine Kulturkritik. Vielleicht fällt sie ihr auf. Die Deutschen besäßen Stammtische
statt Clubs, steht dort, und nirgends sei die Luft so schwer zu atmen
wie ebendort. Der Autor ertrage die Reden der Philister nicht, die
statt über die Möglichkeiten des Daseins nur über seine Unmöglich-
keiten reden.

Es ist sein erster Artikel in deutschen Zeitungen, manchmal glaubt
er schon, die Lächler haben doch recht: *Es macht einen geradezu küm-
merlichen Eindruck, wenn man aus dem Kreise englischer Gentlemen
heraus plötzlich unter die deutschen Herren zurückgeworfen wird. …
Der junge Engländer, wenn er 19 oder 20 Jahre alt ist und das Seinige
nur einigermaßen gelernt hat,* finde seinen Platz auf Erden, wenn
nicht im Heimatland selbst, so doch in den Ländern, die sonst noch
zu ihm gehören. Er sei frei. Frei von seinem Staat, sogar frei von seiner eigenen Regierung. *Der junge Deutsche dagegen, der jenen an Durch-*

bildung weit übertrifft, wenn er ein Vierteljahrhundert studiert und alle seine Examina absolviert hat, sieht sich einer oft fast hoffnungslosen Mitbewerbung gegenüber, zu der ihm, gerade wenn er aus besserem Stoff ist, die Neigung … überhaupt fehlen darf.[1] Die Lebenshaltung des jungen Deutschen nach den ersten kurzen Jahren akademischer Freiheit sei: gebückt. Verkrümmt vor Gönnern und Vorgesetzten. Während der Buckel gen Himmel zeige, richte sich der Blick zu Boden: Die typische Weltsicht des Philisters und der Stammtische entstehe eben so.

Kein Zweifel, die akademische Welt Deutschlands hat die Abwesenheit dieses Autors bisher kaum bemerkt, und was noch schlimmer ist: seine erneute Anwesenheit wohl auch nicht. Er würde sonst andere Artikel schreiben oder gar keine. Er heißt Carl Peters.

Der Zurückgewiesene hätte es auch mit den Worten der Italienrückkehrerin sagen können: Was für eine Sehnsucht, sich *unter ganz fremde Menschen und in starke Aktion zu begeben. Solange das Leben noch dauert, will ich nicht Sklave sein, sondern Herr.* Und auch ihre Einsicht *Wehe dem, der den Halt außerhalb seiner selbst sucht*, müsste er teilen.

Vier Passagiere unter falschen Namen

Am 1. Oktober 1884 verlässt die *Titania* Triest. An Bord des Dampfers des Österreichischen Lloyd befinden sich zwei angehende Privatdozenten, ein noch nicht promovierter Graf sowie ein Mitreisender auf eigene Gefahr und Rechnung, der in Ostafrika, wenn es einmal deutsch ist, gern als Erster reich werden möchte.

Sie sind als Deckpassagiere gebucht und erhalten Verpflegung zweiter Klasse. Sie geben sich als Engländer aus, was insofern gewagt ist, da einer von ihnen kein Wort dieser Sprache versteht. Zur Tarnung ihrer Jugend tragen alle vier Bärte mit Kaiser-Wilhelm-Spitzen. Der Expeditionsleiter weiß genau, was Arthur Schopenhauer über *dieses*

Geschlechtsabzeichen mitten im Gesicht denkt, es besage, *daß man die Maskulinität, die man mit den Tieren gemeinsam hat, der Humanität vorzieht, indem man vor allem ein Mann und erst nächst dem ein Mensch sein will.* Carl Peters, der sich jetzt Mr. Bowman nennt, obgleich er eben in Triest noch Fred Hunter war, nachdem er bis zur deutschen Grenze den Namen Mr. Kirkman geführt hatte, hält diese These für weitgehend indiskutabel. Auch sei ihm nicht klar, wo der Mann ende und der Mensch anfange. Er hat sich seinem Mitreisenden Dr. Jühlke gegenüber schon mehrmals darüber erklärt.

Dr. Jühlke, der unter dem Namen Janssen reist, Janssen aus Amsterdam, ist sein bester Freund, sie kennen sich seit Schultagen. Jühlkes Vater ist der Hofgartendirektor von Sanssouci, und es ist nicht überliefert, was der Gartendirektor zu dem Reisegrund seines Sohnes sagt, in Afrika eine Kolonie erwerben zu wollen. Vielleicht wurde er auch nicht informiert. Der Expeditionsleiter brauchte den seinen ohnehin nicht zu fragen, denn Pastor Peters aus Neuhaus an der Elbe ist schon lange tot.

Jühlke ist jetzt der Erste Offizier seines Freundes, der Zweite ist Joachim Graf von Pfeil, der inzwischen den Namen Jim Hunter annahm. Graf von Pfeil hat trotz seiner Jugend bereits eine Laufbahn als Farmer in Südafrika hinter sich, die er rückblickend so beschreibt: *Die Anfänge meiner kolonialpolitischen Bestrebungen ... trugen, wie das bei meinen Jahren kaum anders zu erwarten war, ein etwas embryonales Gepräge.*[22] Das Abenteurertum hatte den Halbwüchsigen nach Britisch-Südafrika gespült, näherhin nach *Griqualand East, das damals mangels politischer Zugehörigkeit noch »Nomansland« genannt wurde.* Das war 1874. Die wenigen britischen Bewohner von *Nomansland* gaben sich gerade dem Ehrgeiz hin, möglichst viel Land für möglichst wenig Geld zu erwerben, was in dem jungen deutschen Grafen ein ähnliches Bedürfnis weckte. Von seinem väterlichen Erbe erwarb er kurzerhand *zwei Farmen im Umfange von je 3000 Hektar zum Preis von 60 Pfund Sterling.*[23] Sollte er diesen Besitz nicht erweitern, um *daraus eine deutsche Kolonie zu machen*? Dieser Begriff stellte sich seinem jugendlichen Gemüt *wie eine sehr große Dorfgemeinde* dar. Mit Verblüffung gewahrte er fortan einen Umstand, den der Volksmund, genauer, der etwas wohlhabendere Volksmund auf die Formel brachte: Eigentum verpflichtet. Wer zwei Farmen hat, muss sie auch bestellen. Nicht zuletzt die darin gelegene latente Überforderung brachte den jungen Mann schließlich wieder zurück nach Hause.

Noch immer aber teilt er mit Carl Peters die Überzeugung, dass, egal was man treibt – ob Viehzucht oder Landwirtschaft –, man es nach Möglichkeit in seiner eigenen Kolonie tun sollte.

Über eine Mannschaft verfügen der Oberbefehlshaber und seine beiden Offiziere nicht. Denn August Otto, der vierte Mitreisende, der unter dem harmlosen Pseudonym *Herr Friedrich* reist, kommt als Mannschaft schon deshalb nicht in Betracht, weil er sich dem Freikorps der Privatdozenten als freier Mann angeschlossen hat. Er ist Kaufmann, er will vorbereitet sein auf den Ansturm seiner Landsleute.

In Aden gehen die Konquistadoren der Zukunft von Bord und sehen bald einen kleinen, überaus schmutzigen alten Dampfer vor sich liegen. Am liebsten wären sie auf der Stelle umgekehrt, doch genau das ist unmöglich. Der Ausschuss der »Gesellschaft für deutsche Kolonisation«, gegründet im März, hatte auf seiner Septembersitzung einen großen Beschluss gefasst, der die Blicke der Hauptbetroffenen ob seiner Reichweite noch immer seltsam unscharf macht. Punkt 1 lautet: *Die Herren Dr. C. Peters, Dr. jur. Jühlke, J. Graf Pfeil werden hierdurch bevollmächtigt und beauftragt, an der Ostküste Afrikas, in erster Reihe in Usagara, eine Landerwerbung behufs Anlegung einer deutschen Ackerbau- und Handelskolonie zu vollziehen.*[24] Unter Punkt 6 – es ist der letzte Punkt – heißt es: *Der Ausschuß spricht die feste Erwartung aus, daß die Herren keinesfalls, ohne den Ankauf von Land irgendwo vollzogen zu haben, nach Deutschland zurückkehren werden.*[25] Angenommen mit 9 gegen 2 Stimmen. Das war am 16. September, Ende des Monats brachen sie auf. Sie können nicht zurück.

Unsere Schiffe hatten wir verbrannt, als wir auf unsere Gefahr und Verantwortung hin noch in den letzten Tagen das Westprojekt in das in jeder Beziehung großartigere Ostprojekt umgewandelt hatten … So viel war mir klar, daß nicht nur mein Leben, sondern, was mehr war, mein Name und meine Ehre … miteingesetzt waren, wird der führende Mittzwanziger bald bekennen.

Die vier Eroberer ohne Rückweg wechseln nun noch einmal gewissenhaft ihre Namen – aus Mr. Bowman wird jetzt Herr Baumann –, dann gehen sie, vier Mechaniker, an Bord der *Bagdad*. Diesmal reisen sie im Zwischendeck, zwischen europäischen Auswanderern und zahllosen Arabern, die mit ihrem ganzen Hausstand in See zu stechen scheinen.

Dass es sich bei den vier blassen, schweigsamen jungen Handwerkern, von denen einer bald auf bedenklichste Weise seekrank sein wird, um Landnehmer handelt, die für das Deutsche Reich ein bedeutendes Stück Afrika annektieren wollen, käme ihren Mitreisenden nie in den Sinn. Hier an Bord sind sie vor allem eins: ein Hindernis. Auch reist, wer im Auftrag des Deutschen Reichs unterwegs ist, kaum unter arabischen Großfamilien im Zwischendeck.

Im Auftrag des Deutschen Reichs?

So kann man das nicht sagen, wissen die Eroberer. Zwar sind sie für das Deutsche Reich unterwegs, aber doch keinesfalls in seinem Auftrag, im Gegenteil. Gegen seinen ausdrücklichen Wunsch, ja im Bewusstsein seines lebhaften Widerwillens sind sie losgefahren. Und ebendiese Missbilligung zwingt sie, auf jeder Reisestation einen neuen Tarnnamen zu wählen.

Das Reich darf keinesfalls herausfinden, wo sie sind!

Denn wüsste es dies, davon muss das Annexionskorps mit Bestimmtheit ausgehen, würden sie augenblicklich zurückgerufen.

Das Verhältnis des Deutschen Reichs zu dem inzwischen 27-jährigen angehenden Privatdozenten der Philosophie Dr. Carl Peters ist nicht gut, ja, man läge nicht falsch, es gestört zu nennen. Schon im März hatte er Mr. Stacys Mashonaland-Projekt für das Auswärtige Amt in der Berliner Wilhelmstraße ausgearbeitet, nur diesmal ohne Mr. Stacy. Gerade ein halbes Jahr ist das her.

Es war die Zeit, da Carl Peters Buchhändlern den Titel seines Werks *Willenswelt und Weltwille* zweimal nennen musste, bevor diese ihm versichern konnten, weder von diesem Werk noch von seinem Autor jemals gehört zu haben. Er stellte seinen Verleger in Leipzig zur Rede, Brockhaus hatte immerhin schon Schopenhauers Hauptwerk *Die Welt als Wille und Vorstellung* gedruckt. Was er denn wolle, verteidigte sich das alte Verlagshaus, in Schopenhauers Fall habe es schließlich auch dreißig Jahre gedauert, bis die erste Auflage verkauft war. Darf er, Carl Peters, so lange warten?

Auch das Auswärtige Amt benahm sich, als sei er gar nicht da. Weit entfernt, die Begünstigung zu erkennen, die er ihm erwies, indem er ihm Mashonaland offerierte, antwortete es gar nicht erst. Das Selbstbewusstsein des Verleugneten nahm derweil Zuflucht zu dem traurigen Exempel einer philosophischen Tautologie: Ich bin ich!

Ich bin ich! Diese Formel, deren Erkenntnisgewinn auf den ersten Blick gleich null ist, kann entweder Ausdruck einer letzten Verzweiflung und Resignation sein, sie kann aber auch, wie in diesem Fall, den Ausdruck eines bedingungslosen Entschlusses zu sich selbst darstellen. Während das Auswärtige Amt sich weigerte, seine Existenz anzuerkennen, indem es ihm Antwort weitgehend verweigerte – jede Antwort beinhaltet zuerst wie zuletzt einen Daseinsbeweis des Adressaten –, während er selbst finstere Kulturkritiken für die *Tägliche Rundschau* verfasste, begann er, seine Habilitation zu erwägen. Zu wünschen ist ihm, dass sein Glaube, ein Genie zu sein, recht bald erschüttert wird, hatte einst ein Lehrer über ihn geurteilt. Nie war er weniger aufgeschlossen für Mitteilungen dieser Art.

Die Berliner Universität verschmähte den Habilitanden Peters, augenscheinlich, so gibt der Abgewiesene selbst zu, hatte ihr *Willenswelt und Weltwille nicht sonderlich imponiert*.[26] Doch Wilhelm Wundt in Leipzig reagierte ermutigender. Er ließ dem Verfasser von *Willenswelt und Weltwille verschiedene Themata für eine Habilitationsarbeit* zustellen, *von denen ich die Frage »Inwiefern ist Metaphysik als Wissenschaft möglich?« wählte.*[27] Carl Peters entschloss sich, diese Frage positiv zu beantworten, und sah dafür im Wesentlichen zwei Gründe. Zum einen, weil Immanuel Kant das Gegenteil getan und damit seinen Ruhm begründet hatte, zum anderen, weil jede Annexion eine

Art von angewandter Metaphysik darstellt – einen vorwitzigen Ausgriff in ganz und gar ungesicherte Seinsgründe –, weshalb sie, schon im Interesse der Selbsterhaltung, auch als Wissenschaft möglich sein sollte.

Der soeben vergangene Sommer verzeichnete in Carl Peters' Leben einen negativen und einen positiven Höhepunkt. Letzterer bestand in der Fertigstellung der Habilitationsschrift im Rekordzeitraum von wenigen Monaten. Peters wusste genau, wie viel Zeit des eigenen Lebens man an akademische Graduierungen wenden sollte; er war schon während seines Studiums durch die Beantwortung von Preisfragen aufgefallen, die anderen weder nach Zeit noch nach Inhalt praktikabel erschienen waren. So hatte er im Winter 1877/78 eine Arbeit zum »Frieden von Venedig« verfasst und dafür die Goldene Medaille gewonnen, obwohl er von diesem Frieden noch nie zuvor gehört hatte – was ihn von seinen Freunden unterschied, die sich zur Beantwortung dieser Preisfrage vor allem wegen der kurzen Frist von einem halben Jahr nicht in der Lage sahen. Peters wiederum widmete sich dem Gegenstand vor allem deshalb, weil die Unmöglichkeit ihrer adäquaten Beantwortung zum Hauptgesprächsthema seiner Freunde geworden war, ein Umstand, der ihn bis zum Zorn reizen konnte.

Und ausgerechnet diesen beispielhaften Vertreter einer vita activa traf zur selben Zeit die mündlich übermittelte Auskunft des Auswärtigen Amtes, dass ihm an einer Erwerbung des Mashonalands nichts, gar nichts gelegen sei. Es handele sich um britisches Interessengebiet. Denselben Zeitraum, den er für seine Habilitation gebraucht hatte, benötigte das Auswärtige Amt also, um ihm ein nachlässig hingeworfenes *Nein!* zukommen zu lassen?

So wird Deutschland nie Kolonialmacht.

Sollten sie statt Mashonaland im Südosten des Kontinents vielleicht besser Mossamedes im Südwesten annektieren und diesmal das Auswärtige Amt gar nicht erst fragen?

Der letzte Besuch

Im Warten entdecken wir die Zeit?

Das mag schon sein, der Gouverneur von Äquatoria empfindet es dennoch als eine ihm tief inadäquate Tätigkeit. Denn es ist keine Tätigkeit, es ist die Lebensform einer Geisel.

Anfang Januar 1884. *Ich sitze hier wie der Mops in der Hutschachtel und warte auf den Dampfer.* Es war schon so lange keiner mehr da, es muss bald einer kommen. Er weiß selbst um die Fragwürdigkeit dieser Grund-Folge-Beziehung. Seltsam genug, dass so vieles, was wir gewöhnlich für Denken halten, seiner tiefsten Natur nach Wunschdenken ist. Immer wieder hat Emin Bey nach Khartum geschrieben, wie nötig er Remington-Gewehre, mindestens ein paar Hundert, Kanonen und vor allem Munition hätte. Er konnte nicht einmal mehr Vögel präparieren, weil kein Pulver mehr da war, sie zu schießen.

Womit also sollte er den Mahdi empfangen?

Er bekam ab und zu Post aus der Nachbarprovinz. Dort regierte der Brite Frank Lupton, aber Luptons Briefe waren in letzter Zeit *wunderlich.* Zuletzt schickte er ihm nur eine wissenschaftliche Kreuzbandsendung von Dr. Behm aus Gotha weiter, ohne persönliche Worte. Vielleicht hat man keine persönlichen Worte mehr, wenn die Armee des Propheten schon vor der eigenen Tür steht. Wie lange würde Lupton seine Provinz halten können?

Das Warten der meisten Menschen ist einfach. Das Warten des Gouverneurs von Äquatoria aber ist seit längerem gewissermaßen zweigeteilt. Er wartet doppelt, er wartet auf den Dampfer und auf den Mahdi.

Emin Bey versucht, seine angegriffenen Nerven mittels vermehrtem Ackerbau zu beruhigen: *Ich (habe) mich mit erneuter Energie auf's Kohlpflanzen verlegt: beatus ille qui procul negotiis etc.* Es sei aber kein rechter Segen dabei, notiert der Landwirt, denn er könne die Kohlköpfe unmöglich so schnell essen wie sie wachsen. *Ich werde nächstens unter die Poeten gehen oder höhere Politik treiben oder aber mich mit transcendentaler Philosophie beschäftigen. Was nützen mir 1200*

Centner Elfenbein im Magazin; was frommen mir Kautschuk, Strau-
ßenfedern und Palmöl, wenn keine Möglichkeit da ist, sie loszuwerden?
Was unsere ganze Arbeit, wenn keiner davon profitirt?[28]

Wenn er wenigstens ein paar Bände Schopenhauer hätte! Schopenhauer ist ein guter Philosoph zum Untergehen. *Die Wahrheit kann*
warten, denn sie hat ein langes Leben vor sich. Schopenhauer. Warum
klingt ihm neuerdings alles wie Hohn, sogar die Metaphysik?

Außer Gewehren und Munition vermisst Emin schmerzlich Stoffe, Seife, Zucker und Kaffee, auch das hat er Khartum wiederholt mitgeteilt. Trotz aller Versuche widersetzt sich der Kaffee sämtlicher Sor-
ten noch immer allen Kultivierungsversuchen des Gouverneurs.

Gewehre und Kaffee!

In solchen Selbst- und Weltzweifeln, den Mahdi kurz vor der nördlichen Grenze seines Reiches wissend, wurde der führende Ornithologe
von Äquatoria im Januar durch die Ankunft eines Forschungsreisenden unterbrochen, den er vor Jahren aus den Händen von Eingeborenen gerettet hatte, die dieser studieren wollte, während jene anfin-
gen, ihrerseits den Forschungsreisenden zu studieren. Es waren die
Einwohner der entlegenen Njam-Njam-Gebiete, einer Grenzregion
von Äquatoria. Ihr Gefangener hieß Wilhelm Junker.

Hätte Emin den großen Gelehrten, Forscher und Entdecker damals nicht bei ihnen entdeckt, vermutlich hätte kein Mensch mehr
von Wilhelm Junker gehört. Beide erkannten sofort ihre tiefe seeli-
sche Verwandtschaft, denn auch Junker ist Ornithologe. Er hatte
sich einst auf Island ausgiebigen vogelkundlichen Studien gewid-
met, bevor er später durch die Libysche Wüste zog, immer parallel
zur Küste, um nachzuschauen, ob dort vielleicht ein alter, versande-
ter Nilarm verläuft. In der Libyschen Wüste hat Junker keine Vögel
gefunden.

Dass der eigenhändig Befreite ein verwandter Geist und ein wirklicher Mann der Wissenschaft ist, erkannte Emin daran, dass Junker
bald an die Orte seiner einstigen Demütigung durch die Njam-Njam
zurückkehrte.

Seit 1879 erforschte er sie nun wieder, maß und zeichnete, zeichnete und maß. Er hatte bei dem Njam-Njam-Fürsten Ndoruma eine Station errichtet, der er den beziehungsreichen Namen *Lacrima* gab. Und er wäre wohl immer noch dort, hätte Emin es nicht für seine Pflicht gehalten, Junker bei den Njam-Njam von der Existenz des Mahdi zu unterrichten.

Ich komme!, schrieb Junker zurück.

Die Vorstellung, dass er in die Hände des Propheten fallen könnte, ist ihm unerträglich, nicht ob seiner eigenen Unversehrtheit willen als ob der seiner Tagebücher und Sammlungen. Gut, dass er einen Teil Letzterer bereits nilabwärts vorausgeschickt hat, solange noch Zeit war.

Ich komme!

Sein wissenschaftliches Werk und er würden in Lado an Bord gehen, bevor der Mahdi eintrifft. Vielleicht kann er den Gouverneur von Äquatoria überzeugen, mitzukommen.

Er rechne jeden Tag mit dem Dampfer, hatte dieser geschrieben. Er konnte das auch begründen: Es war schon so lange keiner mehr da.

War das leichtfertig, gar unverantwortlich gewesen? Vielleicht sollte er weniger Kohl pflanzen und mehr transzendentale Philosophie treiben.

Anfang Januar 1884. Emin Bey wartet auf den Mahdi, auf Junker und den Dampfer.

Im nächsten Jahrhundert!

In gewisser Weise traf Carl Peters die Abwehr des Reichs nicht unvorbereitet. Im vergangenen März sprach er mit Fürst Hohenlohe-Langenberg vom *Deutschen Kolonialverein*.

Von der Gründung dieses ungewöhnlichen Vereins hatte er schon in London gehört, und nicht zuletzt diese Nachricht bewog ihn zur Rückkehr nach Deutschland. Auch dem diesem Verein vorsitzenden

Das Annexionstrio

Fürsten hatte er umstandlos seinen Mashonaland-Plan dargelegt und daraufhin die allererstaunlichste Reaktion erhalten. Alles im Mienen-spiel des Fürsten war Abwiegelung gewesen, er sei sicher, erklärte von Hohenlohe-Langenberg, dass hier ein Missverständnis vorliege.

Der *Deutsche Kolonialverein* habe keinesfalls die Absicht, für Deutschland eine Kolonie zu erwerben, seine Aufgabe sei viel bescheidener und viel großartiger zugleich, denn sie bestehe darin, das deutsche Volk auf die koloniale Idee vorzubereiten. *Aktuelle Kolonialpolitik wird Aufgabe des 20. Jahrhunderts sein. Dem 19. Jahrhundert liegt es ob, den Kolonialgedanken in Deutschland lebendig werden zu lassen,*[29] wird der *Deutsche Kolonialverein* kurz darauf vor aller Öffentlichkeit darlegen.

Carl Peters meinte, nicht richtig verstanden zu haben.

Im nächsten Jahrhundert?

Theoretiker!

Nicht zum ersten Mal dachte der Habilitand Carl Peters dieses Wort mit einer für einen Menschen seines Werdegangs erstaunlichen Betonung. Noch im gleichen Monat hielt er seinen ersten öffentlichen Vortrag zur Kolonialpolitik, aber nicht im *Deutschen Kolonialverein*, sondern im *Konservativen Klub* von Berlin. Er schloss mit vier Thesen, die dritte, avantgardistisch und vormundschaftlich zugleich, lautete: *Bis das Reich sich entschließt, in eine energische Kolonisationspolitik einzutreten, ist es nötig, daß das deutsche Volk selbst mit praktischen Schritten in dieser Richtung vorangeht.*[30]

Es sind Überlegungen, wie man sie in Clubs äußert. Ein Club ist eine Zweitwelt neben der ersten, sie ist handlungsentlastet, das hat seinen Sinn, er könnte es inzwischen fast als Vorzug begreifen. Die vier Mechaniker fragen sich an Bord der *Bagdad* dasselbe, jeder allein mit sich: Was um des Himmels willen hat sie in diese ausweglose Lage gebracht?

Jede Lage, die keinen Rückweg offenlässt, ist eine solche.

An Bord der *Bagdad* sehen Peters und sein Freund Jühlke zum ersten Mal, was sie oft gehört haben: dass alles größer wird im Süden. Noch gewahren sie diesen Umstand vor allem an den Küchenschaben.

Obwohl niemand so gut wie der Expeditionsleiter um die Quasi-Weltherrschaft der Engländer weiß, setzt ihn die Sinnfälligkeit dieser

Tatsache doch in Erstaunen. Überall weht die britische Fahne. Der Suezkanal fest in britischer Hand, das Rote Meer scheint ein britisches Meer zu sein, Aden und Perim dürfen als britische Häfen gelten. Wie sollen sie in diese Welt auch nur den kleinsten Keil treiben? Und dem Oberbefehlshaber der Konquistadoren wird schmerzhaft klar, was er sich bis eben verbarg: Er ist ein Deutscher. Also doch mehr ein Theoretiker, einer, der Satzungen entwirft und Resolutionen.

Für Graf von Pfeil ist es nicht die erste Reise im Zwischendeck. Als er einst seine südafrikanischen Farmen verkauft hatte, wandte er sich mit einem Gefährten gen Norden; Flüsse, die sich ihnen quer in den Weg legten, mussten sie samt Gepäck und Trägern durchschwimmen. In einem Täschchen am Gürtel befanden sich englische Goldstücke: das Reisegeld des Grafen. Als sie auch den Lusutu durchschwommen sowie Träger und Lasten an das andere Ufer gebracht hatten, bemerkte der junge Mann, dass sein Gürteltäschchen aufgeweicht und eine Rolle mit 100 Pfund Sterling herausgeglitten war. Das hieß: Zwischendeck. Zwischendeck auf einem Dampfer der *British India Line*. Das hieß, seine Tage Haut an Haut mit fremden Menschen zu verbringen. Der junge Graf begann, *allerhand psychologisch und ethnologisch merkwürdige Beobachtungen zu machen.*[31]

Es ist alles wie damals. Manchmal treffen sich zwischen allerhand psychologisch und ethnologisch merkwürdigen Beobachtungen kleinlaut die Blicke der Freunde.

Eigentlich wollten sie jetzt an der Westkuste entlangfahren, statt an der Ostküste. Mossamedes[32] hieß das Ziel, bis vor ein paar Tagen. Das *Westprojekt* hatte vorgesehen, Gebiete im Hinterland des portugiesischen Hafens zu annektieren. Die erste Bedingung des Erfolgs, das wussten sie, bestand darin, dass das Reich nichts erfuhr. Sie wahrten strengste Geheimhaltung.

Alles war vorbereitet und jeder weilte schon zu einem letzten Abschied zu Hause – Jühlke in Potsdam, Peters in Hannover und Graf von Pfeil auf dem schlesischen Besitz seiner Eltern –, als das Auswärtige Amt ihren Plan aufdeckte: Keinen Schritt nach Mossamedes! Es sähe sich sonst gezwungen, hindernd einzugreifen. Bei Mossamedes handele es sich um portugiesisches Interessengebiet.

Da rief, im allerletzten Augenblick, Graf von Pfeil: Ostafrika!

Das *Ostprojekt* beruht nicht zuletzt auf dem Umstand, dass der Graf einst Henry Morton Stanleys Buch *Through the dark Continent* gelesen und es Peters geliehen hatte. Es handelt davon, wie der amerikanische Journalist den verschollenen Missionar Livingstone fand.

Usagara! Das Wort haftete seitdem in ihren Hirnen. Den Namen dieser Landschaft kennen Millionen Leser in ganz Europa, denn Stanleys Buch ist ein Bestseller, noch immer. Sie wollen also mit einem Bestseller als Leitfaden Land annektieren?

Es ist die letzte Chance.

Die Mitglieder der *Gesellschaft für deutsche Kolonisation* hatten kaum Zeit zu erscheinen und zuzustimmen. Wiederum wurde allerstrengste Geheimhaltung beschlossen, doch war erstaunlicherweise die Resolution kurz darauf wortwörtlich in der Zeitung nachzulesen, und bis auf diesen Tag besteht keine Aufklärung über die undichte Stelle. Die plötzliche fatale Öffentlichkeit des Plans zwang sie, alles fallenzulassen und augenblicklich loszufahren. Es galt, einem Verbot des Vaterlands um jeden Preis zuvorzukommen.

Zuletzt haben sie noch eigenhändig Mitteilungen in Berliner Restaurants verteilt, denen zu entnehmen war, dass Peters und Genossen soeben nach Westafrika aufgebrochen sind. *Herr v. Weber war so liebenswürdig gewesen, uns einige hundert Exemplare seiner Agitationsschrift für das Transvaal zu schenken. Diese ließen wir abstempeln als:* »Geschenkt von der Gesellschaft für deutsche Kolonisation«.[33]

Nein, das Reich kann nicht wissen, wo sie sind. Die vier Mechaniker im Zwischendeck der *Bagdad* blinzeln in die Sonne des Äquators.

Ostafrika also! Carl Peters versucht inzwischen Graf von Pfeils Idee zu seiner Idee zu machen, denn er folgt grundsätzlich nur eigenen Ideen. Eigentlich hatte er am Vorabend der Abreise auch noch seine Probevorlesung an der Leipziger Universität halten wollen. Ist Metaphysik als Wissenschaft möglich? Es wäre ein Abschied nach seinem Sinn gewesen.

Am 4. November sieht das Annexionsquartett mit Bangen und Euphorie zugleich den hellen Häuserkranz von Sansibar aus dem Meer steigen. Sansibar. Würde man nur allzu bald sagen, dies sei der Ort, an dem vier blasse junge Herrn aus Deutschland, einer davon noch immer beklagenswert seekrank, zuletzt gesehen wurden?

Akka Akangai

Akka Akangai, Wilhelm Junkers Diener, ist ein ernster, schweigsamer Mann. Aber jetzt bricht eine Lebhaftigkeit aus ihm heraus, von der er selbst nicht wusste, dass er sie besaß. Lachend und voller Unglauben zeigt er auf jede neue Schafherde am Weg.

Ist Akka Akangai verrückt geworden?

Am frühen Morgen war die Karawane des Erforschers der Njam-Njam-Gebiete gen Lado aufgebrochen. Sie durchquerte den Fluss Luro, am gleichen Tag noch wird sie bei Emin Bey eintreffen. Junker schaut auf seinen gewöhnlich weitgehend stummen Diener. Er weiß, Akka Akangais Welterfahrung steht kopf. Er ist dem Anblick des *ununterbrochenen Kulturlandes* selbst fast nicht gewachsen. Kaum bewachtes Vieh weidet unter freiem Himmel, und niemand kommt, es wegzutreiben? So etwas hat Akka Akangai noch nicht gesehen. *Wie anders sah es aus, als die Kulturen der Eingeborenen, die hinter mir lagen. Hier hatte auch der Neger sein geschutztes Eigenthum, überall weideten Heerden, und die Bewohner der zahlreichen kleinen Baridörfer flohen nicht, sondern gingen ruhig ihren Geschäften nach.*[34] Der Stärkere nimmt dem Schwächeren nicht das Seine? Sollte das Zivilisation sein?

Oder ist Zivilisation, wenn der Stärkere dem Schwächeren das Seine so nimmt, dass es sich nicht mehr nachweisen lässt? Es ist unwahrscheinlich, dass der Forscher und sein Diener Akka Akangai in solcherart Betrachtungen versinken, denn plötzlich sehen sie Männer auf Mauleseln in makellosen weißen Uniformen auf sich zukommen.

Wie lange hatte ich dergleichen nicht gesehen; ich glaubte, sagt der Rückkehrer, *einen Festzug zu schauen.* An dessen Spitze reitet sein alter Freund Emin Bey. Der Erforscher der Njam-Njam-Gebiete spürt, wie ihm die Tränen in die Augen steigen.

Er erträgt klaglos die härtesten Entbehrungen und ist doch eine so weiche Natur. Schon als er einst auf Island ornithologischen Untersuchungen oblag, trieb ihn das Heimweh nach wenigen Wochen wieder nach Hause.

Und jetzt der Anblick von Lado, nach dieser gefühlten Ewigkeit bei den Njam-Njam. Junker war nach seiner Befreiung in Lado gewesen, doch das ist Jahre her, und jetzt erkennt er die kleine Stadt nicht wieder: *Regelmäßige breite Straßen liefen dem Fluss parallel und waren von mehreren schmälern Querstraßen durchschnitten,* alle von größter Sauberkeit. Tränenverhangenen Blicks sieht der Ankömmling Geschäfte, ein Krankenhaus, eine Apotheke, eine Moschee und Koranschule. Früher standen in Lado wie überall in Afrika Strohhütten, aber warum in einer Hütte wohnen, wenn man sich auch ein Haus bauen kann?

Niemand hätte etwas dabei gefunden, wenn Emin Bey es nur für sich und seine obersten Beamten getan hätte, oder besser: hätte tun lassen.

Was für Beglaubigungen aus Stein!

Die Menschen hier denken, fühlen und glauben in Hierarchien, wissen die Europäer. Aber Emin Bey war das egal. Er ließ eine Ziegelbrennerei errichten, und darum hat Lado jetzt mehr Häuser als Hütten, es ist eine richtige Stadt kurz vor dem Äquator. Und was für Regierungsgebäude! Kein Zweifel, die Departementsschreiber und Ordonnanzen residieren. Auch die Speicher und Magazine scheinen Junker über die Maßen eindrucksvoll, selbst wenn viele beunruhigend leer sind, namentlich das Pulver-Magazin.

Und nun das Wohnhaus des Freundes.

Gewiss ist bei der Wirkung, die Lado auf das Gemüt des Forschers macht, in Rechnung zu stellen, dass schon der Anblick eines Fensters mit Blümchenvorhängen ihn zu rückhaltlosem Weinen bringen kann.

Und das Fenster ist schließbar wie auch die Türen. Dann tritt er in ein Zimmer mit richtigem Schreibtisch voller wissenschaftlicher Instrumente, einer Bibliothek und Ausblick auf die Zitronenhaine oder – von Emins Amtssitz aus – auf einen kleinen Garten mit Melonenbäumen und Blumenranken. Wilhelm Junker bricht vor Rührung zusammen.

Schade nur, dass das alles gleich verloren sein würde.

Während die beiden Ornithologen auf den Dampfer warten, fällt im April die Nachbarprovinz. Zwar war ihr Gouverneur, der unglückliche Brite Frank Lupton, entschlossen, bis zum letzten Mann zu kämpfen, auch hatte er bereits drei Kanonen auf seine Bastion gestellt. Leider ist ihm seine Armee bis auf den letzten Mann weggelaufen, nur die drei Kanonen blieben, wo sie waren. Der Nachbar konnte seinem Amtsbruder dieses Missgeschick noch persönlich per Brief anzeigen, bevor er gefangen und in Ketten gelegt wurde, und er fügte hinzu: *Geben Sie acht: etwa 8000 bis 10 000 Mann sind schwer bewaffnet auf dem Weg zu Ihnen.*

Am selben Tag traf zur Bekräftigung noch ein zweites Schreiben ein, das war vom Emir des Mahdi persönlich. Nach einer Aufzählung der ruhmreichen Taten des Mahdi forderte Emir Keremallah den Gouverneur von Äquatoria auf, sich zwecks Unterwerfung mit seinen Leuten umgehend bei ihm einzufinden.

Während Junker noch immer abwechselnd auf Emins Zitronen und die Blümchenvorhänge blickt, beschließt der Benachrichtigte, umgehend eine Vollversammlung Lados einzuberufen. Seine Frage lautet:

Wollen wir kämpfen oder wollen wir uns ergeben?

Wir wollen uns ergeben!, ruft ganz Lado wie ein Mann. Emins neuer Stellvertreter und der Schullehrer werden zu Emissären ernannt, dem Emir des *Fakirs* diese Botschaft zu überbringen. Den Gouverneur selbst aber ernennt sein Volk zum Vorsitzenden der Delegation.

Das Rückgrat der öffentlichen Ordnung zögert. Was würde geschehen, wenn er Lado den Rücken kehrt, und sei es nur für einen Tag? Sympathisanten des Mahdi sind auch unter seinen Leuten. Manchmal, wenn ihm sehr fatalistisch zumute ist, hält er seine Schreiber für *eine Rotte Trunkenbolde und Spieler, größtenteils Landsleute der Rebellen.* Auch pflegen sie auf ihre christlichen, näherhin koptischen Mitbeamten neuerdings klaftertief hinabzusehen. Als in deren Viertel ein Brand ausbricht, sind sie nicht zu bewegen, beim Löschen zu helfen. Sie halten das Feuer für eine Art Gottesurteil, oder soll es Zufall sein, dass es nicht bei ihnen brennt, sondern bei den Christen?

Emins Entschluss steht schnell fest: Er bleibt da, er wird seine Stadt nicht verlassen. Der Kadi, der Schullehrer und sein neuer Stellvertreter aber wollen allein nicht losgehen. Diesem Stand der Dinge zufolge muss das Heer des Mahdi, wie es bislang unter Eroberern üblich war, zum Erobern persönlich vorbeikommen. Emin nennt den *Fakir* inzwischen vornehmlich den *falschen Propheten*, was die Angst vor seiner Ankunft durch Mutwillen verbirgt.

Er schickt einen Boten zu dem forschenden Italiener, der sicher noch im Kreis der Mädchen von Mombuttu sitzt, die nichts tragen als Schwarz. Er kann das verstehen, sehr gut sogar, aber jetzt, lässt er Casati ausrichten, sei das leichtsinnig. Er soll nach Lado kommen, sofort.

Von seiner Station Makraka erreicht Emin die Nachricht, dass der dortige Befehlshaber alle Unteroffiziere zusammengerufen und ihnen befohlen habe, Lebensmittel zu nehmen, so viel sie tragen können, und zu gehen, wohin sie wollen, denn es gäbe kein Gouvernement mehr. Souverän ist, wer über den Ausnahmezustand entscheidet? Emin schickt sofort einen Offizier, um den Offizier von Makraka festzunehmen.

Wegen Amtsanmaßung.

Die Weber des aufrührerischen Ortes sind auch schon zum Mahdi übergelaufen. Der Verlust der Weber von Makraka schmerzt Emin am meisten, denn die Uniformen seiner Leute wie seine eigenen verwandeln sich immer mehr in Lumpen, und es widerstrebt ihm, nicht tadellos gekleidet dem Untergang ins Auge zu sehen.

Wo die Uniform nicht mehr sitzt, ist bald alles verloren, das ist seine Überzeugung. Allerdings ist der Niedergang der Kleiderordnung nicht überall sichtbar, der Erforscher der Njam-Njam etwa trägt nur noch seinen besten Anzug, allerdings weniger um die Zuversicht des Gouverneurs zu heben: Er hat keinen anderen mehr.

Emin Bey fürchtet, dass Makraka-Verhältnisse auf sein ganzes Reich übergreifen könnten.

Doch es gibt auch Überraschungen, ja große Freuden in diesen bangen Wochen, auf die er nicht gefasst war. Die Schwarzen von Makraka halten zu ihm! Er hat sie immer gut und gerecht behandelt, und doch hätte er nie angenommen, dass man sich auf die Eingeborenen verlassen kann. Nie wäre er auf die Idee gekommen, mit ihnen ein Bündnis zu schließen. Zu wankelmütig, zu misstrauisch sind sie. Zu sehr leben sie in ihrer eigenen Welt und ertragen die Fremden, egal, wer sie sind, nur, wie man Plagen erträgt, gegen die man sich nicht wehren kann.

So nehmen sie auch keinerlei Anteil an den landwirtschaftlichen Versuchen ihres Gouverneurs, nie würden sie etwas anbauen, was sie nicht immer schon angebaut haben: *Was dem Vater genügte, befriedigt auch den Sohn.* Das sei nun einmal so. Es gibt für das Tun der Landeskinder nur eine einzige Rechtfertigung: dass es schon immer so gemacht wurde. Darum hält ein Schwarzer auch fast nie einen Vogel oder ein anderes Haustier, ebenso wie er nie auf die Idee käme, sich einen Blumengarten anzulegen. Diese Resistenz gegenüber allem, was für Emin Bey das Leben erst lohnt, rückte ihm seine schwarzen Untertanen schon immer ein wenig fern.

Umso mehr rührt ihn jetzt ihre Treue.

Die Leute vom Stamm der Bari, die Junker und seinen Diener Akka Akangai bei ihrer Ankunft so beeindruckten, haben sich hingegen schon aufs andere Flussufer zurückgezogen. Sie wollen nicht versehentlich in die Schusslinie geraten.

Wenn der Kaffee doch nur gedeihen würde!

Junker späht inzwischen abwechselnd nach der Richtung, aus der der Dampfer kommen, und der, aus der der Mahdi kommen müsste.

Als er es nicht mehr aushält, packt er alle seine Tagebücher zusammen und bricht mit einer kleinen Karawane gen Süden auf.

Er will sich durchschlagen bis zur Ostküste.

Der Zurückbleibende beginnt, seine Stadt mahdifest zu machen.

Am 22. Oktober 1884 schreibt er einen Brief an Professor Schweinfurth, Koryphäe der deutschen Afrikaforschung, der ihm einst die Kaffee-Pflänzchen schickte:

Inzwischen habe ich Lado zu einer ganz respektablen Festung umgeschaffen, mit tiefem Wallgraben, hohen Wällen, Bastionen, Zugbrücken u.s.w. Wenn es nun einmal ans Sterben gehen soll, so wollen wir wenigstens einen ehrlichen Soldatentod sterben. Und weit ist das nicht von uns, glaube ich.

Er hat das gut gesagt.

Nur wie soll er diesen Brief auf die Post geben?

König Leopold liest Zeitung

Hinter der leuchtend weißen Häuserreihe am Hafen von Sansibar beginnen enge, schmutzige, übel riechende Gassen. Denn was ist ein öffentlicher Weg anderes als eine Gemeinschaftslatrine?

Wahrscheinlich wohnen auch die vier Eroberer im *Hôtel d' Afrique Central*, wie nach ihnen Frieda von Bülow. Sie wird ihre ersten Schritte an Land, ihren ersten Weg in Sansibar, vom Hafen zum Hotel einmal so beschreiben: *Gegenüber dem Residenzschloß steht am Meere die Menagerie seiner Hoheit, bestehend aus sechs bis acht morschen Käfigen, in welchen sich ein ziemlich zahmer Löwe, eine Löwin, ein Stachelschwein, ein Jaguar … befinden. Die Straßenluft wird durch diese Sehenswürdigkeit natürlich nicht verbessert.*

Sansibar ist ein Sultanat, wie die ganze ostafrikanische Küste weit und breit steht es nicht erst seit gestern unter arabischer Herrschaft, der sich auch die zahlreichen indischen Händler beugen. *Seine Hoheit* ist der Sultan Said Bargasch.

Dessen Vater, Sayyid Said, Sultan von Oman, hatte seinen Regierungssitz einst von Maskat nach Sansibar Stadt verlegt. *Unter dem*

Sultan Bargasch mit Ministern

Schlafgemach des Sultans, einem frei auf hohen Säulen stehenden Haus,
ist ein Panther als Kettenhund angebunden, den die Vorübergehenden
mit Stöcken ärgern. An das Schlafhaus schließt sich der Harem, ein lan-
ger Bau mit himmelblau angestrichenen Fensterläden, der durch einen
blütenreichen Garten von der Straße getrennt wird.[35] Aber vielleicht haben die Ankömmlinge gar keinen Blick dafür, vielleicht nehmen sie
nicht einmal wahr, dass der Sultan seinen Palast am Abend neuerdings mit elektrischem Licht beleuchtet. Das zählt selbst in Europa

noch zu den Außerordentlichkeiten, seit zwei Jahren erstrahlt der Potsdamer Platz in Berlin in seiner Überhelle.

Der Sultan steht im Ruf der Extravaganz.

Seltsamerweise scheint niemand über die Ankunft der vier Akademiker erstaunt, was nicht allein daran liegen kann, dass am Hof des Sultans Herren aus nahezu allen größeren europäischen Ländern verkehren, wobei Peters auch hier sofort die Briten unangenehm auffallen.

Im Hafen liegen britische Kreuzer, zu seinem Schutz, wie der Sultan glaubt, und nur böswillige Beobachter würden behaupten, dass die Kanonen nicht ganz zufällig auf seinen Palast gerichtet sind. Aber was kann dem Sultan schon geschehen, solange Sir John Kirk Konsul und Resident bei Hofe ist?

Obwohl auch der Sultan weiß, Kirk kann schwierig sein, sehr schwierig sogar. Er hat ihn durch hartnäckige Beschwerde gezwungen, seinen großen Sklavenmarkt zu schließen. Eine solche Einrichtung passe nicht in die neue Zeit, sie sei unwürdig, erklärte Kirk dem Sultan. Dieser verstand nicht recht, doch er kannte jene britische Eigenart, die dieses in seiner Heimat frierende Volk Diskretion nennt. Sie ist eine Abgesandte der Kälte, sie passt nicht nach Sansibar, doch der Sultan wollte seinen Lieblingskonsul nicht verärgern, und außerdem wollte er elektrisches Licht und eine Eisfabrik. Warum also, fragte sich der Sultan, den Sklavenhandel statt an einem großen öffentlichen Ort nicht an vielen kleinen, nicht ganz so öffentlichen Orten abhalten? Sie wären beide zufrieden.

Es handelt sich um eine empfindliche Freundschaft, um ein durchaus prekäres Gleichgewicht gegenseitiger Abneigung bei gewinnend ausgestrecktem Arm zwischen dem Sultan und seinem Lieblingskonsul, man nennt das auch Diplomatie.

Überhaupt scheinen die Briten die ganze Region nur aus Nachlässigkeit noch nicht als ihr Eigentum reklamiert zu haben. Wahrscheinlich sind sie der Ansicht, sie gehöre ihnen bereits. Andererseits hatte vor einigen Jahren der Direktor der *British India Steam Navigation Co.*, Mr. William Mackinnon, einen Vertrag mit dem Sultan abgeschlossen, welcher dem Empire die alleinige wirtschaftliche Kontrolle über das Hinterland bis zu den Seen gab. Doch dieses versäumte es in einem Akt grober geistiger Fahrlässigkeit, den Vertrag zu ratifizieren.

Das alles aber, so glauben die vier Mechaniker, sei kaum geeignet, den Gleichmut, ja die Selbstverständlichkeit zu erklären, mit der die Abgesandten der verschiedensten europäischen Nationen die Ankunft der vier anonymen Konquistadoren registrieren. Als würden sie längst erwartet. Und dann nimmt sie die *Societé Internationale* in ihre Mitte auf, wie man die eigenen etwas säumigen, etwas verbummelten Genossen begrüßt.

Die *Societé Internationale* gehört dem belgischen König Leopold. Es ist unumgänglich, die *Societé Internationale* oder *Association Internationale du Congo* und den König an dieser Stelle etwas ausführlicher vorzustellen. Belgien hat vor, zur größten Kolonialmacht weit und breit zu werden, und mit dem Kongobecken fing es an. Das vor Dschungeln und Sümpfen dampfende Innere Afrikas ist ungefähr einhundertzehnmal so groß wie Belgien und damit gerade groß genug, wie es findet. Oder richtiger: Nur ein einziger Belgier ist dieser Ansicht, der König. Die Übrigen haben sich noch nie für Kolonien interessiert und tun das auch jetzt nicht. Ihre Verfassung lässt genau genommen auch gar keine Kolonien zu.

Der König ist sehr unzufrieden mit seinem Volk.

Aber ist es überhaupt sein Volk?

Bis vor einigen Jahren besaß Belgien gar keinen König, und es hatte auch nie einen vermisst, es gehörte ohnehin zu den Niederlanden. Leopold ist ein Spross des unterprivilegierten Hauses Coburg, dessen von Generation zu Generation vererbte Demütigung darin bestand, lediglich zwei eher unbedeutende deutsche Herzogtümer zu regieren, weshalb es allen Ehrgeiz dareinsetzte, in den gesamten europäischen Hochadel einzuheiraten. Leopolds Vater blieb aber auch diese Genugtuung versagt, und so bot er sich den Belgiern als König an, worauf ihn der belgische Nationalkongress in aller Form fragte, ob er die nagelneue Krone ihres Landes annehmen wolle.

Das war Leopold I. Leopold II. versprach, Belgien groß zu machen, sehr groß.

Es ist schon groß genug, antworteten die Belgier, oder sie dachten es nur. Es ist eine Nation von Kaufleuten, sie sind beschäftigt.

Leopold II. las im November 1875 wie jeden Morgen die Londoner *Times*. Als er erfuhr, dass ein junger englischer Forschungsreisender soeben dreiviertel tot vom Skorbut eine dreijährige Wanderung von der Ostküste Afrikas zur Westküste Afrikas beendet hatte, wusste er, wo sein Reich liegen würde: im Innern Afrikas, im Kongobecken. Unermesslich reich sei es, Gold, Silber, Kupfer und Eisen würden gleichsam aus der Erde quellen, las der neue König.

Natürlich würde er einen Zugang zur Ost- und zur Westküste brauchen. Und zum Mittelmeer. Kurz, Leopold sah vor sich die totale Kolonie. Zwar hatte der junge britische Forschungsreisende, Lieutenant Verney Lovett Cameron, das Kongobecken bereits vorsorglich im Namen des Empire annektiert, doch die Regierung weigerte sich rundheraus, das Geschenk anzunehmen. Leopold aber ließ das Verschmähte nicht mehr aus den Augen.

Um die etwas größeren europäischen Nachbarn nicht aufmerksam zu machen und seine Mit-Belgier nicht zu befremden, lud er die bekanntesten Forschungsreisenden, Geographen und Missionare im Jahr eins nach seiner *Times*-Lektüre zu einem humanistischen Afrika-Kongress in seinen Palast und ließ sie wie Staatsgäste bewirten. Er selbst hielt die Eröffnungsrede. Ob die Teilnehmer nicht wie er die Zeit für gekommen hielten, *der Zivilisation den einzigen Teil des Globus zu eröffnen, der bislang noch nicht betreten wurde, die Dunkelheit zu erhellen, die über ganzen Völkerscharen* hinge?

Ob sie nicht wie er der Meinung seien, dass dem Sklavenhandel auf diesem Kontinent, näherhin im Kongobecken endlich der Kampf anzusagen sei? Ja, der zweite König der Belgier scheute nicht vor dem Wort *Kreuzzug* zurück, schließlich waren auch Missionare im Publikum, und jede Missionierung ist ein kleiner Kreuzzug.

Ob es die Anwesenden folglich nicht wie er für geboten hielten, endlich Routen ins Innere Afrikas, näherhin ins Kongobecken zu eröffnen, Routen der Freundschaft, mit Stationen, *gastfreundlich, friedensstiftend* und im Dienste der Wissenschaft?

Ja, seine Vision reiche noch weiter, erklärte Leopold, sie reiche bis an das ebenso folgerichtige Ziel jenes hoffentlich mit der Zustimmung aller Anwesenden einzuschlagenden Weges. Auch wenn es, dessen sei er sich durchaus bewusst, heute noch utopisch klänge: Zu begründen sei eine *Konföderation freier Neger-Republiken.* Großer Beifall der Gäste. In jedem von ihnen, er weiß es, schlägt ein afrikanisches Herz. Ein einfältiges Herz, weiß Leopold.

Neun Jahre sind vergangen, seit der König im November 1875 die *Times* las, acht seit jenem denkwürdigen Kongress. Das Kongobecken gehört ihm. Kein anderer als Henry Morton Stanley, der Mann, der Livingstone fand, hat es für ihn erobert, fünf Jahre lang. Doch es fehlen noch die Zugänge zum Mittelmeer, zum Atlantischen und zum Indischen Ozean. Und ebendeshalb sammelt die *Societé Internationale* hier ihre Truppen.

Nicht ohne Erschütterung hören die Neuankömmlinge, dass die Leopoldianer die gleichen Ziele haben wie sie. Alle scheinen Carl Peters und seine beiden Offiziere sowie den Zivilisten Otto zum Expeditionskorps des belgischen Leutnants Bekker zu rechnen.

Ein Instinkt warnt die falschen Belgier, diese Wahrnehmung zu stören, auch wollen sie möglichst am nächsten Tag schon aufs Festland übersetzen, bevor jemand Gelegenheit findet, den Irrtum zu bemerken. Außerdem, überlegen die vier Theoretiker, müssen sie um des Erfolgs willen schneller sein als die sich sammelnden Truppen des Leutnants Bekker.

Der scheint seltsamerweise alle Zeit der Welt zu haben. Die Kunde von bis an die Küste schwärmenden Massai-Kriegern und einer Hungersnot im Landesinnern mindert seinen Tatendrang erheblich. Außerdem haben die Belgier bereits ein Netz von königlichen Stationen von West nach Ost gezogen, das voraussichtlich auch in der nächsten Woche noch da sein wird. Warum also die Dinge überstürzen?

Peters, Jühlke und Graf Pfeil verbringen tief beunruhigt ihre erste afrikanische Nacht auf nichtschwankendem Boden. Zur Gewährleistung eines schnellstmöglichen Aufbruchs haben sie die Aufgaben – Gepäck dirigieren, Gastgeschenke kaufen – schon an Bord der *Bagdad* verteilt, als eine Nachricht aus dem deutschen Konsulat sie aufhält. Die Neuankömmlinge werden dringlich gebeten, dieses unverzüglich aufzusuchen.

Augen, die von innen sehen

Ich tue nichts … Betäubung kann man in Berlin ja jederzeit finden, aber die will ich nicht. Ich will Kraft.[36]
Kraft ist die Utopie aller Depressiven. Sie liest Margaretes *Jonas Briccius* wieder, ihren zweiten Roman, über den Landpfarrer, der seinen Glauben wie eine Festung bewohnt und das Dorfluder heiratet, um es zu erlösen.

Mauthner sagt, der *Briccius* erfülle, was in den *Riffelshausenern* noch Versprechen war. Überhaupt sei die *Poesie des deutschen Pastorenhauses … wohl kaum von einem weiblichen Autor so tief empfunden worden wie von Margarete von Bülow.* Ihre bei den Herrnhutern erworbene Gottlosigkeit sei nicht Hohn geworden, sie beuge sich vielmehr mit Turgenjew'scher Melancholie über den Glauben wie über eine abgelebte Welt. Sagt Mauthner, die Autorität, die Margarete zur Schriftstellerin promoviert hatte.

Frieda sieht ihn jetzt öfter. Sie will die Bücher ihrer Schwester herausgeben, gemeinsam mit Mauthner und Margaretes väterlichem Verehrer Schmidt, das ist sie ihr schuldig. Fritz Mauthner wird bald Sätze schreiben wie: *Margarete von Bülow war ein großes, deutsches Talent, das seine Vollendung nicht erlebte und dessen Schöpfungen trotzdem den neuerdings so hoch geschätzten Leistungen des jungen Skandinavien ebenbürtig sind.*[37]
Manchmal sieht er Frieda an und sagt, Margarete habe Augen gehabt, die alles wie von innen zu sehen schienen. Sie habe dieselben

Augen. Wird ihr kalt bei diesem Nachsatz, so wie sie in den ersten
Worten den Bruder im Geiste zu erkennen meinte?

Aber warum sollte sie eigentlich nicht Margaretes Augen haben?
Sie dichtet sich in ihre eigene Willenswelt hinein:

Ich mag nicht sterben, mag nicht leben.
Wo sind die Guten, sie zu lieben,
Wo ist der Kampf – ich will ihn wagen!
Gebt mir den Schmerz, ich will ihn tragen![38]

Wo ist der Kampf, ich will ihn wagen? So klingt keine junge Frau aus
gutem Hause, die geheiratet werden will. Sie weiß es selbst. Was sie
macht, sie macht es falsch. Sie macht sogar die falschen Gedichte.

Mark fünftausend mindestens. Die Afrika-Aktie

Das deutsche Konsulat auf Sansibar wird geführt vom Kaufmann
O'Swald aus Hamburg, dessen Sinn für Distinktion, ja fast möchte
man sagen fürs Außergewöhnliche sich bereits in der kleinen, andeu-
tungshaften Trennung seines so gewöhnlichen Namens zwischen dem
ersten und dem zweiten Buchstaben verrät. In dem nur vermeintlich
langmütigen und damit täuschenden Tonfall seiner nördlichen Heimat begrüßt Herr O'Swald Peters und Jühlke; Graf von Pfeil soll währenddessen ein Boot für die Überfahrt mieten. Herr O'Swald hätte
ihn vielleicht wiedererkannt, denn der junge Mann ist in seinem Büro
vor Jahren, auf seiner Rückfahrt von Südafrika, fast ohnmächtig geworden. Es war ein heftiger Tropenfieberanfall. Der Konsul hatte dem
Grafen damals erlaubt, sein Sofa zu benutzen und durch einen kurzen Schlaf seine Kräfte so weit wiederherzustellen, wie es unabdingbar war, wollte er sein Schiff vor dessen Abfahrt noch erreichen.

O'Swald mustert die beiden Reisegefährten des Grafen, vielleicht
ist er erstaunt ob ihrer Jugend, er erkundigt sich nach der Zuträglich-
keit ihrer Reise, um ihnen dann recht unverzüglich einen Erlass des
Reichskanzlers Bismarck, sie betreffend, vorzulegen.

Die Freunde lesen:

Die Regierung sei davon in Kenntnis gesetzt worden, *daß ein gewisser Dr. Peters sich nach Sansibar begeben habe, um im Gebiet Sr. Hoheit des Sultans von Sansibar eine deutsche Kolonie zu gründen. Falls der ›p.p. Peters‹ wirklich in Sansibar eintreffen sollte, so wolle der deutsche Konsul ihm eröffnen, daß er dort Anspruch weder auf Reichsschutz für eine Kolonie, noch auf Garantie für sein eigenes Leben habe. Gehe er dennoch mit seinem Plan vor, so geschehe dies lediglich auf seine eigene Gefahr und Verantwortung.*[39] Nach Beendigung der Lektüre blickt Konsul O'Swald seinem Besuch bekräftigend in die Augen und versichert ihm, im Übrigen nicht in dessen Geheimnis dringen zu wollen. Er wünsche für ihren Aufenthalt hier das Beste.

Benommen treten Peters und Jühlke vor die Tür des Konsuls, hinaus in die blendende südliche Sonne.

War dies das Ende?

Es war das Ende. Es war der Nachmittag des 7. November 1884.[40] Ihr Verstand stand still.

Sie müssen umkehren, aber das können sie nicht.

Sie können es nicht laut Beschluss der *Gesellschaft für Deutsche Kolonisation* vom 16. September, Punkt 6: *Der Ausschuß spricht die feste Erwartung aus, daß die Herren keinesfalls …* etc., etc. Jühlke fasst sich als Erster, er legt den Arm um seinen Freund und sagt: *Dann laß uns zusammen sterben, Peters!* Der sieht ihn prüfend an. Wahrscheinlich sagt er lange nichts. Am Abend schließlich schreibt er eine düsterdreiste Antwort an den Fürsten von Bismarck.

Er sei sich nicht bewusst, um Reichsschutz an der Küste von Sansibar nachgesucht zu haben. Das Vaterland möge mit seinen abschlägigen Bescheiden in Zukunft warten, bis er um etwas gebeten habe.

Und welches Recht besitzen sie, das ihnen anvertraute Kolonisationskapital zu veruntreuen?

Es ist nicht allzu viel, es ist überhaupt nicht viel, aber ebendieser Umstand verpflichtet umso mehr. Es wäre das Einfachste gewesen, einen Großkapitalisten zu gewinnen, aber welcher Industrielle sollte einem angehenden Privatdozenten, dessen Namen noch niemand gehört hat, ein Eroberungskapital anvertrauen? *In dem gänzlich kontinentalen Deutschland, dem Polizeistaat, dem Lande des Bierphilistertums,*[41] wie es der junge Mann einmal formulieren wird, der im Büro des Konsuls einst beinahe ohnmächtig geworden war.

Es war ihnen nichts übriggeblieben, als sich an die Mindervermögenden zu wenden, an die also, die ihr Geld besser festhalten sollten und denen noch keine Zukunft versprochen war. Beide Befindlichkeiten pflegen meist parallel aufzutreten. Peters wandte sich an die Moderat-Verzweifelten.

So entstand die Aktien-Idee.

Außerdem, wussten Pfeil und Peters, hatten sich die frühen englischen Adventure-Gesellschaften genauso finanziert. Und wie diese hoffte er: Die Rechtmäßigkeit ihrer Erwerbungen würde schon anerkannt werden, wenn nicht gleich, so doch später, nach Maßgabe der Tatsachen. Mit 5000 Mark konnte jeder ein Stück Afrika der Zukunft erwerben.

Die Anteilsscheine hatten folgenden Wortlaut:

Der Unterzeichnete verpflichtet sich, den Herren Dr. Carl Peters, Graf Behr-Bandelin, Dr. jur. Jühlke, Dr. Friedrich Lange und Graf Joachim Pfeil, als Vertretern des Ausschusses der »Gesellschaft für Kolonisation« gegenüber, sich mit

Mark fünftausend mindestens

an der Anlegung einer selbständigen deutschen Ackerbau- und Handelskolonie in Südafrika zu beteiligen. Der Unterzeichnete verpflichtet sich, bis zum 5. September d. J. 20 Prozent, den Rest in Raten von je tausend Mark binnen vier Wochen nach jedesmal durch Herrn Friedrich Lange im Auftrag des Ausschusses erfolgter schriftlicher Aufforderung einzuzahlen. Die obengenannten Herren als Vertreter des Ausschusses der »Gesellschaft für deutsche Kolonisation« verpflichten sich, die von den Unterzeichneten gezeichneten Gesammtsummen als Norm für die Zumessung seines Anteils an dem zu kaufenden Lande nach Qualität und Quantität gelten zu lassen.[42]

35 Zeichnungen gingen ein. 35 Deutsche glaubten an sie. Das war Auftrag genug.

Möglichst unauffällig, um die *Societé Internationale* nicht zu stören, wollen sie Träger und geeignete Tauschartikel beschaffen, wie sie es in Romanen und Reiseberichten immer wieder gelesen hatten. Aber egal wo sie es versuchen, immer wieder bekommen sie die gleiche Auskunft: Das Handelshaus Hansing & Co werde ihnen weiterhelfen. Das Erobererquartett zögert; gerade Hansing & Co wollen sie umgehen, denn sie können der Hamburger Firma, die ein Kontor in Sansibar unterhält, schlecht verbergen, wozu sie Träger und Tauschartikel brauchen. Was, wenn die arroganten Hanseaten reagieren wie der Reichskanzler, oder schlimmer noch, wenn sie sie einfach auslachen?

Der Kaufmann Justus Strandes ist noch jung, gleichwohl obliegt ihm die offizielle Vertretung von Hansing & Co. Er hat bereits von den vier Landsleuten gehört, die bei der Erweiterung Belgiens mithelfen wollen, obwohl die Briten zu wissen meinen, dass diese Germanen vielmehr einen *shooting trip*, einen Jagdausflug ins Landesinnere, planen. Der Handelsherr empfängt die vier, von denen drei, wie er nur allzu schnell bemerkt, von Afrika nicht die mindeste Ahnung haben, auf der kühlen Veranda seines Hauses. Er spürt sofort, dass etwas nicht stimmt mit ihnen; seine Fragen sind so direkt, wie die Höflichkeit es noch eben erlaubt. Der Expeditionsführer antwortet so indirekt, wie es die Höflichkeit noch eben erlaubt. So umkreisen sie sich, bis der Besucher sich doch gezwungen sieht, Art und Zweck seiner Exkursion aufs Festland wenigstens anzudeuten. Denn wie sonst soll er, Justus Strandes, ihm die geeignete Ausrüstung zur Verfügung stellen? Carl Peters sieht sich außerstande, sich diesem Argument zu verschließen.

Er beendet seine Eröffnung mit der Ankündigung, am nächsten Tag aufbrechen zu wollen. Der Sansibarer Geschäftsführer von Hansing & Co. lächelt. *»Vor drei bis vier Monaten …«*, fügte er hinzu, *»werden Sie kaum ins Innere gehen können; einerseits wird Ihre Ausrüstung so viel Zeit beanspruchen, andererseits herrscht auf dem Kontinent eine* *allgemeine Hungersnot von Mosambik die ganze Somaliküste hinauf. Drei bis vier Monate ist überhaupt die normale Zeit für derartige Vorbereitungen.«*[43] Der so Gewarnte erklärt nun, dass sein Entschluss unabänderlich sei, bei ganzem Bewusstsein, dass sie *an einer mangelhaften Ausrüstung zugrunde gehen könnten.* Der Warner versichert, dass er in diesem Falle seiner Machtlosigkeit und ihres sicheren Verderbens doch alles zu tun gedenke, was ihm in der Kürze der Zeit möglich sei. Auch bitte er die Todeskandidaten, am Abend wiederzukommen und ihm die Ehre eines kleinen Diners zu geben.

Jühlke und Peters kehren mit einem ungemeinen Gefühl der Erleichterung ins Hotel zurück. Dieser Strandes ist doch ein gewinnender Mann. Zwar hat sich an der Wahrscheinlichkeit ihres baldigen Ablebens nichts geändert, im Gegenteil, aber der Weg dorthin liegt nun immerhin klarer, praktikabler vor ihnen als noch vor Stunden. Zumal sie im Hotel erfahren, dass Graf von Pfeil in der Zwischenzeit eine Dau gemietet hat, ein landesübliches arabisches Segelschiff mit zwei Masten.

Die Gebetenen erscheinen pünktlich, um das wohl letzte festliche Diner ihres Lebens einzunehmen und Näheres über den Stand der Vorbereitungen zu erfahren, als der junge Kaufmann den ebenso jungen Expeditionsführer in ein Nebenzimmer bittet. In dem Vertrauen, dass die Jugend der Jugend gegenüber hat, teilt er Peters mit, über ihre eigentlichen Pläne sehr wohl unterrichtet zu sein, und er rate zur Vorsicht, denn an dem Diner würden auch Mitglieder der belgischen Expedition teilnehmen. Als sie sich Stunden später verabschieden – die Belgier sind längst gegangen –, weiß Peters, dass er in dem jungen Hamburger einen Sympathisanten und Förderer hat, einen Sympathisanten und Förderer der letzten Stunde.

Die Europäer von Sansibar sehen am folgenden Tag Vorbereitungen zu einer allerseltsamsten Expedition zu, die sich von einem Selbstmordkommando nur schwer unterscheiden lässt: *Mein Bestreben war, gegen den Rat aller Sachverständigen, so wenig Munition und Lebensmittel mitzunehmen wie nur irgend möglich. Statt 100 Pfund Zucker, die wir gekauft hatten, nahm ich nur 30 Pfund, statt 50 Zinnbüchsen Gemüse nahm ich nur 15, Mehl gar nicht, Kompotts gar nicht usw.*[44] Weniger Lebensmittel, mehr Geschenke! Mehr Talare, mehr Tuch und Perlen! Jeder Stanley-Leser weiß, dass Baumwollstoffe und Glasperlen aus Venedig die beiden einzigen Währungen sind, die im Innern Afrikas gehandelt werden. Wobei mancher Stamm nur rote Perlen nimmt, ein anderer dagegen nur blaue. Dazu lässt der Expeditionsführer 25 Husarenjacken einpacken. Was man auf dem Kontinent braucht.

Am Dienstag, dem 3. November, sind sie angekommen, am Sonntag, dem 9. November, sind alle mittags an Bord der kleinen Dau, um die Insel des Sultans zu verlassen. Doch kein Windhauch rührt sich, die Segel des bedenklich morschen Bootes, das Graf von Pfeil zu einem fünffach übertreuerten Preis gemietet hat, wie Peters einmal versichern und was zu bestreiten der Graf nie müde werden wird – die Segel dieses Bootes hängen schlaff herab. Es ist, als ob der Wind selbst sich ihrer Fahrt verweigere, es herrscht eine geradezu schopenhauerische Windstille. Was für eine Verneinung des Willens zur Tat! Erst am nächsten Morgen, bei sinkender Flut, sei auf Besserung zu hoffen, erklären die Vertreter der Firma Hansing & Co. Peters gibt nach.

Nachts um drei Uhr, befiehlt er, sind alle wieder da! Alle, das sind das Eroberquartett, sechs einheimische Diener, die Strandes engagiert hat, sowie der Kapitän der Dau. Der früheste Morgen findet die Europäer am Schiff, aber allein. Sie warten, sie warten lange und sehr vergeblich. Der 27-jährige Oberbefehlshaber hat viel Zeit, darüber nachzudenken, über wie viele Dinge er eigentlich keine Befehlsgewalt besitzt, etwa über den Zeitbegriff der Einheimischen. Nachts um drei Uhr schlafen sie noch. Sich darin nicht irritieren zu lassen: Auch das ist Autonomie. Drei Stunden später, nach Sonnenaufgang, fehlt nur noch einer. Peters beendet dessen Nachtruhe mit Hilfe eines deutschen Kapitäns persönlich.

Die Vertreter der Firma Hansing & Co. warten auch schon seit Stunden, um die kleine Dau mit den Herren, die sie nie wiedersehen werden, ins offene Meer zu entlassen. Ein leichter Wind schwellt die Segel, als das zerbrechliche Schiff den Hafen von Sansibar verlässt. Es ist ein vollkommener Morgen, das unendliche Blau des Meeres geht in das des Himmels über. Der Expeditionsleiter bemerkt es.

Er könnte jetzt darüber nachdenken, dass es zu den Bedingungen der Wahrnehmung des Schönen gehört, es nicht besitzen zu wollen. Kein Eroberer wird es jemals zu einer einigermaßen haltbaren Ästhetik bringen.

Zuerst verblassen die weißen Taschentücher am Hafen, deren letzte Grüße sie schon verloren geben, dann verblasst auch der weiße Häuserkranz von Sansibar. Das Empfinden einer unendlichen Einsamkeit überkommt die Eroberer, und jede Einsamkeit ist grenzenlos. Das Meer sickert durch die Planken des Bootes, sie halten es durch fortwährendes Schöpfen über Wasser. Acht Stunden später sehen sie den zu erobernden Kontinent aus dem Meer steigen. Die Bucht von Saadani, der sie zusteuern, ist flach; die Dau läuft mit einer Wucht auf Grund, die sie in allen Fugen krachen lässt. Der Oberbefehlshaber und seine beiden Offiziere sehen sich erschrocken an. Wenn das Boot jetzt entzweibräche, wäre nicht nur das Bestechungsgut ins Wasser gefallen, sondern die ganze Expedition. Sie warten, sie lauschen dem alten Schiffskörper den kleinsten Seufzer ab. Dann die Erleichterung: Er hält. Bis zum Ufer sind es noch fast dreihundert Schritte. Erst die Flut wird die Dau heben und so weit tragen, dass sie sich entladen lässt. Peters weiß, so lange kann er nicht warten.

Soll er die dreihundert Schritte selbst gehen?

Soll er triefend vor Nässe an den Strand des zu erobernden Landes treten? Ab jetzt zählt allein der Eindruck, den er macht.

Er muss eine Überlegenheit behaupten, die er nicht besitzt. Er winkt seinem Diener und deutet ihm an, dessen Rücken besteigen zu wollen. Der Schwarze versteht, er springt ins Wasser, er fühlt die fremde Last auf seinen Schultern und beginnt zu laufen. Der Meeresgrund ist uneben, der Träger hat Mühe, Halt zu finden, wiederholt gerät sein Kopf unter die Wasseroberfläche. Weiß er, dass dies eine historische Gelegenheit ist? Spricht kein Instinkt zu ihm? Er könnte diese leibgewordene Anmaßung, die da seine Schultern beschwert, mit sich hinabziehen, er könnte sie unter Wasser festhalten, den entscheidenden Augenblick zu lange, statt selber unter ihrem Gewicht immer wieder nach Luft zu ringen. Und dann fällt er.

Sollte das ein schlechtes Omen sein?, fragt sich der Mann auf seinem Rücken. *J'y suis et j'y reste, Hier bin ich, hier bleibe ich*, fährt es Peters durch den Sinn, es gehört zum Zitatenschatz seiner Jugend, der französische General Mac Mahon hat diesen Vorsatz während des Krimkrieges geäußert. Peters bemerkt das Lächerliche der Reminiszenz.

Und sein Träger?

Wer selbst kaum Atem genug hat, kann ihn anderen nur schwer nehmen. Auch ist der Weg zu kurz. Dreihundert Schritte bis zum Land, das ist zu wenig für Beschlüsse auf Leben und Tod. Vor allem aber: Der Sohn des schwarzen Kontinents weiß nicht recht, was die vier mit der ungesunden Gesichtsfarbe vorhaben. Warum unternehmen sie eine Reise, die schon zu Beginn über ihre Kräfte geht?

Immerhin, der da von den Schultern seines Trägers steigt, ist genauso feucht wie dieser selbst. Nur dass nasse Männer in Uniform weit lächerlicher sind als nasse Männer ohne Uniformen. Graf von Pfeil tritt kurz nach seinem Expeditionsleiter ans Ufer, er hat die Uniform ausgezogen und ist fast nackt durch das Wasser gelaufen.

Aequam memento rebus
in arduis servare mentem!

Ich werde niemals die eigentümliche Schönheit dieses ersten Marschtages vergessen. Wir stiegen vom Meere aus langsam bis auf eine Höhe von 300 Fuß. Das Meer hinter uns begann sich allmählich in jene unsagbar reizvollen Farbentöne der Tropenwelt zu kleiden, und vor uns flammte der westliche Himmel nach und nach in der Glut der untergehenden Sonne. Am fernsten Horizont im Westen lagerte dunkles Gewölk, hin-

ter welchem die Sonne etwa um 6 Uhr zu verschwinden begann. Die Luft war warm und durchsättigt von all den eigentümlich berauschenden Düften der Tropen; bunte, hellschimmernde Blumen aller Art und von allen Farben strömten fortwährend das süße, aber gefährliche Gift dieser Dünste aus. Dazwischen wiegten sich nie gesehene Schmetterlinge und Käfer von glühender Farbenpracht. Fremdartige, bizarre und oft groteske Baumformen traten links und rechts aus dem tiefen Schatten hervor, und über alle empor ragte von den größeren Erhebungen die stolze, melancholische Palme. Dazu das Schnurren, Pfeifen, Zischen, kurz, alle die unbezeichenbaren Töne der Vogelwelt, die eigentümlichen Zurufe der Neger! Der Abend sank tiefer herab, und nun begann es in den Gebüschen zu funkeln und zu leuchten. Milliarden und aber Milliarden von glühenden Leuchtkäfern schwirrten und sausten an uns vorüber; ein seltsam beklemmendes Gefühl überkam mein Herz, ungewohnt all solcher Eindrücke. Ich fühlte mich wie hinausgeworfen auf einen anderen Planeten ... Ein unaussprechliches Sehnen und eine tiefe Melancholie überkam mich.[45] Das ist nicht die Gemütsverfassung, in der man Eroberungen macht. Es ist die Stimme der Demut, es ist die Erfahrung, nur Partikel zu sein, eingelassen in ein übermächtiges Ganzes, und wenn man Glück hat, verschmäht dieses, den Partikel zu verschlucken.

Afrika ist durchzogen von schmalen, meist kaum einen halben Meter breiten Fußpfaden, die von Dorf zu Dorf, von Kraal zu Kraal führen. Ein solcher Weg windet sich auch von der Küste nach Muduni herauf, auf dem dessen Bewohner am Abend des 13. November 1884 einer merkwürdigen Karawane ansichtig werden. An ihrer Spitze marschiert ein bleicher junger Mann in gelben Gamaschen, blauer Uniform. Auf dem Kopf trägt er einen britischen Offiziershelm, ihm zur Seite gehen links und rechts zwei schwarze, mit Vorderladern bewaffnete Diener; es folgt ein zweiter weißer Mann, mit nur einem Assistenten. Man sagt, die *Bwanas*, die weißen Herren, marschieren am liebsten an der Spitze eines Zuges, schon weil es weiter hinten viel zu sehr staubt, aber in diesem Falle ist das anders. Hinter den 36 mit Speeren bewaffneten Schwarzen, die nun kommen und sich bemühen, unter der Last, die sie zu tragen haben, nicht zusammenzubrechen, laufen noch zwei Bwãnas. Es sind Graf von Pfeil und Herr Otto. Beider Diener sind wie jene an der Spitze des Zuges mit Vorderladern bewaffnet. Dort wie hier aber ragt eine Stange in den Himmel über Afrika, an die die Fremden ein Stück Stoff gebunden haben.

Die Leute von Muduni haben schon manch wehendes Tuch gesehen, aber dieses noch nie. Es ist weiß, rot und schwarz gestreift. Egal wo die Muzungu auftauchen, immer tragen sie Fahnen. Wahrscheinlich dienen die Fahnen der Beschwörung ihrer Ahnen, damit sie ihnen den Weg zeigen.

Wenn sie nur nicht so hässlich wären: Haare, die wie Fäden einfach am Kopf herunterhängen, Augen wie Pfützen und eine Totenhaut, auf der man jede Unreinheit, jeden Fleck sieht. Ja, besteht sie nicht ausschließlich aus Unreinheiten und Flecken?

In Muduni befiehlt Carl Peters die erste Rast; die Träger wälzen ihr viel zu schweres Gepäck von den Schultern; Peters und Jühlke stillen ihren unbändigen Durst durch einen tiefen Schluck ziemlich warmen Wassers, als dicht neben ihnen ein helles Feuer auflodert. Eine in Brand gesteckte Hütte!

Ist das eine Botschaft der Einwohner von Muduni?

Peters beschließt sie ungefähr so zu beantworten wie vorher die Nachricht Bismarcks. Er lässt seinerseits ein großes Lagerfeuer anzünden, tritt aber zu den Einwohnern Mudunis zugleich in diplomatische Beziehungen: Gern würde er ihnen eine Ziege abkaufen! Von nun an wird er in jedem Kraal, den er erreicht, den örtlichen Herrscher aufsuchen und in aller Form fragen lassen, ob sie unter seinem Schutz über Nacht bleiben dürfen. Eine durchaus ortsunübliche Erkundigung, aber von erstaunlicher Wirksamkeit, wie sich zeigen wird.

Am späteren Abend serviert der Koch auf einer großen Kiste frisches Ziegenfleisch auf Zinntellern. In ihren Hängematten, von allen Seiten umgeben von der afrikanischen Nacht, schlafen sie sodann augenblicklich ein. Die Diener versuchen, ihnen so nah als möglich zu ruhen, es scheint ihnen sicherer so. Auf ihre Weise wissen sie mehr von Schopenhauer als ihr Anführer.

Am nächsten Morgen können sich die Träger fast nicht mehr rühren, und Peters erkennt mit letzter Sicherheit, dass er betrogen wurde. Strandes hatte ihn an einen Inder in Sadaani verwiesen, der die Träger zur Verfügung stellen und das Gepäck von der Dau auf ihre Rücken umpacken lassen sollte. Pro Trägerlast hatte dieser Hindu den, wie der Privatdozent längst befand, räuberischen Preis von 11 Dollar gefordert, zudem aber das auf 41 Rücken berechnete Gepäck auf nur 36 verteilt. So würden sie keinen Tag mehr weiterkommen, erkennt nun der Expeditionsführer, ordnet trotz der konstitutiven Ungeduld seines Naturells einen Rasttag an – einen Rasttag, wo sie doch kaum losgegangen sind! – und schickt den Kidongosi, den Dolmetscher, nach Sadaani an die Küste zurück. Dies fällt ihm umso schwerer, da er den Machtbereich des Sultans so schnell als möglich verlassen will. Der Kidongosi möge dem betrügerischen Hindu ausrichten, wenn er nicht sofort die fehlenden fünf Träger nachschicke, käme er, Carl Peters, persönlich zurück und würde den Vertrag annullieren.

Schon am Nachmittag um drei Uhr treffen die ersten beiden der fehlenden fünf ein und bringen zudem zwei Hühner, eine Flasche Tscherbet[46] und eine Flasche Milch zur Beruhigung des Gemüts des Übervorteilten mit.

Erst am nächsten Morgen brechen die Eroberer wirklich auf. Sie sind selbst überrascht, wie ihre Tage nun beginnen sich zu gleichen. Bald wecken sie ihre Träger mit *energischem Zuruf* immer früher, denn weit vor Sonnenaufgang ist die beste Zeit zum Marschieren. Die Morgentoilette braucht nicht viel, schon weil das Wasser fast immer zu kostbar ist, um es zum Waschen zu verwenden. Ihr Frühstück besteht aus einem Schluck kalten Kaffees vom Vorabend und, im besten Fall, aus einem Stück übriggebliebenen Ziegenfleischs. Alsdann begibt sich Dr. Peters zum Abmarschpunkt, noch allein. Das ist das Zeichen für die Träger, die nun ihre Last aufnehmen und ihm folgen müssen. Bald kommt auch Dr. Jühlke, nur Graf von Pfeil und Herr Otto warten, bis der letzte Träger das Nachtlager verlassen hat.

Bereits am zweiten Marschtag erlässt der Expeditionsführer die Kaffeeverordnung zur Hebung des Reisekomforts. Ab sofort sind zwei Flaschen kalten Kaffees mitzuführen, dessen Genuss den Bwanas allein vorbehalten ist. Doch obwohl kaffeeberechtigt, scheuen sowohl die beiden Doktoren als auch der Privatier Otto und der schlesische Rittergutsbesitzerssohn davor zurück, Erster an der Flasche zu sein, schon um nicht in den Ruf der Unbeherrschtheit, der Schwäche oder bloßer Genusssucht zu geraten.

Vor dem inneren Auge des Expeditionsführers und seines Ersten Offiziers erscheint in der Folge meist schon in den ersten Vormittagsstunden ein großes Glas Ilfelder Bieres.

Die Klosterschule zu Ilfeld am Harz hatten Peters und Jühlke einst gemeinsam besucht. Eigentlich war dieses Institut den Kindern von Grafen und Baronen vorbehalten, Peters hatte eine Freistelle, wegen außergewöhnlicher Intelligenz. Es war den Zöglingen streng untersagt, die Gastwirtschaften des Ortes zu besuchen; Verbote bezeichnen, wie die Schüler wohl wussten, am zuverlässigsten die Orte des Genusses. Peters hört von nun an, zumal bei starker Sonneneinstrahlung, den Ilfelder Wirt der Kneipe *Die Einnahme* bereits am Vormittag fragen: »Noch ein Bier, Herr Peters?«

Die beiden Flaschen kalten Kaffees sind oft noch fast gefüllt, wenn sie am frühen Nachmittag das Ziel des Tages erreichen. Doch fällt jetzt alle Zurückhaltung umso sicherer von ihnen ab, und die Flaschen sind binnen Augenblicken leer. Der Expeditionsführer und seine beiden Offiziere beaufsichtigen noch die Lagerung des Gepäcks sowie die Befestigung der Hängematten, bevor sie im Vorgefühl eines unendlichen Genusses zu ihrem Koch die Worte sprechen: *Kapike koko! Koche Kakao!*

Befreit von Stiefeln und Gamaschen, legen sie sich kurz nieder, bevor ein Ritual folgt, dessen außerordentliche Wirkung sie anfangs sehr erstaunt hatte, da sie nie eine wirkliche Erklärung dafür fanden: Carl Peters rasiert sich. *Einer meiner Diener hatte den Spiegel zu halten, ein zweiter schlug den Schaum, ein dritter handhabe den Streich-*

riemen. Ich selbst verharrte während der ganzen Zeremonie in einem
würdigen Ernst, weil ich mir wohl bewußt war, welchen Eindruck die-
selbe auf meine bewundernde Umgebung hervorrief.[47] Jetzt wird dem
bis auf die beiden bedeutenden Mundzwirbel nunmehr Kahlen der
Kakao gereicht.

Von außen und innen erneuert, treten die Konquistadoren meist
in Verhandlungen um ihr Mittagessen ein. Sie müssen den Bewohnern der Kraale, in denen sie rasten, eine Ziege oder ein Huhn abhandeln, denn die Nachteile des Umstands, dass Peters den Umfang
der mitgeführten Lebensmittel noch in letzter Minute halbiert oder
gar gedrittelt hat, beginnen sich bald zu zeigen.

Vielleicht hatte er sogar seine Reisebibliothek verkleinert, doch
Lessings *Dramaturgie*, dessen Voltaire-Kritik oder den *Laokoon* führt
er noch immer mit sich.

Die Stunde nach »Tisch« verbringen die Europäer meist lesend in ihren Hängematten, wenn sie nicht philosophieren: *Damals, im Novem-*
ber 1884, ist mir zum ersten Mal in meinem Leben die befreiende Wir-
kung des rücksichtslosen Handelns klar geworden. … »Wer sein Leben
von sich wirft, wird es gewinnen.« Man muß imstande sein, sich über
sich selbst zu erheben, sich gewissermaßen in der Vogelperspektive über
dieses enge und armselige Leben … emporzuschwingen. Dann wird der
Kopf frei; er arbeitet nüchtern, kühl und sicher, selbst in der drohends-
ten und unmittelbarsten Gefahr.[48] Er weiß, der tatsächliche Carl Peters, der Pfarrerssohn aus Neuhaus an der Elbe, der verschmähte Akademiker, käme nie durch dieses Land.

Leben ist Hochstapelei; man muss die Person behaupten, die man
erst zu werden gedenkt. Er muss die Schwarzen verblüffen, und das
nicht nur beim Rasieren; er muss ihnen eine Unangreifbarkeit, eine
Sicherheit vorspielen, die er nicht besitzt, nicht besitzen kann. Sie
müssen an ihn glauben, sonst werden sie furchtsam; von seinen darstellerischen Fähigkeiten hängt gewissermaßen ihrer aller Überleben
ab. Aber was heißt Schauspielerei? Du wirst der, den du auf die Ur-
waldbühne bringst. Es ist Realmagie.

Wer bei sich selbst stehenbleibe, so der Savannenphilosoph, werde *unsicher*, ja *nervös*, er blicke schon in den eigenen Abgrund. Und wenn er sich hier eines absolut nicht leisten kann, so ist das Nervosität. Horaz geht ihm durch den Sinn: *Aequam memento rebus in arduis servare mentem.* Gleichmut der Seele, auch in der schwersten Zeit, such dir zu wahren! Dieser Satz will ihm wie der Inbegriff praktischer Lebensweisheit scheinen. Mit Schopenhauer wäre er in diesem fremden Land schon verlorengegangen. Natürlich weiß Peters, dass ihre Autorität nicht allein auf seinen darstellerischen Fähigkeiten, sondern mehr noch auf ihren Gewehren beruht. Er trägt wie seine beiden Offiziere eine doppelläufige Schrotflinte und dazu eine Henry-Martini-Büchse, das Infanteriegewehr des britischen Heeres.

Jeder Hochstapler muss eines kennen: seine Grenzen. Peters ist Genie genug, das zu wissen. Schon um die Achtung der Schwarzen nicht einzubüßen, schießt er selten in ihrer Gegenwart, denn er trifft fast nie, was nicht zuletzt an seiner Kurzsichtigkeit liegt, die ihn bereits zum Militärdienst nur bedingt tauglich machte. Nichts aber schmälert die Autorität eines Anführers so sehr wie das Vorbeischießen, andererseits erwartet man gerade von einem solchen, dass er auf die Jagd geht, zum Vorteil der Ernährungslage seiner Expedition.

Als Carl Peters eine Antilope verfehlt, scheint es ihm ratsam, den ihn begleitenden Diener Sururu zurückzuschicken, schon weil er es noch einmal versuchen und Sururu nicht erneut zum Zeugen seines Misserfolgs machen will. *Mit einem zweiten Schuß war ich dann glücklicher, ich schoß wenigstens eine Antilope an und folgte deren Schweiß, ohne der Richtung zu achten, über Berg und Tal. Plötzlich brach die Dämmerung und gleich darauf die Dunkelheit herein. Ich blieb zunächst sehr gleichmütig, da ich die Richtung zum Lager genau zu kennen glaubte.*[49] Nach etwa zweistündiger Suche erkennt er, dass es sich bei dieser Annahme um eine Täuschung handelte.

Er hat sich in der afrikanischen Nacht, in der afrikanischen Wildnis verirrt. *Aequam memento rebus in arduis servare mentem!* Horaz. Die Stimmen des Urwalds um ihn werden lauter, er stürzt in eine Grube und verletzt sich das Schienbein.

Er feuert seinen Karabiner ab, immer wieder.

Keine Antwort.

Er lehnt sich an einen Baum, da er seine Müdigkeit spürt, aber aus Furcht vor Schlangen sich nicht hinzusetzen wagt. *Aequam memento rebus in arduis servare mentem*! Dann sind noch genau zwei Schuss übrig. Soll er sie zur Selbstverteidigung gegenüber den nächtlichen Jägern der Wildnis aufheben oder gleich abgeben, ein letztes verzweifeltes Hier-bin-ich!?

Ferida

Frei und selbstsicher in Gebärden und Haltung, treten sie auch dem Europäer nicht nur gleichberechtigt, sondern oft fast überlegen gegenüber. Aber ihr Stolz ist selten arrogant, vielmehr durch Charme und Freundlichkeit gemildert. Ich habe einmal gehört, daß im vorigen Jahrhundert manche Europäer solche Gallamädchen, die sie als Sklavinnen gekauft hatten, heirateten und es nie bereuten,[50] notierte in den frühen siebziger Jahren des letzten Jahrhunderts ein Reisender, der nach Ostafrika ging, *um die Welt anzuschauen wie sie war, bevor wir uns sie unterwarfen.* Wer die Europäer sind, von denen er sprach, ist vollkommen klar: Es sind der Gouverneur von Äquatoria und der Erforscher der Njam-Njam, der nach ein paar Monaten mitsamt seinen Tagebüchern bereits im September nach Lado zurückgekehrt war. Es war zu weit allein zu Fuß bis zur Ostküste. Auch hoffte er, die Briten, die Ägypter und die Türken würden inzwischen ein Heer zur Unterwerfung des Mahdi geschickt haben oder der Dampfer wäre gekommen. Beide Annahmen gingen fehl.

Allein? Junker hat diese Exkursion nicht allein unternommen, er hatte eine Frau an seiner Seite, aber ihr Name fällt nie. So gewissenhaft diese Forscher in ihren Tagebüchern jeden einzelnen Schritt festhielten, den sie im Dienst der Wissenschaft taten: Erotische Tagebücher für die Mit- und Nachwelt führten sie nie. Vielleicht vermuteten sie, es hätte die Länder ihrer Herkunft unangenehm berührt, zumindest eine Bevölkerungshälfte. Und doch darf das, was man auch die Emanzipation, die freie Entfaltung des Liebeslebens nennen darf, durchaus ein Motiv vieler gewesen sein, in Afrika eine Laufbahn als Naturwissenschaftler zu beginnen.

Der Blick des Europäers mag die Einwohner dieses Erdteils in vielem für zurückgeblieben halten, ihrem Liebesleben würde er gewiss ein anderes Zeugnis ausstellen. Inwiefern das eine dann doch mit dem anderen zusammenhängt und dass man nicht überall Avantgarde sein kann, wird ein jüdischer Arzt aus Wien bald unter dem etwas unschönen Wort des *Triebverzichts* als Preis der zivilisatorischen Entwicklung darlegen. Schwer zu sagen, ob der Gouverneur von Äquatoria zu Beginn dieses Jahres 1884 an solche Zusammenhänge dachte, als er erwog, das Kohlpflanzen aufzugeben und stattdessen transzendentale Philosophie zu treiben.

Wer hier ein *Bwana kubwa*, ein großer Herr ist, besitzt gewöhnlich einen ganzen Harem. Sollte der Preis des Fortschritts gar darin bestehen, solch hochkomfortablen Einrichtungen zu entsagen?

Transzendental-philosophisch betrachtet, ließe sich eine menschliche Begegnung als die Begegnung zweier … ja, was? Es gibt keinen Plural von Selbstbewusstsein, es muss sich um eine sehr selbstherrliche Angelegenheit handeln. Sprechen wir also vom Zusammenstoß zweier Selbstherrlichkeiten. Unter der Voraussetzung, dass die Frau ein Mensch ist, eine Annahme, die selbst große Philosophen immer wieder bezweifelten, müssen wir auch die Begegnung von Mann und Frau in gleicher Weise auffassen. Gegenüber Frauen, die wie in Mombuttu nichts tragen als Schwarz und den Mann gleich in großer Zahl umringen, fällt das naturgemäß schwerer. Nun stellt, dürften die Vertreter der Haremsphilosophie des Lebens einwenden, eine sexuelle Begegnung gerade das Gegenteil einer Begegnung zweier Selbstherrlichkeiten dar. Und sie hätten darin von Ewigkeit zu Ewigkeit recht. Das Problem muss demnach woanders liegen. Es liegt, wie fast immer bei derartigen Fragen, im Kontext.

Die sexuelle Begegnung ist kontextuell eingebunden, es gibt ein Davor und Danach. Für die Inhaber eines Harems ist das nicht entscheidend, Frauen sind Eigentum, man muss sich zu ihnen nicht verhalten. Auch das Haben ist ein Kontext. Für Europäer liegt der Fall anders: Davor und danach ist der führende Ornithologe Äquatorias wohl dankbar für die Wahrnehmung eines Widerstands, eines Blickes, der laut Ich! sagt. Und was heißt hier Unterwerfung? Liegt nicht auch im Unterworfenwerfen für ein bestimmtes erotisches Temperament ein nicht zu unterschätzender Reiz?

Wir wissen nicht, ob Emin Bey die Dinge so betrachtet hat, als er erwog, vom Kohl zur Philosophie überzugehen. Was wir wissen, ist: Sie heißt Safaran.

Frei und selbstsicher in Gebärden und Haltung, treten sie auch dem Europäer nicht nur gleichberechtigt, sondern oft fast überlegen gegenüber, hatte der Fernreisende gesagt, der die Welt anschauen wollte, *wie sie war, bevor wir sie uns unterwarfen.* Woher rührt dieser Stolz? Die Galla sind Nomaden. Dieses abessinische Hirtenvolk hegt wie die Massai-Nomaden eine ungeheure Verachtung für alle Vertreter der sesshaften, Ackerbau treibenden Lebensweise, und dieses Bewusstsein der Auserwähltheit hat sich auch ihren Frauen mitgeteilt.

Dazu aber kommt: Sie sind schön. Zumeist groß, mit fast griechischem Profil und sehr feingliedrig, hat sie die Natur gleichsam als eine Art Wüstenaristokratie geschaffen.

Eduard Schnitzer nennt Safaran *meine Frau.* Und in ebendiesem November, als der afrikanische Urwald noch zaudert, ob er den Konquistador verschlucken soll oder nicht, kommt ein paar Tausend Kilometer weiter nördlich ein Mädchen zur Welt. Vater und Mutter geben ihr den Namen Ferida.

Es ist nicht gut, in einer umdrohten Stadt das Licht der Welt zu erblicken, und doch neigt das Jahresendfamilienleben in Lado fast schon zur Ausgelassenheit.

Junker errichtet sich in einem riesigen Korb mit Wanne seine private Badeanstalt. Auch er hat eine Galla-Frau an seiner Seite, sie heißt Amina. Irgendwann trifft sogar der längst zurückgerufene Mombuttu-Italiener ein, an der Hand einen großen Schimpansen.

Alle sehen noch am selben Tag ein, dass der Affe kein Haustier, sondern vielmehr ein ordentliches Familienmitglied ist. Ganz selbstverständlich benutzt er Junkers Küche, legt Fleisch und Bohnen vor das Feuer, um beides nach der optimalen Grillzeit wieder zu entnehmen.

Der Forscher ist ganz sicher, dass der Affe jedes Wort versteht, das sie sagen. Mit dem der Lage angemessenen tierischen Ernst folgt der Schimpanse den Überlegungen der anderen. Ob Emin Lado aufgeben und sich auf eine südlichere Station zurückziehen solle. Junker glaubt nicht mehr an den Dampfer, er denkt wieder an Aufbruch. Der Affe wiegt wägend den Kopf. Die Umsitzenden rechnen in jedem Augenblick damit, dass er beginnt, seine Sicht der Dinge darzulegen.

Ferida schläft unter den Zitronenbäumen von Lado.

Mit dem Rücken zum Meer

Zur gleichen Zeit, am 15. November 1884, empfängt Reichskanzler Otto von Bismarck die Repräsentanten von vierzehn Ländern in der Wilhelmstraße 77, um einige Differenzen zu klären. So konnten Großbritannien und Portugal sich noch immer nicht einigen, wem von beiden die Mündung des Kongo gehört. Dabei ist die Meinungsverschiedenheit über den Fluss nur eine von vielen Unstimmigkeiten, die fast alle Westafrika betreffen. Um nur beim Kongo zu bleiben: Wenn König Leopold nun im Kongobecken einen eigenen Staat gründet, eine *Konföderation freier Negerrepubliken*, wie er gern sagt, jedoch mit ihm als Souverän, sollen die anderen ihn dann anerkennen? Man wird diese Zusammenkunft einmal auch unter dem Namen *Berliner Kongo-Konferenz* kennen.

Am Verhandlungstisch sitzen ebenfalls die Vereinigten Staaten und das Osmanische Reich. Kein Westafrikaner ist eingeladen. Die Briten betreten die Wilhelmstraße 77 in der gewagten Auffassung, ihnen würden riesige Gebiete in Afrika gehören, auch ohne sie vorher besetzt zu haben. Denn wozu in ein Land einmarschieren, das man ohnehin besitzt? Kein Mensch macht das. Es zeichnet sich bald ab, dass diese Position ihre beste Zeit hinter sich hat. Der Reichskanzler bleibt gelassen, denn er ist – abgesehen von, nun ja, drei, man könnte schon sagen kleinen »Interessensphären« – in der glücklichen Verfassung, gar keine Kolonien zu haben. Deutsche Kolonien, das sei wie der Zobelpelz in polnischen Adelsfamilien, die keine Hemden besitzen, glaubt der Reichskanzler. Auch sitze der Deutsche am liebsten am Ofen, mit dem Rücken zum Meer. Allerdings trifft das nicht auf alle Bürger seines Reichs zu, schon gar nicht auf den, der da in seiner möglicherweise letzten Nacht an einem ostafrikanischen Baumstamm lehnt und sich nicht hinzusetzen traut.

Allen Teilnehmern ist klar, dass sie die Wilhelmstraße 77 nicht so bald verlassen werden. Später wird man glauben, auf der Berliner Kongo-Konferenz sei Afrika unter den europäischen Mächten aufgeteilt worden. Das ist ungenau. Es werden vielmehr die Regeln festgelegt, nach denen die Aufteilung unter zivilisierten Staaten erfolgen sollte. So müssen Länder, die Gebietsansprüche in Afrika stellen, die anderen künftig davon in Kenntnis setzen. Ohne nachfolgende physische Präsenz sei der Anspruch hinfällig. Auch müssen Verträge mit denen geschlossen werden, denen das Land eigentlich gehört und die nicht eingeladen sind. Die Konferenz hat diesen Sachverhalt etwas anders formuliert. Der Mann am Baumstamm dürfte sich bestätigt sehen.

Aber über Ostafrika spricht keiner. Ostafrika gehört den Briten. Ungefähr bis zu dem Punkt, wo es beginnt, den Portugiesen zu gehören. Die Briten haben es nie besetzt, denn wozu den Sultan von Sansibar brüskieren? Es wäre kein gutes Betragen, ja, es wäre flegelhaft.

Stellen wir uns vor, Carl Peters lehnt noch immer an seinem Baumstamm im ostafrikanischen Busch, weil er aus Furcht vor Schlangen sich nicht hinzusetzen wagt. Zwei letzte Patronen? Aufheben zur letzten Selbstverteidigung oder alles auf eine Karte, einen letzten Schuss setzen? Er weiß nicht mehr genau, wer er ist, aber möglicherweise ist er noch immer Carl Peters.

Er feuert. Er lauscht dem Nachhall des Schusses. Er vernimmt ihn erstaunlich lange, bis er begreift, dass die Ursache dessen, was er hört, unmöglich bei ihm liegen kann. Antwort! Nach einer Viertelstunde hört er einen zweiten Schuss, jetzt schon aus größerer Nähe. Er feuert seinen letzten ab und wird nach einer weiteren Viertelstunde von seinen schwarzen Dienern umringt, die ihm die Hände küssen und das Gesicht streicheln.

Ist er beschämt?

Dies war die größte Chance des afrikanischen Urwalds, den Schüler des Horaz einfach bei sich zu behalten. Erst als er heraustritt, erblickt er das große Feuer, das die Freunde für ihn zum Zeichen angezündet hatten. Sie reichen ihm eine große Schale dampfenden Kakaos, und als er ihn wie gewöhnlich nach einem Schluck weitergeben will, drücken sie die Schale in seine Hand zurück.

Damals, im November 1884, ist mir zum ersten Mal in meinem Leben die befreiende Wirkung des rücksichtslosen Handelns klar geworden, hatte er gesagt? Das Gegenteil wohl auch.

Die Karawane folgt dem Nordufer des Flusses Wami.

*

Am 19. November 1884 sehen die Bewohner von Useguha auf einem Hügel östlich ihres Dorfes ein Stück Stoff an einer langen Stange. Der Wind fängt sich darin. Es ist schwarz-weiß-rot. Die Männer von Useguha haben noch nie eine solche Fahne gesehen, aber sie haben gleich verstanden, was sie bedeutet: Die Fahne ist das Totem des weißen Mannes. Die Geister seiner Ahnen wohnen in der Fahne, und wenn der Wind nach ihr greift, beginnen sie, zu ihm zu sprechen.

Die Fahne beschützt den weißen Mann, doch von nun an, haben die Fremden ihrem Ältesten Mbuela erklärt, wird die Fahne auch sie beschützen. Nicht zuletzt gegen den Sultan Bargasch, der auf der großen Insel jenseits des Wassers wohnt und die Landeskinder von Useguha einfangen lässt, um sie dort zu verkaufen. Von der Insel des Sultans kehrt keiner wieder, so mächtig ist er. Die Fremden haben etwas

Seltsames getan, sie haben auch Mbuela, ihren Häuptling, Sultan genannt. Das Wort heißt mächtiger Mann, es ist eine große Ehrerbietung. Die Fremden haben Mbuela geehrt, wie Mbuela die Fremden.

Sie haben erst Mbuela erklärt, was dieser dann seinem Volk erklärte: dass es nun unter dem Schutz eines noch viel größeren Sultans stehe, als Bargasch es je war. Dieser Sultan wohnt zwar viele Meere weit weg, aber sein Wort hat Gewalt bis nach Useguha.

Mbuela und sein Volk sind keineswegs leichtgläubig, aber haben sie diese Fremden, die der ferne mächtige Mann ihnen geschickt hat, nicht mit eigenen Augen gesehen? Und haben sie nicht nach langen ernsten Gesprächen einen langen, ernsten Vertrag geschlossen?

Die Blasshäutigen blieben nur kurz, sie schienen sehr in Eile zu sein – eine mentale Verfasstheit, für die Mbuelas Volk keinen Namen besitzt und von der es auch nur eine überaus undeutliche Vorstellung hat. Wenn es gut ist, hier zu sein, wie die Fremden wohl bekannten, warum wollten sie dann gleich wieder fort? Sie benahmen sich, als seien sie auf der Flucht. Doch vor wem? Niemand verfolgte sie.

Es musste sich demnach um Selbstverfolger handeln.

Selbstverfolgung ist ein anderes Wort für zivilisatorische Entwicklung. Aber woher sollten die Bewohner von Useguha das wissen? Sollte man sich einer derart unkomfortablen, offenkundig absurden Daseinsform wirklich anvertrauen? Sie waren zu überrascht, um sich das zu fragen, und müssten alles für einen Traum halten, hätten sie nicht die Fahne, Peters' Fahne. Die Schwarz-Weiß-Rote haben die Eiligen dagelassen. Und das Versprechen ewiger Freundschaft dazu, niedergelegt im Vertrag.

*

Die Karawane zieht weiter, seit den ersten Morgenstunden wieder unter brennender Sonne. Nur eine nördliche Sprache konnte ihr ein so dezentes Verhalten wie das »Scheinen« zugestehen. Hier ist sie ein feindliches Gestirn, eine Gegnerin gar. Carl Peters und sein Erster Offizier sehen einander immer wieder stumm an, wie um sich gegenseitig zu versichern, dass es kein Traum war. Ein kleines Stück Afrika gehört nun ihnen.

Über Useguha weht die Fahne des Deutschen Reichs!

Sie sprechen nicht zu viel, um die Ehrfurcht nicht zu stören, die sich ihrer schwarzen Diener und Träger bemächtigt hat. Beginnen sie bereits jetzt, den Mann in den gelben Gamaschen und der blauen Uniform an der Spitze ihres Zuges *Bwana kubwa* zu nennen, großer Herr? Gelbe Gamaschen und blaue Uniform – was für ein Werther-Kostüm!

Das Land wird bergiger. Dies muss Nguru sein. Sie durchqueren zwei wildschäumende Flüsse und erreichen Kidudue. Ihre Ankunft birgt eine Enttäuschung. Der Sultan von Nguru hält sich nicht in seinem Hauptkraal Kidudue auf, mindestens ein weiterer Tagesmarsch liegt noch vor ihnen. Peters, Jühlke und Pfeil verbringen ihre erste Nacht als Landbesitzer. Sie sind die Herren von Useguha.

Weit vor Sonnenaufgang bricht die Karawane erneut auf, sie marschiert nun nach Südsüdwest auf Kwindokaniani zu. Mitten auf dem Weg trifft sie die Nachricht, dass Landesvater Masungu weder in Kidudue noch in Kwindokaniani weile, sondern in Quatunga. Die Botschaft verstimmt den Expeditionsführer.

Muss er zu einem Häuptling kommen, dessen Reich er übernehmen will, oder sollte nicht vielmehr der Häuptling ihn aufsuchen?

Kwindokaniani liegt auf ihrem Weg, Quatunga ohne Zweifel nicht. Carl Peters beschließt, die Route nicht zu ändern. Die Karawane zieht nach Kwindokaniani, während Dr. Jühlke mit dem Dolmetscher und mehreren Männern nach Quatunga abzweigt, zum Sultan, um ihm auszurichten, dass er, Dr. Carl Peters aus Neuhaus an der Elbe, ihn erwarte. Und zwar in Kwindokaniani.

In der Mittagsstunde trifft der Expeditionsleiter mit dem Tross in Kwindokaniani ein, gegen zwei Uhr kehrt Dr. Jühlke aus Quatunga zurück mit der Nachricht, der Sultan habe keineswegs die Absicht zu kommen, schicke aber dafür seinen Premierminister.

Der Enttäuschte besieht den Premierminister, der in dieser Rolle augenscheinlich noch ganz neu ist, obgleich bereits recht alt. Sehr unzureichend bekleidet, steht er in größter Verlegenheit unter dem musternden Blick des befehlshabenden Privatdozenten. Der Mann braucht dringend einen Cognac, beschließt Peters, aber der Gesandte Masungus lehnt scheu ab. Ein Stück Kattun, zu überbringen seinem Herrn, nimmt er jedoch an. Er möge zurückkehren, mahnt Peters, und dem zu Beschenkenden versichern, wie sehr er erwartet werde.

Es ist Nachmittag, Kakaozeit, Hängemattenzeit, Mahlzeit, Lessingzeit, Voltairezeit, aber nicht an diesem 22. November 1884. In Berlin hatte unlängst die Kongo-Konferenz zu tagen begonnen, um den Wettlauf der europäischen Mächte um den dunklen Kontinent, diesen *Scramble for Africa*, in Bahnen zu halten, die dem eigenen Selbstbild, der beispielgebende, der zivilisierte Erdteil zu sein, nicht allzu offensichtlich widersprächen. Bismarck war der Ansicht gewesen – und er ist es noch immer –, dass ein Land wie das seine, das sich an diesem Wettlauf ausdrücklich nicht beteilige, zum Gastgeber berufen sei.

Während Bismarck nun fast täglich die Unterhändler der europäischen Mächte erwartete, erwarteten Dr. Peters, Dr. Jühlke und Graf von Pfeil in größter Unruhe Masungu Biniani, Herrscher von Nguru. Sie bleiben in voller Uniform, die Träger und Diener dürfen nicht auseinanderlaufen und ihre Waffen nicht ablegen. Drei deutsche Reichsfahnen von beträchtlicher Größe werden gehisst. So erwarten sie den Sultan, ein erstarrtes Gruppenbild mit Hintergrund.

Aber der Sultan erscheint nicht.

Peters greift in seinen Bücherkoffer, um sich mit der Lektüre der Lessing'schen Kritik von Voltaires *Semiramis* zu zerstreuen. Konzentration, auch in den widerstrebendsten Situationen, verlangt er von sich. Voltaire ist ein guter Autor für Konquistadoren. Er wurde nie müde zu erklären, dass die eigentliche Schöpfung der Welt nicht am Anfang war, sondern an ihrem Ende sein wird. Schöpfung ist immer. Und jeder ist ein Schöpfer, vorausgesetzt, er ist kein Philister.

Doch er spürt, wie sein Geist Voltaire und Lessing immer häufiger eigenmächtig verlässt, um sich Masungu Biniani zuzuwenden. Kommt er oder kommt er nicht?

Und dann, am Nachmittag um vier Uhr, nähern sich die Schritte und das Rufen einer großen Menge. Was für ein Tross! Gut, dass sie die Fahnen haben! Gut, dass die eigenen Leute nicht herumliegen, essen und reden, sondern Haltung zeigen.

Der da aus der Mitte des Gefolges tritt, muss Masungu Biniani sein. Ihn erblicken und sich für die angemessene Geste der Begrüßung zu entscheiden, sind fast eins. Dr. Carl Peters sieht sich zu, wie er auf den fremden Würdenträger zutritt und ihm, so kräftig er nur kann, die Hände schüttelt. So mögen sich alte Freunde begrüßen, aber doch kaum Fremde im afrikanischen Busch. Doch ist jemand, auf den man schon zwei Tage lang in völliger Ungewissheit seiner Ankunft wartet, denn noch fremd? Und er wirkt so unerwartet jung.

Die große Erleichterung über Masungu Binianis Erscheinen hat dem befehlshabenden Privatdozenten diese etwas unangemessene Offerte eingegeben, bedenklich gelagert zwischen Respekt, Respektlosigkeit und Vertraulichkeit. Der Begrüßende weiß, dass sie schon das Ende ihrer Unterredung bedeuten kann. Aber das Erhoffte, das kaum für möglich Gehaltene geschieht: Der Herrscher von Nguru erwidert die freundliche Respektlosigkeit. Jühlke und Peters nötigen Masungu sofort, solange sein Gesicht noch so weit offen steht, auf einen Schemel, bleiben rechts und links von ihm und bieten ihm mehrere Tassen Kakao an.

Sie umkreisen sich in den Worten ihrer Dolmetscher und fühlen etwas wie eine unerwartete Sympathie füreinander, in die sich die Erleichterung auf beiden Seiten mischt, gerade dem je anderen und keinem Feind begegnet zu sein. *Nach einer halben Stunde wagte ich es, Sr. Hoheit Freundschaft anzubieten.*[51] Zu Peters' unmäßiger Überraschung und Beklemmung zugleich macht ihm Masungu sofort einen Gegenvorschlag. Ja, er nehme die Freundschaft des anderen in aller Form an. In aller Form: Also müssen sie Blutsbrüder werden!

Einen Augenblick lang verlässt die Kaltblütigkeit den Geehrten, wird sein bleiches Gesicht noch bleicher. Die Europäer ziehen sich zu einer kurzen Beratung zurück, doch was wäre hier zu beraten? Dürfen sie einen Sultan brüskieren, der ihr Blutsbruder werden will?

Unsere Oberarme wurden entblößt; wir traten, jeder seine Mannschaft hinter sich, von zwei Seiten auf einen freien Platz; es folgt ein feierlich tiefer Schnitt in beide Oberarme, und nun sogen wir gegenseitig von jenem roten Naß.

Es ist ein Bund in zwei Schnitten, ein unbedingter Beistandsvertrag: *Wenn du Speise hast, gib deinem Bruder davon, hast du Feinde oder Freunde, so seien sie die deines Bruders, weißt du von etwas Bösem, so warne deinen Bruder* usw., usw.[52]

Die folgenden Verhandlungen über den ewigen Freundschafts- und Beistandsvertrag zwischen dem Deutschen Reich und Masungu Biniani dauern etwa eine Stunde. An deren Ende stellt Masungu seinem neuen Blutsbruder alle seine Frauen vor, verbunden mit der Aufforderung, diejenige auszuwählen, die ihm am besten gefalle.

Wenn du Frauen hast, so seien sie auch die deines Bruders!

Ein Angebot, das der Begünstigte, wie er weiß, ebenfalls nicht ablehnen darf, und warum sollte er auch? Außerdem schenkt der Sultan ihm eine Ziege, worauf drei deutsche Fahnen feierlich über Masungus Land gehisst werden, begleitet von Gewehrsalven.

Peters lässt das Bündel mit den Husarenjacken bringen, und Masungu erfährt, dass sein Blutsbruder diese Tracht nur allerbesten Freunden zum Geschenk mache, worauf er ihm die Ziethen-Uniform persönlich anlegt, um ihm dann vorzuschlagen, mit ihm gemeinsam im nahen Fluss zu baden. *Dabei ist die Freundschaft zwischen dem jungen Sultan und mir zur Intimität herangewachsen.*[53] Der Tag endet mit einem Festessen, zu dem Masungu das Ziegenfleisch und Peters den Grog stellt.

Der Weitermarsch am folgenden Montag erweist sich als unmöglich, einerseits, weil Graf von Pfeil sich nicht wohl befindet und Dr. Jühlke lahmt, vor allem aber, weil Masungu darauf besteht, sie bei sich zu behalten.

Der Höhepunkt dieses Ruhetages ist wiederum ein gemeinsames Bad im Fluss, diesmal mit Wettschwimmen und gegenseitigem Untertauchen, nachdem der Sultan seinem Blutsbruder die schönsten Orte gezeigt hat, an denen er sein Haus errichten könne. Masungu besteht darauf, noch einen zweiten Vertrag abzuschließen. Er hat folgenden Wortlaut:

Kwindokaniani, den 24. November 1884

Zweiter Vertrag

Zwischen Sr. Hoheit dem Sultan Masungu von Nguru, Besitzer von Kwamkungu, Kwindokaniani usw. usw., und Herrn Dr. Carl Peters, Vertreter der Gesellschaft für deutsche Kolonisation, Herrin von Useguha und Nguru, wie ihre neuen Eigentumstitel lauten.

Der Sultan von Nguru, Masungu, nachdem er gestern, Sonntag, den 23. November 1884, sein Land mit allen Hoheitsrechten an Herrn Dr. Carl Peters, Vertreter der Gesellschaft für deutsche Kolonisation, auf ewige Zeiten abgetreten hat, fühlt das Bedürfnis, mit seinem Blutsfreund und Bruder Dr. Carl Peters, Vertreter der Gesellschaft für deutsche Kolonisation, eine noch engere Verbindung zu schaffen. Zu diesem Zweck erklärt er am 24. November 1884, abends 6 Uhr, vor versammeltem Volk in seiner Nebenresidenz Kwindokaniani, daß er die Gesellschaft für deutsche Kolonisation, welche er als Herrin von Useguha anerkennt, in deren Vertreter, seinem Blutsfreund und Bruder Herrn Dr. Carl Peters, auf ewige Zeiten als alleinige und ausschließliche Oberherrin seiner selbst und seines ganzen Volkes anerkennt.

Insbesondere verspricht er, die Bestrebungen des Herrn Dr. Carl Peters und der von ihm vertretenen Gesellschaft in Ostafrika mit allen Mitteln und in jeder Weise zu unterstützen. Er verspricht auf Wunsch Arbeitsleistungen und militärische Gefolgschaft gegen jedermann.

Dafür verspricht Herr Dr. Carl Peters im Namen der von ihm vertretenen Gesellschaft Sr. Hoheit dem Sultan von Nguru, seinem Blutsfreund, nach Kräften Schutz und dauernde Freundschaft.

Dr. Carl Peters   (Handzeichen des Sultans von Nguru.)

Daß Se. Hoheit der Sultan von Nguru, Masungu Biniani, mit
Herrn Dr. Carl Peters durch dieses sein eigenes Handzeichen
den vorstehenden Kontrakt rechtsgültig abgeschlossen hat, be-
zeugen:

> *(Handzeichen des Dolmetschers Ramassani.)*
> *(Handzeichen von Marabu, Stanleys Begleiter.)*
> *(Handzeichen von Ali, Begleiter Cambiers.)*[54]

Acht weitere Zeugen folgen, die letzten sind Dr. Karl Jühlke, Graf Pfeil
und August Otto.

Am nächsten Morgen besitzen die Eroberer mehrere Flaschen Cognac und einige Pfund Zucker weniger. Gleich würde der Zucker gänzlich zur Neige gehen, von den meisten Konservengemüsen ist nur
noch in der Vergangenheitsform zu sprechen. Ihre Mägen trauern.
Peters fühlt sich ungut an die Worte des jungen Hamburger Kaufmanns Strandes erinnert, nachdem er den Umfang der mitzuführen-
den Lebensmittel halbiert hatte: Sie würden Hungers sterben, hatte er
gesagt. Aber noch ist es nicht so weit. Ihr Hauptreiseziel liegt noch vor
ihnen, sie müssen den Wami durchqueren. Wer bis jetzt kein Fieber
hat, bekommt es dort, weiß der gewissenhafte Stanley-Leser.

Weh dem, der Wüsten birgt!

Etwas weiter nördlich wandern um dieselbe Zeit die Gedanken eines
Philosophen, den außer ein paar Wagnerianern kein Mensch kennt,
nach Afrika aus. Er denkt immer wieder an diesen Erdteil, er hatte seinem besten Freund Ernst Rohde einst vorgeschlagen, dorthin zu gehen, damals, als er von Richard Wagner abfiel.

Richard Wagner, zuletzt Schopenhauerianer, war nicht immer so
genügsam gewesen. Sollte der einstige Sächsische Hofkapellmeister
und Revoluzzer nicht als geistiger Ahn der deutschen Jugend neuen

Typs gelten? *Nun wollen wir mit Schiffen über das Meer fahren, da und dort ein junges Deutschland gründen, es mit den Ergebnissen unseres Ringens und Strebens befruchten … Wir wollen es besser machen als die Spanier, denen die Welt ein pfäffisches Schlächterhaus, anders als die Engländer, denen sie ein Krämerkasten wurde!*[55]

Wagner ist tot. Zuletzt war er durch Bekenntnisse aufgefallen wie: *Deutsch sein heißt, eine Sache um ihrer selbst willen tun.* Frieda von Bülow mag diesen Satz, aber dem Gast Masungu Binianis geht solche Art höherer Selbstlosigkeit längst ungemein auf die Nerven.

Der Philosoph, der versehentlich statt seiner mit der ultimativen Schopenhauerkritik in die Annalen der Philosophiegeschichte eingeht, ist ihm da viel näher. Schade, dass beide nie miteinander gesprochen haben. Friedrich Nietzsche erfand kürzlich den Übermenschen, einen Selbsterschaffer, einen Selbsthervorbringer, eine Art Carl Peters.

Nur nach Afrika, das weiß Friedrich Nietzsche, wird er es wohl nicht mehr schaffen, umso deutlicher ist ihm, was er versäumt. Carl Peters hat zwischen den Frauen seines Blutsbruders kaum die Gelegenheit zu dichten, Friedrich Nietzsche übernimmt das für ihn. Die Offenheit des Philosophen grenzt geradezu an Hemmungslosigkeit.

Der Übermensch als Erotiker:

Wunderbar wahrlich!
Da sitze ich nun,
Der Wüste nahe, und bereits
So ferne wieder der Wüste,
Auch in nichts noch verwüstet:
Nämlich hinabgeschluckt
Von dieser kleinsten Oasis –:
Sie sperrte gerade gähnend
Ihr liebliches Maul auf,
Das wohlriechendste aller Mäulchen:
Da fiel ich hinein
Hinab, hindurch – unter euch,
Ihr allerliebsten Freundinnen! Sela!

Da sitze ich nun,
In dieser kleinsten Oasis,
Einer Dattel gleich,
Braun, durchsüßt, goldschwürig, lüstern
Nach einem runden Mädchenmunde,
Mehr noch aber nach mädchenhaften
Eiskalten schneeweißen schneidigen
Beißzähnen: nach denen nämlich
Lechzt das Herz allen heißen Datteln. Sela.[56]

Der Philosoph lässt sich gehen.

Muinin Sagara

Doktor Jühlke muss gar nicht auf den Wami warten, er leidet schon seit dem letzten Flussübergang am Fieber. Manchmal schläft es, dann springt es wieder auf und versetzt den Sohn des Parkdirektors von Sanssouci in dessen Gärten. Graf von Pfeil hatte das Fieber gewissermaßen gleich bekommen, nachdem er von seiner schweren Seekrankheit genesen war; seitdem täuscht es manchmal Abwesenheit vor, um diese kurz darauf umso triumphierender zu widerrufen. Und Herrn Ottos Zustand gab schon auf Sansibar zur Besorgnis Anlass, weshalb Peters ihn gleich dortlassen wollte, worauf Otto zu bedenken gab, dass er ein freier Mann sei und also gehen könne, wohin er wolle; aber so exzentrisch sei er gar nicht, er komme einfach mit. Seitdem fand Herr Otto kaum mehr Gelegenheit, seinen Entschluss noch einmal mit kühlem Kopf zu überdenken, denn über einen solchen verfügte er nie mehr.

Die 38-Grad-plus-Karawane zieht weiter durch das fruchtbare Land, den Hügeln von Usagara entgegen. Sie durchqueren den Fluss Wami, ihre Tagesmärsche werden länger, schon weil sie fürchten müssen, dass Sultan Bargasch sie bereits verfolgen lässt. Oder, was genauso übel wäre, die Belgier Leopolds unter Leutnant Bekker holen sie ein.

Sie kommen durch das ansteigende Mkondoguatal. In Mkondogua versucht der Expeditionsleiter, eine Wunde am Fuß mit Karbolsäure zu behandeln. Die Säure erweist sich als sehr wirksam, weshalb nun der bloße Knochen ans Licht ragt, weitgehend ohne die gewohnte Umhüllung.

In der ersten Nacht mit dem neuen Fuß bricht ein Gewitterregen hernieder, doch der Karbolversehrte findet nicht die Kraft, wie die anderen in eine Hütte zu laufen. Er bleibt im Freien liegen. Noch zwei Tage bis nach Muininsagara. Nun nimmt das Fieber auch Carl Peters' Körper als Geisel.

Am 4. Dezember ziehen zwei entkräftete, fiebernde junge Männer an der Spitze einer ebenfalls bedenklich geschwächten Kolonne in Muinin Sagara ein, und die beiden Europäer am Ende des Zugs hält offenbar nur noch eine alte Gewohnheit auf den Beinen.

So sehen Pflegefälle aus, keine Eroberer.

*

Siebzig Jahre ... sitze ich nun hier, und wiederholt sind Weiße mit den Gütern Europas durch mein Land gezogen und zu Gast bei mir gewesen; ich habe oft gehofft, daß sie sich einmal in meinem schönen Lande – Usagara Basuri – niederlassen würden und das Land in ihrer Weise bestellen; und nun soll ich es selbst noch erleben.[57] So erinnert Carl Peters sich der Worte des Muinin Sagara, Herr über Usagara.

Sie finden ihn am 4. Dezember 1884, aus dem Mkondoguatal hinaustretend. Zum ersten Mal fühlt der 28-Jährige die unzweifelhafte Autorität und Würde eines Menschen, wie sie durch keinen Rechtstitel oder Besitz verliehen werden kann. Und das liegt nicht nur am Fieber allein. Sollte er diese Würde darum »natürlich« nennen? Und was wäre das?

Muinin Sagara schaut nicht ohne Mitleid auf die vier Europäer, die von bedenklicher Konstitution zu sein scheinen. Andererseits liegt ein weiter Weg hinter ihnen.

Dieser alte Mann, Peters spürt das, lässt sich nicht blenden, nicht

verführen. Er könnte ihn abweisen, er könnte ihn gleich wieder fort-
schicken, aber Muinin Sagara beschließt, den leicht derangiert wirkenden Besuchern zuzuhören. Immerhin ist es eine Abwechslung. Vielleicht tun sie ihm auch nur leid. Ihr Anführer liegt nun meist in einer
Hängematte. Es fällt schwer, in jungen zitternden Menschen in Hängematten Eroberer zu erkennen. Zudem erweisen sie ihm eine Ehre,
wie es der Küstensultan noch nie getan hat.

Deutet er ihre Worte und ihre Gesten richtig, so sind sie gekommen, um ein Bündnis mit ihm zu schließen. Sollte man Bündnisse mit
Leuten schließen, denen offenbar keine Zukunft auf Erden mehr be-
schieden ist?

Muinin Sagara lebt lange genug, um zu wissen, dass das Leben, auch
das eines Herrschers, zuletzt eine Bündnisfrage ist. Man könnte auch
sagen: Es ist ein Kompromiss. Und in jedem Bündnis, jedem Kompromiss ist ein Stück Selbstaufgabe. Selbstaufgabe zum Selbstgewinn?

Der Mensch ist das Tier, das Bündnisse schließen kann.

Ewig ist der Bund mit denen, die vor Muinin Sagara waren, ohne
die er und sein Volk nicht wären. Ewig ist der Bund mit den Ahnen.
Er hört ihre Stimmen. Aber auch sie haben nicht verhindern können,
dass sein Land zum Menschenjagdgrund geworden ist. Ist es Zufall,
dass dieser bleiche junge Mann zu ihm gefunden hat?

Der Küstensultan wollte noch nie ein Bündnis mit ihm schließen,
dieser junge Mann dagegen scheint zu wissen, dass dieses Land ihm
und seinem Volk gehört. Er hat seine eigenen Zwecke, Muinin Saga-
ras siebzig Jahre wissen das auch.

Es geht um Gabe und Gegengabe, immer geht es um Gabe und
Gegengabe. Einen Vertrag also will der junge Mann mit ihm schließen. Er liegt immer noch in der Hängematte und versucht, nicht zu
stöhnen. Muinin Sagara hingegen sitzt da in aller Würde, die ihm
seine Stellung in der Welt verleiht, es ist die vor seinem Volk und seinen Ahnen. Er vernimmt den Vertragstext, kein Wort entgeht ihm:

Muinin Sagara, den 4. Dezember 1884. Muinin Sagara, Herr von Mui-
nin Sagara usw., alleiniger und absoluter Herr von ganz Usagara, und

Dr. Carl Peters, als Vertreter der Gesellschaft für deutsche Kolonisation, schließen hierdurch einen ewigen Freundschaftsvertrag ab.

Sultan Muinin Sagara erhält eine Reihe von Geschenken; weitere Geschenke für die Zukunft werden ihm versprochen, und er tritt hierdurch unter den Schutz der Gesellschaft für deutsche Kolonisation resp. deren Vertreter.

Dafür tritt der Sultan Muinin Sagara dem Herrn Dr. Carl Peters, als den Vertreter der Gesellschaft für deutsche Kolonisation, kraft seiner absoluten und unumschränkten Machtvollkommenheit, das alleinige und ausschließliche Recht, Kolonisten nach ganz Usagara zu bringen, ab.

Dr. Carl Peters, als Vertreter der Gesellschaft für deutsche Kolonisation, verspricht, von diesem Rechte Gebrauch zu machen.

Zu dem Behufe tritt Sultan Muinin Sagara das alleinige und ausschließliche Recht völliger uneingeschränkter privatrechtlicher Ausnutzung von ganz Usagara an Herrn Dr. Carl Peters, als den Vertreter der Gesellschaft für deutsche Kolonisation, hierdurch ab.

Vielleicht fragt sich der Betroffene an dieser Stelle, was die Adjektive *uneingeschränkt* und *privatrechtlich* vor *Ausnutzung* so unentbehrlich macht. Was präzisieren sie an *ihrer Weise, das Land zu bestellen*, die er doch gewünscht hatte, wenn wir seinem Vertragspartner glauben dürfen? Die folgende Wortwahl – war sie überhaupt in die Sprache des alten Häuptlings zu übertragen? – dürfte ihn kaum weniger irritieren:

Ferner tritt der Sultan Muinin Sagara an Herrn Dr. Carl Peters, als den Vertreter der Gesellschaft für deutsche Kolonisation, alle diejenigen Rechte ab, welche nach dem Begriff des deutschen Staatsrechtes den Inbegriff staatlicher Oberhoheit ausmachen, unter anderem: das alleinige und uneingeschränkte Recht der Ausbeutung von Bergwerken, Flüssen, Forsten; das Recht, Zölle aufzulegen, Steuern zu erheben, eigene Justiz und Verwaltung einzurichten, und das Recht, eine bewaffnete Macht zu schaffen.

Dafür bleibt der Titel Muinin Sagara erblich in der Familie des Sultans Muinin Sagara.

Der privatrechtliche Besitzstand des Sultans wird von Herrn
Dr. Carl Peters, als Vertreter der Gesellschaft für deutsche Koloni-
sation, anerkannt und garantiert, und die Vertreter der Gesell-
schaft für deutsche Kolonisation werden angewiesen werden, die-
sen Besitzstand mit allen Kräften mehren zu helfen.

Die Gesellschaft für deutsche Kolonisation wird mit allen
Kräften dahin wirken, daß Sklaven aus dem Gebiet des Muinin
Sagara nicht mehr fortgeschleppt werden dürfen.

Dieser Vertrag ist heute, am 4. Dezember 1884, vor versam-
meltem Volk von Usagara unter Zuziehung einer Reihe rechts-
gültiger Zeugen von Muinin Sagara, alleinigem und uneinge-
schränktem Oberherrn von ganz Usagara, und Herrn Dr. Carl
Peters, als Vertreter der Gesellschaft für deutsche Kolonisation,
durch Namensunterschrift und Namenszeichnung von beiden
Seiten in durchaus rechtsverbindlicher Form vollzogen worden.

(Handzeichen des Sultans Muinin Sagara.)
(Handzeichen von Kibuana, Sohn des Sultans Muinin Sagara.)
Dr. Carl Peters

Alle Eroberer sind Juristen. Das Recht ist das legitime Kind des Eigen-
tums, ebenso wie das Eigentum das legitime Kind des Rechts ist. Wie
vorausschauend, dass Freund Jühlke, jetzt stark bebend, Jura studierte.

Am selben Tag entlässt Carl Peters den größten Teil seiner Leute, sie
wollen und können nicht mehr weiter. Usagara war das Ziel, sie haben es erreicht. Hier soll das Hauptquartier der *Gesellschaft für deut-*
sche Kolonisation errichtet werden. Das Bergland ist gesund, hoffen
sie, Graf von Pfeil erklärt sich bereit, dazubleiben, gewissermaßen als
atmendes Ganzkörperzeichen der Besitzergreifung, als *lebender Ver-*
treter unserer Herrschaftsansprüche; auch missfällt ihm Peters' Alles-
hört-auf-mein-Kommando-Ton längst. Herr Otto schließt sich dem
Grafen an, schon aus dem lebendigen Gefühl heraus, den Rückweg

ohnehin nicht mehr zu schaffen. Sie sollen sich erholen, verfügt Peters, und dann das erste deutsche Haus auf eigenem Grund und Boden bauen, die erste Station des Reichs in Afrika.

Der alte Muinin Sagara verspricht, dass seine Sklaven helfen werden. Denn natürlich besitzt auch er Sklaven, genau wie der Küstensultan, nur lässt er nicht dessen Untertanen jagen, schon gar nicht in seinem Hoheitsgebiet. Alle restlichen Tauschartikel bleiben da und was vom Proviant noch übrig ist. Fast alles, was vom Proviant noch übrig ist, denn Peters und Jühlke sind entschlossen, den Rückmarsch an die Küste zu wagen.

Was nützt es, dass sie ein Gebiet so groß wie ganz Süddeutschland besitzen, wenn es niemand erfährt? Was, wenn sie mit den Verträgen in der Hand hier oben sterben? Die Verträge müssen in die Welt, genauer: Sie müssen nach Deutschland, und koste es ihr Leben.

Zwei Tage ruhen die Rückkehrer aus, sie verschlucken bedenkliche Dosen Chinin und fühlen sich am Morgen des 7. Dezember kein bisschen besser. Hier hilft nichts mehr. Also Disziplin, unbedingte Disziplin.

Ramassan oder der Weg zurück

Es ist ein Sonntagmorgen, aber das weiß keiner hier in Muinin Sagara. Ein feiner Regen fällt, als ein junger Mann in einer Hängematte aus dem Kraal getragen wird. Es ist Carl Peters. Jühlke besteht darauf, zu laufen, um den Eindruck eines Sanitärtransports etwas zu relativieren. Die Träger, die Pagazi, sind neu, ihre Kräfte unverbraucht. Nur acht der alten – ja sollte man sagen – Gefährten sind noch bei ihnen, doch sie sind zu schwach, ihre Anführer zu tragen. Graf von Pfeil gibt den Gefährten ein Stück weit das Geleit.

Ein Abschied für immer? Werden sie sich je wiedersehen? Ihre Worte sagen etwas anderes als ihre Augen. Aus den fiebrigen Untiefen des Gedächtnisses des Kommandanten löst sich der Satz: *Denn dem väterlichen Herd sind die Schiffe zugekehrt …*

Schiffe? Hängematten sind es, Matten. Der Ozean geht mit den ihm anvertrauten Schiffen noch im größten Sturm zärtlicher um als ihre schwarzen Träger mit ihnen, glaubt bald der Inliegende. Die Tragetücher sind an einer langen Stange festgebunden, deren Enden auf den starken Schultern zweier Männer liegen. *Die Schwarzen, trotz meiner Reitpeitsche und meines drohenden Revolvers, behandelten mich, schon aus alter Trägergewohnheit, rücksichtslos wie jedes andere Stück Gepäck, warfen mich … über den Kopf hinüber von einer Schulter auf die andere.*[58] Ein guter Träger kann das, es ist gewissermaßen eine Frage der Trägerehre, sie haben es noch nie anders gemacht, warum sollten sie jetzt? Last ist Last, ob lebendig, tot oder halbtot. Sie werden dafür bezahlt, dass sie die Bürde wegschaffen und dass diese am Ende des Weges immer noch da ist. Über etwaige zwischenzeitlich an ihr auftretende Veränderungen haben sie keine Gewalt. So spricht auch der Geist, den die Nordländer zu ihrem Gott erhoben haben, der Geist der Rationalität. Der Invalide in der Matte da könnte das wissen. Manchmal reckt er seinen Revolver und eine Reitpeitsche in die Höhe, als wolle er etwas sagen. Die Pagazi kümmert es nicht.

Carl Peters würde ihnen gern mitteilen, dass er der Herr dieses Landes sei.

Aber in welcher Sprache?

Und selbst wenn er es ihnen sagen könnte, was sollten sie mit dieser Mitteilung anfangen? Dieses klägliche Bündel, das allein keinen Schritt tun könnte, das nur ihrer Kraft verdankt, dass es noch immer atmet – Herr dieser Erde, von einem Horizont bis zum anderen? Die Schwarzen wissen genau, wem dieses Land gehört, es ist das Land ihrer Ahnen, und niemand kann es nehmen. Das ist Weltordnung. Weltordnung ist es auch, dass die Träger ihre Last abwerfen, wenn sie müde werden. Zweimal fällt Peters besonders hart, so *dass mein Körper auf dem steinigen Boden erdröhnte und die Stange mir ins Gesicht schlug.*[59] Und dann lassen sie ihn liegen wie jedes andere Gepäck auch, mal in der Sonne, mal im Schatten. Es ist Zufall. Etwas haben Carl Peters und die Pagazi gemeinsam: Sie glauben nicht an Arthur Schopenhauer.

Die afrikanische Natur ist auch keine Schopenhauerianerin, die Dornen der Mimosen stechen von beiden Seiten scharf durch die Matten, die Baumwurzeln fast immer von unten. Ihre Körper bluten bald aus unzähligen kleinen Wunden, weshalb sich Tausende von kleinen Insekten zur Labung auf ihnen niederlassen. Sie können, liegend, ihre Helme nicht tragen, die Sonne verbrennt ihre preisgegebenen Gesichter. *Aequam memento rebus in arduis servare mentem.* Gleichmut der Seele, auch in der schwersten Zeit, such dir zu wahren! Horaz. Peters kann sich nicht mehr an ihn erinnern.

Glüht sein Kopf mehr oder die Sonne?

Die *Gesellschaft für deutsche Kolonisation* war nicht der erste Verein, den der ungut Erhitzte gründete und mit einer Satzung versah. Noch an der Universität hatte er den *Pfropfenbund* ins Leben gerufen und ihm eine Verfassung gegeben, die er auf eigene Kosten drucken ließ. Sie sah vor, *dass jedes Mitglied stets einen Korken in der Westentasche zu tragen und auf Verlangen vorzuzeigen habe. Falls ein Mitglied ohne Korken angetroffen werde, sei es unverzüglich in die nächstgelegene Kneipe zu führen. Jedes Mitglied habe das Recht und die Pflicht, in allen Wirtschaften Freibier zu verlangen, in der Eisenbahn* Freifahrt und bei der Post kostenlose Beförderung der Sendungen. Wird den Mitgliedern *solches auf ihren bescheiden zu äußernden Wunsch nicht gewährt, so sollen sie den Betrag dafür im Deutschen Reich in der deutschen Reichsmünze, in fremden Staaten*[60] aber in dort üblichen Währungen zahlen. Die Mitglieder des *Pfropfenbundes* besaßen jedoch nicht nur Rechte, sondern auch Verpflichtungen: An jedem Sonntag hatten sie sich bei Gastwirt Schwietzke in der Berliner Auguststraße einzufinden.

»Noch ein Bier, Herr Peters?«

Vielleicht hätte er nie etwas anderes gründen sollen als diesen Verein.

Wäre da nicht Ramassan, ihr treuer Dolmetscher, vielleicht lägen sie längst schon irgendwo am Wegrand, abgeworfen und nicht wieder aufgehoben. Carl Peters und Karl Jühlke versuchen sich Rechenschaft über ihren Status zu geben: Ohne Zweifel sind sie unter die Dinge geraten. Was sie zum bloßen Dingsein so wenig geeignet macht, ist ihre Schmerzempfindlichkeit. So schaffen sie es nie bis zur Küste. Plötzlich knallen Schüsse aus der Hängematte, die Träger blicken erschrocken auf ihr Lastgut. Da, gleich noch ein Schuss. Und wenn die noch immer schwach atmende Last in der Mittagssonne liegen bleibt, knallt es besonders laut. Manchmal schwingt auch eine große Reitpeitsche aus der Matte, sie wirkt zwar weniger gefährlich, aber dennoch ungut. Die Pagazi erkennen, dass sie eine zwar durch und durch morbide, dabei aber doch recht launenhafte, ja latent gefährliche Last befördern. Das Gepäck möchte im Schatten liegen, nun gut. Es möchte nicht abgeworfen, sondern sanft niedergelegt werden, nun gut.

Könnten die Herren für solche Zärtlichkeiten nicht extra zahlen?

Am ersten Tag des Rückmarsches kommen sie bis nach Mkondogua, dem Ort von Peters' Karbolversuchen. Erst weit nach der Mittagsstunde erreichen sie den Kraal. Wie halbwegs aufrecht waren sie vor ein paar Tagen erst hier eingezogen, wie anders kommen sie nun zurück, wie *ein geschlagenes Heer*.

Es gibt keine Herrscher in der Horizontalen.

Es gelingt Jühlke und Ramassan, einem Araber ein Pfund Zucker abzukaufen. Sie kochen wieder Kakao. Jühlke untersucht Peters' Fußwunde, reinigt und verbindet sie notdürftig. *Den Nachmittag saß mein Freund an meinem Lager und kühlte mir die glühende Stirn.*

Die Nacht wird kalt.

In dieser Nacht fällt Carl Peters zum ersten Mal in jenen *fieberhaft visionären Zustand*, der ihn nun nicht mehr verlässt. *Mir war es, als ob die ganze Afrikaexpedition ein Traum sei.*[61] Seine Augen blicken voller Staunen auf die Berge, Bäume, Wälder und Flüsse. Wie seltsam naturwahr, wie plastisch ist das alles! Noch nie hatte er so geträumt. Selbst seinen Berührungen halten die Requisiten dieses Wahns stand.

Der zweite Marschtag ist der 8. Dezember, ein Montag. Jühlke bricht zusammen. Carl Peters weiß, mehr im Traum, dass jetzt alles an ihm liegt. Er muss neue Träger finden, damit auch der Freund getragen werden kann. Er träumt, mit einem ganzen schwarzen Dorf zu verhandeln; er ist erstaunt, wie sein Mund ohne sein Zutun die Worte bildet. Ramassan übersetzt. Eine Hängematte, über so weite Strecken befördert, braucht vier Träger.

Am frühesten Dienstagmorgen, kurz nach Mitternacht, ertönen Schüsse. Es ist Peters' Weckruf, der einzige, der seine Wirkung nicht verfehlt. Um ein Uhr nachts verlassen zwei Eroberer in Hängematten den Kraal.

Talglichter werden dem Zug vorangetragen.

Zwei Visionäre mit Körpertemperaturen über 40 Grad schauen stundenlang in die afrikanische Nacht, an den klaren Sternenhimmel. Sie sehen *über dem Meridian das schimmernde Sternbild des Orion, im Norden unmittelbar über dem Horizont* den Bären, *im Süden aber das geheimnisvolle südliche Kreuz* und fühlen sich eins werden mit der Unendlichkeit, würden die Mimosen und Baumwurzeln nicht für die Existenz einer anderen Wirklichkeit sprechen, der sie in einer schwer definierbaren Weise noch angehören mussten. Dann verblassen die nächtlichen Begleiter, eine Schattenwelt tritt hervor, *bis plötzlich er selbst emporstieg, der Schmerzensbringer, der unheimliche, glühende Sonnenball.*[62]

Ramassans junges Gesicht liegt nun immer häufiger in sorgenvollen Falten. Irgendwie mag er seine Schützlinge, vielleicht rührt ihn, dass sie so wehrlos sind. Diese weißen Männer sind nicht stark genug für dieses Land. Sie werden ihm wegsterben, wenn nicht heute, dann morgen. Und er kann nichts dagegen tun. Wenn sie doch etwas zu essen hätten, eine kleine Stärkung, wie man sie Fieberkranken zumuten kann, ja zumuten muss.

Und dann steht Ramassan mit einem Wunder in den Händen vor ihnen. Es ist ein Gemüsewunder: Kohlrabi, Steckrüben, Wirsingkohl und Mohrrüben.

Ramassan hat es von einem französischen Jesuiten aus Simbamwene bekommen, dem er in anschaulichster Weise den bevorstehenden Fie-

Carl Peters und sein Diener Ramassan

ber- und Hungertod zweier seiner – nun ja, nun nein – Landsleute ge-
schildert hat.

Jühlke beginnt mit einem Ausdruck tiefer Ehrfurcht im Gesicht
und aller Ruhe, zu der seine fiebernden Hände fähig sind, das Gemüse eigenhändig zu schälen und zu waschen, schließlich ist er der Sohn

eines Gartendirektors. Wasser und Salz, sogar ein Stück Fleisch kommen dazu. Sie lassen den kochenden Kessel nicht aus den Augen, jeden Augenblick damit rechnend, dass das, was sie schon riechen können, sich doch noch als Fieberphantasie erweisen könnte. Vier Tage lang hält sie das *Jesuitengemüse* am Leben. Dann essen sie nichts mehr, 72 Marschstunden lang. Es ist nichts mehr da.

Bebend in Fieber- und Hungerphantasien erreichen sie am 14. Dezember den Hauptkraal von Ukami. Etwas im Expeditionsleiter erinnert sich, dass sie sonst bei solcher Gelegenheit versucht haben, einen Vertrag zu machen. Und wenn es das Letzte wäre, was er tut, er will es versuchen.

Es ist ein wunderbares Bergland, das bis etwa 5 Meilen vor die Küste reicht. An die näheren Umstände des Vertragsschlusses kann sich der Expeditionsleiter auch später nicht erinnern, vielleicht ist alles Ramassans Werk. Er schafft jesuitische Gemüsewunder, warum nicht auch Landerwerbswunder.

Am Abend, als der Privatdozent Carl Peters, Gründer des *Pfropfenbundes* sowie der *Gesellschaft für deutsche Kolonisation*, auch Eigentümer von Ukami ist, hat er einen Pulsschlag von 140. Dies wird deine letzte Nacht sein, raunt das Fieber ihm zu. Zeit, letzte Dinge zu ordnen, Zeit für letzte Befehle. Jühlke, vielleicht mit ein paar Pulsschlägen weniger, aber im Grunde ebenso krank, hält bangend die Hand seines Freundes. Du darfst meinen Körper nicht eingraben, erklärt ihm sein Oberbefehlshaber. Eine Beerdigung koste zu viel Zeit, der Freund habe in noch längeren und schnelleren Märschen die Küste zu erreichen. Hindere ihn der Tod an der Ausführung des Befehls, so sei Ramassan beauftragt, die Kontrakte zu Hansings zu bringen. Bismarck muss erfahren, wie groß sein Reich inzwischen geworden ist, während er eine Konferenz abhält!

Am nächsten Morgen wacht Carl Peters zu seinem ungläubigen Erstaunen wieder auf. Noch einmal sieht er die große *Schmerzensbringerin* emporsteigen, doch bald ist er nicht mehr sicher, ob er nicht doch schon gestorben ist. Er sieht nach Jühlke, aber der kann ihm bezüglich ihres existenziellen Status auch keine Auskunft geben. Immerhin, sollten sie schon hinübergegangen sein, so sind sie doch noch immer zusammen, und das Land, durch das sie im Traum ziehen, könnte Afrika sein.

Fünf Tage in einer Zwischenwelt. Am fünften, dem 17. Dezember 1884, durchqueren sie in der Mittagssonne den Kingani. Wasser ist Leben, Peters und Jühlke spüren es. Am Abend zerreißt ein nicht endendes Freudengeschrei die Stille der Tropendämmerung. Urheber des Triumphgeheuls sind ihre eigenen Diener und die Pagazi. Sie sehen Blau vor sich, unendlich viel Blau, sie sehen vor sich den Ozean. Und das da unten muss Bagamoyo sein.

Bagamoyo: Leg dein Herz nieder.

Aber nicht nur das Meer kommt auf sie zu, nicht nur die Stadt. Plötzlich stehen nicht wie üblich Sonne und Sterne im Weltspalt ihrer Matten, die längst wie Särge sind, da ist ein Gesicht, ein weißes Gesicht. Der Mann spricht sie französisch an, wechselt dann ins Deutsche. Es ist ein Mönch, im Namen seines Klosters lädt er sie ein.

Nach zwei weiteren Stunden öffnet sich vor ihnen eine breite Allee, die Silhouette eines mächtigen Gotteshauses steigt aus dem Halbdunkel, am Portal das Kreuz. Nie hat der Pfarrerssohn aus Neuhaus an der Elbe das Kreuz so gesehen. Es ist, als wolle es ihn wieder aufnehmen in eine Welt, der er schon verlorengegangen war. Im Klosterhof trifft sein Auge auf hell erleuchtete gotische Fenster, und im selben Augenblick lässt die Orgel ihre ernste Weltüberwältigungs- und Heimkehrgewissheit aus allen Registern strömen, *ich schäme mich nicht zu bekennen, daß ich in ein krampfhaftes Schluchzen ausbrach und die ganze Spannung der letzten Wochen in einem Tränenstrom*[63] sich löste.

Zivilisation ist dort, wo man gefragt wird, was man zum Abendbrot essen möchte.

Peters und Jühlke wissen es sofort: eine Tasse Milch und ein Glas Rotwein! Wenn keine Milch da ist, trinken wir auch Kakao. Zu ihrem größten Erstaunen und ihrer größten Enttäuschung zugleich bringen sie beides fast nicht hinunter. Sie haben das Essen, sogar das Trinken verlernt. Nur vor Wasser schließen sich ihre Kehlen nicht.

Die erste Nacht in einem Bett unter einem festen Dach, die erste Nacht unter einem Moskitonetz! Die Aussicht löst ein unendliches Wohlgefühl in ihnen aus. Doch der nächsten Morgen findet zwei Geräderte. Seit Wochen gewohnt, im Freien zu liegen, hatten sie jeden Augenblick ihrer schlaflosen Nacht das Gefühl, sofort aus diesem himmellosen Zimmer zu müssen, das sie beengte, das ihnen die Luft nahm.

Der nächste Tag ist ein Freitag. Peters gibt den Tagesbefehl aus: Aufbruch nach Sansibar, unverzüglich.

Doch den Brüdern und Schwestern des Klosters sind Peters' Tagesbefehle egal, und er ist nicht stark genug, ihn gegen ein ganzes Jesuitenkloster durchzusetzen.

So wird dieser Freitag zum Festtag. Wie verklärt und plötzlich ganz ruhig liegen sie in ihren Betten, genießen jede Stunde sechzig Minuten lang den Umstand, heute nicht marschieren zu müssen. Nun können sie auch schon etwas essen, in kleinsten Bissen. Die Jesuiten aber sprechen mit ihnen über Afrika. Und Peters erfährt, dass der im Ruf einer gewissen Exzentrik stehende Afrikaforscher Dr. Rohlfs, zum Generalkonsul ernannt, in den nächsten Wochen an Bord eines deutschen Kriegsschiffs nach Sansibar kommen werde. Keine schlechte Nachricht, befindet Peters.

Am nächsten Morgen werden die Freunde in zwei Sesseln zum Strand hinuntergetragen, wo eine Dau wartet, die ihnen ein deutscher Jesuit mietete, mit dem sie besonders gern und viel gesprochen haben. Wieder, wie bei der Hinfahrt, ist es ihnen, als führen sie direkt in den Schöpfungsmorgen hinein, Himmel und Meer fast noch ungeschieden, alles ist Frieden und Glanz. Inmitten dieser Vollkommenheit auf dem schattigen Hinterdeck liegen die zwei Fieberkranken, essen ab und zu eine Apfelsine, deren Schalen sie ins Wasser werfen, zwischendurch nehmen sie beträchtliche Dosen Chinin ein. Jedes Paradies hat seine Störer, auch dieses, das sind sie selbst, denn wenn sie sich etwas sagen wollen, schreien sie sich an. Das liegt am Chinin, es hat sie fast taub gemacht.

Sie erreichen Sansibar genau an dem Punkt, an dem sie es verlassen hatten, unmittelbar vor ihrem Hotel. Bald sind sie umringt von braunen und schwarzen Männern, von Frauen und Kindern. Diese Muzungu, diese Weißen, sehen überhaupt nie gesund aus, mit ihrer Totenhaut, ihren Augen wie Pfützen und den Fäden am Kopf, die sie für Haare halten. Aber welche Hölle hat diese beiden versehentlich wieder ausgespuckt?

Im Hotel gibt man sich Mühe, sie wiederzuerkennen und nichts Unvorteilhaftes über ihr Aussehen zu sagen. Peters schickt sofort nach Dr. Gregory, das ist der russische Leibarzt des Sultans, denn sonst, er weiß das, könnte sich ihr Aussehen binnen Stunden ändern, und er würde es nicht mehr erfahren. Der Leibarzt des Sultans findet die Überreste des Annexionsquartetts im heftigsten Fieber und spricht von einem Wunder, womit er der Tatsache gebührenden Ausdruck verleihen will, den beiden noch lebend zu begegnen. Peters versucht, eine Depesche an die *Gesellschaft für deutsche Kolonisation* zu verfassen, denn das ist die erste Pflicht eines zurückgekehrten Expeditionsleiters. Nach vielen vergeblichen Versuchen gibt er auf; niemand würde, was er zu Papier bringt, für Buchstaben halten.

Ein Sonntag im Hotel.

Peters beschließt, dass seine innere Lage der seiner äußeren zu entsprechen habe, und die immerhin ist vorzüglich. Er nimmt ein Bad, trinkt eine Tasse Milch und schickt Ramassan zu Herrn O'Swald, um ihm mitzuteilen, dass er noch lebe – für den unwahrscheinlichen Fall, dass er das noch nicht erfahren habe –, und seine Post abzuholen. Immerhin sind sechs Wochen seit ihrer Abreise vergangen. Vielleicht hat Bismarck ihm geschrieben? Oh, er würde auch gleich an Bismarck schreiben.

Um neun Uhr erscheint Herr Strandes, um nach dem Befinden der Rückkehrer zu fragen. Er gibt sich die Anmutung, als habe er nie an dieser Rückkehr gezweifelt. Und was für eine originelle Expedition, von der er da hört! Ja, Rohlfs würde ganz sicher nach Sansibar kommen.

Die beiden Rekonvaleszenten werden nun von allen deutschen Handelshäusern mit Grundnahrungsmitteln wie ausgesuchten Weinen, Austern und Früchten beschickt. Die Kaufleute nehmen die Kontrakte mit und lassen beglaubigte Abschriften erstellen. Mehrmals am Tag beantworten die Empfänger besorgte Nachfragen der Austernlieferanten nach ihrem Befinden, das sich tatsächlich in erstaunlicher Weise bessert, besonders das des Expeditionsführers. Ringsum werden sie zum Weihnachtsfest eingeladen, aber Peters hat bald schon andere Pläne. Er beabsichtigt nicht, Heiligabend überhaupt noch da zu sein.

Ein Schiff des Sultans liegt im Hafen, es macht am 24. Dezember abends die Leinen los Richtung Bombay. In Bombay, weiß Peters, bekommt er ganz sicher bald einen Dampfer nach Europa. Er kann hier nicht Austern essen, mit den Kontrakten über ein ganzes Kolonialreich in der Tasche.

Am Heiligabend, nachmittags, sitzen die Freunde – fieberfrei – zum letzten Mal gemeinsam auf der Veranda ihres Hotels, verzehren zum Schauder der Umsitzenden rohes Rindfleisch in bedenklichen Portionen und brüllen sich an. Sie wissen, dass dies der heiligen Stille dieses Tages nicht ganz gemäß ist, und doch scheint es ihnen unmöglich, zu schweigen. Das Chinin schirmt ihre Ohren noch immer höchst zuverlässig von der Außenwelt ab.

Er hat den Leibarzt des Sultans gerufen, jetzt fährt er mit dessen Schiff. Schon möglich, dass der Sultan bald sehr ungehalten reagiert, sobald er nur den Namen dieses jungen Mannes hört. Auch darum zieht Peters Abwesenheit vor. Er nimmt nicht ohne Befriedigung zur Kenntnis, dass die *Avoca* einen deutschen Kapitän und zwei deutsche Offiziere hat. Bargasch bevorzugt Deutsche, was die Seefahrt betrifft: Auf allen fünf Schiffen des Sultans haben sie das Kommando. Der Erste Offizier der *Avoca* heißt Pfeil, und er heißt nicht nur so, er ist in der Tat ein Vetter des Grafen, der jetzt in Usagara gesunde Bergluft atmet und nebenbei ein Haus bauen soll, das erste deutsche Haus in Ostafrika. Peters nimmt es als gutes Zeichen.

Er will sich auf dieser zweiwöchigen Seefahrt erholen und viel nachdenken. Zur Beförderung beider Vorhaben hat er vom Hotelwirt Monsieur Chabaut sechs Flaschen Wein erworben, die jedoch nach wenigen Tagen in Gärung übergehen. Da der Passagier der *Avoca* sie dennoch nicht einfach so verlorengeben will, nähert sich sein Befinden bald wieder dem Zustand, in welchem er auf Sansibar erschienen war. Dennoch war er selten zufriedener als ebenjetzt. Ein Vertreter der Kongo-Gesellschaft hat ihm noch in Sansibar einen Sessel geschenkt, in diesem flegelt er nun tagein, tagaus vor seiner Kabine, erscheint nur zu den Mahlzeiten in der Offiziersmesse. Ein tiefes Bedürfnis nach Ruhe ist in ihm, wie er, der Unruhige, es nie gekannt hat. Er will Pläne machen und kann es nicht: *Ich dachte weder an Vergangenheit noch an Zukunft, die Gegenwart allein füllte mein ganzes Empfinden aus. Es war mir zumute, als wenn ich alles, was an Tatkraft und Energie in mir gewesen war, bis auf den letzten Rest verausgabt hätte.*[64]

Stille, nur Stille. Und Sonne.

Er weiß plötzlich, was die Buddhisten meinen, wenn sie vom Nirwana sprechen. Es hat ihn aufgenommen.

Derselbe Tag, Heiligabend in Muinin Sagara. Joachim von Pfeil hat hohes Fieber, aber ist das ein Grund, ein hohes, ein höchstes Zeremoniell abzusagen, wie es die Blutsverbrüderung ist? Kibana, ein Sohn des alten Muinin Sagara, hat sich dem Grafen in besonderer Anhänglichkeit angeschlossen.

Jeden Tag bringt er ihm Milch, Honig, ein paar Bataten oder sogar Fische in seinen Ziegenstall. Der Graf war, nachdem ihm sein Zelt zu ungesund schien, in einen Ziegenstall umgezogen. Zwar sind diese Weißen, sobald man sich einmal an ihren Anblick gewöhnt hat, wenig eindrucksvoll, weiß Kibana, ja sie sind reine Fürsorgefälle, und doch ist da eine Aura des Fremden, des Ungefähren an ihnen, das den jungen Häuptlingssohn fasziniert. Und vielleicht würde die Physis des Grafen mit ihrer bedenklichen Neigung zum Grabe am Ende gekräftigt, wenn er sein Blut mit dem seinen mischte: *Wenn du Speise hast, gib deinem Bruder davon, hast du Feinde oder Freunde, so seien sie deines Bruders* usw., usw.

Am frühesten Morgen des Heiligen Abends wird in Muinin Sagara eine Ziege geschlachtet und ihre Milz in Asche gebraten. Sodann sehen Kibana und Joachim, der sich kaum aufrecht halten kann, zu, wie ein Messer in ihren linken Arm fährt. Ihr Blut färbt die frische Ziegenmilz. An dieser Stelle gebührt dem Blutspender selbst das Wort: *Jeder nahm dann das Fleisch mit dem Blut des anderen in die linke Hand, während er die Rechte seines Gegenübers festhielt. Ein Verwandter Kibanas zog ein paar Messer hervor, die er langsam aneinander zu wetzen begann. Dann rief er mit lauter Stimme kurze Sätze, deren Sinn ich damals nicht genau verstand.*[65] Es handelt sich um Sätze der Form: Wenn du Speise hast, gib deinem Bruder davon, wenn du … *Dann trat einer meiner Leute herzu, wetzte ebenfalls Messer und sagte ähnliche Dinge zu Kibana. Dabei wurden gegen Ende die Messer immer geschwinder gewetzt, die Stimme immer mehr erhoben, bis das Ganze mit einer Beteuerungsformel schloß, deren Sinn ich damals nicht völlig erfaßte.* Nun aß jeder die mit dem Blut des anderen behaftete Milz.

Der Rest der Ziege wird mit vielen Beilagen von der Festgesellschaft verzehrt und mit Unmengen Pombe, Hirsebier, heruntergespült. Der Blutesser muss Kibanas Verwandten 4 Doti, 16 Ellen Baumwollstoff, entrichten. Dennoch fühlt sich der Graf nach dem Aderlass ungewöhnlich frisch, sodass er beschließt zu frühstücken. Milch und Ugali, ein Hirsebrei. Der Graf schickt seinen Koch in die Hütte von Herrn Otto, um zu fragen, ob dieser mit ihm frühstücken wolle. Der Koch kommt zurück und sagt, trotz seiner Schwärze kreideweiß im Gesicht: *Umsungu amekufa.* Der weiße Mann ist tot. *Eine entsetzliche Übelkeit überkam mich, und ich brauchte mehrere Augenblicke, ehe meine kranken Nerven so viel Fassung hatten, daß ich erwidern konnte oder zu einem Entschluß fähig war. Ich begab mich in Ottos Hütte. Er lag mit dem Rücken auf einer Kitanda,*[66] … *die linke Hand über die Brust, die andere weggestreckt, vom Bett herabhängend. Auf seiner Kiste stand eine Dose amerikanischer Kirschen, die ich ihm am Abend vorher noch hineingeschickt hatte, sie waren halbverzehrt. Sein Tod muß ganz plötzlich eingetreten sein, denn noch spät in der Nacht hatte ich ihn mit ziemlich kräftiger Stimme nach Wasser rufen hören. Er war jedoch schon steif. Mund und Augen waren offen, sie zeigten das Bild des Todes in fürchterlicher Gestalt.*

Der Graf lässt den Gefährten sofort in eine Wolldecke wickeln und sucht einen geeigneten Platz, ihn zur letzten Ruhe zu betten. Doch seine Schwäche erlaubt nicht, weit zu gehen. Nach 16.00 Uhr, als zu Hause die Tannenbäume angezündet werden, wird August Otto, der Mann, der als Erster in der neuen Kolonie reich werden wollte, von sechs Männern zu Grabe getragen, gefolgt von vielen Neugierigen aus dem Dorf. *Durch die mit dem Todesfall verbundene Arbeit und Aufregung hatte meine Schwäche wieder so zugenommen, daß es mir nur mit größter Anstrengung möglich war, das nahe Grab zu erreichen. Hier angekommen, wurde der Leichnam von den Leuten geschickt und ehrerbietig langsam eingesenkt, ich trat zu Häupten, nahm meinen Hut ab, betete ein Vaterunser und wiederholte dann den Spruch: Erde bist du, Erde sollst du werden, davon du genommen bist. Dann bückte ich mich, um eine Handvoll Erde aufzunehmen und sie ins Grab zu werfen, da verließen mich meine Kräfte, meine Knie brachen unter mir zusammen, und ich wäre rettungslos auf die Leiche gefallen, wenn meine Leute nicht zugegriffen hätten, mich zu halten.*

Carl Peters flegelt in seinem geschenkten Sessel auf dem Ozean.

In Bombay verlässt er versuchsweise das Nirwana, um an Bismarck zu schreiben. Er erzählt dem Reichskanzler von seinen Verträgen, beschreibt ihm die erworbenen Landschaften und fügt hinzu, wie gern er Seine Majestät den Kaiser gebeten hätte, *die Oberhoheit über dieses Gebiet allergnädigst anzunehmen,* wenn nicht, ja wenn da nicht dieser traurige Brief wäre, den er auf Sansibar vom Adressaten empfing und der ihn nun in peinlichster Weise hemme und zurückhalte.

Am 16. Januar 1885 geht Dr. Carl Peters in Bombay an Bord der *Massilia.* Seine Gesundheit hebt sich von Tag zu Tag, beinahe in dem Maße, wie sich die seiner Mitreisenden orkanbedingt verschlechtert. Im Mittelmeer schlagen die Wogen hoch über dem Schiff zusammen. Fast alle Passagiere, sogar einige Marineoffiziere, werden seekrank. *Ich war allein auf dem hohen Quarterdeck, welches einigen Schutz gegen die Wellen bot,* als das erste Stück Europa, *als Kandia in Sicht kam. Ich darf aussprechen, daß mich in diesem Moment ein gewisses Gefühl des Triumphes durchzuckte.*[67] War ihre kleine Expedition nicht wie dieses Schiff gewesen, das sich immer wieder aus der schweren See hebt und gegen Wellen und Sturm eigensinnig seinen Weg findet?

Er meint zu wissen, wie den alten Venezianern zumute war, als sie in ihre Heimatlagune einliefen und den Campanile von San Marco langsam aus dem Wasser steigen sahen. Am 1. Februar 1885 erreicht die *Massilia* Venedig, an Bord hat sie den Besitzer eines Reiches so groß wie der ganze deutsche Süden. 140 000 Quadratkilometer in der Hand eines verirrten Privatdozenten. In seiner Hand? Dort können sie unmöglich bleiben. Was soll er damit machen?

Vielleicht hat sich Bismarcks Sinn besänftigt, nun, nachdem Tatsachen geschaffen sind. Er ist doch vom gleichen Temperament. Wie sonst wäre das Deutsche Reich entstanden? Vielleicht möchte der deutsche Kaiser doch eine Kolonie haben, schließlich haben selbst kleinere Monarchen welche. Wie der König der Belgier. Notfalls könnte er Leopold die 140 000 Quadratkilometer verkaufen.

Er telegraphiert nach Berlin, dass die *Gesellschaft für deutsche Kolonisation* sich noch am Abend seiner Ankunft zu einer Versammlung einzufinden habe.

Die letzte Nacht des General Gordon

Ende Januar, als es dem Mittelmeer nicht gelingt, Carl Peters im Sturm von Deck der *Massilia* zu spülen – wobei er registriert, wie sein Selbst sich zu einer Art Welt-Selbst erweitert, was ihn erstaunt, ohne ihm darum unangemessen zu erscheinen –, legt Charles George Gordon ein paar Tausend Kilometer südlich zum letzten Mal seine weiße Paradeuniform an. Oder hat er sie in dieser Nacht nicht einmal ausgezogen?

Niemand kennt Carl Peters, ihn aber kennt ganz Europa: Charles George Gordon, Retter des Empire, Führer der *Ever Victorious Army*. Er wollte als König Leopolds Mann gerade den Kongo übernehmen, als ihn ein Hilferuf seines Vaterlands erreichte.

Er ist die letzte Hoffnung dort, wo zu letzten Hoffnungen schon fast kein Anlass mehr besteht. Und genau das ist die Situation.

Der Mahdi steht vor Khartum.

Der Sudan wird aufgegeben, hatte Gladstone, der bekennende Intellektuelle und Zivilist an der Spitze der Londoner Regierung, bereits im Dezember 1883 beschlossen. Nur mussten noch Tausende ägyptische Soldaten, Zivilangestellte und deren Großfamilien evakuiert werden, dazu die letzten Europäer von Khartum.

Das ist der Auftrag.

Es fiel dem einstigen Führer der *Ever Victorious Army* schwer, die Stadt und das Land zu verlassen, das er miterfunden hat. Er erwog bereits, den mächtigen Sklavenhändler al-Zubayr-Rama zum Regenten des nördlichen, arabischen Sudan zu ernennen, um einen Verbündeten gegen den Mahdi zu haben.

London fand die Idee geschmacklos.

Emins Provinz sowie die seines glücklosen Nachbars Lupton wollte Gordon König Leopolds Obhut empfehlen. Auch diese Idee schien London nicht gut. Es verschenkt grundsätzlich keine Kolonien, und schon gar nicht an Monarchen minderer Ordnung.

Der Ring des Mahdi um Khartum schloss sich fester und fester. Kurz bevor die Islamisten die Stadt einschlossen, konnte Gordon noch 2500 Frauen, Kinder, Kranke und Verwundete in Sicherheit bringen lassen.

Das ist nun bald ein Jahr her.

Die britische Regierung hätte ihm längst Unterstützung schicken müssen – schicken können –, aber genau das hielt sie für pädagogisch unklug. Er solle heimkehren.

Gordon antwortete, er bleibe da: *I am in honour bound to the people.*

Es war ein Kräftemessen, oder sollte man es den Spezialfall einer autoagressiven Erpressung nennen?

Müsste er, der berühmteste Eroberer weit und breit, in dieser Nacht des 26. Januar 1885 die Grenzen seines Einflussbereichs, seiner Befehlsgewalt angeben, so wäre er auf die Umrisse seiner selbst verwiesen, gehalten von ebenjener weißen Paradeuniform.

Allerdings naht Hilfe, London hat doch nachgegeben, die *Gordon Relief Expedition* müsste jeden Augenblick eintreffen, und das Wüsten-*Camel Corps* unter Sir Herbert Stewart hat die Mahdisten bereits vernichtend geschlagen.

Was nun folgt, ist in die kollektive Erinnerung einer Nation übergegangen. Die Truppen des Mahdi stürmen die Stadt.

> *Too late! Too late to save him,*
> *In vain, in vain they tried.*
> *His life was England's glory,*
> *His death was Englands pride.*[68]

Die siegreichen Mahdisten stellen Gordons Kopf in ihrem Feldlager aus.

Zwei Tage später, am 28. Januar 1885, trifft die *Gordon Relief Expedition* in Khartum ein.

ZWEITER TEIL

Die Eroberer

Die gefährlichste Weltanschauung ist die Weltanschauung
der Menschen, die die Welt nie angeschaut haben.

Alexander von Humboldt

Ich bin ich!

Zwei Jahre später. Venedig sieht wie reisefertig aus, unter sich das Blau der Lagune, über sich das Blau des Himmels. Die Stadt schwimmt. Wer weiß, einmal wird sie einfach hinaussegeln aufs offene Meer, und nichts wird sie aufhalten. Aber so lange kann Frieda von Bülow nicht warten. Sie kann überhaupt nicht mehr warten.

Sie sieht die Tauben auf dem Markusplatz nicht ohne Mitleid. Die schaffen es nie übers Meer. Sie haben Flügel und bleiben doch immer zu Hause wie die meisten Menschen. Haustauben, fast alle. Ihr Gesichtskreis ist klein, aber gerade deshalb halten sie ihn für den einzig möglichen.

Wie anders empfindet sie die Stadt als damals nach Margaretes Tod. Als sie vom Campanile der Markuskirche über das Dächermeer schaute, weit hinaus in die Lagune, und doch Angst hatte, sich dem Anblick zu überlassen, weil sie fürchtete, Margaretes Tod auch nur einen Augenblick lang zu vergessen. Den *Stich durchs Herz* danach könne sie nicht ertragen.

Jetzt strömen immer mehr Menschen auf den großen Platz, *mit nur in Venedig möglicher Geräuschlosigkeit.* Kurz versinkt die junge Frau im Anblick der hellen Sterne auf tiefblauem Grund am Portal der Markuskirche. Es könnte ein Bild der Verlorenheit sein, der Verlorenheit in der unendlichen Nacht des Raums, und ist doch, seltsam genug, eines der Geborgenheit. Als sei die Erde ein heimatlicher Stern. Als könne man auf ihm nicht verlorengehen.

Es ist Christi Himmelfahrt. Alle Blicke richten sich bald aufwärts, auf die große Uhr neben der Markuskirche. Aber die Durchreisende wendet sich ab. Wer zu viel nach oben schaut, versäumt das Beste, er versäumt die Welt. Der Herr brach also einst am gleichen Tag wie sie ins Unbekannte auf, nur mehr vertikal. Aber ist ihr Ziel, ist ihre Ankunft etwa gewisser?

Frieda von Bülow, ihr Onkel Thankmar von Münchhausen und seine junge Frau laufen gegen die anströmende Menge zur Piazzetta, gefolgt von den Kofferträgern. Es war nicht leicht gewesen, für diese Reise zu packen. Was nimmt man mit auf eine Fahrt, bei der an Rückkehr nicht gedacht ist? In wenigen Stunden wird ihr Schiff die Stadt, den Erdteil verlassen. In einer jener schwarzen venezianischen Barken, die aussehen wie Totenkähne, als seien sie verantwortlich für den kleinen Grenzverkehr zum Hades, setzen sie zum Hafen über. Frieda von Bülow geht an Bord des Dampfers der *Peninsular and Oriental Steam Navigation Company*.

Wehe dem, der den Halt außerhalb seiner selbst sucht, hat sie einmal geschrieben. Sie ist da längst nicht mehr sicher. Halt! Was für ein Festlandsbegriff. Vielleicht muss man sich einfach nur dem Wind überlassen. Oder eben der *Peninsular and Oriental Steam Navigation Company*.

*

In Suez wechseln sie das Schiff. Zwölf Stunden waren sie, von Alexandria aus, mit dem Schnellzug durch die Wüste gefahren, hatten sich vergebens mit blauen Brillen und Tüchern gegen den Sand zu schützen versucht. Durch den Kanal wäre es nicht halb so staubig gewesen. An Bord des großen Indienfahrers *Malva* durchqueren sie jetzt das Rote Meer. Sie staunen noch immer, wie es mitten auf dem Wasser so heiß sein kann, als ein britischer Oberst den Finger tief in die südliche Nacht sticht und ihr erklärt, dass dies da oben nun das Kreuz des Südens sei. Hier werde es zum ersten Mal sichtbar.

Frieda von Bülow, die Feierlichkeit des Augenblicks mit allen Sinnen empfindend, erwidert nicht ohne Stolz, dass genau dieses Kreuz auf der Fahne der deutschen Kolonie Ostafrika prange: Ganz weiß sei die Flagge, mit einem großen schwarzen Kreuz darauf. Vielleicht erklärt sie dem britischen Oberst auch noch, dass ganz links oben auf rotem Grund die fünf weißen Sterne des Südlichen Kreuzes strahlen. Aber wahrscheinlich verstummt sie schon vorher, denn der Mann lacht, er lacht aus vollem Herzen. Es verletzt sie.

Was es denn hier zu lachen gäbe, fragt sie tadelnd, worauf der Oberst noch mehr lachen muss, obwohl er sich zugleich dafür entschuldigt und mit halb erstickter Stimme ruft: »Was für ein bescheidenes Symbol!« *Ich erklärte ihm darauf sehr bestimmt, das Thema deutscher Kolonisation würde von nun an nicht mehr zwischen uns berührt werden, da ich Spott über diesen Gegenstand nicht annehmen könne und wolle.*[69] Einer spontanen Eingebung folgend, verzichtet sie darauf, zu erwähnen, was ihr schon fast auf der Zunge lag, dass nämlich man die Flagge auch Petersflagge nenne, denn das sei der Name des Gründers von Deutsch-Ostafrika.

Und zu dem fährt sie jetzt. Aber so darf sie das nicht formulieren, nicht nur dem Oberst gegenüber nicht, eigentlich überhaupt nicht. Sogar zu sich selbst gesprochen, missbilligt sie diesen Satz. Sie ist die offizielle Delegierte des *Deutschnationalen Frauenbunds für Krankenpflege in den Kolonien*, begleitet von Bertha Wilke, die wirklich Krankenschwester ist. Sie dagegen hat nur einen Schnellkurs absolviert. Doch um die erforderlichen Dosen Chinin zu verteilen, mag auch ein Schnellkurs genügen.

Afrika ist das Grab des weißen Mannes?

Das galt lange, es gilt noch immer. Aber gemeinsam mit dem Pulver würden sie den Kampf gegen das Fieber gewinnen. Sie würden Deutsch-Ostafrika nicht an die Malaria verlieren. Darum fährt sie nach Sansibar, und aus keinem anderen Grund. Und um ihren Bruder wiederzusehen, Albrecht, vormals Gardeoffizier der Kaiserin, nunmehr erster Afrikaner der Familie.

Es ist Ende Mai 1887, als Frieda von Bülow an Bord der *Malva* gemeinsam mit dem britischen Oberst, den sie eigentlich sehr mag, unter dem Kreuz des Südens steht. Im vergangenen Herbst erst hat sie gemeinsam mit den Schwestern des Grafen von Pfeil, Martha und Eva, sowie elf weiteren Damen der Berliner Gesellschaft den *Deutschnatio-*

nalen Frauenbund für Krankenpflege in den Kolonien gegründet. Die Hauptgründerin war sie selbst. Oder war es nicht vielmehr der Mann, dem die Flagge, über die der arrogante Brite so lachen muss, ihren Namen verdankt? Ihre Gedanken gehen jetzt oft zurück, weit zurück. An Bord eines Schiffes ist man wie in einer Zwischenwelt: nicht mehr ganz zum Gestern, aber auch noch nicht zum Morgen gehörend.

Die Zeit selbst schwimmt.

Das Leben lebt nicht, hat sie einmal geglaubt? Seit zwei Jahren würde sie das nicht mehr so streng formulieren.

Seit sie Carl Peters kennt.

Petersland

Noch nie verkaufte sich die *Tägliche Rundschau* so gut wie im Frühjahr 1885, von Ausgabe zu Ausgabe fand Friedrich Langes Druckerzeugnis mehr Leser. Aber was hieß hier Leser? Es war nicht die gewöhnliche Neugier, die auch die Bülow-Geschwister sofort die Seite des Expeditionsberichts in Fortsetzungen aufschlagen ließ, der sie zu Mitreisenden machte. Und nicht nur zu Mitreisenden nach Afrika, sondern zu Mitreisenden zu sich selbst.

Hatte eine Abwesenheit von Zuhause jemals solche Resultate hervorgebracht? Aus dem Nichts gewann ein 28-jähriger Privatdozent der Philosophie dem Vaterland sein erstes wirklich großes Schutzgebiet!

Natürlich schrieben nicht alle Zeitungen so, im Gegenteil, diese war gewissermaßen die einzige. Denn eben die Vorstellung, dass ein entlaufener Akademiker irgendwo in Afrika die deutsche Fahne gehisst habe und nun glaube, eine Kolonie erworben zu haben, fand die liberale Presse über die Maßen lächerlich. Auch wusste sie, wie Bismarck über Kolonien dachte.

Der junge Mann teilte in seinen Berichten nichts davon mit, dass sich Bismarck von seiner Landerwerbung geradezu belästigt fühlte.

Dass er von Ukami, Useguha, Nguru und Usagara gar nichts wissen wollte.

Man möge ihn mit diesen Negerreichen verschonen!

Deutsche Kolonien, das sei wie der Zobelpelz in polnischen Adelsfamilien, die keine Hemden besitzen, glaubte bis eben der Reichskanzler.

Eigentlich glaubt er das noch immer.

Und auch, dass der Deutsche am liebsten am Ofen sitze, mit dem Rücken zum Meer. Der Kanzler meint genau zu wissen, was er den europäischen Nachbarn zumuten darf. Ein Deutsches Reich war schon viel, sehr viel, die größte europäische Kontinentalmacht nun auch als Kolonialmacht könnte leicht zu viel sein. Trotzdem hat er der Afrika-Konferenz am Ende vorgeschlagen, die drei kleinen, zumindest nicht allzu großen Interessensphären Deutschlands in Westafrika anzuerkennen: Togo, Kamerun und jenes triste Stück Land, das die Eingeborenen nur *Angra Pequena* nennen: *das, wo es nichts gibt*. Es ist nunmehr die Lüderitzbucht, Tor zu einem Land, das man bald als Deutsch-Südwestafrika kennen wird.

Das Reich habe dabei keine Kolonien im Sinn, lediglich den Schutz der deutschen Handelsniederlassungen dort.

Da stand er nun, Carl Peters, verschmähter Eroberer, keine dreißig Jahre alt, ganz allein mit einem Reich so groß wie Süddeutschland, das keiner wollte. Er konnte in dieser Pose unmöglich noch lange verharren, also deutete er dem Auswärtigen Amt die Möglichkeit an, die soeben gewonnenen Länder dem belgischen König Leopold II. zu verkaufen, der sie wohl besser zu schätzen wisse.

Das Auswärtige Amt war verunsichert. Wer ist denn Leopold II.? Ein Monarch zweiter Klasse, höchstens. Und das Deutsche Reich soll zuschauen, wie Leopold expandiert, mit seiner Hilfe?

Dieser Privat-Konquistador wagte es also, der Wilhelmstraße, Kaiser und Kanzler ein Ultimatum zu stellen?

Am Morgen des 28. Februar 1885 hielt der Besitzer von Petersland ein persönliches Schreiben des Kaisers in den Händen: *Wir Wilhelm,*

von Gottes Gnaden Deutscher Kaiser, König von Preußen, tun kund und
fügen hiermit zu wissen:

   Nachdem die derzeitigen Vorsitzenden der »Gesellschaft für deutsche
Kolonisation« Dr. Carl Peters und Unser Kammerherr Felix, Graf Behr-
Bandelin, Unseren Schutz für die Gebietserwerbungen der Gesellschaft
in Ostafrika, westlich dem Reiche des Sultans von Sansibar, außerhalb
der Oberhoheit anderer Mächte, nachgesucht und Uns die von besag-
tem Dr. Carl Peters zunächst mit den Herrschern von Usagara, Nguru,
Useguha und Ukami im November und Dezember v. J. abgeschlosse-
nen Verträge, durch welche diese Gebiete für die deutsche Kolonisations-
gesellschaft mit den Rechten der Landeshoheit abgetreten worden sind,
mit dem Ansuchen vorgelegt haben, diese Gebiete unter Unsere Ober-
hoheit zu stellen, so bestätigen Wir hiermit, daß Wir diese Oberhoheit
angenommen …[70]

   Es handelt sich um einen auch seiner Länge nach unbedingt ma-
jestätischen Satz, der in der Mitteilung mündet, Usagara, Nguru, Useguha und Ukami stünden nunmehr unter dem Schutz des deutschen
Kaisers. Und nicht nur sie, denn Wilhelm ließ ein zukunftsbewusstes
vorbehaltlich Unserer Entschließung auf Grund weiterer Uns nachzuwei-
sender vertragsmäßiger Erwerbungen der Gesellschaft einfügen, wahrscheinlich auf besonderes Drängen des Empfängers. Er verleihe der
Gesellschaft oder deren Rechtsnachfolgern die *Befugnis zur Ausübung*
aller aus den Uns vorgelegten Verträgen fließenden Rechte, einschließlich
der Gerichtsbarkeit, gegenüber den Eingeborenen und den in diesen Ge-
bieten sich niederlassenden oder aber zu Handels- und anderen Zwe-
cken sich aufhaltenden Angehörigen des Reichs und anderer Nationen,
unter der Aufsicht unserer Regierung und vorbehaltlich weiterer von Uns
zu erlassenden Anordnungen und Ergänzungen unseres Schutzbriefes.
Gezeichnet Wilhelm und v. Bismarck am 27. Februar 1885.

Am Tag zuvor, am 26. Februar, hatten die Delegierten der Berliner
Kongo-Konferenz den Verhandlungstisch verlassen. War die Unter-
zeichnung des Schutzbriefes am Tag danach vorsätzliche Täuschung?
Oder sind Kaiser und Kanzler einfach nicht früher dazu gekommen?

Und sollte Bismarck den Delegierten der großen Kolonialmächte etwa erklären, dass da ein aus dem Ruder gelaufener Jungakademiker gegen seinen ausdrücklichen Willen ein Riesenreich in Afrika annektiert hat? Wie stünde er da?

Außerdem: Wenn selbst Länder, die man mit bloßem Auge glatt übersehen könnte, es mittels eigener Kolonien in den Bereich der Wahrnehmbarkeit schaffen, sollte es da nicht tolerierbar sein, wenn die größte Kontinentalmacht Europas statt der bis eben erwähnten drei künftig einfach vier Schutzgebiete besitzt? Zudem dieser Peters gewissermaßen in vorauseilendem Gehorsam nach den eben erst beschlossenen Regeln annektiert hat.

Natürlich, der Kanzler wünschte sich diese Regeln strenger, er hätte die Annexionshürden viel höher gelegt, allein er konnte sich nicht durchsetzen, schon gar nicht gegen die Briten. Dieser Peters, das muss man ihm lassen, machte alles richtig: Verträge mit den örtlichen Souveränen liegen vor. Flaggen wurden gehisst. Physische Präsenz wurde gezeigt, wenn auch nur – durch den Grafen von Pfeil – in etwas ruinierter Form. Und erfüllt eine Leiche – August Otto – noch die Kriterien physischer Präsenz? Nur der soeben beschlossenen Pflicht, die übrigen Staaten im Voraus über Gebietsansprüche in Kenntnis zu setzen, konnte nicht genügt werden, denn diese lag zum Zeitpunkt der Inbesitznahme noch nicht vor.

Ein Sonderfall also.

Und Bismarck stellte den Schutzbrief aus, am Tag eins nach der Afrika-Konferenz, deren Gastgeber er war. Er befürchtet längst, dass das ewige Expandieren neuen Unfrieden schafft. Er hätte nie geglaubt, dass er selbst damit anfängt.

Vom Schutzbrief des Kaisers und seines Kanzlers erfuhren Peters' Leser, nicht von der Abwehr zuvor. Auch die Namen Ukami, Useguha, Nguru und Usagara vermochte das allgemeine Publikum sich nicht recht zu merken; *Petersland* war einfacher und meinte dasselbe.

Glanz und Ruhm sind oft vor allem eins: eine optische Täuschung. Aber die Geschwister von Bülow faszinierte ohnehin etwas anderes. Nicht nur die Grenzen des Reichs hatte dieser Carl Peters verrückt, vor allem seine eigenen. Bürgerlich betrachtet, war er ein Versager, ein in die Irre gelaufener Akademiker. Und nun? Sie bemerkten sehr wohl den Vorbehalt dieses ungewöhnlichen Autors, der den Begriff des Abenteurers wie den des Reiseschriftstellers auf ein ganz neues Niveau gehoben hat.

Er hat sich selbst erschaffen. Ein Unternehmer im Wortsinn, ein Selbsterfinder. Es ist also möglich. Da gründet einer sein Dasein auf nichts als sich selbst, und plötzlich wird eine Welt daraus.

Er hatte keine Chance. Aber er hat sie genutzt.

Ich bin ich!

*

Ich bin ich!

Schade, dass dieser Satz kein Frauensatz ist und nie einer werden kann. Und doch hat Frieda von Bülow ihn immer schon gekannt, wenn auch mehr als Gefängnisurteil. Aus seinem Ich kommt keiner heraus. Diese Gewissheit, gewöhnlich der Ursprung aller Qualen und Ausweglosigkeiten – plötzlich hatte sie den Klang einer Verheißung.

Ihr kleiner Bruder empfand das ebenso. Albrecht von Bülow, zwanzig Jahre alt, Gardeoffizier der Kaiserin, war zur Zeit Sekondeleutnant außer Dienst, weil seit kurzem ein knieleidender Gardeoffizier. Aber nicht nur der Unfall war schuld daran, dass ihm sein ganzes Leben zu hinken schien. War es denn jemals aufrecht gegangen? Nun aber sollte er auf Wunsch seines Vormundes ein technisches Fach an der Hochschule Charlottenburg studieren. Clothilde von Bülow wurde nicht befragt, Müttern traute man damals kein Urteil zu, die Laufbahn ihrer Kinder betreffend.

War dieser Peters, dieser Zivilist, nicht mehr Soldat als er? Frieda von Bülow kennt ihren Bruder gut; er nennt sie »Frieder«, der männliche Name ist, wie längst berichtet, eine Zärtlichkeit zwischen ihnen seit Kindertagen. Sie weiß um seinen Hader. Die Unfähigkeit, mit sich einverstanden zu sein, scheint zu den besonderen Begabungen ihrer

Familie zu zählen. Und Albrecht will nicht studieren, er will nach Afrika!

Frieda weiß, dass an ihrem Bruder kein Student verlorengeht. Er ist anders als sie; er wird das, was man die Welt des Geistes nennt, nie vermissen; er hat sie nie betreten. Kuno, der Jüngste, ist ihr da ähnlicher. Ist es nicht die größte Tragödie eines Menschen, wenn er nicht sich selbst folgen darf? Frauen war das noch nie erlaubt, aber vielleicht kann sie Albrecht helfen?

Frieda von Bülow kennt den Feuilletonchef der *Täglichen Rundschau*, schließlich ist sie deren Autorin, und Friedrich Lange wiederum kennt den Verfasser des Usagara-Berichts. Sie könnte Lange Albrechts Situation erklären, und dieser würde sie dem Abenteurer darlegen: Sie hat einen kleinen Bruder, der will nach Afrika!

Zu viert haben Peters und seine Freunde Deutschland eine Kolonie, nun gut, ein Schutzgebiet, eine Beinahe-Kolonie, erworben, jetzt sind sie nur noch zu dritt, sie brauchen solche wie ihren Bruder. Sie musste mit Lange sprechen, und der mit Peters. Sie schaute auf den Bruder, der noch nichts ahnte. Von einem Augenblick auf den nächsten war sie ganz sicher gewesen: Albrecht von Bülow, bis eben Gardeoffizier der Kaiserin, geht nach Ostafrika!

Ein neues Leben.

Sie spürte den Gedanken wie einen feinen Stich, tief innen. Warum ist es für einen Mann so leicht, ein neues Leben zu beginnen? Warum ist es für eine Frau so schwer, so beinahe unmöglich?

War es das?

Kaiser Wilhelm hatte Peters empfangen, im Palais Unter den Linden; eine Stunde lang durfte er ihm einen Vortrag über Ostafrika halten. Danach rief ihn der Kronprinz ins Stadtschloss. Auch der Kanzler kam nicht umhin, diesen Amateureroberer zu treffen, der, während er in Berlin Afrika-Politik machte, in Afrika das Gleiche tat. Der es vermocht hatte, ihm, dem Eisernen Kanzler, seinen Willen aufzuzwingen. Und Bismarck spürte bald, dass der junge Mann damit noch keineswegs fertig war. *Deutsch-Ostafrika* solle die Kolonie heißen, schlug Peters

Ansicht des Kilimandscharo

vor, worauf der Kanzler fein lächelte und sagte: *Wir nennen sie hier Usagara.* Der 27-Jährige entschloss sich zu der Unhöflichkeit, diesen Wink zu überhören. Es war ein Aufruf zur Mäßigung, zur kleinen Form, aber Carl Peters hatte dazu kein Talent, nie weniger als jetzt.

Der Buddhist in ihm hatte sich bis zur Unauffindbarkeit in die letzte Tiefe seines Wesens zurückgezogen. Ihm war so expansiv zumute. Bismarck hatte ihn gebeten, eine Karte von Ostafrika mitzubringen? Sehr gut, er trug die Karte bei sich, entfaltete sie nicht ohne Würde und legte sie dem Kanzler vor: Es war eine rote Linie darauf, schwer zu übersehen. Und richtig, Bismarck fragte, was denn die Linie bedeute, worauf Peters in gemessen feierlichem Ton antwortete, sie bezeichne genau das Stück Afrika, das er seinem Kaiser und seinem Kanzler demnächst zu Füßen zu legen gedenke. Ostafrika bis zu den großen Seen! Und mit Kilimandscharo!

Bereits im Mai 1885, keine drei Monate nach Peters' Rückkehr, verließ Albrecht von Bülow Berlin an der Spitze einer Ostafrika-Expedition. Er wusste, wem er das verdankte.

Was wäre er ohne seine Schwester.

Die Zwölf-Apostel-Kette oder das Ohr des Mandara

Ostafrika mit Kilimandscharo? Als Albrecht von Bülow im Mai 1885 das Land seiner Herkunft verließ, erhielt der Rekonvaleszent Jühlke in Sansibar ein Telegramm: *Jühlke Nordwest! Peters.*

Der Empfänger wusste sofort, was das bedeutete. Er sollte den Kilimandscharo einkesseln, diesen Berg, an dessen Existenz noch unlängst kein Europäer glaubte, sodass man seine Erwähnung allgemein für einen mehr oder weniger gelungenen Scherz hielt.

Ein Schneeberg unterm Äquator!

Doch am 11. Mai 1848 hatte der deutsche Missionar Johannes Rebmann in sein Tagebuch notiert: *Wir sahen diesen Morgen die Berge von Dschagga immer deutlicher, bis ich gegen 10 Uhr den Gipfel von einem derselben mit einer auffallend weißen Wolke bedeckt zu sehen glaubte. Mein Führer hieß das Weiße, das ich sah, schlechtweg »Kälte«; es wurde mir aber ebenso klar als gewiß, daß das nichts anderes sein könne als Schnee.*[71] Immer wieder schloss Rebmann die Augen, aber jedes Mal, wenn er sie öffnete, war der Berg wieder da.

Eigentlich war er hier, um eine Station der Zwölf-Apostel-Kette von der Ostküste zur Westküste zu errichten. Es war eine Idee der Verzweiflung, denn an der Küste waren er und sein Mitmissionar Krapf wenig erfolgreich gewesen: Noch immer zählte ihre Gemeinde nur einen einzigen Getauften. So konnten sie nie wieder nach Hause kommen. Vielleicht würde es im Innern besser gehen? Doch statt dem Volk der Dschagga nun die frohe Botschaft zu bringen, dass der Herr lebt, sandten er und sein Mitmissionar Krapf ein Schneeberg-Evangelium nach Europa.

Der große Londoner Geograph Desborough Cooley nahm es ungefähr so auf wie die Dschagga die Kunde von Jesus Christus: Ohne die nötige geistige Klarheit, befand Cooley, werde ein tätiger Verstand zur gefährlichen Eigenschaft. Und der Geograph wies nicht ohne Ingrimm und nach allen Regeln der Wissenschaft nach, dass es einen Schneeberg am Äquator nie gegeben hat, nie geben wird und gar nicht geben könne.

Auch die Londoner *Church Missionary Society* zeigte sich besorgt und peinlich berührt von der Geistesverfassung ihrer Missionare, denn sie hatte diese losgeschickt. Offenbar hatte die afrikanische Sonne ihren Sendboten zu direkt aufs Hirn geschienen.

Die *Church Missionary Society* rief Krapf nach Hause zurück. Rebmann war schon zurückgekehrt, denn seine Gesundheit hatte den dritten Versuch, dem Gipfel ganz nahe zu kommen, nicht mehr toleriert. Er hatte ihn unternommen, nur mit einem Regenschirm und dreißig Trägern ausgerüstet.

Jühlke Nordwest? Sir John Kirk in Sansibar, einst Begleiter Livingstones, kontrollierte den Telegraphen sehr gewissenhaft, natürlich hatte er mitgelesen. Nordwest? Ja, hielt dieser Amateur ihn denn für einen Idioten, solch geradezu beleidigend einfältige Codierung nicht deuten zu können?

Kirk legte das Telegramm umgehend dem Sultan vor. Peters in Berlin wusste so gut wie der Sultan und sein Berater, dass es nun ein Wettrennen um den Berg geben würde, um seine Hänge, seine Hochebenen. Das Telegramm war der Startschuss.

Der Berg gehört uns!

Die Deutschen konnten diese Auffassung sogar begründen: Wir haben ihn zuerst gesehen! Den beiden Erfindern der nie vollendeten Zwölf-Apostel-Kette folgte 1861 der Baron Klaus von der Decken. Das wären schon drei Deutsche!

Der Berg gehört uns!, beschlossen ebenso Sir John Kirk und der Sultan. Schließlich waren sie schon viel länger hier, zwar nicht am Berg, aber doch gewissermaßen in seiner Nähe. Auch das Besitzen ist eine Gewohnheit der Seele, und sowohl der Sultan als auch Sir John Kirk waren nicht ungeübt darin, wobei Letzterer davon ausging, dass, was dem Sultan gehört, auch ihm gehöre. Denn wozu sonst wäre er sein Berater? Natürlich barg eine solche Position gewisse Risiken, schließlich hatte Großbritannien bis eben auch den Khediven von Ägypten »beraten«, dessen Reich sich inzwischen in akuter Auflösung befand, um nur das Mindeste zu sagen.

Der Sultan und sein Berater setzten in höchster Eile eine Truppe von dreihundert Mann unter Waffen und schickte sie unter dem Oberbefehl des dicken britischen Generals Mathews, der für den Sultan eine Armee nach westlichem Muster geschaffen hatte, unverzüglich nach Mombasa.

In Mombasa beginnt der kürzeste Weg zum Kilimandscharo.

Von Mombasa sollte sie im Eilschritt zum Berg marschieren und unterwegs allen Häuptlingen die Vorteile ihrer Anhänglichkeit an den Sultan erläutern, was jedoch nicht zu lange dauern dürfe und unbedingt durch ein Schriftstück zu besiegeln sei.

Jühlke wusste genau, er brauchte in Mombasa gar nicht erst an Land gehen. Er würde keinen einzigen Träger finden, die Statthalter des Sultans würden es verhindern. Also setzte er nach Pangani über, doch da war es kaum leichter. *So kam es, daß Dr. Jühlke und Leutnant Weiß erst am 10. Mai von Pangani zum Kilimandscharo aufbrachen, drei Tage später als Mathews von Mombasa.*[72] Und ihr Weg war weiter.

Vor Taweta, am Fuß des Bergmassivs, trafen die beiden feindlichen Expeditionen aufeinander, Letztere war als solche nicht unbedingt erkennbar. Mathews präsentierte dem Sohn des preußischen Hofgartendirektors von Sanssouci ein Dokument, das, so versicherte der General, die Daumenabdrücke von 25 Kilimandscharo-Häuptlingen zeige. Jühlke besah das Dokument, wie man einen Schaden besieht, er blickte auf das Gartenland ringsum, vielleicht fragte er sich auch, was denn sein Vater von Gärten wisse, von wirklichen Gärten. Wenn ihn jemand gefragt hätte, wo genau das Paradies liege, er hätte die Antwort sofort gewusst: Hier.

Sie mussten umkehren, er hatte verloren.

Zurück nahmen sie den kürzeren Weg, er führte über Moschi.

In der ostafrikanischen Schweiz am Fuß des Kilimandscharo lebt in vielen kleinen Fürstentümern das wehrhafte Volk der Dschagga. Moschi ist die Hauptstadt von Mandara, des mächtigsten und unfriedlichsten aller Dschagga-Fürsten. Sein Reich sei kaum so groß wie der

Postbezirk von London, wird ein respektloser Zeitgenosse überliefern, aber es ist das wichtigste von allen. Außerdem sind die Grenzen von Mandaras Reich höchst beweglich, denn er unterhält eine große Armee, und jeder seiner Krieger besitzt einen langen Speer mit schaufelbreiter Spitze, eine Keule und ein kurzes Schwert.

Am liebsten überfällt Mandara seine Nachbarn, treibt ihr Vieh weg und verkauft sie selbst an die Araber. Die Araber zahlen gut für Dschagga-Sklaven. Früher wäre kein Dschagga auf den Gedanken gekommen, einen anderen Dschagga in die Sklaverei zu pressen, aber Mandara sah sich außerstande, den Lockungen der Zivilisation zu widerstehen: Alle Waren der Küste boten ihm die arabischen Kaufleute für Sklaven, dazu Gewehre und Munition.

Mandara ist der größte Sohn seines Stammes, was man schon an seinem Wuchs erkennt. Er überragt mit 1,80 Metern fast all seine Untertanen. Allerdings werden die Gelegenheiten seltener, dies zu bemerken, denn der Fürst neigt mit zunehmendem Alter sehr zur sitzenden Lebensweise. Wahrscheinlich ist auch das Loch in seinem linken Ohr größer als bei den anderen. Das, was früher einmal sein Ohrläppchen gewesen sein muss, umschließt jetzt als dünnes Hautband einen großen Holzring. Mandara hat ein Adlerauge, das andere aber schaut glasig-blind auf sein Gegenüber, was Letzteres durchaus zu verunsichern vermag.

Mandaras Hauptstadt besteht aus lauter runden, bienenkorbförmigen Dschagga-Hütten, in denen seine Frauen leben, jede in ihrer eigenen. Mandara hat über fünfzig Frauen, wahrscheinlich weiß er selbst nicht, wie viele genau. Inmitten all dieser runden Hütten aber steht ein viereckiges Haus, so eines, wie die Araber es an der Küste bauen, wo er noch nie war. Darin wohnt Mandara selbst. Sein Regierungssitz ist von einer dreifachen hohen Palisade umgeben, und vor der Palisade wachen, wenn die Berichte nicht irren, einhundert Krieger, Mandaras Leibgarde noch nicht mitgezählt.

Karl Jühlke aber muss keine Furcht haben, als er sich mit seiner Rückzugskarawane den Befestigungen Moschis nähert, um ein Lager für die Nacht zu erbitten. Denn Mandara mag Europäer. Nichts scheint ihm auch nur annähernd so komisch und unterhaltsam wie sie. Er kennt sie, seit er ein kleiner Junge war, und jetzt ist er alt.

Blass wie der Tod kommen sie an, und dann schauen sie immerzu auf den Berg, als könne er im nächsten Augenblick schon nicht mehr da sein. Und wenn sie dann meinen, ganz sicher zu sein, dass der Berg bleibt, wo er ist, wollen alle nur noch eins: dort hinaufklettern.

Was haben sie davon?

Nichts. Gar nichts. Abgesehen von den Strapazen. Sie sind wie kleine Kinder, aber das sagt Mandara ihnen nicht, er will sie nicht ärgern.

Der Fürst hatte noch nie das Bedürfnis, oben auf dem Gipfel zu stehen. Denn wenn der Berg wollte, dass man auf seinen Rücken steigt, wäre er kaum so hoch.

Die Muzungu schaffen es auch nie. Aber nach Art der Kinder versuchen sie es trotzdem immer wieder, darin besteht ihre Dummheit.

Dummheit ist die Unfähigkeit, Erfahrungen zu machen.

Der *Baroni*, der ihm von allen Männern aus Ulaja der liebste ist, hat es zweimal versucht. Beim ersten Anlauf kam er bis auf 8000 Fuß, beim zweiten Mal schaffte er 13 000 Fuß. Als Klaus von der Decken seine Reiseberichte veröffentlichte, geriet der Londoner Geograph Desborough Cooley außer sich. Diesmal musste er nicht nur nachweisen, dass es unmöglich sei, den Berg zu sehen, sondern auch, ihn zu erklettern, und zwar wegen des schwerwiegendsten aller möglichen Gründe: wegen Nichtexistenz. Und im Übrigen glaube er, Desborough Cooley, eher an die Exzentrizitäten eines Reisenden als an solche der Natur. Besonders erbitterte es ihn dann, dass die Londoner Geographische Gesellschaft von der Decken trotz seiner Beweisführung ihre Goldmedaille verlieh.

Aber das alles erzählte der Hannoveraner Baron dem halbwüchsigen Häuptlingssohn Mandara wohl nicht, wenn er ihn besuchte. Und das machte er öfter, schon wegen des Berges. Auch hatte er mit dem Jungen Blutsbrüderschaft geschlossen, denn es wäre unhöflich, ja unmöglich gewesen, ein solches Anerbieten abzulehnen.

Der Siebzehnjährige nannte Klaus von der Decken nur den *Baroni*, und überall am Fuß des Kilimandscharo kennt man noch immer diesen Namen, schon weil nach Rebmann über zehn Jahre lang kein weißer Mann mehr da war.

An Rebmann, den Pastor auf Abwegen, kann sich Mandara nicht mehr erinnern, damals er war zu klein, höchstens drei Jahre alt, vielleicht sind sie sich auch gar nicht begegnet. Als Johannes Rebmann den Dschagga das Evangelium bringen wollte, was er über dem Anblick des Berges jedoch sofort vergaß, herrschte noch Mandaras Mutter über sein Reich. Der Pastor hätte ohnehin niemanden bekehrt, denn welcher Gott könnte größerer sein als *Dscharo*?

Dscharo ist der Geist, der auf dem *Kili* wohnt.

Wenn Mandara sich vorstellt, dass die klügsten Männer Europas ihre Zeit damit verbracht haben, zu beweisen, dass es den Kilimandscharo gar nicht gibt, während er in größter Gemütsruhe jahraus, jahrein davorsaß!

Die Söhne Ulajas[73] sind eben Kinder.

Es kann nicht schön sein dort, sonst würden sie nicht alle fortlaufen. Er, Mandara, verlässt sein Höhenreich nie. Nie sah er das Meer, obwohl es, wie er hörte, gar nicht unerreichbar weit weg ist. Doch hätte er das große Wasser kennenlernen sollen, wäre er gewiss an seinem Strand geboren.

Trotzdem ist es gut, dass Ulaja seine Söhne verjagt, denn Mandara hat gern Besuch. Und die Europäer bringen Geschenke mit, die die Araber nicht haben. Neuerdings etwa elektrische Batterien, deren Funktionsweise Mandara zuerst an seinen Soldaten erprobte.

Und nun will einer zu ihm, der aus dem gleichen Land kommt wie der *Baroni*? Mandara ließ sein Adlerauge über den Ankömmling schweifen, das andere schaute desinteressiert woandershin. Ziemlich blass und leicht derangiert stand dieser Deutsche vor ihm und bat um Aufnahme für die Nacht. Keine besonders eindrucksvolle Erscheinung. Trotzdem sah ihn Mandara wohl mit einem Gefühl an, das er Rührung nennen müsste, wenn er dafür einen Namen wüsste. Denn er erinnerte ihn an das, woran alle älteren Leute am liebsten denken: an seine Jugend.

Karl Jühlke aber sah die rote Fahne des Sultans über Moschi wehen, Mathews Urkunde trug gewiss auch die Spur von Mandaras Daumen.

War er darum so überrascht, dass ihm der Häuptling mit ganz unerwarteter Offenheit, ja Herzlichkeit entgegentrat? Der Sohn des Parkdirektors von Sanssouci gewann es über sich, die unverzichtbare Begrüßungs- und Huldigungsansprache zu halten, und bemühte sich dabei, Mandara nur in das eine Auge zu sehen und den Blick nicht unhöflich lange auf seinem linken Ohr ausruhen zu lassen. Noch nie hatte Jühlke ein solches Ohr gesehen. Er bemerkte auch eine Lücke zwischen Mandaras Vorderzähnen, durch die er laut zu pfeifen oder zu spucken pflegte, wenn ihm ein Detail der Ansprache oder ein Geschenk wirklich gut gefiel. Und dann bestand er darauf, mit Karl Jühlke Blutsbrüderschaft zu schließen.

Peters' bester Freund war ein wenig zu niedergeschlagen, zu depressiv für solche Übungen, aber er wusste, dass es unmöglich war, nein zu sagen. Es war die größtmögliche Auszeichnung, der höchste Vertrauensbeweis. Und warum sollte Jühlke bei dem folgenden Gelage seinem neuen Blutsbruder, und sei es nur der Vollständigkeit halber und weil man schließlich über etwas reden muss, nichts von dem Vertrag sagen, den er gern mit ihm geschlossen hätte?

Jühlke las, noch während er sprach, die Zustimmung im Gesicht des Stammesfürsten. Mandara konnte das auch erklären: Karl Jühlke komme aus demselben Land wie der *Baroni*.

Jühlke und Mandara unterhielten sich bald wie alte Freunde, die ihre gemeinsamen Bekannten überprüfen. Denn zwischen seinen Afrika-Fahrten hatte Klaus von der Decken nicht selten am Tisch des Pfarrers eines kleinen Ortes an der Elbe gesessen, dessen Sohn alles um sich herum vergaß, sobald der Gast begann, von dem großen fremden Kontinent zu berichten, den er bereiste.

Dass einer weit hinausmuss, um dem Leben zu begegnen, dass es eine Ausfahrt ist, ja eine Eroberung: Diese Gewissheit verdankt das

Kind Carl Peters dem wiederkehrenden Besuch Klaus von der Deckens in Neuhaus an der Elbe.

Aber sein Blutsbruder ist der Hannoveraner Baron nie geworden, diese Auszeichnung wurde nur dem schwarzen Jungen Mandara zuteil. Er hat versprochen, wiederzukommen und seine Landsleute zu senden. Er hat es nie getan. Sollte er sein Versprechen erst jetzt einlösen?

Wenn er sein Land an die Weißen gäbe, schlussfolgerte Mandara feierlich, dann nur an das Volk des *Baronis*.

Karl Jühlke verbarg seine Überraschung. Vielleicht war er auch zu höflich zu fragen, warum Mandara dann auch mit Mathews und dem Sultan von Sansibar einen Vertrag geschlossen habe. Nein, ein Romantiker war sein neuer Blutsbruder nicht, zumindest nicht hauptberuflich, und jeder Häuptling, sofern er noch nicht von seinem Thron gefallen ist, ist auch ein Taktiker. Vielleicht sah Mandara es so: Wenn er mit den einen einen Vertrag hat, kann es nicht schaden, noch einen zweiten zu haben; die neutralisieren sich gegenseitig, und er ist wieder frei. Im besten Fall. Es ist immer gut, Verbündete zu besitzen.

Sollten die Soldaten des Sultans wieder in sein Land kommen, so werde er sich freuen, sie künftig gemeinsam mit seinen deutschen Brüdern wieder daraus zu vertreiben, konstatierte Mandara.

Schließlich besuchte Mathews ihn bereits, und es hatte Mandara nicht gefallen.

Eine Armee von 180 Mann, sekundiert von 100 Trägern, sei vor ihm aufmarschiert. Der Anblick einer Armee, die größer war als seine eigene, verstimmte den Dschagga-Häuptling.

Ihr Anführer habe sich als General des Sultans vorgestellt, ihm 600 Rupien nebst Geschenken und zwölf roten Fahnen übergeben, die er in seinen zwölf Landschaften hissen möge. Er, Mandara, habe elf Fahnen zur Seite gelegt, die zwölfte aber zum Zeichen seiner Friedfertigkeit gehisst. Im Angesicht der 180 Mann und im vollen Bewusstsein des Umstands, selbst nur über hundert zu verfügen, habe er auch das ihm vorgelegte Papier geprüft, zum Zeichen, dass er dem

Sultan wohlgesinnt sei, auch wenn dieser sich ihm nie persönlich vorgestellt habe. Grundsätzlich wohlgesinnt also und zumal in Anbetracht der 180 Mann sowie unter der Voraussetzung, dass sich niemand in die inneren Angelegenheiten des anderen mische. Dann aber habe er einige Formfehler in dem Dokument bemerkt und den General Mathews zur Vervollständigung seiner Papiere und Vollmachten an die Küste zurückgesandt.[74]

Das meiste im Leben ist eine Frage der Hermeneutik, der angemessenen Interpretation, weiß Mandara, er formulierte das nur etwas anders.

Durch die Zuwendungen des Sultans fühle er sich nicht gebunden, schließlich habe er seinem General ein Gegengeschenk von hundert Büffeln gemacht. Als Mathews ihn jedoch ermahnte, unter keinen Umständen Deutsche in sein Land zu lassen, fand er seinen Stolz, der der Stolz eines Souveräns war, doch erheblich gekränkt, sodass er dem General erwiderte, in seinem Reich zu tun zu gedenken, was er wolle.

Zehn, höchstens zwölf Tage lag der Besuch des dicken Generals nun zurück. Wer weiß, ob er mit besseren Unterlagen bald wiederkommt? Vielleicht hat der große Häuptling der Dschagga inzwischen viel darüber nachdenken müssen, wie schwer er es künftig haben werde, die eigene Unabhängigkeit zu behaupten. Und so setzte er am 19. Juni 1885 sein Handzeichen unter ein Dokument, dessen erster Satz lautet:

Zwischen Herrn Dr. Karl Jühlke, als dem rechtmäßigen Vertreter der Deutsch-Ostafrikanischen Gesellschaft zu Berlin, und dem Sultan Mandara, unumschränkten Herrn und rechtmäßigen Besitzer des gesamten Dschaggalandes, Aruscha, Ugeno usw., wird folgender Vertrag auf ewige Zeiten geschlossen. Der Wortlaut gleicht den früheren Urkunden, am Schluss aber steht: *Der Sultan Mandara gibt Herrn Dr. Karl Jühlke oder einem von ihm ernannten Vertreter hiermit das ausdrückliche Recht, selbst oder durch diesen Vertreter gegen alle etwaigen Behauptungen anderer Mächte, insbesondere englischer- und arabischerseits, daß er die englische Oberhoheit oder diejenige des Sultans von*

Sansibar anerkannt habe, sofort bei seiner Ankunft in Sansibar Protest zu erheben.[75]

Die Historiker der Zukunft werden Verträge wie diese einmal für grob betrügerisch halten, denn schließlich hätten Mandara und andere Häuptlinge sie nicht einmal lesen können. Das ist richtig, und doch hätte dieser Einwand Mandara sehr verstimmt. Er ist ein Sultan, und einen Sultan erkennt man daran, dass er nicht alles selber tun muss. Mandara hat seine Sekretäre, die für ihn lesen und seine Briefe schreiben. Und gegebenenfalls schickt er britische Generale an die Küste zurück, um ihre Papiere in Ordnung zu bringen.

Jühlke und seine Leute verließen Moschi in erheblich besserer Laune als bei ihrer Ankunft, noch einmal sahen sie es daliegen auf dem schmalen Rücken des Bergzuges, der zu beiden Seiten in tiefe Täler abfällt. Kunstvoll angelegte Kanäle leiten das Wasser eines kleinen Baches in die Bananenwälder und Felder, auf denen Bohnen, Hirse, Mais, Yams und süße Kartoffeln wachsen.

Ja, er hatte das richtig gesehen, es ist das Gelobte Land Ostafrikas. Schafe und Ziegen weiden im kniehohen Gras oder lagern träge an den Hütten; sie sehen vor Zufriedenheit beinahe lebensmüde aus.

Vielleicht haben sie von allen Schafen der Erde den schönsten Ausblick: Bergrücken schmiegt sich an Bergrücken, um ganz weit hinten bis an die Wolken anzusteigen und obendrüber wieder herauszugucken.

Das gibt es nicht unterm Äquator, meint Desborough Cooley?

Jedes Schaf sieht es von Moschi aus.

Es gelang Karl Jühlke, auf dem Rückmarsch noch sieben weitere Verträge zu schließen. Er hielt das Paradies Ostafrikas in seiner Hand. Der Sultan würde bald ein Herrscher ohne Land sein.

Vor Albrecht von Bülow brachen Premierleutnant Weiß und Garteningenieur Schmidt gen Afrika auf. Der Premierleutnant sollte bis an den Tanganjikasee vordringen und der Ingenieur in Usagara einen Gemüsegarten anlegen. Ihnen folgten die Offiziere von Anderten und

Carnap-Quernheim sowie Hörnicke behufs Erwerbung der Gebiete bis zum Nyansa hinauf. Kurz nach Albrecht von Bülow verließen Major von Devivere, die Leutnants Schmidt, Krenzler, von Saint Paul-Illaire und von Zelewski das Deutsche Reich. Im Herbst nahmen der Assessor Lucas und der Bergbauingenieur Dr. Karl Schmidt sowie der Landschaftsmaler Rudolph Hellgrewe Kurs auf Petersland.

Alle Expeditionen waren erfolgreich, auch Schmidts Gemüsegarten gedieh, obwohl Rudolph Hellgrewe ihn nicht gemalt hat.

Zum Ende des Jahres 1886 wehte das Banner der *Deutsch-Ostaf-rikanischen Gesellschaft* über Halule, Kismaju und Port Dunfort, das Peters versuchsweise in Hohenzollernhafen umbenannte; sie wehte über Tana, Sabaki, Pangani bis an den Rovuma; sie wehte auf den Komoren und im Südwesten von Madagaskar.

Ein Gebiet, so groß wie Britisch-Indien, 650 Quadratmeilen.

Das hatte Bismarck nicht gewollt!

Und dieser britische Oberst lachte, als Frieda von Bülow ihm an Bord der *Malva* irgendwo im Roten Meer erklärte, dass das Kreuz des Südens nicht nur über ihnen am Sternenhimmel, sondern auch auf der Fahne des deutschen Ostafrika prange.

Neun Propheten an Bord

Bertha Wilke und Frieda von Bülow können die *Mecca* schon riechen, bevor sie sie sehen. Was ihnen da den Atem nehme, erfahren sie, sei das *Papa*. Getrockneter Haifisch. Die Kinder des Südens reisen nirgendwohin ohne genug *Papa* an Bord, erklärt der Kapitän der *Mecca*, wiederum ein alter Brite, der die beiden Frauen umgehend unter seinen persönlichen Schutz stellt.

Die *Mecca* ist ein Dampfer der – wie könnte es anders sein? – *British India Line*, der auf seiner Route nach Madagaskar Sansibar anläuft. Frieda von Bülow, einer *Papa*-Ohnmacht nahe, denkt darüber nach, dass Heringe und alter Käse den Haifisch-Essern kaum bekömmlicher scheinen dürften, als sich der Gesichtspunkt ihrer Betrachtung nochmals ändert. Sie ist nicht allein in ihrer Kabine.

Küchenschaben, zehnmal so groß wie zu Hause! Sie sieht sie in ganzen Abteilungen über die Wände laufen, von oben nach unten, von unten nach oben, von links nach rechts, von rechts nach links. Sie versucht nicht zu schreien; wer nach Afrika will, darf nicht schon die Fassung verlieren, bevor er da ist. Der alte Kapitän entschuldigt sich für die Tierwelt an Bord seines Schiffes, letztlich sei es doch angenehmer, die Fauna nur in geräucherter Form an Bord zu haben, als *Papa* eben, allein, er sei machtlos. Erfahrungsgemäß ziehen sich die Tiere auf offener See aber etwas zurück, vor allem bei Sturm, beschwichtigt er. Apropos Sturm: Sie kämen gewiss in den Südwestmonsun, die Baroness solle nur gut essen, und zwar heute, morgen werde sie es gewiss nicht mehr können.

Sie sehen sieben algerische Mönche an Bord gehen, *in langen, weißwollenen Gewändern, ebensolchen flatternden Mänteln, weiß überzogenen Korkhelmen,* mit riesengroßen Kreuzen auf der Brust. Die Pionierinnen des Gesundheitswesens in den deutschen Kolonien verlassen noch einmal die *Mecca,* um sich ebenfalls solche Sonnenhüte aus Kork zu kaufen, ohne die, das sagen alle, man ab sofort verloren sei.

Am nächsten Morgen wächst die deutsche Gesellschaft, die Herren Wolf und Hake, der eine Regierungsbaumeister, der andere sein Assistent, kommen an Bord. Sie wollen eine deutsche Eisenbahnlinie durch deutsches Land bauen, von Dar-es-Salaam nach Morogoro. Außerdem betritt der Pastor Johann Jakob Greiner, Abgesandter der Evangelischen Missionsgesellschaft, in Begleitung seiner Frau und Nichte die *Mecca.* Er weiß sich beauftragt, in *unserer Kolonie* die erste evangelische Mission aufzubauen.

Frieda von Bülow begrüßt Pastor Greiner nicht ohne Reserve, was nicht nur an ihrem alten Widerwillen gegen jene liegt, die als Absender nie sich selbst nennen können, sondern sich immer vom Herrn persönlich schicken lassen. Sie weiß, sie hat einen Mann vor sich, der allem, was sie unternimmt, mit größtem Misstrauen begegnen wird.

Ursprünglich wollten der Frauenbund und die Missionsgesellschaft gemeinsam nach Ostafrika gehen und dort ein Krankenhaus errichten, doch hatte es im vergangenen Jahr große Unstimmigkeiten zwischen ihnen gegeben, nicht nur was die Kompetenzen Gottes bei einem solchen Unternehmen betrifft. Auch die Auffassung der Pastoren, dass es sich bei der Entstehung Deutsch-Ostafrikas um ein *glückliches Eingreifen Gottes* handele, konnte sie nur bedingt nachvollziehen.

Nun wird die Missionsgesellschaft eine eigene Krankenschwester entsenden, eine Konkurrenz-und-Späh-Schwester gewissermaßen. Frieda von Bülow denkt an die Herrnhuter, die sie erzogen haben, oder besser: denen sie ihre Schwererziehbarkeit und ihr aufrichtiges Gottesmisstrauen verdankt. Sie kennt nur zu gut die allzeit reizbare Lauterkeit der Gläubigen. Zuletzt hatte Frieda von der Missionsgesellschaft noch eigenhändig gesammelte Spendengelder zurückgefordert, da die Voraussetzung der Gemeinsamkeit nicht mehr gegeben sei.

Der Kapitän scheint Frieda von Bülows Empfindungen dem geistlichen Stand gegenüber zu teilen. Mit unverhohlener Sorge sieht der alte Brite zuletzt einen schwindsüchtigen englischen Missionar an Bord kommen. Neun Propheten! So viele Diener des Herrn habe er noch nie befördert, er rechne mit einer stürmischen Fahrt, sagt er.

Sie beginnt spätestens am Horn von Afrika, an jenem Kap, das die Portugiesen Gardafui nannten, Hüte dich!

Die Mecca tanzte zwischen Wellenbergen, die das Schiff von allen Seiten ansprangen, weshalb der Kapitän meinte, wir seien in die letzte Wellenbewegung eines Cyclon gekommen. Ich war so krank, daß ich zeitweise sogar die Besinnung verlor und dann glaubte ich mich stets in einer Waldschlucht meiner Thüringischen Heimat. Eines Abends zogen mich der Kapitän und der Schiffsarzt fast mit Gewalt auf's Deck, wo ich in einen mit Tauen befestigten Schiffsstuhl gelegt wurde. Es bot sich mir ein eigentümlicher Anblick. Rings um das auf- und niedersteigende Fahrzeug standen dunkle Wasserberge, die den Horizont dicht vor uns abgrenzten.[76] Während der Kapitän und sein Schiffsarzt ab und zu nach der Patientin in ihrem fest verankerten Sessel sehen, fangen sie Silberfische zum Frühstück, die die Sturzwellen von allen Seiten über das Deck spülen. Die neun Propheten sind beinahe noch kränker als sie, aber keiner setzt sie aufs Deck mit der privilegierten Aussicht auf den Restzyklon. Gott würde ihnen helfen, glaubt der Kapitän. Es ist eine Angelegenheit des Herrn, nicht die seine.

Frieda von Bülow sieht zwischen den Tälern Thüringens immer wieder die Füße des Kapitäns. Sie sind dick mit Binden umwickelt, Stiefel passen ihm nicht mehr. Er war leichtsinnig genug gewesen, sie wegzulassen, da das Deck ohnehin immer unter Wasser steht; dass ein Kapitän ohne Schuhe und Strümpfe als Respektsperson nur noch sehr bedingt in Frage kommt, war ihm egal. Doch hatte er die südliche Sonne nicht bedacht, die ihm in kürzester Zeit die bloßen Füße so sehr verbrannte, dass er nun einen sehr bedauernswerten Anblick bietet. Aber niemand an Bord der *Mecca* sieht sich noch in der Lage, die Vertrauensfrage zu stellen, selbst die Küchenschaben verhalten sich so, wie der Kapitän es vorausgesagt hatte.

Eine Ausnahme macht nur eine Gruppe von jungen Deutschen, die ein neues Leben – und wer weiß, vielleicht überhaupt erst das Leben? – in Ostafrika beginnen wollen. In Ukami oder Nguru oder Usagara. Sie bleiben bei der angebundenen Dame im Liegestuhl an Deck, begrüßen jede neue Sturzwelle mit Hurra!, singen und jodeln. Das Jodeln scheint ihnen zu der schon seit Tagen übermächtigen Gleichgewichtslage am besten zu passen. Der Erste Offizier der *Mecca* weist die deutsche Jugend immer wieder auf die Gefahr hin, mit einem Jodler über Bord zu gehen, aber dieser mögliche Kollateralschaden ist ihnen egal. Wahrscheinlich betrachten sie die Überfahrt als erste Bewährung in der neuen Wahlheimat.

Die Briten, die seit einem Jahr immer mehr meist junge Deutsche befördern, sind sich nicht sicher, was sie von dieser Entwicklung halten sollen. *'pon my word, I never saw such a jolly set*, fasst der Erste Offizier seinen vorläufigen Eindruck zusammen.

Nach zehn Tagen erreichen sie Lamu, mit jeder Meile, die sie der Küste näher kommen, geht es der Baronin vorsichtig besser. Nicht ohne Erstaunen und Zufriedenheit sieht sie ein Boot auf die *Mecca* zuhalten, das die deutsche Flagge gesetzt hat. Zwei Männer in weißem Anzug und mit weiß umhülltem Korkhelm sind an Bord, es sind Leutnant Ramsay und Gustav Denhardt.

Gustav Denhardt und sein Bruder Clemens wohnen eigentlich in Zeitz an der Schwarzen Elster, und wahrscheinlich wären sie immer noch dort, hätten die Brüder nicht im Nochwinter vor zwei Jahren Peters' Expeditionsbericht gelesen. Da sind Gustav und Clemens sofort aufgebrochen, um die Wahrhaftigkeit des Berichts vor Ort und in der Praxis zu überprüfen. Sie sind nicht ganz so weit gefahren wie der Viererbund vor ihnen, bereits an der Tanamündung zogen sie landeinwärts, und was sie trotz aller Peters-Lektüre kaum glauben konnten, geschah: Sultan Ahmed Abdullah Simba von Witu verkaufte ihnen 40 Quadratkilometer Land. Die schöne Küstenlinie, die die Freiin von Bülow vor sich sieht, ist also ein Stück neuer Heimat, sagt sie sich. Deutsch-Wituland, 60 Kilometer lang. Denhardt und Ramsay erwarteten die *Mecca* mit einer Ungeduld, die Frieda von Bülow noch nicht vertraut ist.

Der Dampfer hat ihre Post an Bord.

Am Nachmittag des 15. Juni 1887 steht eine hochgewachsene, schlanke junge Frau über Stunden an der Reling der *Mecca*. Ihr Blick hat etwas Suchendes, dabei ereignet sich in den blauen Weiten ringsum nichts anderes als all die Tage zuvor, nämlich streng genommen gar nichts. Ein kleiner Affe umlärmt die Dame mit dem Horizontblick. Er heißt Hassan und ist ein Geschenk von Vincenzo Filonardi, der die italienische Sicht der Weltdinge an Bord vertritt und ihr Reiseziel teilt, denn er ist der italienische Konsul von Sansibar. Er hatte Hassan im Hafen von Mombasa erworben und ihn der überraschten, sprachlosen Empfängerin mit der Erklärung überreicht, dass Hassan sich mit Vorliebe von Küchenschaben ernähre.

Jeden Augenblick, weiß Hassans neue Herrin, sei damit zu rechnen, dass genau dort, wo Meer und Himmel sich berühren, eine blasse, dünne Linie auftaucht. In diesem Falle, hatte ihr der Kapitän erklärt, handele es sich nicht um eine Fata Morgana, sondern um Sansibar.

Ansicht des Europäerviertels von Sansibar

Sansibar

Wir waren im ersten Morgengrauen in den Hafen eingelaufen und befanden uns zwischen einer Menge großer Schiffe, Daus und Boote, ziemlich dicht an der Landungstreppe … Stadt und Hafen glitzerten in einer Flut hellen Sonnenlichts … Die weißen algerischen Mönche von Zanzibar kamen angerudert, um ihre Ordensbrüder in Empfang zu nehmen. … Ich stand in unbehaglicher Empfindung des Alleinseins am Schiffsrand und sah hinunter auf die sich andrängenden Boote mit ihren lärmenden schwarzen, braunen und gelben Insassen, als auf einmal eine mir wohl vertraute Stimme »Guten Morgen, Baronin!« rief. [77]

Sprache ist Heimat. Die erste und die letzte aller möglichen Heimaten. Sie hätte es wissen können. Und doch: Ist sie enttäuscht? Denn es ist nicht seine Stimme, die sie ruft. Es ist nicht der Klang, der durch ihre Tage, durch ihre Nächte geht, auf den sie sich so lang, so gut vorbereitet hatte, um ihm mit Fassung zu begegnen. Carl Peters ist nicht gekommen, sie in Afrika zu begrüßen, er hat Karl Freiherr von Gravenreuth und Adalbert Emil Walter Redcliffe von Saint Paul-Illaire geschickt.

170

Freiherrn, Grafen und Barone heißen die Baronin in ihrem neuen Leben willkommen. Manchmal will es ihr scheinen, als sei Deutsch-Ostafrika ein Unternehmen des verarmten Landadels auf der Flucht.

Sie wird sich einmal schon dadurch unmöglich machen, dass sie ihre Afrika-Romane etwa so beginnen lässt: *Leutnant Graf Waltron, der Ungeduld und Neugier unter die Weiberschwächen rechnete, stieg doch schon zum zweitenmal auf das flache Dach des Araberhauses, das ein europäisches Hotel geworden war, um nach dem Flaggenmast zu spähen.*[78]

Ein Graf bereits in der allerersten Zeile, wie soll das enden? Kann Kitsch Realismus sein, und wenn ja, ist es dann noch Kitsch? Niemand weiß, und am wenigsten weiß es die Baronin, dass sie schon bald den deutschen Kolonialroman erfinden wird. Vorerst lebt sie, was nachher in ihren Büchern steht.

Sie kennt Gravenreuth, bald auch *der Löwe von Afrika* genannt, von Berlin her, sie haben oft miteinander getanzt. Peters vertraut ihm wie vorher nur Jühlke.

Zwischen Gravenreuth und Saint Paul geht sie ihren ersten Weg auf der Insel, in ihrem neuen Leben. Romanhafter ist es nicht zu denken: Auf der einen Seite der noch nicht erwachte *Löwe von Afrika*, auf der anderen der Mann, der seinen Anteil an der Unsterblichkeit einmal durch eine Blume erlangen wird. Saint Paul, Entdecker des Usambara-veilchens, der *Saintpaulia*. Soeben, im Mai, noch auf seiner Station im Landesinnern, hat er ein Suaheli-Handbuch beendet und diesem als Begleitwort die folgenden Sätze beigegeben: *Zunächst ist es nicht der Neger, der etwas von uns will, sondern wir sind es, die zu ihm gleichviel mit oder gegen seinen Wunsch gekommen sind und etwas von ihm wollen. Billiger Weise haben wir also auch das, was wir wollen – wenigstens für eine längere Anfangszeit – in s e i n e r Sprache zu sagen.*[79] Alle Höflichkeit, weiß Baron Saint Paul, ist nicht zuletzt eine linguistische.

Höflichkeit gegenüber den Landeskindern?

Vielleicht sollte man an dieser Stelle erwähnen, dass sich die Sprach-als Weltsicht des Suaheli-Barons noch nicht hat durchsetzen können. Zumal auch seine Gegner linguistisch argumentieren. Der ostafrikanische *Schwarze* sei *aus allen nur denkbar schlechten Eigenschaften zu-*

sammengesetzt und man ist oft versucht, den Neger auf eine Stufe mit hochstehenden Tieren zu stellen, um so mehr, da sein Seelenleben ein ganz unglaublich armes ist, was man schon aus dem fast gänzlichen Mangel abstrakter Begriffe in seiner Sprache entnehmen kann.[80] Seit wann bevorzugt die Seele die Abstraktion?

Der Gelehrte ist nicht weise, und der Weise ist nicht gelehrt, wäre hier einzuwenden, aber Paul Reichard ist noch nicht fertig: *Oft steht man sprachlos vor den Äußerungen der Gehirnthätigkeit der Neger. Schon dies allein dürfte dem Versuche, sie zu zivilisieren, schwer zu überwindende Schwierigkeiten entgegensetzen, und erst nach Generationen und nachdem sie andere Sprachen erlernt haben, könnte man auf einige Erfolge rechnen dürfen.*[81]

Hier ist nichts weniger als ein Krieg im Gange. Ein Krieg der Linguisten. Das konnte keiner erwarten. Frieda von Bülow hat kaum den Fuß auf den Boden Afrikas gesetzt, und schon steht sie zwischen allen Fronten. Der Freiherr – noch ohne sprachkundlerischen Ehrgeiz – rechts an ihrem Arm, der Baron links. Was für ein Gegensatz! Was für eine Zusammengehörigkeit!

Aber so kann sie das jetzt nicht denken, es ist zu früh. Noch ist keiner von ihnen der, der er einmal sein wird. Auch sie nicht. Peters hat seine Freunde geschickt, sie kommen von ihm. Schon diese Gewissheit macht sie froh. Sie wird es einmal so formulieren: *Und mir ist dieses fremde Land Heimat, weil du hier bist.*[82]

Sie wird den Roman dieser Zeit erst zehn Jahre später schreiben, als sie nichts mehr zu verlieren hat, auch ihre Liebe nicht. »Im Lande der Verheißung« ist deren Porträt, kaum verhüllt. Carl Peters tritt als Ralf Krome auf, sie selbst wird zu Maleen, die diesen Satz nur denkt, nicht sagt, als sich beide zum ersten Mal in Afrika wiederbegegnen. Noch ist nichts ausgesprochen zwischen ihnen.

Nicht im Roman, nicht im Leben.

Sie ist auf alle Empfindungen der Fremdheit vorbereitet, auch auf die engen, unebenen schmutzigen Gassen, die gleich hinter den schönen hellen Häusern am Meer beginnen. Sie sieht den Palast und daneben den Harem des Sultans, er ist weiß, hat himmelblaue Fensterläden und einen Turm, den die Europäer aufgrund seiner spezifischen Form und Beleuchtung nur den Weihnachtsbaum nennen.

Es scheint den Sultan nicht zu stören, dass sich gleich vor seinen Palästen, *am und im Meer*, eine Endlagerstätte für Altmetall aller Art befindet. *Anker, Faßreifen und unbrauchbare Maschinenteile* rosten ihrem Verschwinden entgegen.

Die Eisenwarensammlung am Meer bekräftigt Frieda von Bülow in dem Vorsatz, den Sultan von Sansibar nicht recht ernst zu nehmen, denn sie kennt ihn bereits aus den Berichten von Peters, Gravenreuth und den anderen.

Sie weiß um seine Niederlagen.

Und sie weiß, dass Peters gekommen ist, diesen eine letzte hinzuzufügen: Er ist gekommen, Said Bargasch abzulösen.

*

P-e-t-e-r-s. Der Klang dieser beiden Silben schmerzt die Ohren des Sultans, dessen Strand ein Schrottplatz ist. Der Souverän zeigt Symptome erhöhter innerer Unruhe, sobald dieser Name fällt. Vor zwei Jahren fing das an. Anfangs lächelte Said Bargasch über diesen Sohn des Nordens, genau wie über sein Land. Das Deutsche Reich existiert noch nicht einmal halb so lange wie sein Sultanat! Und hätte man je gehört, dass es eine Kolonie besitzt?

Ein gescheiterter Philosoph annektiert sein Hinterland. Wer war er, das hinzunehmen?

Bald nach Peters' Rückkehr nach Berlin im Februar 1885 hatte es Said Bargasch für richtig befunden, auch eigene Truppen nach Usagara zu schicken.

Joachim von Pfeil war es am 24. Dezember 1884 doch noch gelungen, von August Ottos Grab in seinen Ziegenstall zurückzufinden. Dank verschiedener Fügungen gelangte er allmählich wieder zu Kräften, worauf er den Ziegenstall verlassen und begonnen hatte, sich abseits vom

Die erste deutsche Station in Ostafrika, gegründet am 28. April 1885

Dorf auf einem Hügel am Sima-Fluss ein Haus zu bauen, die erste deutsche Station.

Er war gerade mit dem Decken des Dachs beschäftigt, als er hörte, dass im Dorf Soldaten des Sultans angekommen seien, um die deutsche Fahne einzuziehen und die Flagge des Sultans zu hissen, rot wie die Abendsonne, wenn sie untergeht. Außerdem forderten sie von dem alten Muinin Sagara eine empfindliche Strafzahlung, wegen Eigenmächtigkeit in Tateinheit mit Unbotmäßigkeit.

Der Genesene ließ die verzweifelten Überbringer dieser Botschaft ausreden. Dann *begab ich mich in mein Zelt, lud sämtliche Gewehre, verteilte sie unter die Leute, die ich antreten ließ, ohne ihnen mitzuteilen, worum es sich handele, ihnen dadurch die Möglichkeit feiger Flucht raubend, marschierte ich nach dem Häuptlingsdorfe. Unterwegs wurde ein langer Pfahl gehauen und im Dorfe in die Erde gepflanzt. Daran hißte ich die deutsche Flagge, die ich mit drei Salven aus meinen sämtlichen Gewehren grüßen ließ. Die arabischen Soldaten waren Zeugen des ganzen unerwarteten Vorgangs.*[83]

Pfeils Diener Osmani musste den Männern des Sultans die Bedeutung dieses Akts sowie seine Rechtmäßigkeit und Unwiderrufbarkeit erklären.

Die verblüffte Truppe des Sultans entschied, erst ihrem Dienstherrn Bericht zu erstatten und dann gegebenenfalls noch einmal wiederzukommen, um die rote Fahne zu hissen. Die Bewohner von Usagara staunten.

Das Ansehen Pfeils stieg unaufhörlich, da er schon kurz zuvor die erste Bewährungsprobe des Beistandsvertrags bestanden hatte. Araber hatten aus dem Dorf Leute als Sklaven weggeführt, dazu Rinder, Ziegen und Schafe. Am Ende mussten sie alles wieder zurückgeben. Zwar hatten die Einwohner von Muinin Sagara diesen Sieg nicht zuletzt selbst errungen, doch hätten sie allein nie gewagt, den Arabern in den Weg zu treten. Von Pfeil aber fiel in eine unbeirrbare Heldenpose, die diesem lebenden Leichnam noch zuletzt niemand zugetraut hätte. Diese Muzungu sind doch große Zauberer.

Was der alte weise Muinin Sagara zu dieser Entwicklung der Dinge gesagt hat, ist nicht überliefert.

Kannte Sultan Bargasch sein Risiko?

Zumindest kannte er den Schutzbrief des deutschen Kaisers, denn Seiner Majestät Kreuzerfregatte *Gneisenau* war noch im April 1885 in den Hafen von Sansibar eingelaufen. An Bord hatte sie den neuen deutschen Generalkonsul, der Said Bargasch das Dokument der Machtübernahme – mit *Wir, Wilhelm* unterzeichnet – feierlich überreichte. Zu Rohlfs' Begrüßung hatte die Kapelle des Sultans *Die Wacht am Rhein* gespielt, denn Bargasch neigte zur Höflichkeit.

Als die Kreuzerfregatte wieder weg war, dachte der Sultan nach. Sir John Kirk, der britische Konsul, sein Generalkonsul, half ihm dabei, es handelte sich um eine alte Gewohnheit.

War dieser Brief nicht eine Frechheit? Möge das Deutsche Reich am Rhein wachen, aber nicht in seinem Hinterland!

Und so sandte der Sultan von Sansibar ein Telegramm an Wilhelm. Es hatte folgenden Wortlaut: *Wir haben vom Generalkonsul Rohlfs Abschrift von Euer Majestät Proklamation vom 27. Februar empfangen, wonach Gebiete in Usagara, Useguha, Nguru und Ukami, von denen es heißt, daß sie westlich von unseren Besitzungen liegen, Euerer Ober-*

hoheit und deutscher Regierung unterstellt sind. Wir protestieren hiergegen, weil diese Gebiete uns gehören und wir dort Militärstationen halten und jene Häuptlinge, welche die Abtretung von Souveränitätsrechten an die Agenten der Gesellschaft anbieten, dazu nicht Befugnis haben. Diese Plätze haben uns gehört seit der Zeit unserer Väter. Ich bitte daher Eure Majestät, hierin Gerechtigkeit walten zu lassen, und ich bin daher sicher, dass Ew. Majestät ...[84] Der Schluss des Telegramms fehlt in der Überlieferung gewöhnlich, aus Rücksicht gegen den Kaiser, denn es habe ihn beleidigt.

Bargasch schrieb nicht nur an Kaiser Wilhelm allein, auch die Regierungen von Großbritannien, Frankreich und den Vereinigten Staaten erhielten eine Protestnote. Am liebsten wäre Bargasch persönlich in Berlin erschienen, wird der britische Konsul Kirk später sagen. Er habe ihn nur mit Mühe davon abhalten können. Kirk, der den Sultan lenkte, während der Sultan glaubte, er lenke Kirk. Kirk, der schottische Arzt und leidenschaftliche Gegner der Sklaverei, der seinen Lebenstraum von einem britischen Gesamtostafrika in immer größerer Gefahr sah und doch nichts tun konnte.

Denn es ging ihm wie dem Sultan: Er meinte, das ganze große Land längst in der Hand zu halten, indem er den Sultan in der Hand hielt. Es war gewissermaßen ein seelischer Gewohnheitsbesitz. Er konnte Bargasch gut verstehen.

Ende Mai erklärte der Sultan dem Kaiser noch etwas ausführlicher, warum er Usagara, Useguha, Nguru und Ukami wiederhaben musste. Weil seine Besitzungen eine *ununterbrochene Linie längs der Seeküste* bilden, von der Stadt Warscheich im Norden bis zu Tonga-Bai im Süden: *Alle Häfen, Städte, Küsten und Inseln gehören mir, und es gibt nichts, was nicht mein wäre ... Was das Innere des Festlandes von Afrika betrifft, so erstreckt sich meine Jurisdiktion bis Kaffa el-Ugigi, und von da bis zu den großen Seen und den Karawanenstraßen des Innern ... Um zu den oben erwähnten Plätzen zurückzukehren – Usagara, Ukami, Useguha und Nguru –, so sind meine Besitzrechte darauf klar und unbestreitbar. Meine Flagge weht dort, und alles ist mir untertan.*[85]

Bismarck rief Peters zu sich.

So schnell begann also, was er verhindern wollte, so schnell. Aber nun ging es um seine Autorität, um die des Reichs. Was können wir da machen?, fragte er Peters. Das Sultanspalais, antwortete dieser ohne Zögern, liege direkt an der offenen Reede, gänzlich ungeschützt. Könnten sich vor dem Palast nicht ein paar deutsche Kriegsschiffe treffen?

Das sei ein plausibler Vorschlag, befand der Reichskanzler.

Peters und Herr von Kusserow vom Auswärtigen Amt schrieben indes einen Brief an den unglücklichen Sultan. Sie teilten ihm mit, dass das Deutsche Reich Protest einlegen müsse gegen die Besetzung von Gebieten, welche innerhalb des deutschen Schutzgebietes lägen. Die fraglichen Territorien seien erworben von Untertanen Sr. Majestät des Kaisers aufgrund von Verträgen mit unabhängigen Fürsten, welche in keiner Weise abhängig seien vom Empfänger dieses Schreibens oder es je gewesen wären. Die Unabhängigkeit dieser Fürsten könne keinem Zweifel unterliegen, sie sei von erheblich älterem Datum als die Herrschaft der Familie des Sultans in Sansibar. Es sei im Gegenteil Tatsache, dass Se. Hoheit der Sultan niemals irgendeinen Akt der Souveränität in diesen Gebieten ausgeübt habe. Oder solle man Menschenraub als Akt der Souveränität deuten? Das Auswärtige Amt vermied diese Anfrage; es stellte vielmehr fest, dass das Sultanat selbst die Unabhängigkeit der Häuptlinge anerkannt habe, indem es Deutschen und anderen Reisenden auf entsprechende Anfragen mitteilte, ihnen im Innern des Festlandes keinen Schutz gewähren zu können, da es jenseits der Küste keinen Einfluss besitze. Bei den Stationen des Sultans, die in der Tat hier und da anzutreffen seien, handele es sich lediglich um Handelsniederlassungen, was allein schon der Tatsache zu entnehmen sei, dass eingeborene Fürsten selbst Steuern erhoben hätten von Karawanen, die ihr Land durchzogen.[86] Im Übrigen sei man bereit, diese Karawanenstraßen nach Kräften zu schützen.

Zur Unterstützung dieser Argumentation schickte Bismarck dem Sultan die *Gneisenau*, die *Prinz Adalbert*, die *Stosch*, die *Elisabeth*, das schönste Schiff der Marine, und die *Ehrenfels*. Fünf Kriegsschiffe versperrten dem Sultan Anfang August 1885 den freien Blick aufs Meer, ihre Kanonen zeigten auf ihn.

Am 10. August 1885 übergab der Kommandant des Geschwaders dem Protestierenden ein Ultimatum. Sir John Kirk wurde nun von seiner eigenen Regierung angewiesen, dem Sultan die unverzügliche Anerkennung der deutschen Forderungen zu empfehlen, eine Aufforderung, der dieser mit dem lebhaftesten Widerwillen nachkam, obgleich sein Verstand ihm dasselbe nahelegte.

Der Sultan beugte sich der Autorität der *Gneisenau*, der *Prinz Adalbert*, der *Stosch*, der *Elisabeth* und der *Ehrenfels*. Durch sein Hinterland zogen indes immer neue Expeditionen, einer gehörte auch Albrecht von Bülow an, der frühere Sekondeleutnant der Kaiserin.

Zur Klärung der Frage, inwiefern dem Sultan auf dem Festland überhaupt Hoheitsrechte zukommen, trat bald eine unparteiische internationale Expertenkommission zusammen.

Niemand fragte Said Bargasch, ob er auch teilnehmen wolle. Ein deutscher und ein französischer Konsul sowie ein britischer Oberstleutnant forschten und maßen, maßen und forschten, um schließlich zu dem Ergebnis zu gelangen, dass dem Sultan ein Küstenstreifen von genau zehn englischen Meilen landeinwärts gehört.

Egal an welchem Ort, immer zehn Meilen.

Wenn Carl Peters jetzt, zwei Jahre später, von seinen Bergen, von den Bergen Ukamis herunterschaut, kann er den Ozean sehen wie damals auf dem Rückweg von Usagara. Aber wenn er hinunterlaufen wollte, beträte er Ausland. Was ist eine Kolonie wert, die keinen Zugang zum Meer besitzt?

Um diese Frage zu beantworten, ist er gekommen. Aber das ist nur der Anfang. Noch lautet sein offizieller Titel *Vorsitzender Direktor der Deutsch-Ostafrikanischen Gesellschaft*, vorläufig bestätigt auf fünfzehn Jahre, bis 1900. Würde er da nicht längst Gouverneur eines großen deutschen Kolonialreichs sein, hier in der Urheimat des Homo sapiens erectus, an der Wiege der Menschheit? Mit Meerzugang.

Frieda atmet langsam und nicht sehr tief, wie versuchsweise. Als können sie es sich noch anders überlegen. Das also ist die Luft von Sansibar.

Sie taucht ein in das Gedränge des südlichen Hafens. Sieht, wie dunkelhäutige Menschen Schiffe be- und entladen und trotz der schweren Lasten, die sie tragen, noch ein Lächeln für sie haben. Warum das Lächeln, aus welchem Überfluss kommt es?

Sie singen.

Am Hafen von Sansibar wird sie zum ersten Mal Zeugin einer Seinsweise, die sie bald in die schönen Worte vom *spielenden Arbeiten* und *gesungenen Denken* fassen wird. Es ist eine Art von Vollkommenheit. Es ein Vermögen zum Einssein mit dem Leben, das die Europäer längst verloren.

Wann hätte sie einen Berliner Fabrikarbeiter singen gehört?

Es gibt keine singenden Proletarier, nicht bei der Arbeit, sie singen nur nach der Arbeit; es sind die Kriegsgesänge der modernen Zivilisation. Ein aggressives Liedgut der Selbstermächtigung, Ausdruck eines großen Stolzes auch, der ihr Angst macht, der ihre Klasse auslöscht.

Dieser Gedanke wird sie in Atem halten. Darf eine Zivilisation, die etwas so Trauriges wie das Proletariat hervorgebracht hat, sich anmaßen, sich fremden Kulturen als Maß aller Dinge vorzustellen? *Woher nimmt man nur die Frechheit, von einem »Segen der Kultur« zu sprechen? Daß man an dieser Lüge nicht ersticke!*

Ob Peters ihr zustimmen würde?

Der Mann, der sie nicht vom Schiff abholt, neigt zum Unmaß, das ist wohl so, aber wo wäre sie ohne diese Neigung?

Ganz gewiss nicht hier.

Und Frieda von Bülow lehnt es ab, daran zu denken, wie alles gekommen wäre, wenn es anders gekommen wäre. Sie fühlt längst wieder die von Berlin her so vertraute, schon entbehrte Wirkung seiner

Nähe: *ein Dehnen und Weiten und Wachsen! Das Gegenwärtige groß und wertvoll geworden, ferne Möglichkeiten in Reichweite gerückt, die Gedanken in Siebenmeilenstiefel gesteckt.*[87]

Der Mann, der ihr nicht entgegenkommt, hat genug Feinde. Was er braucht, dringend braucht, sind Freunde.

Bedingungslosigkeit ist eine Tugend der Frauen. Sie ist die Stärke und das Risiko der Liebe.

Auf dem kurzen Weg zum Hotel, dem, wie man ihr gesagt hat, einzig möglichen Hotel von ganz Sansibar, begegnet Frieda von Bülow zum ersten Mal einem Anblick, auf den sie gefasst war und der sie dennoch befangen macht: Vor den *Fabriken* des Sultans, einer zur Erzeugung elektrischen Lichts und einer zweiten zur Eisherstellung, *sitzen auf der Straße in Reihen oder Gruppen aneinandergekettete Neger, welche Holz spalten zur Heizung der Maschinen.* Sie tragen eiserne Ringe um den Hals. Gravenreuth beeilt sich, ihr zu versichern, dass es sich um entlaufene Sklaven, Diebe oder sonstige Übeltäter handele. Sie wundert sich, dass manche von ihnen dennoch beinahe vergnügt scheinen. Die Löwen, Jaguare und Panther des Sultans, deren Käfige sie schon passiert hatte, haben mehr Freiheit, sich zu bewegen.

Quer über die Straße laufen die Abwässer der Fabriken, sich verbreiternd *zu Pfützen von widerlicher Farbe* und ebensolchem Geruch, sie muss über die Rinnsale springen und dabei achtgeben, dass sie den Sträflingen nicht *auf Hände oder Füße tritt.* Es wäre wohl wünschenswert, Bargaschs Herrschaft ende eher heute als morgen.

Das *Hôtel d'Afrique Centrale*, geführt von Mr. Chabot aus Marseille, nimmt die rechte Hälfte eines großen arabischen Privathauses ein. *Wir traten von der Straße aus in einen kühlen, nach Sitte der Araber mit Marmor-Wandbänken versehenen Flur und gelangten, eine Holztreppe hinaufsteigend auf die Galerie, die mit ihren auf massigen Steinpfeilern ruhenden Rundbögen einen Hof umschloß. In diesem Innenhof blüht ein alter Oleanderbaum und um ein Wasserbassin schwirrt es von allerhand Geflügel: Truthühner, Enten, Perlhühner u.s.w.*[88] Auch Affen, kleine und größere, bewohnen den Hof des Hotels. Sie schaut Hassan an, aber der hat keinen Blick mehr für sie, er sieht nur noch seine Mitaffen. Sie entlässt ihn in ihre Gesellschaft.

Das *d'Afrique Centrale* wird einmal auch der erste Schauplatz ihres Romans sein, und sie versäumt es nicht, mit dem Hotel zugleich den Sultan zu porträtieren: *Der lange Bogensaal, der als Salon und Speisezimmer dienen mußte, hatte bis vor kurzem eine schöne Aussicht auf einen freien Platz und grün umsponnene Ruinen gehabt, aber der die Stadt beherrschende arabische Würdenträger, ein Statthalter der Imane von Maskat, hatte sich einen neuen Pferdestall gebaut.*[89] Weshalb es in ganz Sansibar nirgends mehr Moskitos gibt als in ihrem Hotel, dieser Dependance des Marstalls des Sultans.

Sie wird nie bereit sein, an Bargasch ganz ohne Ironie zu denken.

Ihr zweiter Tag in Sansibar geht zu Ende, und Carl Peters ist nicht gekommen.

Sie lässt sich zur *Mecca* hinausrudern, die noch im Hafen vor Anker liegt. Sie will sich vom Kapitän verabschieden, er kann sein Schiff nicht verlassen, auch nicht für einen kurzen Landgang, denn seine Füße dulden noch immer keine Stiefel. Keine zehn Minuten ist sie an Bord der *Mecca*, als sie Gravenreuth rufen hört. Sie erblickt ihn in einem kleinen Boot unter sich. Er habe den Auftrag, sie zu holen, jetzt gleich, unverzüglich: Im Usagara-Haus beginne der offene Abend der deutschen Kolonie, sie dürfe nicht fehlen.

Sie sieht die deutsche Fahne schon von weitem wehen. *Das Usagara-Haus ist ebenso wie das Hôtel d'Afrique Centrale ein alter arabischer Steinbau, mit dicken Mauern, tiefen Nischen, umfangreichen Pfeilern, Rundbogen und verschiedenen Terrassen.* Da die Größe eines Hauses ein diskreter Hinweis auf die seines Besitzers ist, hatte Carl Peters keine andere Möglichkeit gesehen, als dieses hier zu nehmen, auch wenn seine Gesellschaft darin noch immer etwas verloren wirkt. *Auch hier umgibt den Innenhof eine halboffene Galerie, die sich zur geräumigen Halle erweitert*, bemerkt die Besucherin. Wände und Säulen sind mit Flaggen geschmückt, in der Mitte der Halle aber steht *auf blumenumkränzter Konsole eine Büste unseres geliebten Kaisers.*[90]

Natürlich sagt sie *geliebter Kaiser*, »Kaiser« allein wäre zu nackt, genau wie die Büste ohne das Umgebinde zu bloß wäre. Mag sein, Carl Peters fände es den ostafrikanischen Tatsachen gemäßer, inmitten des Festsaales des Usagara-Hauses würde seine eigene Büste stehen, immerhin ist sein Reich mehr als fünfmal so groß wie das Vaterland. Dafür zeigt eine selbstgedruckte Briefmarke bereits sein Porträt, zur nicht unerheblichen Verstimmung des Reichs.

Welche Anmaßung! Welche Impertinenz!

Aber es kann nichts machen, es darf die Marke nicht konfiszieren, denn der Kaiserliche Schutzbrief war leichtsinnig genug, Peters & Co. auch das Postprivileg zu verleihen.

Nach zwei Monaten sehen sie sich wieder, der Präsident der *Deutsch-Ostafrikanischen Gesellschaft* und die offizielle Delegierte des *Deutschnationalen Frauenbunds für die Krankenpflege in den Kolonien*. Wahrscheinlich geben sie sich Mühe, ihrer Wiedersehensfreude einen Hauch des Konventionellen, der interessierten Interesselosigkeit beizumengen. Die deutsche Kolonie von Sansibar ist klein, sie ist nur allzu überschaubar. Es ist nicht nötig, ihre Aufmerksamkeit auf das zu lenken, was zwischen zwei Menschen noch nicht einmal ausgesprochen ist.

Was ist in Afrika exotisch? Die Anwesenheit einer weißen Frau, einer Berlinerin zumal.

Es genügt ihr schon, seine Stimme wieder zu hören. *Ihre Seele empfand dabei etwas Verwandtes, was der Reisende in einem Schnellzug oder auf leicht dahinjagendem Pferd so freudig spürt: mächtige Fortbewegung und dabei selbst ruhend zu sein.*[91]

Getragenwerden.

Peters liest es in ihrem Gesicht, er hat sie beeindruckt, er und das Haus. Wenn sie wüsste, wie neu das alles ist, wie gratwandlerisch, ein notgeborener Überfluss gewissermaßen.

Wenn sie wüsste, was er soeben riskiert hat. Besser, sie weiß es nicht. Sie würde es missbilligen.

Carl Peters war gleich nach seiner Ankunft zwei Monate zuvor aufgefallen, dass er und seine Gesellschaft in Sansibar nicht recht wahrgenommen wurden. Und das lag nicht allein am deutschen Generalkonsul Arendt, der keinerlei Interesse zeigte, ihn dem Sultan überhaupt vorzustellen.

Man kann nicht verhindern, dass man sich kennt, schon wahr.

Der Sultan hatte diesem Minderer seines Reichs noch nie persönlich ins Gesicht schauen müssen, und er sah keinen Grund, diesen Zustand zu beenden, im Gegenteil.

Peters' Weg zum Sultan führte über Arendt. Wenn er, Peters, mit dem ausdrücklichen Wohlwollen des Auswärtigen Amtes hier einen Küstenzugang für Deutsch-Ostafrika erwirken sollte, musste Herr Arendt, der schließlich direkt dem Auswärtigen Amt untersteht, sich nicht etwas mehr Mühe geben? Ja, sah dieser Vertreter eines eher stationären Daseins nicht mit einer durchaus unangemessenen Arroganz auf ihn herab wie auf einen hergelaufenen Abenteurer? Peters' scharfer Instinkt für Machtverhältnisse sprang auf. Oder ist er gar nicht mit dem ausdrücklichen Wohlwollen des Auswärtigen Amtes da? War man froh, ihn in Berlin los zu sein, nur um ihn hier gegen Wände rennen lassen?

Das Reich hat sich in der Tat über die Briefmarke geärgert.

Dabei war sie – noch – vor allem scherzhaft gemeint. Egal wie, es hielt das Postwertzeichen für symptomatisch. Will sich da einer gar zum Parallel-, zum Gegenkaiser aufschwingen? Carl Peters weiß, dass sich Bismarcks Sohn Herbert bereits bei der bloßen Erwähnung seines Namens abwendet.

Aber das ist es nicht allein.

Carl Peters und die für die Kolonialpolitik zuständigen Geheimräte im Auswärtigen Amt verbindet ein lebhaftes Verhältnis aufrichtiger gegenseitiger Abneigung.

Bis eben war Geheimrat Krauel für ihn zuständig gewesen, ein *unliebenswürdiger* und, wie Peters fand, für seine Aufgaben *vollkommen unbrauchbarer* Mann, eine Meinung, die zu verbergen er weder Ehrgeiz noch Geschick besaß. Was ihn dennoch für Krauel einnahm, war dessen rückhaltlose Ehrlichkeit. Doch nun war der frühere Erzieher der Bismarck-Söhne an Krauels Stelle getreten, Geheimrat Dr. Kayser. Peters meinte bald, das vordringlichste Ziel des Kayser'schen Wirkens zu erraten: Bestand es nicht in seiner Eliminierung aus der Kolonialpolitik? In Afrika, so hatte er geglaubt, war er vorläufig vor ihm in Sicherheit. Was, wenn er sich täuschte?

Die Empfänge beim Sultan folgen immer dem gleichen Zeremoniell: Da ist *Das Commando des Generals Mathews* »*Präsentiert das Gewehr!*«, da sind *die kriegerischen Weisen, die starken Gruppen hervorragender Araber unter den Bögen der Vorhalle,* da ist *der Aufstieg auf der hohen breiten Treppe, an deren oberster Stufe der Sultan steht, die feierliche Verbeugung, der herzliche Händedruck, das Begrüßungswort, das höfliche Winken mit der Hand als Einladung zum Eintreten, der langsame Marsch nach dem Throne, die nochmalige Verbeugung nach allen Seiten, das Platznehmen des Fürsten, zum Zeichen, daß man dem Beispiel folgen darf, die gereichten Erfrischungen, Scherbet nach dem Kaffee, einige Bemerkungen über Europa und das gegenseitige Wohlbefinden. Dann der ceremoniöse Abschied, nochmals die kriegerischen Weisen, das mit sonorer Stimme gegebene Kommando des Generals »Präsentiert das Gewehr!«* …[92] Wie eine Herde Schafe hatte Arendt Peters und seine Leute schließlich Seiner Hoheit, dem Sultan, vorgeführt, mit jeder Miene bekundend, dass sie nicht zählten, dass er, der Konsul, der eigentliche Bwana kubwa sei.

Bargasch hingegen verriet durch keine Regung, dass er es besser wusste, nein, er übersah Peters einfach, vielleicht gar mit einem Gesichtsausdruck fortgeschrittener Ermüdung. Nach diesem »Empfang« schlug der Konsul dem Gedemütigten im Tonfall kaum verborgener Herablassung vor, nun die Verhandlungen zu beginnen. Etwa, indem er dem Sultan eine Pachtsumme biete für seine Häfen in Dar-es-Salaam und Pangani, eine möglichst kolossale Summe.

Sagen wir: 100 000 Rupien?

Peters sah keinen anderen Weg, als es zu versuchen.

Er erhielt keine Antwort.

Das überstieg die Grenze dessen, was er ertragen konnte.

Er repräsentierte die kommende Kolonialmacht, schon wahr, aber dieser Umstand war mit bloßem Auge nicht recht erkennbar.

Und Carl Peters beschloss, das zu ändern.

Das britische Generalkonsulat residierte in einem prächtigen Haus, es hatte sechs Diener, gekleidet in Rot und Gold. Nun gut. Der Übersehene ließ Regierungsbaumeister Hörnecke dieses schöne größtmögliche arabische Haus mieten, in dem sie jetzt um die Büste des Kaisers stehen, und befahl den Anbau eines nagelneuen Flügels: als Gesellschaftssalon!

Das britische Konsulat hatte sechs schwarze Diener in weißen Livreen mit goldenen Knöpfen?

Er engagierte zwölf Diener und kleidete sie in hellblaue Röcke mit silbernen Knöpfen!

Erste Empfangsabende wurden gegeben, Dinereinladungen verschickt. Das alles aber würde nun erst richtig beginnen, jetzt, da die Baronin da ist. Das weibliche Element war bis eben unterrepräsentiert, das adlige weibliche Element.

Peters mustert die Gefährtin, ihre hohe Gestalt. Er mag die Energie, die ihr Gesicht ausstrahlen kann. Der Herausgeber des Feuilletons der *Täglichen Rundschau* wird diese Wirkung einmal so formulieren: *Das hochgemute, rassehafte Temperament ihres Wesens empfand ich damals als eine männliche Beimischung ihrer Weiblichkeit, es war etwas in ihr, wie das Zielstreben eines auf die Sehne gelegten Pfeiles.*[93] Und das imponiert ihm. Auch beim Wiedersehen bemerkt Carl Peters wohl das Herbe ihrer Züge, aber wenn die Erregung des Gesprächs sie löst wie an diesem Abend, ist sie schön, auf eine zugleich anspruchsvolle wie einfache Weise schön. Als habe dieses Interieur nur auf sie gewartet. Er auch, selbstverständlich, er auch. Aber das Haus mindestens ebenso.

»Es ist leicht, Begeisterung zu erregen«, sagte Krome; »aber temperamentlose Menschen zu kraftvollem Handeln aufzurütteln, das ist eine Sisyphusarbeit. Ich freue mich, daß Sie jetzt hier sind, gnädige Frau. … Sie können uns jetzt mehr nutzen als alle Männer.«[94] So spricht Ralf Krome,

Carl Peters' Alter Ego in Friedas Roman *Im Lande der Verheißung*. Ja, er rechnet auf sie, er kann das auch noch ausführlicher begründen:

»... *Ich glaube, die Mitarbeit der Frauen wird von den Deutschen im allgemeinen unterschätzt.*«

Sie lächelte. »*Wirksam ist sie trotzdem – vielleicht um so ungestörter wirksam, als sie nicht in Betracht gezogen wird.*«

»*Das mag sein. Übrigens ist sie auch schwer zu umgrenzen. Denn sie ist nichts Greifbares. Die Frauen haben eigentlich nur da zu sein, schön, klug und liebenswürdig zu sein, so wird sich alles um sie scharen und sich nach ihnen richten. Wie leicht hat es eine Dame, auszuzeichnen und zu strafen! Und das ist Macht. Schade, daß diese Macht so oft in den Dienst von Nichtigkeiten gestellt wird.*«

»*Aber schön müssen wir sein?*« *meinte sie schelmisch.*

»*Ja. Das ist wichtig*«, *antwortete er ernsthaft.*[95]

Und nicht zum ersten Mal geht ihr durch den Kopf, *daß dieser Mann sie stets nur aus dem einen Gesichtspunkt angesehen hatte: wie er sie seinen Zwecken dienstbar machen könne.*

Er würde wieder alle seine Pläne mit ihr besprechen. Er mag es, sich in dem Spiegel dieses Gesichts zu erkennen. Und in dem dieses Geistes auch.

Sie errötete tief: »*Meine Ansicht kann Ihnen wenig bedeuten.*«

»*Sie bedeutet mir viel*«, *entgegnete er;* »*ein Kopfschütteln oder Achselzucken von Ihnen bestätigt mir, daß ich recht habe.*« ...

»*Sie fühlen und denken gleich richtig*«, *fuhr er fort. Er blickte sie nachdenklich und ernst an.*

»*Sooft ich jetzt ausgehe*«, *bemerkte er nach kurzem Schweigen,* »*freue ich mich über die Möglichkeit, Ihnen zu begegnen.*«

Es klang wie ein Selbstgespräch. Er wollte ihr keine Artigkeiten sagen, sondern konstatierte mit leisem Staunen neue Vorgänge in seinem Innern.[96]

Carl Peters hat es bei dem Bemühen, seinem Rang und dem seiner Gesellschaft in Regionen der Sichtbarkeit zu helfen, keineswegs bei blauen Röcken und silbernen Knöpfen belassen. Auf seine Anfrage,

ob der Sultan ihm nicht seine Häfen Dar-es-Salaam und Pangani ver-
pachten wolle, bekam er zwar nie eine Antwort, aber wenn Peters'
Fahne über den Häfen von Dar-es-Salaam und Pangani wehte, würde
der Sultan das gewiss bemerken.

Kapitän Boeters ist der Kommandant des kleinen deutschen Kriegsschiffs *Möwe*. Als Frieda längst unterwegs war, setzte er den übersehenen Inhaber eines ostafrikanischen Riesenreichs ohne Meerzugang
mit zwanzig Männern nach Dar-es-Salaam über.

Über das nun Folgende sind die Berichte uneins, sie sollen bis ins
britische Parlament gelangt sein. Noch heute überliefern ernsthafte
Historiker[97], Peters habe mit einer Handvoll arabischer Söldner den
Palast des Walis umstellen lassen, ihm die Pistole an den Kopf gehalten und gezwungen, einen Vertrag zu unterschreiben, in dem er alle
seine Rechte an Peters überträgt.

August Leue zufolge – Frieda von Bülow wird diesen Mann bald sehr
gut kennenlernen – verlief dieser 25. Mai 1887 um Nuancen anders:
*Gleich nach unserer Ankunft begaben wir uns im feierlichen Anzuge zu
dem Vertreter des Sultans, um ihm unsere Empfehlungsbriefe zu bringen und unsere Wünsche vorzutragen. … Umgeben von seinen Vertrauten, empfing uns der Wali in einer etwas verfallenen Halle, deren
gemauerte Sitzbänke mit zersprungenen Marmorplatten belegt waren.
So artig wir ihm auch entgegentraten, so kalt und abweisend zeigte er
sich uns gegenüber.*[98] Das änderte sich auch nicht, als sie ihm ein kostbares Jagdgewehr überreichten. Es blieb nichts, als die bedenklich
einseitige Unterhaltung zu beenden und sich in aller Höflichkeit zu
entfernen.

Allerdings hatte Peters inzwischen ein höhlenartiges indisches Haus
mieten lassen, genau genommen fünf indische Häuser, fünf Wohn-
waben, eine an der anderen klebend, *dumpf, finster und schmutzig.*
Frieda von Bülow wird sich bald nirgends so wohlfühlen wie in ebendiesem Haus, eine Empfindung, die an diesem 25. Mai keiner der
Erstmieter teilte. Sie zogen noch in derselben Nacht aufs Dach.

Da sind Carl Peters und die *Möwe* längst zurück in Sansibar.

August Leue aber musste bleiben. Noch keinen Monat in Afrika, ist er ab sofort Peters' Mann an der Küste.

Am nächsten Morgen war allen Bewohnern der Stadt untersagt, den Fremden etwas zu verkaufen oder sich gar in ihre Dienste zu stellen. Mit Gebrüll und Schüssen zogen die Truppen des Wali vor das fünfwabige Asyl der Dableiber, die ihre Position auf dem Dach inzwischen wieder aufgeben mussten.

Irgendwann erschien Leue mit seinen Männern wieder beim Wali, um ihn aufzufordern, den ebenso lästigen wie unnützen Lärm einzustellen. Denn man beabsichtige zu bleiben, auch und vor allem aufgrund vertraglicher Rechte.

Was für Rechte?

Was für Verträge?

Sollte Peters' Mann dem Wali wirklich erklärt haben, dass das Deutsche Reich und das Vereinigte Königreich im vergangenen Herbst ihre Interessensphären in Ostafrika vertraglich fixierten, die Küstenhäfen inklusive, ohne den Sultan noch sonst irgendjemanden zu fragen? Es handelte sich gewissermaßen um einen Anwendungsfall des angelsächsischen Pragmatismus. Vereinbart wurde, dass das Vereinte Königreich die Küste seines Interesses unter Kontrolle bringen würde, während das Kaiserreich ebenso mit seinem Ufer verfahren solle. Und ebendeshalb war Carl Peters jetzt hier.

Vertragliche Rechte.

Was konnte der Wali einwenden?

Vielleicht, dass er in diesem Vertrag gar nicht vorkam? Er hätte zum Zeichen seiner Skepsis Tacitus zitieren können: *Die verfaultesten Staaten haben die meisten Gesetze!* Und schließen die meisten Verträge. Carl Peters war Diplomat und Jurist genug, um die *vertraglichen Rechte* in der nötigen Vagheit zu belassen.

Verträge schüchtern ein.

Verträgen widerspricht man nicht.

Sicher ist, dass das Vorkommnis von Dar-es-Salaam Bismarcks Glauben an Peters' Vertrauenswürdigkeit nicht hob, um von den Stellungnahmen seines Sohnes sowie dessen Erziehers, tätig im Auswärtigen Amt, abzusehen. Dieser Mann verfügte offenbar nicht über das Temperament eines Diplomaten.

Peters jedoch war zufrieden. Dies nun, glaubte er, sei doch schon mal eine Verhandlungsposition. Und tatsächlich: Der Mann, dem Frieda von Bülow gegenübertritt, ist doch noch vom Sultan empfangen worden, ja er sieht ihn neuerdings fast täglich, meist morgens gegen sechs Uhr. Das hat er jedoch nicht dem deutschen Generalkonsul zu verdanken, sondern dem Vertreter des Handelshauses O'Swald, inzwischen auch österreichischer Konsul. Ein Mensch, den man gewissermaßen schon vor dem Aufstehen um sich haben will, muss einen zutiefst gewinnenden Eindruck hinterlassen haben. Bargasch hätte es nie für möglich gehalten, was dieser Abenteurer über den Koran weiß. Wäre er nicht schon anderweitig engagiert, vor allem bei sich selbst, Bargasch könnte ihn fast zu seinem Berater machen. Der Sultan spürt, wie schwer es sein wird, sich in Gegenwart dieses Mannes dauerhaft zu merken, wer man ist und was man will.

Die deutsche Gesellschaft von Sansibar ist beinahe vollständig im Usagara-Haus erschienen, Frieda von Bülow registriert insbesondere die Anwesenheit der drei Hamburger Kaufmannshäuser O'Swald, Hansing und Meyer – auch »Elfenbein-Meyer« genannt ob seines Vorwitzes, selbst mit Elfenbein zu handeln zu wollen, was bislang ausschließlich den Arabern oblag, und von diesen mit lebhafter Feindseligkeit beobachtet wird. Jedermann erkundigt sich nach Annehmlichkeiten und Unannehmlichkeiten der Überfahrt der Baronin, auch der Krankenhausplan wird diskutiert.

Berlin favorisiert Dar-es-Salaam, ein paar Ruinen und Hütten inmitten von Mangrovensümpfen, aber hier, sie hört das schnell heraus, reagiert man zunehmend gereizt auf Berliner Vorschläge. Auch sei das Klima zu ungesund in Dar-es-Salaam. *Daß das Gehirn der Gesellschaft in Berlin hause, ich dagegen nur den ausführenden Arm verkörpere, war eine so wunderliche Auffassung,*[99] dass nur ein Deutscher darauf verfallen konnte, näherhin viele Deutsche, wird Peters einmal rückblickend glauben. Er denkt es schon jetzt nicht ohne Erbitterung. Berlin versteht ja nicht einmal, wozu er hier zwölf Diener in hellblauer Livree mit silbernen Knöpfen braucht.

Nein, in Dar-es-Salaam wird Frieda von Bülows Krankenhaus wohl nicht stehen. Berlin ist weit, der Tonfall ringsum verrät es. Aber sie will sich den Ort so bald als möglich anschauen, denn einer Krankenstation bedarf es dringend, zumal Regierungsbaumeister Wolf von dort aus gleich seine Eisenbahn ins *Innere* bauen wird, *into the interior*, wie die Briten sagen.

Ins Innere. Es ist etwas Raunendes an diesem Wort, es klingt nach Gefahr und möglicher Heimat zugleich und wird diese Farbe nie verlieren.

Auch sie schaut Peters an, auf auffällige Weise beiläufig. Ist da eine neue Härte in seinem Gesicht? Es war nicht mehr dasselbe Land, in das er zurückkehrte.

Jühlke ist nicht mehr da.

Zwei Jahre war Karl Jühlke hier sein Stellvertreter, Jühlke, der engste Freund, den Peters je besaß. Hier auf Sansibar, auf der Veranda ihres Hotels, haben sie sich zwischen Wein, Austern, rohem Rindfleisch und Früchten vor Chinintaubheit angeschrien. Hier war Jühlke am späten Nachmittag des 24. Dezember 1884, als Peters das Hotel verließ, um an Bord der *Avoca* zu gehen, in einen Seitenflügel gerannt und hatte die Fenster weit geöffnet, um die Silhouette des Freundes nicht zu verlieren.

Keine zwei Monate später hatte Jühlke ein Telegramm des Freundes empfangen: *Jühlke Nordwest! Vorwärts! Peters.*

Würde er noch leben ohne Friedrich Krupp?

Krupp hatte der Gesellschaft im vorigen Sommer 100 000 Mark gestiftet. Für Expansionszwecke. Vielleicht, dachte Peters sofort, an der Somaliküste? Er wusste nur einen, dem er 100 000 Mark anvertrauen würde.

Jühlke erholte sich gerade in den Potsdamer Gärten seines Vaters, als sein Anführer in Hamburg die *Isolde* charterte und ihn 1886 wiederum auf Landerwerb schickte, gemeinsam mit Leutnant Günther.

Es stand kein guter Stern über dieser Fahrt. Zwar besetzte Jühlke den Hafen Port Dunford, den Peters in Hohenzollernhafen umbenennen zu müssen glaubte, was Bismarcks lebhaften Unwillen erregte, als er davon erfuhr. Hohenzollernhafen? Niemals! Das war das erste schlechte Zeichen. Peters selbst beschreibt die nun folgenden so: *Bei dem Versuch, den Juba einzulaufen, kenterte Leutnant Günther in der Brandung und wurde vor den Augen seiner Gefährten von einem Haifisch geholt. Jühlke landete indes in Kismaju, an der südlichen Mündung des Juba.* Hier schloss er einen Vertrag mit dem Häuptling der dortigen Somalis und hisste die deutsche sowie die deutsch-ostafrikanische Flagge. *Dies war Ende November geschehen.*[100]

Am 1. Dezember wollte der Freund an Bord der *Isolde* weiter gen Süden fahren. *Als er seine Sachen bereits gepackt hatte, zog ein Trupp von Somalis heran, mit einem scheinbar fußkranken Gefährten. Als Karl Jühlke sich bückte, um seine Wunde zu untersuchen, stieß ein Somali ihm seine Lanze durch den Rücken, so daß vorn die Leber mit dem Blut aus der Wunde trat.*[101] In diesem Augenblick kam der Kapitän, um Jühlkes Gepäck an Bord zu nehmen. Es ist kaum sechs Monate her.

Was für ein Wort wählen für dieses Viel-zu-früh?

Peters wird sich einmal für die Vokabeln *Heldentod* und *Siegfriedsende* entscheiden, aber passen sie denn? Heldentode stirbt man bei der Verteidigung seiner Heimat, vielleicht, aber bei der Inbesitznahme eines fremden Landes?

Peters' Freund, vielleicht der einzige, den er je hatte, ist nicht mehr. Es macht ihn nicht weicher, nicht nachgiebiger, es macht ihn auf ungute Weise entschlossener.

Der Philosoph in Turin, dessen Namen er noch immer nicht gehört hat, denkt gerade verstärkt über einen Antrieb nach, den er auch *den Willen zur Macht* nennt. Würde Friedrich Nietzsche Carl Peters kennen, er hielte das Ganze gewiss für ein Missverständnis, schon weil er zum Deutschen Reich und zu dessen Kaiser insbesondere ein Verhältnis intimster Feindschaft pflegt. Es ist ein unerwidertes Verhältnis, denn wer zum Teufel ist Friedrich Nietzsche? Der deutsche Kaiser und sein Kanzler wären ratlos. *Verwechselt mich nicht!*, ruft der Philosoph seinen Freunden und Lesern dennoch zu, und genau darauf kommt es an im Reich der geistigen Dinge.

Der *Wille zur Macht.* Trotz allem, was den Konquistador und den Philosophen auf ewig trennt, es lässt sich nicht genauer beschreiben als mit diesem Wort. Was einmal in Peters' Natur Ausgriff ins Offene war, unbedingtes Selbstrisiko auf der panischen Flucht vor der Zumutung, sesshaft werden zu müssen, schon zum Rentner zu werden, bevor die Jugend vorbei ist, zieht sich auf diesen dunklen Willen zusammen.

Karl Jühlke wusste um die Gefährdungen seines Freundes.

Sein letzter Brief an ihn ist wie Prophetie: *Laß mich zum Schluß nun noch einmal in alter Weise zu Dir sprechen für den Fall, daß ich später keine Gelegenheit mehr dazu haben sollte. … Möge die Vorsehung es Dir immer auf gleiche Weise gelingen lassen, bei allem, was Du unternimmst. Aber bedenke, daß ein Mann, der zur Größe geboren, die Gaben, die die Natur ihm verliehen, in möglichst edler Weise gebrauchen soll. Du wirst wissen, was ich meine. … Nicht, als ob ich Dir den gerechten Stolz auf alle Deine Taten verkümmern wollte: aber noch bist Du jung, und schwere Zeiten werden kommen, wo Du nochmals mit der ganzen Misere der Mittelmäßigkeit und Halbbildung, mit der ganzen Erbärmlichkeit und Gesinnungslosigkeit aller derer zu kämpfen haben wirst, die große Ideen nicht verstehen.* Er möge nicht ungerecht, nicht hart gegen diese fatale Mehrheit werden, die aber doch eben eine Mehrheit ist. Jühlke nennt sie auch *den großen Haufen* und meint den Freund erinnern zu müssen, dass auch dieser *eine Berechtigung zum Dasein* besitze. Mit Humor möge er ihm gegenübertreten, nicht mit Hass. Und deutlicher: *Versuche es doch, die kleinlichen Seiten Deines Charakters nicht zur Äußerung kommen zu lassen. Magst Du über unsere Freundschaft denken, wie Du willst …, ich habe Dich jedenfalls immer als den meinigen betrachtet. Lebe wohl, vergiß Dein Versprechen, meine Eltern zu besuchen, nicht und sei herzlich gegrüßt von Deinem treuen Jühlke.*[102]

Was ist Charakter? Eine Gewohnheit der Seele, glaubte Goethe.

Frieda von Bülow hat Peters' Freund nie kennengelernt. Ob sie ihn ersetzen kann, zumindest einen Teil von ihm? Carl Peters braucht jemanden, der achtgibt auf die Gewohnheiten seiner Seele.

Geburtstag

Heute Morgen als ich aus meinem Zimmer trat, um zu frühstücken, stand auf der Galerie ein Herr in Joppe, Kniehosen und Gamaschen, dem Costüm, in dem die Herren auf dem Continent zu reisen pflegen. Ohne näher hinzusehen, wollte ich an ihm vorüber zu dem Kaffeetisch, als er mir mit einer sehr vertrauten Stimme »Guten Morgen, Frieda« sagte. Da erst erkannte ich meinen Bruder, den ich seit mehr als zwei Jahren nicht gesehen hatte.[103] Frieda von Bülow erinnert sich, dass Albrecht von Bülow am 24. Juni Geburtstag hat, und ist dies nicht der 24. Juni? Man wird hier so zeitlos.

Die meisten Afrikaner haben keine Ahnung, wie alt sie sind.

Europa hat die Uhren, Afrika hat die Zeit.

Rainer Waltron aus *Im Land der Verheißung* ist ihr kleiner Bruder unter leichter Mehrbetonung seiner natürlichen Ausstattung: *schlank in den Hüften bei ungewöhnlicher Breite und Gewölbtheit des Brustkastens, auf gedrungenem Hals ein schmaler Kopf. Auch in dem Gesicht mit den breiten Lippen und dem schweren, stark modellierten Kinn* – dem Bülow-Kinn – *prägte sich urwüchsige Kraft und Furchtlosigkeit aus. Die langbewimperten blauen Augen hatten den Blick eines Menschen, der auf Feinde gefaßt ist und sie im ruhigen Bewußtsein, mit ihnen fertig zu werden, erwartet.*[104] Was kann sie dafür, dass eine Art von Siegfried entsteht, sobald sie ihren Bruder beschreibt? Siegfried, ausgesetzt in einem Frauenroman. Krome-Peters reflektiert die äußere Erscheinung des Rainer-Albrecht so: *»Wenn ich wählen könnte zwischen meinem Gehirn und Ihres Bruders Gestalt: ich glaube, ich wählte diese.«*[105]

Im Bewusstsein, dass kein Gratulant ihn finden würde, war Albrecht von Bülow von der Station Usungula nach Bagamoyo marschiert. Er

Albrecht von Bülow

experimentiert in Usungula, von dessen Lage am Fluss Kingani seine Schwester nur eine undeutliche Vorstellung hat, mit dem Anbau von Tabak, Kaffee, Tee und Vanille, auch um den Ausspruch des Boden- und Klimaexperten Fischer zu widerlegen, der Ostafrikas landwirtschaftliche Qualifikation so zusammengefasst hatte: *Wo Ostafrika gesund ist, da ist es unfruchtbar; und wo es fruchtbar ist, da ist es ungesund.* Albrecht von Bülow ist gerade dabei, das Gegenteil zu beweisen, und dann möchte er eine eigene Plantage gründen. Wenn man in diesem Land einen Zweig in die Erde stecke, behauptet er, sei am nächsten Tag ein Baum daraus geworden.

Eine eigene Plantage!

Kaffee, Tee, und Vanille aus dem eigenen Garten! Von ihr aus auch Tabak und Pfeffer. Es muss schön sein, dorthin zu gehen, wo der Pfeffer wächst. Frieda von Bülow besieht Albrecht mit Doppelblick. Darin stehen die Aussagen Ich-habe-es-immer-gewusst! und Wer-hätte-das-je-gedacht? in vollkommener semantischer Friedfertigkeit nebeneinander.

Sie *freute sich an ihrem Bruder. Wie er dasaß in seiner kraftvollen und schönen Gestalt, in lässiger Haltung … Vor anderthalb Jahren hatte sie ihn nach Afrika hinausziehen sehen als einen noch recht unreifen Jüngling, den die Abenteuer der Wildnis lockten.* Jetzt schien er ihr ein Mann geworden zu sein. *Ein ruhiger Ernst lag über seinem Wesen. Er hatte Mühsal und Strapazen ausgehalten, von denen man sich in der Zivilisation kaum eine Vorstellung machte. Er hatte gehungert und gedurstet und oft auf dem Erdboden geschlafen. Er hatte mehr als einmal dem Tod ins Auge gesehen. Und er hatte sich selbst bezwingen müssen: seine Heftigkeit, seine Ungeduld, seine Trägheit. All das hatte Spuren in dem jungen Gesicht zurückgelassen.*[106]

Mit den Schwarzen, sagt er, komme er gut aus, und diese, so glaube er, auch mit ihm. Und dann spricht er auf Kisuaheli weiter. Frieda von Bülow notiert in ihr Tagebuch, Albrecht beherrsche die Küstensprache zwar nicht so vollkommen wie Baron Saint Paul, aber doch *geläufig und mit echter Negerbetonung.*

Usungula. Saint Paul hat die Station begründet, auf der Albrecht jetzt lebt. Über den Baron, der sie vor kaum einer Woche vom Hafen abholte und der die Blume seines Lebens noch nicht gefunden hat, staunt sie immer wieder. Er hat ein schmales Gesicht mit schwermütigen dunklen Augen, die jedem, der ihn anschaut, bis auf den Grund seiner Seele zu blicken scheinen.

Der Baron ist der Sohn des Konteradmirals von Saint Paul-Illaire, der später Hofmarschall des Prinzen Adalbert von Preußen wurde. Auch er war wie Jühlke Peters' Mitschüler in Ilfeld, darum hauptsächlich ist er nun hier, darum hauptsächlich spricht er das Kisuaheli längst, als gäbe es keine selbstverständlichere Sprache für einen preußischen Offizier. Er hat im vergangenen Jahr nicht nur Usungula gegründet, sondern auch die Stationen Madimola und Zelewski.

Als er Madimola zuletzt verließ, liefen ihm die Einheimischen bis nach Bagamoyo hinterher: Der Bwana möge sie nicht verlassen.

Er möge sie in seinen Diensten behalten. Sie sagen, der Baron sei ein Herr, wie es nicht viele gibt. Es wurde immer wieder bezeugt, dass die Schwarzen sich nur einmal ein Bild von einem Menschen machen, das sie fortan nie mehr korrigieren, dem sie unbeirrt folgen. Der Baron versprach wiederzukommen und schickte die Leute von Madimola zurück nach Hause, doch einen von ihnen behielt er: Mbaruku. Seitdem weicht Mbaruku nicht von seiner Seite, er ist sein Schatten.[107]

Frieda von Bülow wird bald Mbarukus große Hässlichkeit vermerken, die erhellt und beinahe aufgehoben werde von einer durchscheinenden *inneren Glückseligkeit*.[108]

Durchscheinende Glückseligkeit.

Sie ist kaum eine Woche auf Sansibar, und es kommt vor, dass sie über sich selber lachen muss, so heimatlich wird ihr mitunter zumute. Dabei kann sie abends nicht einmal allein aus dem Hotel gehen.

Ein Sultanat ist kein guter Ort für Frauen, die abends allein über die Straße wollen. Sie erfährt, was sie längst ahnt, wogegen sie sich längst auflehnt, erfährt es jetzt ohne jede Milde, ohne alle Beschönigung: Frauen sind Eigentum, und nur ein schlechter Eigentümer lässt das seine unbeaufsichtigt.

Ein Eigentümer geht spazieren, vielleicht, aber niemals das Eigentum, niemals ohne Aufsicht. Begreift sie es so?

Wohl nicht, denn sie ist zu glücklich dazu. Und wer glücklich ist, neigt nicht zur Grundsätzlichkeit. Vielleicht ist das Glück gar eine Art Schwachsinn, aber das wäre ihr egal. Zu sehr wünscht sie, genau jenen Status der Unfreiheit zu erlangen.

Niemandem zu gehören heißt auch, zu niemandem zu gehören. Der Gedanke schmerzt sie, sobald sie ihn zulässt. Dabei fällt Frieda von Bülow immer seltener ein, dass sie gleich dreißig wird, in nicht einmal einem halben Jahr, am 12. Oktober. Dreißig und ledig, eine Übriggebliebene. Da wird das Dasein, das schickliche weibliche Dasein, auch im Norden gewöhnlich immer weltentzogener. Sie sehnt sich so, dass endlich jemand Gebietsanspruch auf sie erhebt und denkt dabei gewöhnlich nur an einen.

Carl Peters verbringt seine Tage beim Sultan. Bargasch hatte einen Barbaren erwartet. Die Deutschen, so hatte ihm John Kirk berichtet, seien ein rohes Volk, der Zivilisation um vieles entrückter als er, der Sultan. Wenn er das so sagen dürfe. Umso erstaunter ist Bargasch nun, in diesem schrecklichen jungen Mann einen der gebildetsten und anregendsten Unterhalter zu finden, die ihm je begegnet sind.[109]

Und was er sagt, klingt so vernünftig, ja klingt es nicht nach einer gemeinsamen Vision, nach einer geteilten großen Zukunft? Natürlich hat der Sultan auch klare Momente. Dieser Schelm will ihm die Küste abhandeln. Er will den Pachtvertrag, der Sultan will ihn eher nicht, aber wahrscheinlich spürt Said Bargasch längst, wie schwer es ist, dem Willen des Autors von *Willenswelt und Weltwille* zu widerstehen. Auch ist Mohamed bin Salim, Bargaschs höchster Berater, sehr angetan von Peters; Peters ist so jung wie er.

Jemandem gehören und trotzdem allein aus dem Hotel gehen können! Und sich selbst bei alldem nicht zu verlieren. Das, sie weiß es, wäre das Ziel.

Ich gehöre niemandem, leider!, könnte sie über die Straße rufen und einfach losgehen, wenn es dämmert und die Straßen sich neu beleben. Aber Bertha Wilke und Frieda von Bülow haben nicht vor, Anstoß zu erregen, schon gar nicht bei der Sitte des Landes. Und diese ist viel konsequenter als der Sinn der Europäer: Eine Frau, die keinem gehört, ist dennoch Eigentum, nämlich potenzielles Eigentum, und als solches ebenfalls nicht ausgangsberechtigt.

Eine Frau kann nur im Schatten eines Mannes durchs Leben gehen? Durchs Leben: Das ist weit, sehr weit. Aber sie sind bis nach Afrika gekommen, allein in ihrem eigenen Schatten.

Und nun können sie keinen eigenen Schritt mehr tun? Aber nur eine Frau, deren Welt kleiner wird, würde so klagen. Sie nicht. Die ihre umspannt immer größere Horizonte. Afrika, das heißt auch, jenseits allen bürgerlichen Sinns, aller bürgerlichen Sinne leben zu dürfen. Mit dem Sultanat als Kulisse, einem malerischen Ornament der Welt von gestern. In diesem Ausgriff treffen sich Frauenbewegung und

Kolonialismus. Es sind zwei verwandte und doch so verschiedene Entwürfe einer noch zu erobernden Zukunft. Beide sagen: Die Gegenwart ist nur ein Transitraum. Das ist ihre Überlegenheit. Das ist ihr Risiko.

Peters schickt Grüße, fast nie sich selbst. Aber er sendet Baron Saint Paul, Gravenreuth und andere Offiziere, um sie und Bertha zum Spazierengehen abzuholen. Die Herren kommen meist am Nachmittag, wenn die größte Hitze vorüber ist. Statt den Arm nur eines Mannes, nimmt sie jeden Tag einen anderen. Und alle sind in gewisser Weise Verlängerungen des seinen. Ja, sie ist glücklich.

Auch haben Frieda von Bülow und Bertha Wilke längst herausgefunden, wie man ganz im Haus bleiben und trotzdem in der Welt sein kann.

Sobald es dämmert, verlassen sie fast täglich ihre Zimmer und steigen, statt die Treppen hinunter zur Straße, immer höher hinauf, bis die Pionierinnen der Krankenpflege in den Kolonien durch eine kleine Tür ins Freie treten. Auf dem flachen Hoteldach atmen sie tief ein, aber es ist nicht jenes leicht sentimentale Luftholen, zu dem Menschen angesichts der untergehenden Sonne neigen, wie um sich zu vergewissern, dass das große Gestirn sie nicht mit hinabgenommen hat. Und wenn Frieda von Bülow und Bertha Wilke die Arme ausbreiten, dann eigentlich nicht, um all das zu umschließen, was sie umgibt, Land und Meer, ihr neues Leben und die tausend Stimmen des beginnenden Abends.

Arme, die sich so gerade und so weit rückwärts strecken, um dann schnell und ruckartig einen spitzen Winkel zu bilden, wollen nichts umfassen. Sie begännen auch nicht zu kreisen, erst die Arme, dann die Oberkörper. Sie nennen, was sie tun, körperliche Ertüchtigung, und glauben, in dieser feuchten Schwüle könne man nur unter solchen Verrichtungen erfolgreich überleben.

Sie laufen mit Ausdauer über das Dach des *Hôtel d'Afrique Centrale*, hin und wieder zurück, unzählige Male. Sie gehen in die Knie, um sich gleich wieder aufzurichten, auch das ruckartig, auch das unzählige Male.

Turnende Frauen! Sie haben wohl darauf geachtet, dass die Mauern ringsum hoch genug sind, sie vor allen Blicken zu verbergen. Die beiden ahnen nicht, welches Befremden sie dennoch auslösen würden, könnte ein Landeskind sie sehen: Was für eckige Bewegungen! Sollte man Menschen trauen, die selbst in der Luft noch anzustoßen scheinen? Die Bewegung Afrikas und seiner Menschen ist anders, sie ist gleitend, geschmeidig, dschungelhaft, sie ist ruhig noch in der Schnelligkeit. Und sie ist leise. Vielleicht liegt in der Art, sich zu bewegen, der offenkundigste und doch verborgene Schlüssel zur Seele eines Erdteils. Und zu seiner Würde.

Aber das ahnt die Turnerin nicht, noch nicht.

Am nächsten Morgen wartet der Hotelkellner auf die beiden Frauen, um sie in Miss Shaws Apotheke zu führen. Der Kapitän der *Mecca*, der inzwischen wahrscheinlich schon Madagaskar erreicht, hatte die Leiterin des englischen Missionshauses *Mkunazini* kurzerhand in ihr Hotel geschickt, sie möge die Baronin in aller Form zu sich einladen. So laufen sie jetzt durch die Straßen der Inder, die Frieda von Bülow immer besonders schmutzig scheinen werden, sie gehen zwischen den mit Palmwedeln gedeckten Hütten der Schwarzen hindurch, als sie endlich durch ein unscheinbares Mauerpförtchen biegen, und plötzlich liegt ein Stück England vor ihnen.

Aus einer neugotischen Kirche hört sie zur Orgel *rhythmischen Chorgesang*, während ihre Blicke über Gärten hinwegstreifen zu den Missionshäusern. Aus arabischen Bauten hatten die Briten *heitere englische »cottages« mit Loggien und blumengefüllten Erkern* gemacht. Schwestern in leichten weißen, mit frischen Blumen geschmückten Kleidern, gebunden mit schwarzen Gürteln, grüßen und laden sie zum Diner ein. *In der Halle waren drei lange Tafeln gedeckt, eine für die älteren Knaben, eine für die Kleinen und eine für die Hirten und Hirtinnen der Herde und deren Gäste. Die Zöglinge tragen sämtlich lange weiße Hemden und feuerrote Jäckchen, was zu der schwarzen Hautfarbe sehr gut aussieht. Reiche Damen in England nähen diese Anzüge in ihren Missionsmeetings und schicken sie in so großer Anzahl nach Zanzibar,* dass die Stationen der Gesellschaft auf der Insel und auf dem Festland Vorräte für Jahre haben. Die Kinder kommen meist von arabischen Sklavenschiffen, die von britischen Kreuzern aufgebracht wurden. Wie der vielleicht sechsjährige Junge, dessen Augen so stark entzündet waren, dass ihn Miss Shaw noch am Tag seiner Rettung behandelte.

Am Abend bekam sie eine Apfelsine, geschickt von ihrem neuen Patienten. Er hatte sie wie die anderen zum Nachtisch bekommen, doch anstatt sie selbst zu essen, bat er eine Schwester, sie der Frau zu bringen, die ihm *daua,* Medizin, für seine Augen gegeben habe. Frieda von Bülow hört die Orangen-Geschichte mit einer Erleichterung, die zu ihrer Größe und Bedeutung nicht recht passen zu wollen scheint. Aber sie nimmt – gleich in den ersten Tagen ihres Hierseins – eine große Beklemmung von ihr.

Immer wieder hatte sie gehört, dass die Eingeborenen keine Dankbarkeit kennen. Sie nähmen bestenfalls hin, was man für sie tut, aber sie danken es nicht. Es scheint ihnen nichts zu bedeuten. Aber hieße das nicht letztendlich: Man kann nichts für sie tun? Sie sieht diesen Jungen und weiß es besser.

Ob Frieda von Bülow weiß, dass sie auf dem früheren Sklavenmarkt von Sansibar steht?

Als er geschlossen wurde, hat die Mission 1873 das Grundstück des Sklavenmarkts gekauft, eine Kirche daraufgestellt und es zum Garten gemacht. Denn Kinder sollten in Gärten groß werden, diesen geschützten Werderäumen zwischen Kultur und Natur, beiden zugleich angehörend. Und niemand könnte besser qualifiziert sein, in einem solchen Reich aufzuwachsen, als der kleine Junge vom Sklavenschiff, der Miss Shaw am ersten Tag seines neuen Lebens die Orange schickte.

Das übrige Sansibar blickt mit aufrichtigem Misstrauen auf die Mission. Sie entlasse kleine schwarze Herren ins Leben, die nur zu bald erkennen müssen, dass die Welt kein Garten ist, und dieser Einsicht oft nicht mehr gewachsen sind. Dennoch kann Frieda von Bülow an dem, was ihr hier begegnet, nichts falsch finden. Sie be-

ginnt der Krankenpflegerin Miss Shaw in ihrer Apotheke zu assistie-
ren.

Bald begleiten sie die Schwester auch in die Hütten der Einheimischen vor der Mission. Immer steht der Tag als gleißender Keil im
Eingang, dahinter hocken schon die Schatten an der fensterlosen Rund-
wand. Die Augen der Eintretenden haben Mühe, sich an das Dunkel
zu gewöhnen. Was für eine Weltentzogenheit, was für eine Verlorenheit schon nach dem ersten Schritt ins Innere. Meist ist eine *Kitanda*,
eine geflochtene Bettstelle, die einzige Einrichtung. Der europäische
Blick der Baronin, noch gesättigt mit aller Zivilisationsarroganz, vermerkt, dass das *Parquett* aus *festgetretener Erde* besteht und die Decke
schon das Dach ist. Noch hält sie doppelte Sicherungen zwischen sich
und Himmel und Erde für einen elementaren Ausweis der Kultur.
Oder ist die Kultur selbst schon die Neurose? Auch Wahrnehmun-
gen sind Gewohnheit, doch beginnen die ihren schon, sich unmerklich zu wandeln.

Frieda von Bülow ist selbst kaum darauf gefasst, aber ihre Achtung
vor denen, die sich auf dem nackten Boden und unter einem Palmstrohdach hinreichend geborgen fühlen, wächst mit jeder Begegnung.
Dabei ist ihre erste Reaktion durchaus Abgestoßensein: Sie konsta-
tiert *ziemlich schwere Fälle von durch Unreinlichkeit und unordentli-
ches Leben entstandenen fressenden Geschwüren*.[110] Genau so wird sie
es bald formulieren, in aller deutschen Öffentlichkeit, in der Zeitschrift
Daheim.

Die Erfahrung, wie sehr Wasser und Seife die Lebenslage, die Da-
seinsaussichten ganzer Bevölkerungen ändern, ist im Bewusstsein der
Europäer noch kaum gealtert. Das Zeitalter der Aufklärung war nicht
zuletzt eines der hygienischen Einsichten gewesen. Und Frieda von
Bülows Grundkurs der Krankenpflege am Berliner Augusta-Kranken-
haus war vor allem einer des richtigen Gebrauchs von Wasser, Seife
und Desinfektionsmitteln. Und so tritt sie nun von den schmutzigen
Straßen in die dunklen Hütten, sieht auf den Kitanden die Kranken
liegen, beobachtet, wie Miss Shaw ihren immer mitgeführten kleinen
indischen Holzschemel an die Bettstatt rückt, ihre Instrumente aus

der Tasche nimmt. Ohne eine Regung schauen die Kranken auf Messer und Scheren, auch die Kinder. Da ist keine Furcht, keine Abwehr, nicht vor und nicht während der Behandlung. Immer wieder dringt Miss Shaws Messer ins Fleisch der Patienten, und wenn da ein unwillkürliches Zucken ist, dann mehr auf dem Gesicht der Zeugin als auf dem der Behandelten.

Frieda von Bülow weiß, wie schmerzhaft das Schneiden, Auswaschen und Verbinden ist. Sie sieht diese Klaglosigkeit mit Erstaunen, zum ersten Mal verschiebt sich, was sie über Stärke und Schwäche und deren Vorkommen zu wissen meint: *Wenn der active Mut den Suaheli-Negern fehlt, so scheint dafür der passive, der sich im Dulden äußert, desto mehr vorhanden.*[111]

Stanley Pool, Stanley Falls, Stanley, das Schiff …

Im gleichen Frühjahr zieht auf der anderen Seite des Erdteils eine merkwürdige Prozession am Ufer des Kongo entlang. Merkwürdig ist nicht nur, dass sie auf der falschen Seite des Kontinents losgeht, an der Westküste, dabei liegt ihr Ziel viel näher der Ostküste. Auch kommt sie gerade von dort.

An ihrer Spitze marschiert ein junger Schwarzer, die Fahne des *New York Yacht Club* vor sich hertragend. Ihm folgt auf einem hennagefärbten Maultier mit silbernem Zaumzeug hoch aufgerichtet Mr. Henry Morton Stanley, der berühmteste Sachbuchautor der Gegenwart, der Mann, der Livingstone fand und dessen aufmerksamer Lektüre das Annexionsquartett von 1884 seine Reiseroute verdankt. Er wird in angemessenem Abstand flankiert von zwei Somalis in weißen Roben, seinen persönlichen Dienern. Wahrscheinlich ist auch William Hoffmann bei ihm, Stanleys langjähriger deutscher Dienstmann, den er nie erwähnt im Unterschied zu Randy, dem Dachshund.

Randy blinzelt schläfrig in die afrikanische Sonne. Weiter hinten folgt Stanleys Unterführer *Three o'clock*, einst Soldat des Sultans von

Sansibar. Eigentlich heißt *Three o'clock* Saad Tato, und hätte er nicht, noch in Bargaschs Dienst, jeden Nachmittag um drei zu trinken begonnen, noch heute würde ihn niemand anders nennen.

Einige Pagazi aus Sansibar tragen den Reisebedarf des Expeditionsführers, Decken, Wasser, Gewehre, Patronen, gefolgt von 62 sudanesischen Soldaten in Umhängen mit dunklen Kapuzen, Gewehre auf den Rücken. 620 schwarzen Pagazi aus Sansibar obliegt die Beförderung von eisenbeschlagenen Munitionskisten, Äxten, Schaufeln und was sonst noch braucht, wer seinen Weg nicht einfach gehen kann, sondern ihn erst schaffen muss.

Und weil alle Erdarbeiten dort nichts mehr ausrichten, wo das Wasser beginnt, sind die Schultern vieler anderer mit Stangen beschwert: Jeweils vier Mann teilen sich so das Gewicht großer unförmiger Eisenteile. Einen Grund, von der Westküste loszugehen, wenn man mehr oder weniger an die Ostküste will, hatte der Expeditionsführer darin erblickt, dass die Ostküstenmänner so weit von zu Hause nicht weglaufen würden. Er sollte sich täuschen.

Wenn keines der Metallteile verlorengeht, ergeben sie, richtig zusammengesetzt, ein stählernes Schiff, die *Advance*. Bootsführer der *Advance* ist Uledi, Stanleys treuer Gefährte.

Hinter dem Schiff laufen mit Reis beladene Esel, gefolgt von einem ganzen Harem. Denn Tippu Tip, der größte Sklaven- und Elfenbeinhändler ganz Mittel- und Ostafrikas, begleitet Stanley, und kein wohlhabender Araber geht ohne seinen Harem irgendwohin, schon der Gefahr wegen, dass sein Harem bei seiner Wiederkehr gar nicht mehr sein Harem sein könnte. König Leopold gegenüber nennt Stanley Tippu Tip nur *Number One*. Es erleichtert ihn. Es umspielt die wohl empfundene Fragwürdigkeit, einen der größten Sklavenhändler der Geschichte in die eigene Expedition aufgenommen zu haben. Ja, er hatte noch mehr getan.

Tippu Tip war sehr wütend auf die Weißen.

Einerseits kann er sie bis jetzt nicht recht ernst nehmen: Nach stiller Übereinkunft der Araber haben diese Muzungu, diese Flüsse- und Bergesucher, Wasser im Hirn. Allerdings beschränken sie sich seit kurzem nicht mehr darauf, Flüsse oder Berge zu suchen, und Tippu Tip fühlt sich von ihnen sehr belästigt.

Voller Zorn hatte er Stanley noch in Sansibar drei ungeladene Krupp'sche Granaten präsentiert.

Mit diesen Feuerwerkskörpern wurden seine Leute von König Leopolds Station an den Stanley Falls beschossen, als sie ihrem Tagewerk, der Sklavenjagd, nachgingen. Es war Stanley nicht leichtgefallen, den Unwillen des unbeschränkten Herrn Innerafrikas zu besänftigen, es kostete mehr Zeit, als er eigentlich hatte. Aber bliebe dieser Mann sein Feind, er brauchte gar nicht erst loszugehen.

So gab Stanley zu bedenken, dass Tippu Tip nicht einen Offizier, eine Station der Weißen für alle nehmen dürfe, solche Feindseligkeiten würden gewiss nicht mehr vorkommen. Nun aber solle er aufmerken.

König Leopold schlägt *Ihnen den Versuch vor, jene Station mit eigener Hand zu regieren; er wird Ihnen jeden Monat dasselbe bezahlen, was ein europäischer Offizier erhalten würde. Jedoch gibt es gewisse kleine Bedingungen, die Sie erfüllen müssen, ehe Sie Gouverneur werden.*«

Tippu Tib schlug die Augen auf, bewegte dieselben rasch, wie er es zu thun pflegt, und fragte: »Ich?«

»Ja, Sie. Sie lieben das Geld; ich biete Ihnen Geld.«[112]

Das schien Tippu Tip einleuchtend. Er erkundigte sich nach den Bedingungen, Kommandeur von *Stanley Falls* zu werden, und erfuhr, dass er keine Sklaven jagen und auch keine verkaufen dürfe, dagegen *können Sie mit Elfenbein, Gummi, Guttapercha, Vieh und allen anderen Dingen so viel handeln, wie es Ihnen beliebt.*

Tippu Tip beschloss, dieses bemerkenswerte Angebot anzunehmen. Es wäre zumindest eine Erfahrung. Kommandeur von *Stanley Falls*! Würde ab sofort er Krupp'sche Granaten werfen?

Number One!

Number One besitzt 35 Frauen, ihre Gesichter sind zumeist tief verschleiert; eine Diskretion, die durch allerbunteste Gewänder leicht widerrufen wird. Außer von seinen Frauen wird Tippu Tip von 97

Gefolgsleuten begleitet, und damit ist die Prozession, die sich unter sengender Sonne felsige Pfade hinaufwindet, noch keineswegs zu Ende.

Augenzeugen schätzen ihre Länge auf mindestens vier Meilen, fortzuschaffende Gesamtlast: etwa 150 Tonnen, darunter das neueste Maxim-Schnellfeuergeschütz. Stanley würde es *Number One* bald vorführen lassen.

Krupp'sche Granaten waren gestern!

Und diese eigentümliche, über tausendköpfige menschliche Kette unter dem Kommando des berühmtesten Journalisten weit und breit hat nur ein Ziel: Freiheit für Eduard Schnitzer!

Ist Emin nicht Gordons letzter Gouverneur? *Too late!* Das Empire wollte es nicht noch einmal sagen müssen, diesmal wollte es nicht zu spät losgehen.

Doch wohin? Niemand weiß, wo genau der Ornithologe aus Oppeln in Oberschlesien im Augenblick ist, vorausgesetzt, er ist noch am Leben. Ganz Europa nimmt inzwischen Anteil am Schicksal des Verschollenen.

Im vergangenen Herbst hatten zwei Briefe Emins in der *Times* gestanden, worauf sich eine beispiellose Woge des Tatendrangs erhob, und ein kleiner, schmaler, leicht durchscheinender, schon etwas älterer Herr passte auf, dass sie sich nicht vorschnell legte, ja, dass sie sich gar nicht legte. Der Mann heißt William Mackinnon und man könnte ihn für den magenkranken, etwas despotisch veranlagten Leiter eines Kirchenchores halten, allein das wäre ein Irrtum. Denn der Ehrgeiz seines Dirigats reicht weiter, viel weiter.

Der Schotte William Mackinnon, Inhaber des berüchtigten Dampferimperiums der *British India Steamnavigation Company*, will so viel Afrika, wie er nur irgend bekommen kann. Das wollte er schon immer, weshalb er zu einer Zeit, als der Student Carl Peters sich noch darauf beschränkte, Pfropfenbünde zu gründen, mit Sultan Bargasch über sein Hinterland verhandelte.

590 000 Quadratmeilen, die dem Sultan nicht gehörten, was jedoch, wie längst erwähnt, keinem der Verhandlungspartner auffiel. Dann jedoch geschah das Unfassbare: Als Bargasch endlich nachgab, weigerte sich Mackinnons Regierung, die Erwerbung anzunehmen.

Britannien besitzt bereits fast zwanzig Prozent der Erdoberfläche, vielleicht hatte es vor, ein wenig zu verdauen vor dem nächsten Gang, musste ein wenig aufstoßen, nahm die Serviette vor den Mund und sagte: Nein danke, später! William Mackinnon war wütend, und als er zum ersten Mal den Namen Carl Peters hörte, wurde er noch wütender. Das hat sich seitdem nicht gebessert.

Immerhin, das hier ist wieder eine Chance.

Äquatoria!

Es war nicht ganz leicht gewesen, Stanley für diese Unternehmung zu gewinnen. Der Mann, der Livingstone fand, war gerade im Begriff, in Amerika auf Vortragsreise zu gehen, ja, er hatte bereits damit begonnen, verstand jedoch bald, dass dies keine Aufgabe war, die er ablehnen durfte.

Und so konnte Mackinnon ihn im Januar im Namen des Königreichs wie der gesamten zivilisierten Menschheit feierlich verabschieden: *Stanley bricht nicht nur auf, um schlechthin bedrängten Menschen beizustehen, sondern er erfüllt damit auch eine beseligende Christenpflicht. Er trägt das Licht des Glaubens und der Gesittung in das Herz des dunkelsten Afrika ... Möge Stanley nun in Gottes Gnade unbeschwert hinausziehen, und dem standhaften Emin, Gordons letztem Offizier, die Freiheit bringen!*[113]

Unbeschwert?

Mit weit über tausend Menschen quer durch den Kontinent?

Und wovon sollen sie unterwegs leben?

Karawanen älteren Typs nehmen sich gewöhnlich vom Wegesrand, was sie brauchen. Als Wegesrand gelten dabei menschliche Ansiedlungen und Pflanzungen aller Art. Man nennt das auch Plünderei. Müsste die Prozession, die *das Licht des Glaubens und der Gesittung* ins Herz Afrikas tragen will, nicht eine alternative Verpflegung erwägen? Doch statt Proviant tragen die meisten Pagazi Munition für Emin Bey, der in Abwesenheit zum Pascha befördert wurde.

Er wird es noch lange nicht erfahren.

Natürlich ist es merkwürdig, in Westafrika loszugehen, wenn man nach Ostafrika will. Noch irritierender wird es, wenn man selbst aus Ostafrika kommt, wo Stanley seinen Ich-rette-Emin-Pascha-Konvoi zusammenstellte. Fast alle Träger stammen von Sansibar, wo der Dampfer *Madura*, natürlich Mackinnons Dampfer, Ende Februar abgelegt hatte. Er fuhr die ganze Ostküste hinunter, bog um das Kap der Guten Hoffnung und fuhr an der Westküste wieder hinauf, um die Expedition an der Mündung des Kongo schließlich an Land zu setzen.

Und nun stöhnen sie staubige Pfade hinan, nur ein Ziel vor Augen: Stanley Pool, der große See, an dem der mächtige Strom schiffbar wird.

Der See heißt nicht zufällig so, Stanley selbst hatte ihn nach sich benannt, als er schon einmal da war, um für Leopold, den belgischen König mit Migrationshintergrund in zweiter Generation, das Kongobecken zu annektieren.

Wie dem See verlieh er auch Wasserfällen, Ortschaften, Stationen und Bergen seinen Namen, schon weil er nicht sicher sein durfte, ob die Mit- oder Nachwelt umsichtig und sensibel genug sein würde, es für ihn zu tun.

Stanley ist der Sohn eines walisischen Dorfsäufers, er hat einen Teil seiner Jugend im Arbeitshaus zugebracht, er ist es längst gewohnt, die entscheidenden Dinge im Leben selbst zu tun. Auch macht ihn seine Herkunft in besonderem Maße empfänglich für Manifestationen der eigenen Existenz.

Stanley Pool!

Mehr als tausend Menschen und rund fünfzig Esel empfinden dieselbe Erlösung beim Anblick der weiten blauen spiegelnden Wasserfläche. Nur etwas, das bemerkt Stanley gleich, stimmt hier nicht.

Das Wasser ist zu leer.

Wo nichts ist als sanft sich kräuselndes Blau – eigentlich ist es mehr ein Braun –, sollte eine ganze kleine Flotte liegen. Leopold hatte der Expedition Schiffe versprochen, sie können unmöglich quer durch den Kontinent zu Emin Pascha laufen. Die Flotte war Stanleys Bedingung gewesen, die Kongoroute zu nehmen.

Aber da ist keine Flotte.

Schmetterlinge fangen

Die Europäer sind, anders als die Afrikaner, schlechte Dulder. Aber das Fieber fragt nicht nach Talenten. Es wirft die Minderbegabten einfach nieder, nimmt ihnen bald sogar die Kraft zu klagen.

In der Nacht vom 7. zum 8. Juli wacht Frieda von Bülow zum ersten Mal am Lager einer jungen Österreicherin, deren Mann auf dem Festland Schmetterlinge fängt. Zum ersten Mal fühlt sie den Puls der Macht, die ihnen allen hier nach dem Leben trachtet. Wenn auch Said Bargasch sie nicht aus dem Land werfen kann – sollte es dem Fieber nicht gelingen?

Die junge Frau kann jeden Tag sterben, und ihr Mann fängt Schmetterlinge. Das ist nicht Herzlosigkeit, das ist der Geist der Zivilisation. Denn er stellt den Schmetterlingen im Dienst der Wissenschaft nach und in der mehr oder minder undeutlichen Hoffnung, dass einer von ihnen einmal den Namen dessen tragen wird, der ihn fing. Die Frau wollte ihn überallhin begleiten, und jetzt liegt sie da, in einer ebensolchen Hütte, wie Frieda von Bülow schon mehrere betreten hat. Doch diese hier steht im Garten eines wohlhabenden Portugiesen, gewissermaßen als folkloristisches Zitat, als ironischer Tribut an die Landessitte. Auch hier gibt es kein Fenster, darum ist die Tür weit geöffnet in die Nacht. Davor schläft auf einer Steinbank ein kleiner schwarzer Junge, ein Diener der Hausherren, der sofort aufspränge, sobald sie oder die Kranke ihn riefe.

Frieda von Bülow fächelt ihr mit einem großen Palmwedel Kühlung zu, bis die Patientin in den leichten, jederzeit aufscheuchbaren Schlaf der Fiebernden fällt. Die Krankenwärterin blickt durch die weit offene Tür in den großen Frieden der tropischen Mondnacht. Draußen stehen *mächtige Kokospalmen mit felsblockartigen Stämmen*, ihr genau gegenüber eine *Banane, deren schöne Riesenblätter der Nachtwind raschelnd durcheinanderwirft*.[114] Es ist ein trügerischer Frieden, sie weiß es, die großen Jäger sind unterwegs und die kleinen auch, und neben ihr schläft eine fremde Frau unruhig einem ungewissen Morgen entgegen. Sie selbst aber schwebt auf dem Rücken dieser Nacht, hellwach und doch träumend, als ginge sie das alles nichts an. Sie ist die Zeugin dieser Stunden, ihre Mitwisserin, sie ist in Sicherheit. Neben ihr liegt ein geladener Revolver, es ist ihr Revolver. Sie könnte die Riesenspinne an der Wand erschießen, aber auch die Spinne gehört in den Weltfrieden dieser Tropennacht.

Eine Frau in Afrika ist am sichersten in Begleitung ihrer Waffe. Das haben ihr alle gesagt, ihr Bruder zuerst; sie hat noch zu Hause Schießunterricht genommen. Manchmal traf sie sogar, aber sie kann sich und den Revolver noch immer nicht als Paar denken. Sie blickt auf ihn wie auf ein Kuriosum. Oder ist sie das Kuriosum? Sie fühlt sich auf Frauenweise unbewaffnet sicherer. Es ist eine trügerische Sicherheit, genau wie ihre Geborgenheit in dieser Stunde. Es ist vier Uhr morgens, sie hört den Kanonenschuss vom Hafen. Said Bargasch zählt die Stunden mit Kanonen.

Sie schreibt im Schein einer kleinen Nachtlampe in ihr Tagebuch. Sie macht die Notizen nicht nur für sich, vielleicht wird einmal ein Zeitungsbericht daraus. Sie will hier in Afrika nicht nur Krankenschwester werden, mag sein, dieser Erdteil macht sie auch zur Schriftstellerin. Sie hat nicht vor, sich im Wege zu stehen.

Sie sieht, wie der Saum der Nacht zu leuchten beginnt und sich hebt, sie sieht den Garten erwachen. Der kleine schwarze Diener springt von seinem harten Lager auf, wäscht sich kurz an der Zisterne und beginnt, die Gartenwege zu fegen. Die Portugiesin bringt Kaffee, zwei Schwestern des französischen Klosters kommen zur Morgenvisite. Die Kranke könne an diesem Ort nicht gesund werden, sie wollen sie in ihr Hospital bringen lassen. Um acht Uhr löst Bertha die Nachtwachende ab.

Die Stadt, durch die sie am Morgen allein heimgeht, ist voller Lampions, Triumphbögen und Transparente. Es sind Vorbereitungen für den Abend: Die Inder von Sansibar wollen ein großes Fest geben zu Ehren der Königin von England.

Es ist gerade eine Woche her, dass das britische Generalkonsulat dasselbe tat, denn Queen Elisabeth sitzt inzwischen schon fünfzig Jahre ununterbrochen auf dem Thron. Wahrscheinlich bemerkten die Briten den athletischen Aspekt der Sache, denn sie beschlossen, den Geburtstag der Königin mit einem Turn- und Sportfest zu feiern. Frieda von Bülow hat es noch immer nicht vergessen, es ist ihr besonders wegen eines Wettlaufs zwischen englischen Matrosen und den schwarzen Soldaten des Sultans im Gedächtnis geblieben.

Wie eine Herde *flüchtiger Antilopen* seien die Afrikaner losgerannt und hätten sofort einen bedeutenden Vorsprung gewonnen. Doch konnten sie ihn nicht halten: *Bald aber blieb einer nach dem anderen zurück. Die Engländer änderten ihr weit mäßigeres Tempo nicht. Sie hatten bald sämtliche Schwarze eingeholt und erreichten lange vor jenen das Ziel.*[115] Dieser Sieg scheint ihr wie eine Bestätigung. Doch wovon? Sie könnte es kaum angeben. Es handelt sich wohl um den Subtext des kolonialen Bewusstseins.

Keine Gesellschaft existiert ohne den Traum ihres besseren Selbst?

Friedas Tagebuch vermerkt am 30. Juni ausdrücklich, dass der britische Vizekonsul Herrn Dr. Carl Peters zum Queen-Victoria-Sportfest in seiner eigenen Equipage abholen ließ, was allgemeine Aufmerksamkeit erregt habe. Eine solche Auszeichnung, das wissen die Spitzen der Inselgesellschaft, wird nur den Spitzen der Inselgesellschaft zuteil. Der Tag selbst habe seinen Anfang vollauf bestätigt: Die Deutschen nähmen die *vorzüglichste gesellschaftliche Stellung* in der *beau monde* Sansibars ein. Ihr leicht lädiertes Standesbewusstsein registriert es mit Genugtuung.

Ist sie zu Hause nicht höchstens eine halbe Baronin?

Hier ist sie, genau betrachtet, mehr als eine ganze. Das nennt man gesellschaftlichen Aufstieg.

Doch hat sie nicht vor, die Bestätigung auch dieses Festes abzuwarten. Wer wie sie übriggeblieben ist vom letzten Abend, denkt irgendwann noch im hellsten Sonnenschein an sein Bett. Die Inder feiern die englische Königin, da sie seit 1876 auch Kaiserin von Indien ist. Ein ganzes Schiff voller Feuerwerkskörper soll aus Bombay angekommen sein. Sie hofft, dass sie nicht hören wird, wenn die Ladung explodiert. Mr. Holmwood hatte bereits am Vormittag in der großen überdachten Festhalle auf einem prächtigen goldenen Thronsessel eine große Ansprache gehalten. Gewiss vermaß Peters' Blick die Ausmaße des Sessels. So einer gebührt dem künftigen Gouverneur von Sansibar, oder sollte man dem etwas barocken Geschmack der Inder doch nicht vorbehaltlos folgen? Der Eingang zur Festhalle ist ein Triumphbogen.

Immer wieder wird sie auf dem Weg ins Bett aufgehalten, hingehalten, unterhalten und leistet schließlich keinen Widerstand mehr, als Bertha, ein französischer Arzt sowie die Herren vom Konsulat sie am Abend einfach mitnehmen.

Vor der Festhalle stehen parsische und indische Mitglieder des Festkomitees, *die der andrängenden Menge der Schwarzen den Eintritt verwehrten, Indier, Parsen, Goanesen und Europäer dagegen einließen. Die Europäer wurden als Ehrengäste besonders höflich eingeladen, doch näher zu treten. Meiner bemächtigte sich ein vornehmer Parse, den eine rotblauweiße Schleife als zum Festcomitee gehörend bezeichnete.*[116] Er stellt ihr drei *parseen ladies* vor, von denen die jüngste und schönste seine Frau ist. Die Fremde beginnt in fließendem Englisch mit ihr zu sprechen, während Frieda von Bülow die Garderobe der Parsinnen mustert: *Ihr Anzug gleicht der indischem Nationaltracht, nur zeigt er besseren Geschmack. Meine Nachbarinnen trugen weiße reich mit weißem Schmelz benähte Unterkleider von Seidendamast mit in sehr bunter Seide kunstvoll gestickten Bordüren. Darüber shawlartige Überwürfe von schwerem gelben Seidenstoff.*[17] Wie schlicht – oder sollte man sagen: traumlos? – wirkt dagegen doch ihre Garderobe.

Die Mitteilung der schönen jungen Frau, dass sie die Baronin bereits beim Sportfest bemerkt habe und gekommen sei, um ihre Freundin zu werden, reißt Frieda von Bülow aus ihren Konfektionsstudien. Vor ein paar Wochen erst sei sie von Bombay angekommen und fühle sich mitunter recht allein, fügt sie an mit einem hoffnungsvollen Blick auf die Europäerin. Aber eine Frage hat sie noch: *Are you english or french? – Ich versicherte ihr mit Selbstgefühl, daß ich eine Deutsche sei.*[118] Ihrem Gegenüber bemächtigt sich eine kleine Verunsicherung. Sollte sie von diesem Land schon einmal gehört haben, und wenn ja, in welchem Zusammenhang? Da geht ein Leuchten über das Gesicht der kleinen Parsin, und sie bemerkt artig: »*O, wenn Sie eine Deutsche sind, dann sind Sie natürlich sehr musikalisch.*« Die so Erhöhte kann diese Vermutung nur bedingt bestätigen.

Frieda von Bülow ist irritiert. Wenn nicht einmal eine kleine Parsin die Existenz des Deutschen Reichs ernsthaft in Betracht zieht, wie ist es dann um dessen Rang in Sansibar bestellt? Da erblickt sie Herrn O'Swald, Vertreter des Hamburger Handelshauses und ohne Zweifel *die glänzendste Erscheinung* auf der ganzen Festgesellschaft, zumindest unter den Europäern. So prätentiös wie der Apostroph in seinem Namen, eine etwas mutwillige irische Anmutung erzeugend, ist auch sein Kostüm. Er trägt, obgleich Hanseat, die rote Uniform der österreichischen Konsuln. Mit seinem dreieckigen Hut, gekrönt von einem weißen Federbusch, erinnert er sie an einen englischen General aus Wellingtons Zeiten. Aber seine Schönheit hält dieser Maskerade stand. Bis eben war William O'Swald deutscher Konsul in Sansibar, aber da Berlin zuletzt glaubte, einen Berufsdiplomaten beschäftigen zu müssen, vertritt er nun das Konkurrenzkaiserreich an der Donau. Sie wird William O'Swald bald in ihren Romanen auftreten lassen, in Tateinheit mit seinem Reichtum und seiner anglophilen Neigung. Sie sieht vom Ufer Feuerwerk und Heißluftballons aufsteigen. Zum Abschluss spielt die Kapelle *God save the Queen*, aber sie hört *Heil dir im Siegerkranz*. Beide Hymnen haben die gleiche Melodie.

Und selbst wenn es eine Verwechslung sein sollte, bald, so hofft sie, werden die Musiker des Sultans viel öfter Gelegenheit haben,

Heil dir im Siegerkranz zu spielen. Ja, sie werden gar nicht anders können.

Wenige Tage darauf wirkt die Erscheinung des Konsuls O'Swald wieder entschieden alltäglicher, und Gravenreuth sieht ohnehin nie anders aus. Die beiden wollen Frieda von Bülow zu einer Bootsfahrt nach Mtoni einladen. In Mtoni steht ein zerfallendes Sultansschloss, dort ist Bibi Salima aufgewachsen, Prinzessin Salme von Oman und Sansibar, bald auch Emily Ruete genannt.

Frieda von Bülow hat von dieser Sultanstochter gehört, sie ist Bargaschs Halbschwester. Der Vorgänger von Justus Strandes in den Diensten des Handelshauses Hansing & Co. hatte ihr einst zu tief in die Augen gesehen, und sie vergaß wegzuschauen. Darauf stand – auch für eine Prinzessin, auch für die Halbschwester des Sultans – die Steinigung. Natürlich will Frieda von Bülow den Palast besichtigen, in dem Sayyida Salme Ruete groß wurde unter den vielen Frauen des Sultans und seiner Kinder.

An der Sultanstreppe besteigen sie das Boot des Konsuls, vier schwarze Ruderer treiben es voran. Das Wasser ist so klar, dass Frieda von Bülow meint, mit ihrem *ausgestreckten Arm den Meeresboden* berühren zu können. Die Ruine erhebt sich nur wenige Schritte vom Ufer, die Natur hat sich den Palast längst zurückgeholt. In seinem Anblick liegt etwas Tröstliches und etwas Erschreckendes zugleich: *Ein alter Araber ... ließ uns ein in das Labyrinth halbverfallener Gemächer, in deren Mauern Bäume Wurzeln geschlagen haben und deren Wände die prächtigste Naturtapete aus Schlingpflanzen zeigen. Wir kletterten steinerne Treppen hinauf bis zu den höchsten Terrassen und hatten von dort in der Umrahmung eines erhaltenen Bogenfensters einen Blick auf die ferne Stadt, die mit ihren weißleuchtenden Häusern und Palästen auf weit in's Meer ragender Landspitze*[119] dalag wie hingeträumt.

Ob Sayyida Salme Ruete dieses Bild ihrer Kindheit vermisst, dessen Schönheit ihr so selbstverständlich war, dass sie nie darüber nachdachte? Sie schaut nun schon seit fast zwanzig Jahren in Hamburg aus dem Fenster, und statt der real existierenden weißen Fata Morgana auf dem Wasser sieht sie eine graue Stadt, die nicht nur ihren Reichtum, sondern auch die Sonne gewöhnlich gut versteckt. Wahrscheinlich weigert sie sich, diesen Ort unnötig zu bescheinen.

Der Preis ihres Überlebens hat einen Namen: Hamburg. Im letzten Augenblick war sie auf ein britisches Kriegsschiff geflüchtet; in Aden, auf halbem Weg nach Europa, ließ sie sich taufen und heiratete Ruete. Drei Jahre später war sie seine Witwe, allein mit drei Kindern in einem fremden, kalten Land.

Dass sie ihre Heimat wiedersah, verdankt sie Carl Peters. Sie kam mit Bismarcks Flotte zurück, die im Frühjahr 1885 ihre Kanonen auf den Palast des Sultans richtete, was dessen Auffassung über die rechtmäßigen Eigentumsverhältnisse in seinem Hinterland nachhaltig modifizierte. Aber mit seiner Halbschwester, die aus demselben Land kam wie die Kanonen, wollte er nicht sprechen. Emily Ruete fuhr unbegrüßt zurück nach Hamburg.

Egal, wo sie ist, im verfallenen Palast einer arabischen Prinzessin, in Miss Shaws Apotheke oder auf ihrem Hotelzimmer, immer ist Frieda von Bülow darauf gefasst, Peters zu begegnen, seinen Schritt zu hören, den sie so gut kennt, den sie aus allen heraushören würde. Das ist nicht schwer. Die ganze Energie, die ganze Unduldsamkeit seines Wesens liegt darin. Eigentlich mag sie diesen Schritt nicht. Wie anders laufen doch die Schwarzen, diese geborenen Gegner des Schuhwerks jeglicher Art! Es ist ihnen vieles rätselhaft am Wesen der Muzungu, aber am unbegreiflichsten, am überflüssigsten scheint ihnen die Erfindung der Schuhe. Sie gehen lautlos, Frieda hört sie nicht, bis sie neben ihr stehen. Wenn sie einer Kultur den Vorzug geben sollte, nach ihrer Art, den Erdboden zu berühren, müsste sie die Afrikaner wählen. Und doch sehnt sie sich nach Peters' Schritten. Die Liebe lässt uns selbst das teuer werden, was uns eigentlich missfällt, bemerkt sie nicht ohne Erstaunen.

Dabei geizt der Erwünschte durchaus mit sich.

Der Sultan hat noch immer nicht aufgehört, den Mann, der ihm so viel Verdruss bereitet, schon vor sechs Uhr zur Morgenaudienz zu empfangen. Vielleicht muss man sich mit dem befreunden, was man nicht verhindern kann.

Die Emin-Pascha-Befreiungsflotte

Die mehr als tausendköpfige Vorhut der Zivilisation lagert unschlüssig am Stanley Pool. Ab hier ist der große Strom schiffbar, hier hätte die Emin-Pascha-Befreiungsflotte sie erwarten sollen, doch da ist nur ein alter Dampfer: *Stanley*, das Schiff. Stanley, der Expeditionsleiter, steht am Stanley Pool und betrachtet mit Sorge *Stanley*, den Dampfer.

Über tausend Menschen und ein Schiff.

Und das ist kaputt.

Soll alles zu Ende sein, schon jetzt?

Es gibt die, die lachen, und die, über die gelacht wird, hatte Eduard Schnitzer in sein Tagebuch notiert. Und dass er durchaus nicht sicher sei, zu welcher Art von Menschen er gehöre. Er hatte nicht zuletzt aus dieser Unsicherheit die Lehre gezogen, möglichst im Verborgenen zu leben. Wenn er wüsste, dass seine Briefe in der *Times* gestanden haben und dass nun mehr als tausend Menschen im Begriff stehen, sich um seinetwillen in ein Abenteuer zu stürzen, dessen Gefahren noch keiner kennt, er könnte keine Nacht mehr schlafen.

Dessen Gefahren noch keiner kennt? Doch, zwei Gefahren sind Henry Morton Stanley durchaus bewusst. Da ist zum einen die Gefahr, ins innerste Afrika zu Fuß laufen zu müssen, weit über tausend Meilen, und da ist die Gefahr einer tausendköpfigen Hungerrevolte. Kein afrikanisches Dorf kann eine solche Anzahl von Menschen ernähren, und seltsamerweise sind viele Orte, die Stanley von seinen früheren Reisen kannte, gar nicht mehr da.

Er weiß, er muss handeln, solange die Männer noch der Stimme ihres Kopfes statt der ihres Magens folgen. Stanley, der Expeditionsführer, versucht, einen Überblick seiner Lage zu gewinnen: Die *Stanley* also ist *ernstlich beschädigt*; die Missionsdampfer befinden sich irgendwo in unbekannten Regionen des Oberkongo; die *En Avant* ist gestrandet und ohne Maschinen und Kessel, die A.I.A. hingegen liegt 800 Kilometer oberhalb des Stanley Pool, während der Dampfer *Royal* seit einem Jahr nicht mehr benutzt wurde, was sich vor allem durch den Umstand erklärt, dass er schon damals *vollständig verrottet* war. Henry Morton Stanley fasst zusammen: … *kurz, das ganze uns versprochene Bootsmaterial* existiert *überhaupt nur in der Einbildung der Herren vom Bureau in Brüssel.*[120]

Es bleibt demnach, bilanziert Stanley, der Expeditionsführer, bei *Stanley*, dem kaputten Dampfer. Auf ihrem Marsch zum Stanley Pool haben sie den Baron von Rothkirch überholt, dessen schwarze Männer die Antriebswelle des noch zu bauenden Dampfers *Florida* trugen. Aus dem Gewicht der Welle und dem Tempo ihres Fortkommens folgert der Oberbefehlshaber der Emin-Pascha-Befreiungsfront, dass sie den Pool gewiss *im nächsten August* erreichen werden.

Jetzt können nur noch die Missionen helfen.

Jetzt müssen die Missionen helfen.

Stanleys Verhältnis zu den Gesandten des Herrn neigt zu Spannungen, um das Mindeste zu sagen. Der Oberbefehlshaber der Emin-Pascha-Befreiungsflotte hatte die Baptisten schon von England aus benachrichtigt, dass er ihren Missionsdampfer *Peace* gern ausleihen würde, und folgende Antwort bekommen: *Lieber Herr Stanley … Es thut mir sehr leid, daß ich Ihre Bitte nicht erfüllen kann, aber ich glaube fest, daß sie durch den Umstand, daß Sie den Dampfer »Peace« nicht haben, nichts entbehren werden … Gott scheint Ihnen eine edle Seele gegeben zu haben (die augenblicklich durch schlimme Irrthümer und Sünden verdeckt wird), und es würde mich freuen, wenn Sie im richtigen Sinne »Buße thun und an Gottes Wort glauben« und dann in Glückseligkeit, im Lichte und in Freude für immer leben … Ihr getreuer Freund Robert Artington.*[121]

Was weiß dieser Glaubenstölpel über die Lichtverhältnisse seiner Seele?

Auch will er gar nicht für immer leben, schon gar nicht hier, er will hier weg. Wenn er nicht wäre, säßen die Handlungsreisenden Gottes kaum an diesem Fluss, schließlich hat nicht zuletzt er ihnen dieses Land erschlossen. Zum höheren Ruhm Leopolds und seinem eigenen.

Als sie das Kap der Guten Hoffnung umrundeten, haben Kapstädter Missionen ihm Briefe für ihre Glaubensbrüder am Kongo mitgegeben, aber Stanley zog es vor – zum höchsten Erstaunen seiner Offiziere, um von Missbilligung nicht zu reden –, sie den Adressaten noch nicht auszuhändigen.

Wer weiß, was drinsteht.

Besser, die Einfaltspinsel Gottes lesen es erst, wenn sie wieder weg sind. Stanley unterdrückt seinen Ärger und verhandelt mit den Baptisten vor Ort, sie geben trotz der Verdunklung seiner Seele bald nach. Er könne die *Peace* haben, vorausgesetzt, die Ungläubigen, denen das Schiff nunmehr überlassen sein würde, entweihten es nicht. Außerdem bedürfe der Dampfer noch gewisser Reparaturen, die mehrere Monate in Anspruch nehmen dürften. Würde Henry Morton Stanley schon jetzt alles über die *Peace* wissen, was er später wissen wird, er sähe gewiss eine besondere Form der Heimtücke in der Bereitschaft der Baptisten, sie ihm auszuhändigen. Ein asthmatischerer Dampfer ist nie gebaut worden.

Es ist ein Schiff als Gottesgericht.

Auch die Livingstone-Mission besitzt einen Dampfer, die *Henry Reed*. Den braucht er ebenso. Unmöglich, lässt die Livingstone-Mission ausrichten.

Der junge Offizier Jephson schlägt vor, den Missionaren den Dampfer einfach wegzunehmen. Der Expeditionsführer: »*Nein, Freund Jephson; wir dürfen nicht vorschnell handeln. Wir müssen Herrn Billington Zeit lassen zur Ueberlegung, er wird sicherlich wissen, wieviel seine Mission mir verdankt.*«[122]

Er hat ein Riesenreich seinem Willen unterworfen, und da meinen diese Wanderprediger des Herrn, sie können ihn aufhalten? Und der Mann, der Livingstone fand, besitzt noch ein Argument: Geld, beinahe unverantwortlich viel Geld für einen alten Dampfer. Er schreibt den Missionaren einen Brief, der die Aufzählung aller *Gefälligkeiten*

217

enthält, die er ihnen je erwiesen hat; seine jungen Offiziere wollen die Wirkung durch ihre persönliche Beredsamkeit befördern. Als sie zurückkehren, schlägt Jephson finster noch einmal vor, den Dampfer zu beschlagnahmen. Der Verwalter des Kongo-Staates sieht seine persönliche Autorität herausgefordert.

Als Stanley den Dampfer-Krieg schließlich gewinnt, mustert er seine Expedition. 57 Mann und 38 Remingtongewehre fehlen. Dies überrascht ihn nicht, aber eine andere Entdeckung verblüfft ihn doch. 24. April: *Als ich heute die Leute inspicirte, gewann ich die Ansicht, daß nur etwa 150 freie Männer unter ihnen und alle übrigen entweder Sklaven oder Verbrecher waren.*[123] Die meisten kommen von den Nelken- und Zimtpflanzungen Sansibars.

Er, Henry Morton Stanley, ist also, nüchtern betrachtet, der Anführer einer riesigen Sklavenkarawane, und sein wichtigster Verbündeter auf diesem langen Marsch ins Ungewisse ist der größte Sklavenhändler weit und breit.

Zu Emin!

Ende April 1887 verlassen vier Schiffe den Stanley Pool. Das vierte ist die *Florida*, sie ist eigentlich noch gar kein Schiff, sie ist ein Rumpf. Zu ihrem Vorteil lässt sich nicht viel mehr sagen, als dass sie, vorzeitig mutwillig vom Stapel gelassen, nicht untergeht. *Stanley*, der Dampfer, muss die *Florida* ziehen.

Ob Stanley sich das Gesicht des Barons von Rothkirch vorstellt, wenn dieser mit seiner Antriebswelle am Pool eintrifft, und das Schiff ist weg?

Vor ihnen liegen mehr als tausend Meilen Flussfahrt.

Furcht ist nicht in der Liebe

Wenn sie Dar-es-Salaam sehen wolle, möge sie ihren Koffer packen, und zwar gleich. Die Nachricht ist von Carl Peters. Es ist der 21. Juli 1887. Am Abend werde sie abgeholt, der Dampfer des Sultans gehe am nächsten Morgen. Nur für sie, für ihn und die wenigen, die er mitnehmen möchte. Demnach für die künftigen Herren Ostafrikas. Und für seine Herrin?

Der Fortschritt zu Peters' erster Expedition ist offenkundig: Diesmal lässt sie der zu Entmachtende persönlich an die Orte ihrer Begehrlichkeit befördern. Die Leibköche des Sultans haben versprochen, ihr Bestes zu geben.

Die übrigen Europäer verharren in tiefer Ratlosigkeit. Sie verstehen die Welt nicht mehr, zumindest nicht den Sultan ohne Hinterland. Woher diese Bevorzugung der Deutschen? Wer bringt schon den Feind, der einem Häfen und Städte wegnehmen will, auf eigene Kosten dorthin, und zwar mit Vollpension?

Frieda von Bülow stellt sich diese Frage nicht. Sie vermerkt mit kühler Überlegenheit: *In Zanzibar, wo jeder auf den Nachbarn aufpaßt und dessen Angelegenheiten mit allen Einzelheiten erfährt, machen die noch nie dagewesenen Erfolge der Deutschen großes Aufsehen. Ich bin zufälliger Weise in der angenehmen Lage, die Spitzen des hier vertretenen Europas, d. h. die Herren vom englischen, französischen, italienischen und portugiesischen Consulat darüber zu hören. Wenn diese Herren das Gespräch auf das flotte Vorgehen der Deutschen bringen, stelle ich mich ebenso unwissend wie gleichgültig.*[124] Die Diplomaten fallen jedes Mal auf ihr vorsätzlich von des Gedankens Blässe angekränkeltes Damengesicht herein, und fast immer erfährt sie Wissenswertes. Kein Spion könnte erfolgreicher sein.

Am Abend des 21. Juli bringt ein Boot des Sultans Frieda hinaus zur *Barawa*. Sie hat der fiebernden Frau des Schmetterlingsfängers noch einen Korb Rotwein, selbst genähte Bettwäsche sowie Schwester Bertha geschickt. Die Kranke wohnt jetzt in einer engen geschäftigen Gasse gegenüber einer Matrosenkneipe, weil sie nicht für immer im französischen Hospital liegen bleiben konnte und die dunkle Hütte des Portugiesen, Frieda von Bülow zufolge, ihrer Gesundheit noch abträglicher sei als die Laute alkoholisierter Männer in allen Stadien der Trunkenheit.

Die Diener des Sultans heben die Baronin an Bord und geleiten sie zu ihrer Kabine. Sie ist größer als die der anderen, und eigentlich ist es mehr ein Gemach. Rokoko! Rokoko im Indischen Ozean. Goldene Muschelgirlanden winden sich die weißen Wände hinauf, daneben verlaufen die Kakerlakenstraßen. Frieda von Bülow lässt sich auf das große rote Sofa fallen: So reist also der Sultan!

Es ist seine Kabine.

Verbindet sie nicht mehr mit Bargasch, als ihr gewöhnlich bewusst ist? Er ist ein Peters-Opfer wie sie. Dieser Mann unterwirft nicht nur Frauen, sondern ganze Sultanate. Für beides meint sie ihn zu lieben.

Das Schiff bleibt über Nacht im Hafen. Sie wohnt mit dem Mann, den sie liebt, Tür an Tür.

Wird es ihre Nacht, die erste Nacht für Peters und die Baronin? Es ist vermutet worden, dass die Gäste des Sultans sein großes rotes Sofa zum ersten Schauplatz ihrer längst bemerkten Nähe machen, zudem beide einen lebhaften Sinn für die Majestätsbeleidigung besitzen, die in der Wahl dieser Unterlage liegt. Sollte Peters ein Zögern, eine leise Abwehr ihrerseits bemerken?

Frieda von Bülow ist Jungfrau. Ihre Erziehung besagt, dass diese Verfasstheit das höchste und schützenswerteste Gut ist, das ein Mädchen besitzt. Nun gut, ein schon leicht angejahrtes Mädchen. Im Oktober ist es so weit, sie wird dreißig. Zeit für eine erste Lebensbilanz. Oder schon für die letzte? Was bis dahin nicht entschieden ist, entscheidet sich nie mehr. Was soll sie sagen? Sie hat nicht vor, als Jungfrau zu sterben. Sie hat auch nicht vor, weiterhin als unbeschriebenes Blatt durchs Leben zu gehen, und sie wüsste nicht, wem sie das Recht auf den ersten Eintrag lieber gewährte als dem Autor von *Willenswelt und Weltwille*. Zudem hier im tropischen Afrika, wo alles den feuchten Atem der Fruchtbarkeit zu verströmen scheint. Jedes Landeskind ist in den Elementarfragen des Lebens besser unterrichtet als sie. Lässt sich diese Unwissenheit gar von ihrer Stirn ablesen? Sie sehnt sich so nach Alphabetisierung. Und sind sie nicht längst ein Paar, er, der künftige Regent von Deutsch-Ostafrika, und sie, seine künftige Frau?

Nur die Reihenfolge von Ehe und Vollzug der Ehe wäre variiert, den Bedingungen – oder sagen wir: den Gelegenheiten – vor Ort angepasst, aber sie ist doch nicht suspendiert. Carl Peters ist ein Mann von Ehre, das weiß sie, er wird ihren Bund auch vor der Welt besiegeln.

Hat Frieda von Bülow Muße, in dieser Nacht auf dem roten Sofa über diese Fragen nachzudenken, vielleicht gar mit leisem Entsetzen über die Elementarmonotonie, die der physischen Verrichtung innewohnt, deren leicht irritiert teilnehmende Beobachterin oder beobachtende Teilnehmerin sie nun erstmals wäre? Da sind sie gekommen, diesem Erdteil die Zivilisation zu bringen, und sind doch selbst nichts weiter als Trieb und Tier.

Früh am Morgen verlässt die *Barawa* den Hafen von Sansibar. Vielleicht sieht die Inhaberin der Sultanskabine Meer und Himmel mit anderen Augen, als sie an Deck kommt. Ist sie nun Mitwisserin aller Elementarmächte? Schmeckt die Meerluft nicht salziger, steht der Himmel nicht höher, streicht der Wind nicht mutwilliger über ihre Haut?

Mag sein, da liegt ein Ausdruck auf ihrem Gesicht, der schon beim Frühstück den Argwohn der zweiten Frau an Bord erweckt.

Es ist Schwester Marie Rentsch, die kleine Marie Rentsch, die eben erst aus Europa gekommen ist, entsandt von der *Evangelischen Missionsgesellschaft für Deutsch-Ostafrika*, die Frieda vor einem Jahr mitgegründet hatte, um dann wegen tendenziellem Atheismus und sonstiger Differenzen von ihr abzufallen. Sie misstraut diesem Bodenpersonal Gottes. Oder fiel die Missionsgesellschaft von ihr ab? Eigentlich hat noch niemand recht von Maries Anwesenheit Notiz genommen, denn sie gehört zu den Menschen, die man leicht übersieht. Die Schwester hat längst gelernt, sich diesen Umstand als Verdienst anzurechnen. Sie nennt es Selbstlosigkeit, Demut, Dienst am Herrn.

Ja, es ist wahr, Frieda von Bülow hat die *Evangelische Missionsgesellschaft für Deutsch-Ostafrika* selbst mitgegründet, kein Jahr ist das her, aber es war nicht Neigung gewesen. Sie beugte sich Greiners Auffassung, dass es Wichtigeres gäbe, als die schwarzen Körper zu heilen: Ihre Seelen dürfen nicht unversorgt bleiben.

Die Seelen müssen genesen, sagen die Missionare, die schwarzen Seelen, die nichts von Gott wissen und nichts von der Verderbtheit des Menschen.

Müssen sie?

Wirken sie nicht gerade deshalb oft bis zur Anstößigkeit gelöst, so skandalös unbeschwert? Wie vielleicht auch Frieda von Bülow an diesem Morgen.

Als sei es der Morgen der Schöpfung selbst.

Marie Rentsch hat wohl Grund, mit Argwohn auf diese Frau zu blicken, diese höhere Tochter, auch ist der Argwohn nicht selten die zweite Natur des Gläubigen. Wie die Baronin das Gesicht in den Wind hält! So sieht keine Krankenschwester aus. Diese tadelnswerte Vertreterin ihres Geschlechts entbehrt der elementarsten Eigenschaft einer Krankenschwester, sie entbehrt der Demut.

Sie erreichen das offene Meer.

Der Südwestmonsun bietet seine ganze Kraft auf, die *Barawa* von ihrem Reiseziel fernzuhalten. Er scheint direkt aus Dar-es-Salaam zu kommen, doch Frieda von Bülow fällt es in keinem Augenblick ein, das für ein Zeichen zu halten, im Gegenteil.

Der Starke liebt den Gegenwind! Er wächst an jedem Widerstand.

Sie ist ein Kind des imperialistischen Zeitalters, nach der Seite der Unschuld hin lautet sein Bekenntnis: Dem Mutigen, dem Tüchtigen gehört die Welt! So sieht sie das auch. Doch ihr Magen, sie spürt es, ist kein Kind des imperialistischen Zeitalters. Bald hat sie den Südwestmonsun im Bauch, es ist alles wie vor zwei Monaten. Die Köche des Sultans geben in der Tat ihr Bestes, sie sieht es nicht ohne Bedauern, den anderen scheint nichts zu fehlen. Bis auf Friedrich Schröder. Der designierte Pionier des Tabakbaus in Deutsch-Ostafrika macht wie sie ein Monsun-Gesicht.

Es sind nur sieben Passagiere an Bord. Tabak-Schröder, dem inzwischen schon beim Gedanken an eine Zigarre übel wird, lernte sein Handwerk auf Sumatra. Sie mag es, die Tischgenossen zu studieren, ihr Geist macht ohne ihr Mitwissen bereits Notizen für die Bücher der Zukunft. In ihrem ersten Roman, von dem sie noch nichts weiß, wird sich Tabak-Schröder verdoppeln, in die Plebejer Grosse und Frank: *Grosse und Frank waren Bauernsöhne und hatten in der Heimath als einfache Gärtner ihr Brot verdient. Dann waren sie in holländische Kolonialdienste gegangen … Sie traten in U. als Herren auf mit der ganzen Anmaßung des »self-made man«. Aber indem sie eine Rolle spielten, die ihnen nicht natürlich war, lebten sie fortwährend in der Angst, über die Achsel angesehen zu werden, oder sich zu blamiren. Diese Aengstlichkeit, verbunden mit einem vorlauten und dreisten Ton, machte besonders Herrn Frank zu einer unliebsamen Persönlichkeit.*[125]

Doch im Augenblick ist Friedrich Schröder weder dreist noch vorlaut. Kein Mensch mit Magenverstimmung neigt zu solchem Verhalten, so macht das Leiden selbst aus den Unbegabtesten Kulturmenschen.

Wenn Schröder die Augen schließt, sieht er gewöhnlich Tabakfelder bis zum Horizont. Das unterscheidet ihn von Herrn Flemming, dem zweiten landwirtschaftlichen Sachverständigen der Gesellschaft. Er sieht bei geschlossenen Augen vor allem Baumwollfelder, zwanzig Jahre lang hat er in Indien den Baumwollanbau studiert. Beide können es kaum erwarten, die erste Probe ostafrikanischen Bodens zu nehmen.

Schröder und Flemming, die Abgesandten der Erde an Bord, sitzen am Speisetisch des Sultans denen des Himmels genau gegenüber. Die Baronin studiert den wechselnden Ausdruck auf ihren Gesichtern.

Die Erdhaften mit ihrer fast naiven Vorfreude auf Tabakpflanzen, Kaffeesträucher und Pfefferzweige scheinen ihr harmlos gegenüber den Boten des Herrn. Da ist diese unscheinbare Marie, in deren vorsätzlich gesenktem Blick doch Härte liegt. Von allen an Bord scheint sie einzig den Pfarrer wirklich zu sehen. Es ist Pfarrer Greiner, Frieda und er waren gemeinsam auf der *Mecca* hergekommen. Zwar verbindet sie mit diesem reizbaren Propheten seines Gottes vom Beginn ihrer ersten Bekanntschaft eine leise, doch aufrichtige Abneigung, dennoch nötigt ihr dieser Mann zunehmend Achtung ab, um nicht von widerstrebender Bewunderung zu sprechen. Vielleicht ist er der Einzige, der es mit Peters aufnehmen kann.

Sie erinnert sich noch lebhaft an seinen Gottesdienst im Usagara-Haus, kurz nach ihrer Ankunft.

Der nächtliche Gewitterregen war so stark gewesen, dass sie ihr Fernbleiben sintflutbedingt hätte begründen können. Und vielleicht sah er ja selbst ein, dass dies kein Wetter war, den Herrn zu loben. Allein sie wusste, der Pastor würde noch predigen, wenn ihm das Wasser bis zum Hals stünde. Sie durfte sich keine Blöße geben, er durfte ihr Desinteresse an den Schicksalen des Herrn, das er ohnehin ahnte, nicht noch bestätigt finden. Und dann stand Greiner vorn, in einer kurzen Joppe, die Beinkleider in hohe gelbe Reitstiefel gesteckt. Er las das Gleichnis vom verlorenen Sohn, aber sie hörte kaum die Worte, so sehr nahm sie seine Erscheinung gefangen: Frieda von Bülow *glaubte sich in eine Hussiten- oder Hugenottenandacht aus den Zeiten der Glaubenskriege versetzt, als der Prediger des lauteren Wortes ritterlich gewappnet, die Bibel in der einen und das Schwert in der anderen Hand seiner Herde voranzugehen hatte.*[126] Als sie mit den anderen »Nun danket alle Gott« sang, schien etwas von seiner Kraft, die die Kraft des Herrn war, auf sie überzugehen. Es war einer der Augenblicke, da allen bewusst wurde, wie sehr sie auf höheren Beistand angewiesen waren: eine Handvoll Weißer unter Tausenden Afrikanern, deren Heimat sie zu ihrer Heimat machen wollten. Es ist eine Tollkühnheit. Oder sollte man es Irrsinn nennen?

Greiner und sie sind Konkurrenten. Er macht keinen Hehl aus seiner Geringschätzung für sie. Nein, dieser Mann ist nicht höflich. Wahrscheinlich verunsichert ihn sein Betragen nicht einmal: Ist Gott etwa höflich?

Bald darauf war der Pfarrer nach Dar-es-Salaam gesegelt, um seine erste Glaubensniederlassung auf dem Festland zu begründen. Frieda hatte seine Frau und seine Nichte zum Hafen begleitet und besah nicht ohne Entsetzen das kleine arabische Boot, in dem sie diese Fahrt antreten wollten, an deren Ende sie nichts und niemand erwartete. Auch damals kam der stürmische Wind genau von Dar-es-Salaam. Sie wusste, was das bedeutete: Unter beständigem Kreuzen würde es seinem Ziel kaum näher kommen, *und die Reisenden riskie-*

ren, tagelang in dem schmutzigen, cajütenlosen Segelboot auf den Wellen herumgeworfen zu werden.[127] Sie gestand sich ein, dass sie nicht den Mut gehabt hätte, an Bord dieses Fahrzeugs zu gehen, und nicht nur, weil sie ihr Leben in den Händen des Herrn höchst unzulänglich aufgehoben fand.

Sie weiß nicht, wie lang Pastor Greiner mit den beiden Frauen vor Monatsfrist gebraucht hatte. Jetzt war er nur nach Sansibar gekommen, um Schwester Marie abzuholen.

Sie sind bereits über zehn Stunden unterwegs, Frieda von Bülow liegt wieder auf dem roten Sofa der Sultanskabine, sie sieht die Muschelgirlanden neben den Kakerlakengirlanden sich die Wand emporwinden, als sie durch die Schleier ihres Bewusstseins ihren Namen rufen hört. Es ist nachmittags, drei Uhr. Sie sind da.

Inschallah!

Mehr als tausend Meilen, immer stromaufwärts.

Das Ruder der *Peace* brach gleich nachdem sie den Stanley Pool am 1. Mai 1887 verlassen hatten. Drei Tage später ist der Anführer der Emin-Pascha-Befreiungsflotte überzeugt, dass es sich bei diesem Schiff um einen *der langsamsten Dampfer* handelt, die je gebaut wurden. *Alle Dreiviertelstunden mussten wir halt machen, um die Maschine zu ölen; manchmal mussten wir auch anhalten, um die Cylinder der Schrauben zu klaren, oder stoppen, um wieder mehr Dampf zu bekommen.*[128] Ist die *Peace* nicht ein schwimmender Baptistenfluch? Auch ist sie einfach nicht dafür gemacht, gegen die Strömung zu schwimmen, von der dampfkessellosen *Florida* nicht zu reden.

Die *Stanley* kommt viel besser vorwärts, doch gerät sie unterwegs auf ein Riff, weshalb sie unten voller Löcher ist, beinahe wäre sie gesunken. Das gibt dem Expeditionsleiter an Bord der »*Peace*« zwar die Illusion, ebenfalls dem Ziel entgegenzufahren, allerdings holt die *Stanley* bereits am 10. Mai *den asthmatischen »Peace« ein* und fährt *zugleich mit dem »Henry Reed« an uns vorüber. Einige Stunden später bricht der »Peace« vollständig zusammen.*[129] Sie schwimmen rückwärts.

Stanley verharrt den ganzen Tag in einem Armsessel, sieht den braunen Strom an sich vorbeifließen, jeweils einen halben Kilometer von beiden Ufern entfernt. Vorbeischwimmende Kiboko, Flusspferde, schauen ihn fragend an.

Er kann es nicht länger vor sich verbergen: Es steht kein guter Stern über dieser Mission. Die *Henry Reed* bemerkt, dass der Oberkommandierende der Emin-Pascha-Befreiungsflotte fehlt und kehrt um, die *Peace* zur suchen. Die Zahl derer, die Emin Pascha zu Fuß würden finden müssen, war indes stetig gewachsen. Auch Kranke und Widersetzliche blieben zurück, in der fragwürdigen Obhut der Dörfer am Strom.

Und sie schaffen es doch.

Irgendwann teilt sich der mächtige Fluss vor ihnen, links fließt der Aruwimi, rechts der Lualaba. Sie folgten dem Aruwimi noch etwa einhundert Meilen.

Nur *Number One*, Tippu Tip, ist mit dem jungen Offizier Bartellot in den Lualaba eingebogen; er wird dort, leicht stromaufwärts, unverzüglich sein Amt als Gouverneur der verlassenen Station Stanley Falls antreten. Und er hat versprochen, Stanley neue Träger zu schicken, mindestens sechshundert, zum Ausgleich der unterwegs verlorenen. Das ist die Verabredung.

Man kann sich sein Personal nicht aussuchen. Und Stanley verachtet Romantiker und Club-Philosophen. Hauptsache, *Number One* hält sein Versprechen: Wenn er die Träger nicht schickt, kommen sie nicht weiter. Oder sie müssten einen Großteil der kostbaren Fracht zurücklassen, Emins Gewehre gar, eine Möglichkeit, die keine ist.

In Jambuja geht die Emin-Pascha-Befreiungsflotte vor Anker. Hier ist das definitive Ende der Flussfahrt erreicht, hier wollen sie endlich satt werden, ab hier müssen sie laufen. Der Expeditionsführer vermerkt die Entfernung zum Ozean: Es sind mehr als 2000 Kilometer. Zum Meer auf der anderen Seite dürfte es genauso weit sein, sie befinden sich im tiefsten Herzen des Kontinents.

Das Gebiet, das vor ihnen liegt, ist selbst auf den besten Karten ganz weiß gelassen, unbekanntes Land. Wie eine schwarze Mauer steht der große Wald vor ihnen. Dort müssen sie gleich hinein, aber vorher wollen sie noch einmal gut essen und gut schlafen. Stanley wünscht sich, dass die Einwohner von Jambuja ihnen gern geben, was sie haben, es ist leichter so, an die eigene Mission zu glauben.

Und manchmal fällt es ihm schon schwer genug. Warum ist Baruti einfach weggelaufen, ohne Dank, ohne Abschied? Baruti, der junge Schwarze, der bei ihm in London gelebt hat, der Liebling der alten Damen, die ihn neckten und verwöhnten wie ein Schoßhündchen. Ein Mohr! Ein sprechender Mohr! Und wie drollig sein Englisch war. Baruti war als Kind vom Stamm der Karema geraubt worden, ein Bekannter hatte ihn nach England gebracht, gewissermaßen als Souvenir und lebendige Anklage gegen die Sklaverei.

Sie waren durch das Gebiet seines Stammes gekommen, er konnte die Männer am Ufer sehen, er rief sie in seiner Muttersprache an, sie näherten sich in Kanus, blieben aber immer in sicherem Abstand. Worte flogen hin und her, bis ein Mann vom Ufer ein Kanu bestieg. Sein Bruder?

Baruti nannte … die Namen seiner Aeltern, erst denjenigen des Vaters und dann den der Mutter, worauf sich in den Zügen des Bruders größeres Interesse zeigte und er geschickt mit dem Kanoe näher heransteuerte.

»Wenn du mein Bruder bist, so nenne mir etwas, woran ich dich erkenne.«

»Du hast eine Narbe am Arm – dort am rechten. Erinnerst du dich noch des Krokodils?«[130]

Am Abend der Begegnung erklärte der Expeditionsführer Baruti, dass er es verstehen würde, wenn der Junge zu seiner Familie zurückkehrte, doch er würde es nicht empfehlen. Baruti pflichtete ihm bei. Wenige Tage später kam er heimlich in Stanleys Zelt, *bewaffnete sich mit einem Winchestergewehr und einem Paar Revolver von Smith u. Wesson, nebst einem Vorrath an Gewehr- und Revolverpatronen, nahm eine sil-*

berne Reiseuhr, einen silbernen Schrittmesser, einen hübschen Gürtel nebst Patronentasche und eine kleine Summe Geldes, stahl dann ein Kanoe und verschwand nach unbekannten Regionen flußabwärts.[131] Er konnte nicht mit leeren Händen kommen, Stanley musste das wissen.

Baruti will London also nicht wiedersehen, er hat der Zivilisation ohne Bedauern den Rücken gekehrt, bei der erstbesten Gelegenheit. Sein Abschiedsgeschenk hat er sich selbst ausgesucht: vor allem Waffen. Waffen, so viele er tragen konnte. Und nun ist er weg.

Was soll er, Henry Morton Stanley, daraus lernen?

Three o'clock ist noch da, aber das ist etwas anderes, etwas ganz anderes.

Der Oberkommandierende hofft wirklich sehr, dass die Bewohner von Jambuja zur Gastfreundschaft neigen. Natürlich, sie sind sehr viele Gäste und alle nicht angemeldet. Auch sollte man nie halb verhungert zu Besuch kommen.

Am 16. Juni morgens um sechs Uhr verließen die *Stanley* und die *Peace* ihre nächtlichen Liegeplätze und dampften langsam über den Fluss nach Jambuja, in einem respektvollen Abstand zum Ufer. Auf einer Anhöhe, 15 Meter über dem Wasser, stehen die Bewohner des Ortes und schauen mit Angst, Verwunderung und Neugier auf sie herab. Stanleys Dolmetscher spricht mit den Jambujanern, sie antworten. Der Austausch der Begrüßungsworte, unterstützt von Versicherung der eigenen Harmlosigkeit und lauteren Absichten, währt eine Stunde, auch die mitgebrachten Geschenke werden erwähnt. Als die Stunde zu Ende ist, schlägt Stanley vor, dass die kühnsten Jambujaner zum Ufer kommen, während die Dampfer sich diesem ebenfalls etwas mehr nähern werden, es mache das Reden einfacher.

Die Mutigsten folgen der Aufforderung; die Strömung trägt die Dampfer fast an die linke Seite des Flusses, *wo mit Bitten und Ueberredung unserer- und Abschlagen und Ablehnen andererseits eine weitere Stunde verging; doch gelang es uns dann, ihnen ein Messer für eine reichliche Menge Perlen abzukaufen! Hierdurch ermuthigt, begannen wir Unterhandlungen über die Erlaubniß, gegen Zahlung eines in Stoffen, Perlen und Draht oder Eisen bestehenden Preises einige Wochen wohnen zu dürfen, doch wurde dies nach nochmals einer Stunde fest und bestimmt abgelehnt.*[132]

Es war jetzt 9 Uhr. Meine Kehle war trocken, die Sonne wurde heiß, und die Geduld des obersten Befehlshabers der Emin-Pascha-Befreiungsflotte sieht ihrem Ende entgegen. Auf ein Handzeichen hin kommt tief aus dem Bauch der beiden Schiffe ein Ton von erschütternder Tiefe, er schwillt an, immer mächtiger wird er, steigt höher und scheint durch die großen Schornsteine zu entweichen, während andere nachdrängen. Es ist eine Erschütterung der Welt bis in ihre Grundfesten hinein, selbst die grüne Waldmauer scheint vor dem noch nie vernommenen Lärm zurückzuweichen. Die *Stanley* und die *Peace* halten nun, alle Register ihrer Dampfpfeifen ziehend, direkt auf das Ufer zu, und kurz darauf entern die Sansibariten und die Sudanesen den steilen Hang, auf dem eben noch die Jambujaner standen; sie *klettern wie Affen* an der Wand empor, formuliert ihr Dienstherr. Kein Jambujaner ist mehr zu sehen.

Wir fanden, daß die Niederlassung von Jambuja aus einer Reihe von Dörfern mit kegelförmigen Hütten bestand, welche sich auf dem obern Uferrand hinzogen, von wo man einen weiten Blick auf- und abwärts auf den Aruwimi hatte.[133] Jede Hütte ist leer. Das ist der Vormarsch der Zivilisation. Die Kunde des Schreckens dringt ihr voraus tief in den Wald.

Stanleys Leute richten sich in den verlassenen Hütten ein. Sie ernten auf den Feldern der Jambujaner, was sie nicht gesät haben; sie schlagen Holz, um die Dörfer, die sie nicht gebaut haben, mit hohen Palisadenzäunen gegen feindliche Übergriffe zu umgeben, etwa die Rückkehr der Bewohner.

Der Expeditionsführer wohnt wie immer in seinem Zelt. Er wartet auf die Ankunft der *Henry Reed*. Sein junger Offizier Bartellot war gemeinsam mit *Number One* in den anderen Flussarm eingebogen, um Letzteren an die Stelle seiner künftigen Wirksamkeit zu bringen, zu den Stanley Falls. Am 16. Juni sollte Bartellot seine Mission beendet haben und ebenfalls in Jambuja eintreffen. Und zwar mit Nachrichten vom größten Sklavenhändler weit und breit. *Number One* hatte versprochen, der Expedition Träger zu bringen für den Marsch durch den Wald. Am 21. Juni ist sein junger Offizier noch immer nicht da.

Der Expeditionsführer wird unruhig. Er schaut von seinem neuen Hauptquartier den Aruwimi hinauf und hinunter, vergeblich.

Henry Morton Stanley mag Bartellot nicht, all diese Glückskinder des Lebens sind ihm suspekt. Der Vater Parlamentsabgeordneter und Ritter des Bath-Ordens! Seinen eigenen Vater hat er, Henry Morton Stanley, nie kennengelernt, aber er kennt seinen Namen: John Rowlands. Sein Vater ist der Bauer John Rowlands aus Wales, gestorben in der milden Umnachtung des Säuferwahnsinns.

Er ist in einem englischen Arbeitshaus aufgewachsen, so etwas prägt, so etwas verzeiht man schwer, und schon gar nicht denen, die nichts davon wissen, nichts von den Fesseln der Herkunft wie dieser Bartellot.

Und dazu ihre Jugend! Ihre Jugend degradiert ihn.

Er ist zwanzig Jahre älter als die meisten seiner Offiziere, er könnte ihr Vater sein, das ganze Leben liegt vor ihnen. Natürlich hält er Distanz zu ihnen. Oder sie halten Distanz zu ihm. Egal wie, er neigt nicht zur Sentimentalität. Am 15. Juni sind sie in Jambuja eingetroffen, am 16. sollte Bartellot Nachrichten bringen vom Sklavenhändler im Gouverneursrang. Aber er kommt nicht.

Die Tage vergehen. Irgendwann taucht der Plan an den Rändern seines Bewusstseins auf: Wie wäre es, wenn er all die Kranken, die Widerspenstigen und auch allzu Jungen, Erfolgsgewohnten einfach zurückließe? Wenn er mit den Tauglichsten allein aufbräche zu Emin?

Als Bartellot nach einer Woche noch immer nicht da ist, lässt er das Maxim-Geschütz an Bord der *Peace* bringen, um *Number One* zu besuchen. Tippu Tip kennt seine Funktionsweise, Stanley hat sie ihm demonstrieren lassen:

330 Kugeln pro Minute! Das erste selbstladende Maschinengewehr der Welt.

Was immer Tippu Tip vorhat, gegen 330 Kugeln pro Minute kann er nichts ausrichten. Doch dann, als die *Peace* eben die Leinen losmachen will, vernehmen alle den längst erwarteten Ruf: Schiff in Sicht!

Tippu Tip hatte den jungen Offizier nicht als Geisel genommen und den Dampfer nicht in seine Gewalt gebracht, Bartellots Sudanesen-Mannschaft hatte nicht gemeutert und vor allem: *Number One* hat versprochen, am 28. Juni mit sechshundert Trägern in Jambuja zu sein, in neun Tagen, Inschallah! – Sofern es Gott gefällt.

Henry Morton Stanley beschließt, dessen Entscheidung nicht ab-zuwarten. Er teilt Bartellot mit, dass er den größten Teil seiner Expedition in Jambuja zurückzulassen gedenkt, und zwar unter seinem Kommando. Es kommt zum offenen Streit, der Expeditionsführer bleibt bei seinem Entschluss.

Ist es Verrat, Verrat an seinen Leuten?

Am 28. Juni bricht die Vorhut der Emin-Pascha-Expedition auf, 389 Mann. Es ist der Tag, an dem Tippu Tip eintreffen will.

Dar-es-Salaam

Als sie taumelnd wie ein Rohr im Wind das Deck erklimmt, erblickt Frieda von Bülow zum ersten Mal das afrikanische Festland, das Ufer bestanden mit Palmen und Mangobäumen. 22. Juli 1887. Durch eine schmale Durchfahrt gelangt die *Barawa* in die Lagune von Dar-es-Salaam. Sie ist auf die Schönheit dieses Ortes nicht vorbereitet, das ganze Becken ist umsäumt von hügeligen Baumgärten, und überall schaut aus dem Grün das Weiß der Häuser hervor. Vom Ufer stößt ein Boot ab, an dessen Steuer Frieda von Bülow nicht ohne Erstaunen ihren Bruder erkennt.

Woher weiß er …?

Unter einem Sonnenschirm sitzt wohlbeschattet August Leue, Peters' Mann in Dar-es-Salaam, eingesetzt von seiner Selbstherrlichkeit. Einmal wird sie ausdrücklich und mit der Gewissenhaftigkeit der Frauenromanautorin vermerken, dass diese weißen Schirme oft grün gefüttert sind; ob das in diesem Fall zutrifft, entzieht sich unserer Kenntnis.

Wie Leue und Albrecht so auf die *Barawa* zukommen, wirkt es, als gehörten sie hierher, als wären sie schon immer da gewesen. Manchmal will es ihnen selber so scheinen. Und doch, wie unwirklich ist das: Ihr Bruder heißt sie auf dem afrikanischen Festland willkommen! Nichts könnte trügerischer sein, eine gefährliche Selbsttäuschung, aber sie ist geborgen im Unendlichen, man nennt das auch Freiheit.

Bald schon wird Dar-es-Salaam zur schönsten Stadt Ostafrikas werden. Jetzt sind es etwas über 3000 Einwohner, 1914 zählt es bereits mehr als 20 000. Am Beginn des nächsten Jahrtausends werden es über 4 Millionen sein. Aber noch will das Wort Stadt kaum auf diesen schönen palmen- und ruinengesäumten Strand passen.

Dar-es-Salaam, die Ruinenstadt. Bargaschs älterer Bruder Majid bin Said hat seine Paläste im Halbkreis um den Hafen errichten lassen, er wollte seine Residenz von Sansibar hierher verlegen und nannte die Stadt *Dar-es-Salaam, Haus des Heils* nach dem Ort des mohammedanischen Himmels, wo der Prophet am Throne Allahs kniet. So hat ein befreundeter Araber es dem Mann unterm Sonnenschirm erklärt. Andere glauben, der Name bedeute einfach *Hafen des Friedens.*

Majid bin Said starb, bevor seine Paläste, seine Stadt fertig waren. Wenn ein Araber über dem Bau seines Hauses stirbt, führt niemand das Begonnene weiter, denn das Zeichen ist deutlich: Es ist kein Segen dabei. Bargasch wurde Sultan, und er blieb in Sansibar, der Hofstaat atmete auf.

Der Bau des einstigen Harems kommt ihr noch immer sehr stattlich vor, doch auch er ist eine Ruine. Nur zwei der Häuser sind noch bewohnbar. In einem regiert der Wali. In das andere will Leue einziehen, Peters' Gegen-Wali. Das ist ein bedenkliches Kaum-Gleichgewicht, aber sie ist zu glücklich, um das Nichtgelingen zu fürchten.

Die Passagiere der *Barawa* gehen schon an der Landungsstelle auseinander. Peters, Leue, die beiden Landwirte und der junge Vertraute des Sultans werden bereits vom Wali erwartet. Wahrscheinlich bemüht sich der Statthalter des Sultans, den Zorn über die Unzumutbarkeit seiner Aufgabe unter einer Miene arabischer Gastfreundschaft zu verbergen.

Er hat sich gewehrt, als diese Fremden im Mai in seinem Hafen an Land gingen. Er wusste gleich, was sie wollten, es war das Unannehmbarste überhaupt: Sie wollten dableiben. Sie haben ihm sofort ihren Antrittsbesuch gemacht, schenkten ihm ein kostbares Jagdgewehr, aber er blieb kühl.

Allen Bewohnern der Stadt hatte der Wali untersagt, diesen Fremden etwas zu verkaufen oder sich in ihre Dienste zu stellen. Mit Gebrüll und Schüssen zogen seine Truppen, wie längst berichtet, immer wieder vor das baufällige höhlenartige Haus, das ein Inder, kein Sympathisant des Wali, ihnen dennoch zu einem enormen Preis überlassen hatte. Genau genommen sind es fünf indische Häuser, fünf Höhlen, fünf Waben. In diese hatten die Dableiber sich zurückgezogen: *Sehr primitiv*, wird es Frieda beim ersten Anblick entfahren, irgendwo zwischen aufrichtigem Befremden und Bewunderung.

Es ging auch schon manche Kugel ins Innere. Die Geächteten blieben trotzdem. Sie bohrten hinter ihrem Haus einen Brunnen, legten einen Gemüsegarten an und begannen, sich eine kleine Herde von Schafen und Ziegen zu halten, da ihnen niemand Fleisch verkaufte. Sie waren Überlebenskünstler. Der Wali hatte trotzdem eine starke Hoffnung: das Fieber. Diese Europäer vertragen das Klima nicht, den Mangrovensümpfen sei Dank.

Der Wali wartete. Und richtig, einer nach dem anderen bekam die Malaria, die schwersten Fälle mussten nach Sansibar zurückgebracht werden. Einen Monat nach ihrer Ankunft waren sie nur noch zu zweit. Einer davon war der Anführer. Der Wali wartete auf die Beilegung des Konflikts durch das, was er die biologische Lösung nennen durfte, aber der Anführer blieb.

Und dann kam auch noch dieser falsche Prophet, der Missionar mit seinen Weibern, überhaupt hat diese fatale Population zuletzt wieder zugenommen. Dennoch ist der Wali sicher, dass man den Mangrovensümpfen nur etwas mehr Zeit geben müsse.

Aber statt den Sümpfen zu vertrauen, schickt der Sultan diese

Fremden nun schon mit seinem eigenen Dampfer zu ihm. Wie kann er willens sein, seine Stadt, seinen Hafen einfach diesen Eindringlingen überlassen? Der Wali soll diesen Räubern alles zeigen, was ihm gehört, nein, was dem Sultan gehört, was also ihm gehört, damit sich diese Heimatlosen in ihrem künftigen Besitz besser zurechtfinden? Es ist so demütigend. Der Wali bittet seine Gäste mit fester Stimme, ihm zu folgen.

Johann Jakob Greiner und Marie Rentsch sind gleich in Richtung ihrer künftigen Missionsstation gegangen, wo die Frau und die Nichte des Pastors schon warten. Konsul O'Swald unternimmt eine Ein-Mann-Exkursion mit dem Fotoapparat, während Albrecht von Bülow seine Schwester geradewegs ins Nirgendwo führt. Natürlich wussten Albrecht und August Leue von der Ankunft der *Barawa*: Der Telegraph arbeitet in Afrika ebenso zuverlässig wie in Europa, ja er ist sogar schneller.

Sie erreichen ein Zeltlager unter Palmen.

Aus einem dieser dünnwandigen Unterkünfte tritt ihnen Regierungsbaumeister Wolf entgegen, umsprungen von Hunden und Affen. Auf den Tischen liegen Bücher und wissenschaftliche Instrumente. Es ist ein Generalstabszelt. Auch Wolf war mit ihr an Bord der *Mecca* gewesen. Er wird die Eisenbahnstrecke von Dar-es-Salaam ins Hinterland bis nach Morogoro bauen. Der Regierungsbaumeister wirkt, als habe er schon immer mit Hunden und Affen unter Planen gewohnt. Der Aufbruch seiner Expedition steht täglich bevor.

So viel Neubeginn, fast schon mit Händen zu greifen! So viel Zuversicht!

Mit festem Zukunftsschritt betritt Frieda von Bülow, von ihrem Bruder geführt, ein Nachbarzelt und bleibt unvermittelt stehen. Auf diesen Anblick ist sie nicht vorbereitet: *Das Bett stand auf der notdürftig festgestampften Erde und der Kranke lag angekleidet darauf mit glühendem Gesicht und phantasierte.*[134]

Es ist von Hake, Wolfs engster Mitarbeiter.

Durch die Fiebernebel seines Bewusstseins hindurch nimmt er die fremde Frau an seinem Lager wahr, sagt ihr einen schwachen Gruß, um dann etwas zu beginnen, was sie erst mit Verzögerung begreift: Dieser schwerkranke Mann fühlt die Pflicht, sie zu unterhalten, ihr Höflichkeiten zu sagen. Es bleibt ihr nur, das Zelt sofort wieder zu verlassen, will sie nicht schuld an von Hakes Fieber-Konversations-Tod sein. Er müsse unverzüglich raus aus dem Zelt, erklärt sie ihm noch, aber der Kranke wehrt mit einer Inständigkeit ab, die sie nicht versteht.

Leue hat vor die fünf indischen Höhlenhäuser eine große durchlaufende Veranda gebaut, das gefällt ihr. Sie spricht mit der Nichte des Missionars, die sie in Sansibar zum Hafen brachte. Der Monsun wollte sie immer wieder versenken, wahrscheinlich hielt nur Greiners unbeugsamer Wille das Boot über Wasser. Und so sitzt seine Nichte nun auf Leues Veranda und röstet Kaffeebohnen, neben ihr hockt ein Fieberrekonvaleszent und spielt auf der Zither Tiroler Volksweisen. Sie muss lächeln. Wie viel Heimat kann doch in der Fremde sein. Musste sie bis nach Afrika fahren, um sich Deutschland näher zu fühlen, sogar durch diese Musik?

Ganz zugehörig und dennoch ganz frei.

Greiners Nichte erklärt, notfalls ihr ganzes Leben in Dar-es-Salaam zubringen zu wollen; auf eine Dau aber, so viel wisse sie, werde sie nie mehr einen Fuß setzen. Herr Fröhlich jodelt, die Palmen wedeln, es riecht nach frisch geröstetem Kaffee.

Es wird Abend, Friedas erster Abend auf dem Kontinent. Albrecht von Bülow führt seine Schwester durch den Stationsgarten hinaus aufs Feld. Ananaspflanzungen, Tomaten, Rizinus. Aber ihr Bruder scheint über den Anblick der Tomaten und der Rizinustriebe nicht erfreut zu sein. Tomaten gehören nicht zwischen die Ananas, erfährt Frieda von Bülow, es handele sich um Unkraut.

Vielleicht sollte man nur an Orten wohnen, wo Tomaten als Unkraut wachsen, überlegt sie, als sie durch ein kleines Reisfeld gehen. Albrecht führt seine Schwester in die Grundlagen des Reisanbaus ein, doch sie hat die Lektion gleich wieder vergessen.

Der Kranke, dessen Zustand sich in den wenigen Stunden noch verschlimmert, lässt sich nun doch vom Zelt ins Höhlenhaus tragen.

Das ist, glaubt sie, Carl Peters' Verdienst. Es ist schon für einen Gesunden schwer, dem künftigen Gouverneur von Deutsch-Ostafrika zu widersprechen, einem Kranken aber ist es beinahe unmöglich. Sie mag den Gedanken.

Am Abend sind alle Passagiere der *Barawa* wieder vollzählig. Auf dem Schiff des Sultans, bewirtet von seinen Köchen, trinken sie darauf, dass das Land des Sultans nun gleich ihnen gehört.

Es ist kalt, als sie am nächsten Morgen an Deck kommt, nur 16 Grad. Peters fehlt beim Frühstück, er ist schon wieder von Bord gegangen, um dem Wali den letzten bewohnbaren Palast von Said Majid abzuhandeln, ihm gleich gegenüber. Die großen Ruinenpaläste entlang der Bucht, die nun langsam in sich zusammensinken, sind steinerne Denkmäler des Sklavenhandels, von dem das Sultanat unter Sayyid Majid bin Said al-Busaids Herrschaft vor allem lebte.

Frieda von Bülow sieht zu, wie der Bauch der *Barawa* sich langsam mit Kokosnüssen füllt: *Dreißig bis vierzig Frauen trugen diese Früchte nach der nahe dem Ufer liegenden Dau, wobei sie bis an die Schultern, die Kleineren bis an den Hals im Wasser waten mußten. Ihre Lasten tragen diese Weiber immer auf dem Kopf, was ihnen durchweg eine Haltung giebt, um die sie manche Europäerin beneiden dürfte.*[135] Ist die Dau voller Nüsse, so segelt sie zur *Barawa*, wo schwarze, braune und gelbe Sklaven des Sultans die Früchte in den geöffneten Laderaum werfen. Das Schauspiel fasziniert sie, einmal wird sie versuchen, ihre Existenz auf die Nuss zu gründen. Dass es einen Markt dafür gibt, lernt sie jetzt. Der Sultan rüstet ein Pilgerschiff nach Mekka aus, die Nüsse sind der Proviant: *Die jungen Männer zählen teils arabisch teils Suaheli singend bis fünfzig, bei jeder Zahl je zwei Nüsse werfend. Bei fünfzig angekommen, wurde ein Knoten in einen langen Strick gemacht. Soviel Knoten dann das Seil zeigte, so viele Hunderte von Kokosnüssen waren verladen worden.*[136]

Als sie wieder an Land geht, fürchtet Frieda von Bülow, Herrn von Hake nicht mehr unter den Lebenden anzutreffen, doch sie findet einen fast fieberfreien Mann vor. Schwester Rentsch hatte die Pflege des Kranken übernommen. Sollte das ihr Werk sein? Es ist kaum anzunehmen, dass Tadel und Missbilligung aus ihren Blicken gewichen sind, als sie denen der Besucherin begegnen.

Die beiden Bürgen des künftigen Landbaus in Ostafrika, Tabak-Schröder und Baumwoll-Flemming, versuchen an der Flussmündung von Dar-es-Salaam Nilpferde zu jagen. Vielleicht hätte Albrecht von Bülow sie gern begleitet, doch kann er Frieda nicht allein lassen, weshalb Bruder und Schwester eine Bootsfahrt unternehmen, auf der sie zwar nicht mit einem Nilpferd, wohl aber mit einer Dau zusammenstoßen.

Am nächsten Morgen verlässt die *Barawa* Dar-es-Salaam. Diesmal segeln sie vor dem Wind und brauchen nur vier Stunden zurück nach Sansibar.

Der Vertrag

Zurück auf der Insel, läuft Frieda von Bülow sofort ins Haus gegenüber der lauten Matrosenkneipe, in dem die kranke Frau des Schmetterlingsfängers liegt, es geht ihr nicht gut.

Schwester Bertha war bei ihr geblieben. Auch Schwester Bertha macht der Ausflüglerin einen merkwürdig strapazierten Eindruck. *Sie ist von einer Gereiztheit und Nervosität, die ich nicht an ihr kenne.*[137] Es passt nicht zu ihrem gutmütigen, robusten Naturell. Sollte dies die Wahrheit über ihren Aufenthalt hier sein? Afrika bekommt ihnen nicht, es macht ihnen Körper und Hirne krank?

Frieda von Bülow konsultiert Doktor Marseille, den Arzt des französischen Krankenhauses. Er weiß auch nicht, welcher Dämon von Schwester Bertha Besitz ergriffen hat. Er verordnet Ipecacuanha, eine enorme Dosis. Ipecacuanha ist ein Brechmittel. Nichts, was nicht in die Schwester hineingehört, wird sie nach der Einnahme noch in sich tragen. Ipecacuanha ist ein gutes Mittel gegen Gereiztheit und Nervosität, gleichwohl die Primärindikation eine andere ist.

Der Besuch des Korvettenkapitäns Böters wird Frieda gemeldet. Sie kann sich nicht erinnern, dass jemals ein Korvettenkapitän sie besuchen wollte. Doch sie weiß, wer er ist. Sein Schiff liegt im Hafen, es ist die *Möwe*, mit deren Hilfe Peters, sekundiert von seinen Frei-herrn und Baronen, Dar-es-Salaam und Pangani geentert hatten. Aber was kann der Kommandant eines Kriegsschiffes von ihr wollen?

Am Nachmittag schon sitzt sie an Deck der *Möwe* vor einem mit frischem Grün und Blumen geschmückten weißen Kaffeetisch. Peters und sein Stab sind auch eingeladen. Über ihnen wehen Flaggen, die Schiffskapelle spielt *Heil dir im Siegerkranz* und anderes vaterländi-sches Liedgut. Matrosen in tadellosen Uniformen bedienen die Gäste. Sie glaubt gleich bei mehreren eine gesteigerte Unruhe der Hände zu bemerken, selbst wenn diese nichts anderes halten als einen gefüllten Sahnelöffel.

Der Kapitänleutnant versichert ihr, dass es sich nicht um eine all-gemeine Nervenschwäche als vielmehr um eine spezielle Unsicher-heit bei der Handhabung des besten Porzellans an Bord handele, wel-ches fast nie hervorgeholt werde.

Über den Anlass, am 30. Juli 1887 für Frieda von Bülow, Carl Pe-ters und die übrigen Herren der *Ostafrikanischen Gesellschaft* den Tisch zu decken, verliert das – veröffentlichte – Tagebuch kein Wort. Diskretion ist eine Tugend des Adels. Die Kunst des Schweigens ist die halbe Kunst des Lebens. Man spricht nicht vor Publikum über Dinge, die noch nicht ganz in der Welt sind. Oder hat die Autorin nachträglich gestrichen?

Es ist unmöglich, dass sie es nicht notiert hat. Am Morgen unter-schrieben der Sultan und Carl Peters den Vertrag, den Letzterer im-mer als die eigentliche Gründungsurkunde von Deutsch-Ostafrika ansehen wird: den Küstenvertrag. Denn erst eine Kolonie mit Zu-gang zur Küste ist wirklich eine. Zwei Häfen wollte er pachten, als er ankam, und hatte vom Sultan nicht einmal Antwort erhalten. Jetzt stand Said Bargaschs Name unter einem durchaus erstaunlichen Do-kument. Das ist nicht zuletzt das Verdienst seines jungen Beraters und Unterhändlers Mohamed bin Salim, der die Ausflügler zuletzt auf der Barawa begleitet hatte. Frieda mag diesen vornehmen, ruhigen Araber, und sie sind gleich alt, nein, gleich jung. Offenbar setzt auch Mohamed bin Salim auf seine Weise Hoffnungen in Peters.

Der Vertrag beginnt:

Artikel 1. Seine Hoheit der Sultan überträgt an die Ostafrikanische Gesellschaft die ganze Macht, welche er auf dem Festlande, Mrima und allen seinen südlich von dem Flusse Umba gelegenen Gebieten und Zubehör besitzt, deren Gesamtverwaltung er der Gesellschaft einräumt und in deren Hände legt, damit dieselbe, im Namen, unter der Flagge und unter den oberherrlichen Rechten Seiner Hoheit geführt werde.[138]

Will heißen: Formell bleibt alles, wie es war; de facto bleibt nichts, wie es war. Das ist Vertragskunst, weshalb nach dem obigen Passus, in dem von den *oberherrlichen Rechten Seiner Hoheit* die Rede ist, auch kein Punkt, sondern ein Semikolon steht, worauf der Satz fortfährt: *es wird jedoch dabei ausgemacht, dass die Gesellschaft für alle Staatsgeschäfte (affairs) und Verwaltungsangelegenheiten (administration) des in dieser Abtretungsurkunde (concession) eingeschlossenen Teils der Herrschaftsgebiete Seiner Hoheit verantwortlich sein soll.*

Niemand als die Gesellschaft soll künftig das Recht haben, Besitzungen Seiner Hoheit zu kaufen. Niemand als die Gesellschaft soll das Recht haben, Verwaltungsbeamte einzusetzen, Gesetze zu erlassen, Gerichtshöfe zu gründen. Niemand als die Gesellschaft soll das Recht haben, örtliche und sonstige Steuern, Abgaben und Zölle zu erheben. Die Gesellschaft soll das Recht haben, Handel zu treiben, Eigentum zu besitzen, Gebäude zu errichten, Straßen, Pferdebahnen, Eisenbahnen, Kanäle anzulegen und Zölle und Abgaben darauf zu erheben. Niemand als die Gesellschaft soll das Recht haben, Blei, Eisen, Kupfer, Zinn, Gold, Silber, Edelsteine und sonstige Metalle und Mineralien aufzuspüren und abzubauen. Niemand als die Gesellschaft soll das Recht haben, eine oder mehrere Banken zu gründen mit der ausschließlichen Befugnis der Notenausgabe.

In sieben Artikeln tritt der Sultan alle Rechte, die bisher ihm gehörten und die er mehr oder minder wahrnahm, an die *Deutsch-Ostafrikanische Gesellschaft* ab. Wollte er es positiv betrachten, könnte er sich sagen: Die Fremden entwickeln sein Land! Wollte er es anders betrachten, müsste er sich sagen: Er bekommt es wohl nie wieder. Fünfzig Jahre soll der Vertrag laut Vertrag gelten, und dennoch: Eigentum ist nicht zuletzt ein Reflex realer Aneignung, es wird bis dahin das Land der anderen geworden sein, das Land der Eindringlinge.

Der letzte Artikel setzt fest, was der Sultan als Gegenleistung erhalten soll: *die Dividende des Wertes von demjenigen Teil ihres Kapitals, welcher einer Gründeraktie der Britisch-Ostafrikanischen Gesellschaft entspricht (etwa 100 000 Mark).*

Man hat gesagt, der Entwurf dieses Abkommens sei einzigartig in der europäischen Kolonialgeschichte. Nie vorher und nie nachher seien so günstige Bedingungen erreicht worden: zumindest nicht auf dem Verhandlungsweg.

Vielleicht ist der irritierende Tremor der Matrosenhände nicht allein auf das Balancieren des ungewohnten Tafelgeschirrs zurückzuführen.

Frieda von Bülow blickt auf den Eroberer. Kann dieser Mann denn jeden dazu bringen, das zu wollen, was er gar nicht will?

Ich bin ich!

Carl Peters hat sie zur Teilhaberin gemacht an diesem Satz. Sollte das kein Grund sein, ihn zu lieben?

Berlin braucht das Abkommen nur noch zu bestätigen.

*

Das *Hôtel d'Afrique Central* nimmt nur eine Hälfte des arabischen Palastes ein, in dem Frieda von Bülow nun schon weit über einen Monat wohnt. Von der Galerie aus kann sie immer eine Pforte sehen, die insofern eine geheimnisvolle Pforte ist, als sie sich niemals öffnet. Hinter der Pforte, so hat sie gehört, beginnt der Harem eines wohlhabenden Arabers. Es sei zwar selten, und doch komme es vor, und zwar durchaus mit einer Regelmäßigkeit, die man fast schon Gewissenhaftigkeit nennen dürfte, dass diese Pforte sich öffnet. Dann erhält die Hotelwirtin Madame Chabot Besuch von der anderen Haushälfte. Jedes Mal muss Monsieur Chabot in diesem Fall rechtzeitig sein Hotel verlassen, und nicht nur er.

Alles kommt darauf an, dass die Araberinnen auf ihrem nicht allzu langen Weg von der Pforte zu Madame Chabots Empfangszimmer für besondere Gäste keinem wie auch immer gearteten Exemplar des männlichen Geschlechts begegnen. Die Vorkehrungen, deren interessierte Beobachterin Frieda nun wird, lassen an Sorgfalt nichts zu wünschen übrig.

Die französischen Gäste bieten an, spazieren zu gehen und in jedem Fall lang genug. Tabak-Schröder behauptet, zu müde zum Spazierengehen zu sein, verspricht aber, keinesfalls aus seinem Zimmer zu kommen, weshalb es verriegelt wird, denn man hat den Besucherinnen versichert, dass sich kein Mann mehr im Haus befindet. Monsieur Chabot postiert sich an der Eingangstür, um in der nächsten Stunde jeden Mann abzuwehren, der Miene macht, sein Hotel zu entern, ein gemessen an seinem Berufsstand durchaus irritierendes Betragen.

Die Beobachterin registriert erstaunt, dass niemand Anstoß an den schwarzen Bediensteten nimmt, die doch zumeist von der Natur keineswegs spärlicher ausgestattet sind, was das Skandalon betrifft, dessen Trägern die Haremsdamen um keinen Preis ansichtig werden dürfen. Dann begreift sie, dass es sich bei den Schwarzen in den Augen von Madame Chabot wie in denen des Besuchs um *Wesen untergeordneter Art* handeln muss, deren Geschlechtlichkeit schon nicht mehr zählt.

Die Zeugin aller Vorbereitungen weiß gar nicht mehr recht, auf wen sie da eigentlich gefasst sein soll, als sich die wohlverschlossene Pforte tatsächlich öffnet und ein ganzer Zug von Frauen erscheint. *Voran die drei reich gekleideten noch jungen Damen in Begleitung einer lebhaften kleinen Alten, die eine Art Ehrendame zu sein schien und gefolgt von einer großen Zahl schwarzer Sklavinnen in arabischer Tracht.*[139] Sie bewundert, wie sie auf gut zwei Zoll hohen perlmutteingelegten Holzschuhen die Balance halten, und das nur mit zwei Zehen zwischen einem eigens *dazu angebrachten Griff.* Doch die Bewohnerinnen der anderen Haushälfte tragen mit Perlmutt eingelegtes Holz nicht nur an den Füßen, sondern auch vorm Gesicht. Das Holz an den Füßen streifen sie ab, sobald sie im Salon Platz nehmen, das vorm Gesicht bleibt, sodass sie bis auf die schönen Augen nichts von sich preisgeben. Wie sie mit Tabak-Schröder oder Baumwoll-Flemming reden soll, weiß Frieda von Bülow. Aber was soll sie diesen Larven ihrer selbst sagen?

Im übrigen sahen die Damen mit ihren sanften, schwermütigen Augen aus, als ob sie geistig schliefen, was sie vermutlich auch thaten. Nie hätte sie gedacht, sich anderen Frauen gegenüber so fremd zu fühlen, was soll sie mit ihnen reden? Jede Männerwelt ist ihr näher als dieser Schwarm von nebenan. Eine große Erleichterung überkommt sie, als die *Schönen wieder ihr Schuhwerk* besteigen: Sie *drückten uns der Reihe nach mit verbindlichem Abschiedsgruß die Hand und wanderten in feierlicher Prozession nach dem Mauerpförtchen zurück. Der Riegel von Herrn Schröders Stubenthür wurde fortgeschoben und das Hotel stand den Gästen wieder offen.*[140]

Am Tag darauf ist die Pforte verschlossen wie immer, als sei niemals jemand hindurchgegangen. Sie erhält ein Telegramm von Peters: *»Eben läuft die Nachricht ein, daß Baumeister Wolf am Fieber gestorben und am Sonnabend beerdigt ist. Es ist, als ob die Gottheit anfinge, gegen uns Front zu machen. C. P.«*[141]

Eine Woche ist vergangen seit ihrer Rückkehr aus Dar-es-Salaam.

»Die Gottheit!« Wann hätte Peters je so gesprochen? Vielleicht ist es Gottesdiplomatie. Wer nicht recht an ihn glaubt, wie soll er ihn nennen? Und er muss ihn nennen, um seine Ohnmacht, seine Bestürzung zu bezeichnen. Sie sieht den Regierungsbaumeister Wolf noch mit ihr an der Reling der *Mecca* stehen, sie sieht ihn in Dar-es-Salaam zwischen den Zelten auf sie zukommen, von Affen und Hunden umlärmt. Nein, es ist unmöglich. Und doch: Es wird keine Eisenbahnstrecke von Dar-es-Salaam ins Hinterland geben, zumindest nicht so bald.

Peters fragt, ob sie noch einmal mit ihm eine Reise machen möchte. Auf der *Barawa*.

Ein Buchhändler steigt auf

Im Namen des Allerhöchsten.

Es möge Dich geleiten Gott der Allerhöchste.

An die Adresse des Geliebten, des Erhabenen, des zu Ehrenden.

An den Geliebten, den Europäer.

Gruß sei Dir und die Gnade Gottes und sein Segen.

Und nach diesem schreibe ich Dir, meine Gesundheit ist noch gut, und nach diesem möge es ebenso sein mit dem Wohlsein. Und danach: Seitdem Du gekommen bist nach Taweta, erhalte ich Nachrichten über Dich. Wirst Du zu mir kommen? Du willst nach dem Kilimandscharo gehen. Nun, ich bin dabei, Dich zu erwarten, und ich, ich bin ein Mann der Deutschen, alle sind meine Freunde, von alten Zeiten bis jetzt. Die Deutschen, der sie kennt, das bin ich, da ist kein anderer Mensch, der sie kennt. Und nun bist Du der erste; Du bist hier einen andern Weg gegangen; zu meinem Platze kommst Du nicht, und ich bin hier in Moschi und ich bin ein großer Mann. Und wenn Du kommst zum Kilimandscharo, komme her zu mir; der Weg ist gut zu gehen auf den Kilimandscharo, bei Gott, bei Gott, nochmals bei Gott. Ich verkehre von alten Zeiten mit den Deutschen in Freundschaft, Du bist der erste, welcher einen anderen Weg geht. Verweilst Du um meines Geschenkes willen? Nun komme zu mir. Bei Gott, bei Gott, nochmals bei Gott.

Gruß dessen, der den Brief geschrieben, Sultan Mandara, Sohn des Sultans Dschitiya, des Sultanssohnes.[142]

Der Empfänger dieses Schreibens heißt Hans Meyer und ist soeben, als Frieda von Bülow zum zweiten Mal an Bord der *Barawa* geht, an der Spitze einer hundertköpfigen Karawane in der Oase Taweta am Fuß des Kilimandscharo-Massivs eingetroffen. Dahinter beginnen die Berge, beginnt Dschaggaland, beginnt Mandaras Reich.

Der Mann mit dem auffälligsten Ohrläppchen weit und breit weiß alles, sieht alles und hört alles.

Denn in Taweta kreuzen sich die Wege, und wenn es einer heute bis hierher geschafft hat, neun Tagesreisen weit von der Küste, kennt schon morgen der ganze Berg seinen Namen. Kein Telegraph ist im Zweifel schneller als der Buschfunk, das hat auch Frieda längst erfahren.

Aber Hans Meyer zögert.

Sein Familienname steht inzwischen für die Möglichkeit, mit Hilfe eines in seinem Hause zu erwerbenden ungemein vielbändigen Opus jede gehobene Unterhaltung zu bestreiten. Mandara freut sich also auf ihn. Doch der Enkel des Erfinders von *Meyers Konversationslexikon* möchte den Blutsbruder Klaus von der Deckens und Karl Jühlkes lieber nicht besuchen und schickt eine überaus höfliche, überaus ausweichende Antwort nebst Geschenken, denn das gebietet der Anstand. Mandara ist jedoch keineswegs der Auffassung, dass ein Gast sich aussuchen kann, wen er besucht und wen nicht.

Also bekommt Meyer umgehend wieder Post aus Moschi:

Im Namen des Allerhöchsten.

An die Adresse des Geliebten, des Erhabenen, des Geehrten, des zu Ehrenden, des geliebten Doktors.

Letztere Anrede ist vollkommen korrekt, Meyer ist zwar noch sehr jung, aber bereits promoviert. Nur wen meint Mandara, wenn er sich im Namen des Allerhöchsten an seinen widerstrebenden Besuch wendet?

Ein Brief kann gar nicht anders beginnen als eben im Namen dessen, über den hinaus niemand höher, niemand umfassender und allmächtiger gedacht werden kann, wird ihm sein Suaheli-Sekretär erklärt haben. Das ist arabische Schriftkultur und eine andere gibt es nicht.

Mandara ist völlig klar, wer derjenige ist, über den hinaus niemand höher, niemand umfassender und allmächtiger gedacht werden kann: *Ndscharo* vom *Kili*. Aber er ist höflich genug, den Anhängern des Aberglaubens, seien es Mohammedaner oder Christen, ihre Gottesillusionen zu belassen.

Ndscharo hat den Vorzug, dass man seinen Wohnort sehen kann. Was für ein Gottesbeweis. Wo Allah oder der Vater dieses obskuren Jesus ihr Zuhause haben, hat ihm noch nie jemand zeigen können.

Trotzdem spricht er gern mit den Ungläubigen und freut sich auf ihre Geschenke, weshalb er fortfährt:

Friede Gottes des Allerhöchsten. Friede sei mit Dir und die Barmherzigkeit Gottes und sein Segen!

Und nach diesem teile ich Dir mit, meine Gesundheit ist gut, und ferner möge es mit Deiner ebenso sein. Dein Brief ist zu mir gekommen und was darin steht, habe ich verstanden. Ich bin der Eurige von alters her und Du halte doch nicht fest die Verleumdungen der Leute, denn sie kennen mich nicht.

Verleumdungen?

Denkt Mandara an das Leben und Sterben seines Gastes New? Natürlich, er hätte ihn besser behandeln können. Aber er musste sich sehr über ihn ärgern. Was für ein anmaßender Prophet seines Gottes! Es missfalle dem Höchsten, wenn er, Mandara, seine Nachbarn in die Sklaverei verkaufe, hatte New gesagt. Woher wollte er das wissen? Dabei wusste dieser Apostel eines ganz und gar unangemessen anspruchsvollen Gottes nicht einmal, wo dieser wohnt. Und was überhaupt geht es fremde Götter an, wie Mandara sein Königreich regiert?

Anfangs hatte er sich durchaus über Charles New gefreut. Fast zehn Jahre war es her, dass Klaus von der Decken bei ihm war. Er hatte fest versprochen, wiederzukommen, Mandara wartete, er wusste, dass es sehr weit war von Ulaja bis zu ihm, und ein großer Herrscher besitzt auch eine große Geduld, aber der *Baroni* kam nicht, auch sonst niemand aus Ulaja. Charles New war der Erste seit fast zehn Jahren! Zweimal versuchte er, zu Ndscharo auf dem Kili vorzudringen, er schaffte es nicht, Mandara lächelte mild, ihn erstaunte das nicht. Das zweite Mal erreichte der Gast immerhin 4000 Meter Höhe. Und dann kam er zwei Jahre später noch einmal wieder.

Mandara und er verstanden sich kaum besser, *Ndscharo* lehnte es wieder ab, Charles New auf seinem Gipfel zu begrüßen. Mandara habe ihn ausgeplündert bis aufs nackte Leben, überliefern übelmeinende Zungen. Aber ihnen möge der Doktor aus Leipzig nicht glauben, *nicht den Verleumdungen der Leute*, denn: *Ich bin der Eurige von alters her.*

Mandara wirbt um Meyer mit zwiefacher Beredsamkeit, seiner eigenen und der seines Sekretärs: *Und ich habe nun gefunden einen Europäer, einen Doktor.* Vielleicht stutzt Meyer an dieser Stelle. Gefunden? Gewöhnlich findet er, der Geograph, der Entdecker, und wird nicht gefunden. Doch der Sultan hat recht: Mandara hat ihn zuerst entdeckt, hier unten in der Oase Taweta.

Mandara weiß auch schon, wie es mit ihnen beiden, mit Finder und Gefundenem, weitergehen soll: *... und wir werden einander sehr lieben, und bei der Begegnung sollst Du mich sehen, den Sultan Mandara, und Gruß. Ich wollte Dir Speise senden, aber ich habe folgende Bedenken gefunden: als jener Weiße kam, welcher in Taweta war, habe ich ihm ein Rind geschickt und er hat mein Rind nicht angenommen und er hat es zurückgeschickt.*

Meyer weiß, wen Mandara meint, er hat den ungarischen Grafen Teleki und seinen Reisegefährten Höhnel eben erst getroffen, hier in Taweta.

Der Graf kam gerade vom Berg und hatte einen neuen Rekord aufgestellt: 4800 Meter!

Dann kehrte auch Teleki um. Teleki war es, der dem entlaufenen Buchhändler riet, nicht zu Mandara nach Moschi zu gehen, sondern besser den jungen Sultan Mareale in Marangu zu besuchen. Aber wie kann er das, ohne Mandara zu kränken?

Ob es genügte, ein Rind zu schicken?

Immerhin, Teleki hatte noch eine Entschuldigung, er ist Ungar. Die hat Meyer nicht, er liest weiter: *Ich bin ein großer Mann zu geben einem Manne. Ich gebe nicht um eines guten Gegengeschenkes willen. Ich liebe die Deutschen, weil ich Euer Bundesgenosse bin, und ich habe Vertrag geschlossen mit meinem Freunde, dem Doktor ...* Jetzt spricht Mandara, Meyer weiß es, von Karl Jühlke. *Bis wie lange haben wir diesen euren Bund verschoben und Du willst nun nicht zu mir kommen, um euren Bundesgenossen zu sehen? Ihr haltet fest Wort von Leuten, die nichts von Geschichte verstehen ...*

... Und Gruß von dem, der den Brief geschrieben, dem Sultan Mandara, dem Sohn des Sultans Dschitiya, mit seiner Hand.[143]

Meyer war im April in Sansibar angekommen, ungefähr zur gleichen Zeit wie Carl Peters, nur aus der entgegengesetzten Richtung, von Südafrika her.

Es mochte sein, dass man mit dem Meyer'schen Konversationslexikon im Rücken – oder noch besser: im Kopf – jedem Gespräch gewachsen war, doch dieser Nachfahr einer Familie, die mit dem gedruckten Wort zu sich gefunden hatte, zog eine eigentümliche Konsequenz aus ihrem Erfolg. Mochten andere sich das Lexikon als Weltersatz in ihre guten Stuben stellen, er wollte selbst sehen, wovon andere nur lasen. Und was für Bücher im Verlag seines Vaters erschienen: *Meyers Reisebücher*, Alfred Brehms *Illustrirtes Thierleben*. Er war es dem Verlag schuldig, nachzusehen, ob das, worüber seine Autoren schrieben, auch wirklich existierte.

Eine Weltreise hatte er bereits unternommen und sein erstes Buch darüber verfasst. Diesmal wollte er es bei Afrika bewenden lassen; er hatte die Kapkolonie durchzogen, die Diamantenfelder von Kimberly und die Goldfelder von Transvaal besichtigt, er streifte im Drakengebirge von Natal umher, um schließlich an der unendlich langen Mosambikküste entlang nach Norden zu ziehen, bis er *im meerumgürteten Sansibar* anlangte.

Hat er die kleine deutsche Gesellschaft von Sansibar bemerkt? Hat diese Gesellschaft ihn bemerkt? Sie ist sehr mit sich beschäftigt, mit dem Erobern und Expandieren, dennoch wäre Peters wohl am liebsten gleich mitgegangen. So blieb ihm nichts, als den Freiherrn von Eberstein zu der Leichtfertigkeit zu überreden, Meyer zu begleiten. Auch konnte es nicht falsch sein, befand Peters, dem alten Mandara ein paar Geschenke zu schicken, im Gedenken Jühlkes und ihrer Freundschaft.

Ich muss auf den Berg!

Er weiß gar nicht mehr genau, wann der Gedanke ihm zum ersten Mal ganz deutlich vor Augen stand. Interessant schien ihm, dass er nicht mehr verschwand, darum beschloss er ihm zu folgen. Die Idee, dass er all dies besitzen müsse, was er sah, kam Meyer bislang eigentlich nie. Ihm war bewusst, es gibt ein eigenes Glück der Anschauung.

Meyer nahm sich, anders als Carl Peters drei Jahre zuvor, viel Zeit, seine Karawane auszurüsten. Denn es war nicht absehbar, wie lange sie unterwegs sein würde, und jede Nachlässigkeit würde er spüren. Besondere Sorgfalt wandte er auf die Geschenke, denn von ihnen hing der Grad der Unterstützung ab, auf die er bei den Absolutisten vom Berg rechnen durfte.

Seine Gabenliste verzeichnete neben arabischen Trachten sowie Baumwollstoffen verschiedenster Farbe, dünnen und dicken Eisen- und Kupferdraht, Stahlfeilen, Bandsägen und Nadeln, einem deutschen doppelläufigen Zentralfeuergewehr, einem amerikanischen Revolver und anderen Waffen auch sechs Mundharmonikas und zwei Dutzend Kerzen.

Als er in Taweta bergauf schaute, meinte er die Dschagga-Fürsten wie die Raubritter auf ihren Felsen sitzen zu sehen. Links Mandara, schon recht alt, rechts Mareale, noch sehr jung. Er ist selber jung, er wird sich mit einem Mann seines Alters vielleicht besser verstehen, beschloss Meyer und ging zu Mareale.

Mareale ist wirklich noch sehr jung, empfängt ihn aber mit der Würde eines Mannes, der nicht erst seit gestern auf dem Thron sitzt.

Es verhält sich mit den Dschagga-Fürsten ungefähr wie mit Englands Königen in Shakespeares Dramen. Mareale etwa. Nach dem Tod seines Vaters, des Sultans von Marangu, setzte sich sein Onkel auf den Thron. Die Witwe des Sultans und den legitimen Thronfolger schickte er außer Landes. Damals war Mareale keine zwei Jahre alt. Beide fanden Aufnahme bei Mandara und später bei Sina von Kiboso.

Noch keine zwanzig Jahre alt, überfiel er mit deren Kriegern das Land seiner Geburt, das ihm vorenthaltene Reich. Zwar konnte er seinen Onkel, den falschen Souverän von Marangu, nicht gefangen nehmen, doch er trieb alles Vieh außer Landes und verbrannte die Hütten. Das war der Anfang von Mareales Aufstieg.

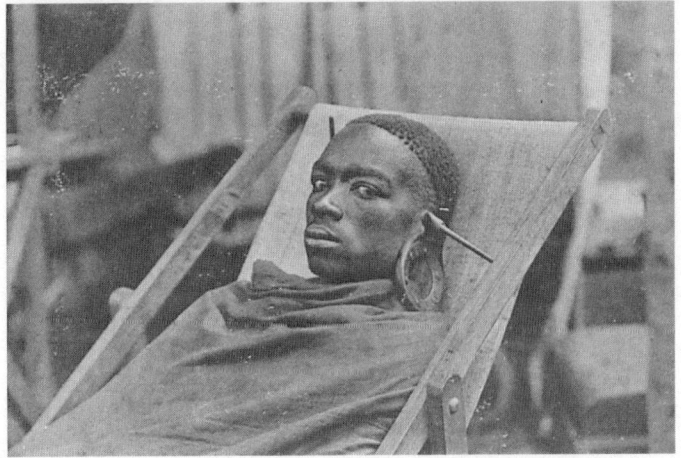

Fürst Mareale von Marangu

Seinem Gast kommt diese Lebensgeschichte gleich viel plausibler vor, als eines Morgens der Sultan des Nachbarstaates Mamba hilfesuchend und nur von zwei Getreuen begleitet bei Mareale eintrifft. Meyer scheint das insofern bemerkenswert, da derselbe Sultan noch zwei Tage zuvor mit großem Gefolge in Marangu geweilt hatte, nicht zuletzt, um mit Meyer Gastgeschenke zu tauschen. Sein einziger Sohn, erklärt der Flüchtling, habe ihm nach dem Leben getrachtet.

Alle Dschagga-Fürsten mögen es, wenn die anderen vor ihnen Angst haben. Das Maß der Angst der anderen ist das Maß ihrer Macht. Es liegt in ihren Gebärden, in ihrem Gang. Es ist unübersehbar.

Und Mareale hat den Gang eines Königs.

Er nimmt die Gaben an, erlaubt dem Leipziger, sich dem Berg zu nähern, schenkt ihm vier große Dschagga-Speere, Ziegen und Rinder sowie täglich frisches Pombe. Er gibt Meyer seine Leute als Träger und schickt ihm fast bis zur Schneegrenze neuen Proviant hinterher.

Sieht *Ndscharo* die beiden Fremden mit Unmut nahen?

Irgendwann sinkt der Freiherr von Eberstein in den Schnee mit der Erklärung, dies hier sei seine persönliche Schneegrenze, er könne nicht weiter, Meyer möge ihn nachher wieder abholen. Mattigkeit, Schwindel und Atemnot empfinden sie beide. *Vom Standpunkt des Verlassens wie des Verlassenwerdens aus betrachtet, war die Lage doppelt peinlich*, empfindet Meyer, doch er geht weiter. Nunmehr allein, scheinen Mattigkeit und Atemnot wie fortgenommen, der Nebel zieht in dichten Schwaden, er kann kaum noch fünfzig Schritt weit blicken. Aber er ist höher als alle vor ihm, einschließlich des ungarischen Grafen.

5450 Meter!

Vor ihm liegt ein Trümmerfeld von *weißkrustigen Eisbrocken*, dahinter aber schimmert bläulich eine hohe Eiswand.

Bis hierher und nicht weiter! *Ndscharo* hat ihm einen 30 Meter hohen Eisabsturz mitten in den Weg geworfen. Der Buchhändler entschließt sich, die Hauptbotschaft zu übersehen, und schlussfolgert lediglich: *Dieser Wand war von einem einzelnen Menschen nicht beizukommen.*[144] Und nicht ohne alpine Ausrüstung. Er fasst den feierlichen Entschluss, sein weiteres Leben dem Berg zu widmen.

Das muss er nur noch seinem Vater erklären.

Noch zwei Wochen bleibt er bei Mareale und beantwortet Mandaras Post.

In bestem Einvernehmen mit Mandara und in wirklicher Freund-
schaft mit Mareale schied ich Ende Juli aus dem Dschaggaland. Meyer
kehrt nach Leipzig zurück, nicht ohne das Versprechen dazulassen,
gleich wieder zurück zu sein.

Jambo, Bibi, jambo!

Der Wali von Mchinga, ein ehrwürdiger Greis mit langem weißen Barte
und edlen Zügen, empfing uns mit den üblichen Begrüßungsformen und
ließ Kitanden in seine Vorhalle bringen, auf denen wir mit ernster Wür-
de Platz nahmen. Dann begann das Pourparler.[145] Frieda von Bülow beobachtet den Mann, den sie zu lieben glaubt, genau. Sie hat ihn noch
nie in einer vergleichbaren Situation erlebt, und doch weiß sie, dass
sie nicht hier wäre, würde er sie nicht mit Auszeichnung bestehen.
Es kann nicht falsch sein, hat Peters dem Sultan erklärt, wenn er all
die Orte und Häfen, die ihm gewissermaßen schon gehören, auch einmal kennenlerne. Dem Sultan schien das plausibel.

Es war ein Weltuntergang, gewiss, aber er war plausibel.

Es kam darauf an, jetzt nicht die Form zu verlieren.

Souverän ist, wer noch im Untergang die Contenance wahrt. Schon
möglich also, dass Said Bargasch seinem Nachfolger zuvorkam und
ihm die *Barawa* anbot, noch bevor er um sie bitten konnte. Es ist arabische Höflichkeit.

Die ganze Küste vom Umba bis nach Rovuma. Was soll der kommende Gouverneur von Deutsch-Ostafrika zuerst besichtigen, den Süden oder den Norden? Er wolle seinen Süden sehen, entschied Peters,
den Süden bis zum Rovuma und Cap Delgado.

Wieder enterte der goanesische Leibkoch des Sultans samt seinem braunschwarzen Goa-Kellner die *Barawa*. Ihnen folgten Vorräte, Silber und Porzellan. Baumwoll-Flemming und Baron Saint Paul
kommen mit mir, entschied Peters. Ersterer, weil er etwas von Baumwolle und vom kaufmännischen Standpunkt verstehe, Letzterer, weil

251

er wie kein anderer in Sprache und Seele derer eingewandert ist, die auf ihn nicht gewartet haben. Peters bedauert, keinen Geologen auftreiben zu können, denn er hat gehört, dass hinter Lindi bereits Kohle gefördert wird. Er würde beides, Kohle und Anlage, gern begutachten lassen. Dr. Kling kann ihm da auch nicht weiterhelfen.

Dr. Kling ist ein etwas blasser junger deutscher Gelehrter, der Peters an sich selbst erinnert. Er wolle der neuen deutschen Kolonie dienen, aus ganzer Kraft, mit ganzem Herzen, erklärte Dr. Kling. Vielleicht lächelte Peters etwas nachsichtig, dennoch, die Einstellung gefiel ihm.

Als Fürst Mandara auf seinem Bergrücken Briefe an den Erben des Leipziger Lexikonimperiums schreibt und dieser einen neuen Freund gewinnt, erreicht der Dampfer des Sultans Mchinga. Und nun sitzt Carl Peters auf einer Kitanda des Wali von Mchinga Bay, beglaubigt von dem Schiff, das ihn brachte, und übermittelt dem alten Mann die bestürzenden Neuigkeiten.

Wahrscheinlich versucht der Statthalter des Sultans so gut es geht zu übersehen, dass auch eine Frau Zeugin ist. Eine Frau, unverschleiert, die ihre Augen nicht niederschlägt. Im Gegenteil, sie beobachtet die Szene genau, ihr Geist macht neuerlich Notizen:

Herr Dr. Peters, dessen Gesicht während der ganzen Verhandlung unerschütterlichen Ernst zur Schau trug, wandte sich in deutscher Sprache mit ungefähr den folgenden Worten an Baron St. Paul, den zukünftigen Entdecker des Usambaraveilchens, dessen Ehrgeiz schon jetzt darauf geht, alle Sprachen und Dialekte, die man unter diesem Himmelsstrich kennt, genau zu verstehen. Peters spricht zum Baron: »*Unser Freund, der Sultan Bargash bin Said wird uns laut Vertrag seine Rechte und Befugnisse, was die Verwaltung dieses Hafens anbetrifft, überlassen. Du wirst also in Zukunft mir und denen, die ich Dir hierher sende, zu gehorchen haben.*«

Baron St. Paul übertrug diese Worte in's Kisuaheli und der Offizier des Sultans wiederum ins Arabische. Der alte Herr folgte den Sprechern der Reihe nach mit aufmerksamen Blicken. Dabei nahmen die großen Augen unter den geschwungenen Brauen mehr und mehr den Ausdruck der Angst an. Die arabische Übertragung des Barawa-Offiziers nahm, verziert durch die gebräuchlichen Redeblumen, mindestens dreimal die Zeit des deutschen Wortlauts in Anspruch. Dann sagte der ehrwürdige Wali: »Hast du ausgeredet?« Der Offizier antwortete stellvertretend für Peters: »Ich habe geredet.«

Nun erst begann der Alte seine Erwiderung: »Sage Deinem Herrn, ich sei der Mann des Sejid, nicht sein Sklave. Die Freunde des Sejid seien auch meine Freunde und ich werde ihre Worte so hoch halten wie die des Sejid selbst.«

Herr Dr. Peters ließ ihm versichern, er sei ein Freund aller Araber, also auch der seinige. Das ist angewandter Platonismus. Es ist erstaunlich, wie plausibel diese höchst fragwürdige Logik den meisten Menschen scheint. Auch auf den unglücklichen Wali scheint sie ihre Wirkung nicht zu verfehlen. Er würde ihn in keiner Weise schädigen, oder sich Rechte nehmen, die ihm nicht zukämen, lässt Peters ihm sagen. Er sei weit davon entfernt, in ihm, dem Wali, einen Sklaven zu sehen, mit dessen Eigentum man nach Belieben schalten könne, vielmehr achte er in ihm einen treuen Beamten des Sejid Bargasch bin Said, seines Freundes, und er hoffe nur, dass der Wali in Zukunft ihm und den deutschen Herren ebenso redlich dienen werde, wie er es dem Sultan getan. Der Alte sah tief ergriffen aus. Das Neue der Situation schien ihn zu überwältigen. Dennoch beteuert er nochmals seine Ergebenheit, worauf Peters ihm erklärt, sich den Ackerboden hier einmal genauer anschauen zu wollen.

Der Wali ist überrascht, gleichwohl bereit. Ein langer Zug, angeführt vom Wali, gefolgt von seinen Leuten, bewegt sich nun auf die Felder zu. Der Tag hellt sich nicht auf, schon auf dem Weg zum Wali hatte Frieda die dunklen Wolken bemerkt, unter denen die Landschaft fahl und düster schien. Die schwarzen Sklaven, die auf den Feldern des Wali arbeiten, scheinen ihr sehr freundlich. Sie pflücken ihr Blumen.

Peters berät sich immer wieder kurz mit Flemming und bezeichnet dann jedes Mal eine Stelle, die umzugraben und der Erde zu entnehmen sei. Die Schwarzen umstehen diese Tätigkeit mit Ehrerbietung und Scheu. Sie mochten eine symbolische Handlung darin sehen, vermutet Frieda und bemerkt, wie dem Wali nun Tränen in die Augen treten. Aber das Weinen des alten Mannes sät keinen Zweifel in ihr. Wenn denn der Wali sein Land weggeben müsste: Sie werden es nur reicher machen. Es handelt sich um eine Inbesitznahme zum beiderseitigen Vorteil. Anders kann sie, anders will sie es nicht denken.

Ihr wird so imperialistisch zumute.

Peters besänftigt den Wali von Mchinga-Bay, er versichert dem Getreuen des Sultans, der jetzt zu seinem Getreuen werden soll, immer wieder: Falls die Deutschen hier Landwirtschaft treiben wollten, so würden sie nach keinem Stück Boden greifen, das sein Eigentümer nicht freiwillig hergäbe. Der Wali hört es, während Herr Flemming die Qualität der hier überall wild wachsenden Baumwolle untersucht, die er *wie feine weiße Watte aus den abgewelkten Blumen zieht.*

Es regnet.

Als sie schließlich an den Strand zurückkommen, um auf die Boote zu warten, die sie zur *Barawa* bringen werden, teilen sich die Wolken. Im Licht der untergehenden Sonne sieht jedes Land wie Heimat aus. Selten hat sie das tiefer empfunden als jetzt. Der Abendstern funkelt. Wenn ich könnte, würde ich selbst die Planeten annektieren, hat einer gesagt, dessen Ehrgeiz und Rücksichtslosigkeit die von Peters noch weit übertrifft. Vielleicht kennt Frieda den Satz von Cecil Rhodes. Aber die Schönheit lässt sich nicht annektieren, sie sollte es wissen.

Am nächsten Morgen erreicht die *Barawa* den Hafen von Lindi. Er soll sehr schön sein, hat man ihr versichert. Mit leichtem Vorbehalt schaut sie über die Reling: *Die Formen der Küste und der waldigen Berge rings um die tiefeinschneidende Bucht bieten allerdings ein schönes Landschaftsbild. Es ist nur tot.*[146]

Tot? Was ihr fehlt, ist »*das Gebild von Menschenhand*«. Schön ist eine Natur, die der Mensch noch mit seiner Anwesenheit verschont hat, die noch nicht die Narben seiner Bedürfnisse, seiner Gier, seiner Rücksichtslosigkeit trägt. So würde es der Rousseau-Europäer betrachten. Frieda hat im Augenblick für dieses Zurück-zur-Natur nichts übrig, ist hier nicht im Gegenteil viel zu viel Natur?

Sie beschließt, im Anblick des Hafens von Lindi keinem Pathos auszuweichen: Der Mensch sei Gott ebenbildlich durch seinen *bewußt strebenden Geist*, der es vermag, der Natur seinen *Stempel … aufzudrücken*. Nur die gestempelte Natur ist eine akzeptable Natur? Ja, so würde sie das wohl sehen, und mehr noch. Sie meint da eine Sehnsucht der hiesigen Erde zu bemerken: *Sie* trägt *Reichtum und blühendes Leben in sich verschlossen und* scheint *erwartungsvoll dem Herrn der Erde entgegenzusehen, dass er die edlen Keime aus dem langen Schlaf erwecke.*

Mit vielen Armen mündet ein großer Fluss in die Bucht von Lindi, einen fährt sie entlang, bemerkt seinen schönen Lauf und die waldigen Bergkuppen an seinen Ufern. Ist er nicht wie der Rhein zwischen Bonn und Koblenz? Er ist es, und er ist es nicht. Denn auch hier fehlt etwas: *die Städte und Burgen, die Kirchlein und freundlichen Villen. Hier herrscht noch die Einsamkeit. Weißköpfige Flußadler sitzen auf den knorrigen Strünken am Ufer und der gellende Schrei eines wilden Affen tönt von Zeit zu Zeit durch die Wildnis.*

Der Becher Gottes

Der in Lindi über den Anbruch einer neuen Ära zu benachrichtigende Wali residiert in einer portugiesischen Ruine aus längst vergangener Zeit. Vor seiner Tür hat er ein altes, nicht mehr wehrtüchtiges, aber hinreichend imposantes Kanonenrohr postiert. Eine halb verfallene Bogenhalle dient ihm als *living room*. An den Wänden sind kostbare Waffen aufgereiht, darunter hocken auf der Erde wohlbewaffnete junge Askari, Soldaten im Dienste des Sultans.

Die mitreisende Berichterstatterin des heimatlichen Feuilletons fühlt sich zwar nicht direkt in die Zeit versetzt, als die Portugiesen noch die Oberaufsicht über diese Küste führten, wohl aber in die Mittelalter-Romane von Walter Scott, die sie als Kind las. Peters scheut sich nicht, die Gefährtin überall mitzubringen; er weiß, dass ihn die Frau an seiner Seite nicht vertrauenswürdiger macht, und doch genießt er den Anblick mühevoll überspielter Fassungslosigkeit in den Gesichtern der arabischen Statthalter.

Die Portugiesen haben sich inzwischen ein Stück weiter nach Süden zurückgezogen. Wie weit, weiß keiner genau, weshalb Said Bargasch seine Südgrenze im Vertrag nicht genau genannt wissen wollte, aus Sorge, die Nachbarn könnten seine Südgrenze zu ihrer Nordgrenze machen. Dass sie den Fluss Rovuma einschließen müsse, steht für Peters jedoch fest, und wenn er sich den Rovuma selbst nehmen müsste.

Der alte Wali von Lindi, der eine längst geschwundene steinerne Portugiesenherrlichkeit bewohnt, missfällt der Voltaire-Europäerin außerordentlich. Sie attestiert ihm *blöde Augen* sowie ein Spitzbubengesicht. Er lässt den Gästen Kokosnüsse bringen, aber das ändert nichts. Zeit, dass ein neuer Wind durch diese Hallen weht, der auch die weißköpfigen Adler aus ihrer allzu selbstgewissen Wächterpose an der Flussmündung aufstört.

Sie ist froh, das Ruinenschloss des Wali wieder verlassen zu dürfen, es war ihr unbehaglich. Der Jungidealist Dr. Kling macht einige Skizzen, Bertha sucht im seichten Wasser Muscheln und findet stattdessen ihre erste Schlange. Frieda aber erklimmt mit Baron Saint Paul die Uferhügel, die ihr zunächst wie die des Rheins vorkamen, eine Analogie, die sie bald aufgibt, und das nicht nur, weil kein Mensch am Rhein jemals solchen Pfaden folgen würde wie sie.

Nilpferde haben sie für uns gebahnt, erklärt der Baron der Baronin, wobei Saint Paul in sich eine tiefe Gewissheit trägt, die ihn von der Population der durchschnittlichen Vorwärts!-Europäer erheblich unterscheidet. Und nicht nur dadurch, dass er anders als Peters bei dem Wort Nashorn nicht sofort an einen Jagdausflug denkt, im Gegenteil: Er weiß, dass er gewissermaßen nur Gast ist auf der Straße der Rhinozerosse. Es ist ihr Weg, nicht seiner. Und es ist keineswegs der einzige. Frieda von Bülow sieht an diesem Nachmittag mit seinen Augen, und es kommt ihr vor, als würde sie jetzt erst sehend. Adalbert Emil Walter Redcliffe von Saint Paul-Illaire erblickt keineswegs fehlende *Städte, Burgen und Kirchlein*, wenn er die Flussufer Lindis betrachtet, aber er kann der Baronin sagen, wer links und rechts von ihnen erst kürzlich gegangen ist. Hyänen etwa. Sie gelangen in eine Schlucht, überdacht von uralten Bäumen und Schlingpflanzen, und Frieda vergisst den Rhein endgültig. Hinter ihnen läuft Mbaruku, der den photographischen Apparat des Barons trägt.

Mbaruku, dessen Gesicht gleichsam von innen zu leuchten scheint, auch wenn es, wie Frieda zunächst feststellte, von außerordentlicher Hässlichkeit ist. Es fasziniert sie noch immer, sobald sie ihn ansieht. Der Glanz in Mbarukus Augen: Da hat einer ganz seinen Platz im Leben gefunden und weiß, was für ein Glück das ist. Mbaruku gehört an die Seite dieses Muzungu!

Da ist eine Art von Vorbehaltlosigkeit in seinem Verhalten, die Frieda von Bülow sagen lässt, er folge dem Baron *wie ein treuer Hund*. Etwas in uns empört sich heute angesichts solcher Vergleiche. Ist sie eben doch eine Rassistin, nur gewöhnlich etwas höflicher als die anderen? Doch der moralisierende Verstand, dem wir so oft unsere Weltwahrnehmung anvertrauen, war noch nie besonders faltenreich. Er betrügt auch hier um den eigentlichen Kern der Wahrnehmung: Der moderne Europäer ist nicht zuletzt ein Mensch der Distanzen. Sein Ich getrennt von allen anderen wahrzunehmen, ist zu seiner zweiten Natur geworden. Reflexion kommt aus diesem Abstand. Doch schwindet mit ihm zugleich die Fähigkeit der starken, vorbehaltlosen Bindung, die Frieda an Mbaruku bemerkt. Er besitzt noch nicht den Weltabstand der Muzungu, doch macht dieses Fehlende ihn zugleich reicher.

Mbaruku, in einem abgelegten Winterpaletot seines Herrn gekleidet, ohne den er nirgendwo mehr hingeht, beginnt den Photoapparat aufzustellen. Saint Paul gedenkt die von uralten Bäumen und Schlingpflanzen überdachte Schlucht nicht ohne Zeugnis zu verlassen. Mbaruku hegt Zweifel am Motiv, er kann es nicht einmal erkennen, zeigt aber keine Ungeduld. Der photographische Versuch wird schließlich eingestellt, es ist, trotz aller Bemühungen des Barons, das Gegenteil zu beweisen, zu dunkel.

Wir könnten nachschauen, wohin dieses Halbdunkel führt, schlägt er vor, doch als die Dornen in Friedas dünnem Kleid zu zahlreich werden und ganze Bäume sich ihnen in den Weg legen, geben sie auf.

Walter von Saint Paul-Illaire

Man kann, anders als am Rhein, in Afrika nicht spazieren gehen. Sie ist nicht sicher, ob sie dies als Vorzug oder Nachteil begreifen soll. So wie mit Saint Paul könnte sie mit dem Mann, den sie liebt, nie unterwegs sein. Nicht so zeit- und ziellos.

Wäre es nicht einfacher, statt Peters Saint Paul zu lieben? Seltsam, wie sehr dieser Mann in sich ruht. Europäer ist wohl, wer diese Gabe endgültig verloren hat. Und er ist die Ausnahme. Sie erkennt ihre Landsleute ohnehin längst am Schritt. *Als wenn sie mit jedem Fußtritt etwas niedertreten* wollten, wird sie einmal über Peters' Art und Weise sagen, den Erdboden zu berühren. Würde sie diesen Gang mögen, wenn es nicht der seine wäre? Sie könnte jetzt abermals über die Natur der Liebe nachdenken, die uns Dinge lieben lässt, die uns eigentlich missfallen.

Was ist der Mensch? Er ist das Tier ohne natürliche Mitte. Für die Schwarzen gilt das wohl nicht, nicht jetzt und hier: Sie wohnen dem Ursprung noch näher. Ist ein Temperament wie Carl Peters nicht überhaupt nur aus seiner fehlenden Mitte zu begreifen?

Sollte das wirklich ein Vorzug sein?

Der Mann, der neben ihr geht, als trüge er allen Frieden der Welt in sich, ist in der Tat ein erstaunliches Exemplar. Doch solange sie mit ihm unterwegs ist, kann sie über diese Dinge nur ungenügend nachdenken. Sie haben zwar die Schlucht verlassen, ohne an ihr Ende gelangt zu sein, finden aber noch am gleichen Tag eine Quelle, *die in einer dichten Wildnis von Papyrus glucksend und murmelnd zu Thal lief und ganz nahe dem Meere von Landleuten in einer gemauerten Rinne gefasst worden war. Wir tranken aus Kokosnußschalen von dem Wasser und fanden es sehr weich, aber rein von Geschmack.*[147] Wir wissen, dass die Quelle hier endet, aber wo sie entspringt, wissen wir nicht, fasst St. Paul das Unhaltbare ihrer Situation zusammen. Vielleicht schauen Frieda und Mbaruku sich wissend an, Mbaruku schultert den photographischen Apparat, sie steigen auf schmalen Waldpfaden bergan, immer an dem kleinen Bach entlang.

Auf einem Bergrücken treten sie ins Offene, uralte Kokosnusspalmen rauschen über ihnen, unter den Bäumen aber wächst ein Dorf.

Von den meisten Hütten steht erst das *geschickt geflochtene* Gerüst, Männer schneiden Stäbe und binden Gras zu Garben, um die Dächer zu decken. Als die Werktätigen den ungewöhnlichen Besuch erblicken, holen sie sofort ein paar Kitanden und entern eine Palme. Die einzige weichere Stelle der Nuss genau kennend, schneiden sie *ein rundes Stück aus Schale und Kern* und reichen ihren Gästen den *noch von keiner Lippe entweihten Becher Gottes.*[148] Frieda hat inzwischen gelernt, *den dicken, faserigen Holzrand mitsamt seiner weichen, feuchtglatten Kerninnenseite zwischen die Lippen zu nehmen*, ohne das meiste des beinahe wasserklaren, leicht moussierenden Safts zu verschütten. So schauen die Muzungu kokosmilchtrinkend den Dorfbewohnern bei der Arbeit zu.

Frieda und Saint Paul sind es gewöhnt, wortreich angestaunt und belacht zu werden, als wären sie eine Jahrmarktsattraktion. Doch diese Afrikaner unterbrechen kaum ihre Tätigkeit. *Ich bin überzeugt, dass die vielbeklagte Trägheit der Schwarzen nicht Anlage ist, sondern Gewohnheit. Dafür spricht einmal ihre Beweglichkeit, die Geschmeidigkeit der Gliedmaßen, dann auch der allgemein anerkannte Umstand, dass die K i n d e r fleißig und tüchtig sind.*[149] Schon Hegel nannte Afrika das *Kinderland der Geschichte*; es ist eine allgemeine Übereinkunft, auf diesem Kontinent gleichsam den Anfängen der menschlichen Gesittung gegenüberzustehen, der eigenen Vorvergangenheit. Menschen also, die noch nicht aus ihrer Mitte gefallen sind, denn alle menschlichen Vermögen, die später so rücksichtslos ihren Eigensinn behaupten werden, sind in ihnen noch kaum auseinandergetreten.

Henry Morton Stanley, der Mann, der Livingstone fand und im Augenblick als verschollen gilt, hat es bei seiner Ankunft in Sansibar so formuliert: *Auf dem Lande sieht man sie mit sehr großen Lasten auf dem Kopfe so zufrieden und heiter wie möglich, nicht etwa weil sie freundlich behandelt werden oder leichte Arbeit haben, sondern weil sie ihrer Natur nach heiter und leichten Herzens sind, weil sie weder Vergnügungen noch Hoffnungen haben, die sie nicht nach Belieben befriedigen können, und keinem Ehrgeiz frönen, dem sie nicht Genüge tun* könnten, *daher auch in ihren Hoffnungen nicht getäuscht worden sind.*[150] Wo bei dem Briten eine gewisse Herablassung mitklingt, mündet der Befund der kokosmilchtrinkenden Müßiggängerin von Lindi in eine rückhaltlose Sympathieerklärung: *Die Schwarzen arbeiten eben nicht, so lange sie es nicht nötig haben, und das ist einfach gesunder Menschenverstand.*[151] Und aufs Ende gesehen: Sind Erwachsene nicht zumeist verarmte Kinder, denen eine Welt verlorenging? Sie spricht es nicht aus, noch nicht, hat aber längst begonnen, es zu fühlen.

Mit Saint Paul könnte sie darüber reden, Peters würde sie anblicken, als litte sie unter einem akuten Anfall von Mukunguru, des afrikanischen Wechselfiebers. Die Europäer ihrer Generation erbringen den Beweis ihrer Volljährigkeit inzwischen, indem sie alle Dinge der Welt nur mehr als Ressourcen betrachten und Orte vorzüglich als Standorte. Ihre Sprache ist zum Idiom der Verwertung geworden, der Sprung von Hegel zu Peters symptomatisch. Wo Ersterer in Afrika noch das Kinderland der Geschichte erblickte, gilt es Letzterem als Aufenthaltsort einer als solcher noch nicht identifizierten Arbeiterklasse.

Am Flusslauf des Rovuma wird Petersland künftig enden. Laut Vertrag, dessen Paragraphen anzustaunen und zu bestätigen Berlin inzwischen Muße genug hatte. Der Eroberer möchte nicht umkehren, ohne seine künftige Südgrenze selbst befahren zu haben. Das ist nicht ungefährlich, um nicht zu sagen unmöglich, denn die Mundung des Flusses ist flach und voller Sandbänke, um unvermittelt in eine große Meerestiefe abzufallen, erklärt der afrikanische Lotse an Bord der *Barawa*. Kein Einheimischer würde sich je durch diese Brandung wagen. Nur bei einem äußerst seltenen Verhältnis von Wind und Strömung sei eine Durchfahrt möglich. Und schon gar nicht mit einem Boot der *Barawa*, dessen Kiel bis zur Nichtvorhandenheit flach ist. Peters mustert die Brandung, den Lotsen und das Boot. Es ist meine Südgrenze, also ist es meine Brandung!, schließt Carl Peters. Wer kommt mit? Alle denken an Leutnant Günther, der im Norden an der Somaliküste in der Mündung des Juba kenterte und vor den Augen der anderen von einem Hai geholt wurde. Aber niemand sagt etwas. Saint Paul bietet Peters an, ihn zu begleiten.

Vor einer Generation noch durfte man sicher sein, dass weiße Männer den zweckfreien Zwecken der Wissenschaft folgten, wenn sie auf diese Weise ihr Leben riskierten. Vorbei. Schopenhauer hätte angesichts seines abtrünnigen Interpreten von jenem *ruchlosen Optimismus* gesprochen, der ihn schon an seinen Zeitgenossen verdross und der es nun zum weltbeherrschenden Prinzip gebracht hat.

Als die Umrisse des kleinen weißen Bootes sich im dunstigen Morgen verlieren, fürchtet die Zurückbleibende an Bord der *Barawa*, seine Insassen zum letzten Mal gesehen zu haben. Sie weiß nicht, um wen sie mehr Angst haben soll.

Der Wald

Am 28. Juni 1887 nähert sich die Flagge des *New York Yacht Club* dem Wald. Henry Morton Stanley beschreibt diesen Umstand so: Zum *ersten Male, seitdem die Sündflut verschwand, die Meere sich sammelten und die Erde trockenes Land wurde*, öffnete sich *den Blicken und der Kenntniß des civilisierten Menschen … eine absolut unbekannte Region.*[152] Das mag übertrieben sein, und wer wüsste das besser als er, der frühere Korrespondent des *New York Herald* – mein Gott, er ist ein Journalist, den es ein wenig abgetrieben hat von den großen Boulevards der Welt, die sich *die Welt* nennt, als gäbe es keine andere, als gäbe es nicht noch viele andere neben ihr … – Zu viele Relationen. Zu viele Nebensätze. Das liest kein Mensch. Es bleibt also dabei: … *seitdem die Sündflut verschwand, die Meere sich sammelten.*

Es mag eine Übertreibung sein, jawohl, es ist eine Übertreibung, aber es ist eine Übertreibung mit Augenmaß, und darauf kommt es an, weiß der vielleicht berühmteste Sachbuchautor der Gegenwart, denn sie allein hilft einer sonst allzu leicht übersehenen Relation zur Kenntlichkeit.

389 Mann verlassen den Schutz von Jambuja.

An ihrer Spitze geht ein schwarzer Mann im *griechischen Kostüm*, auf dem Kopf einen geschweiften Helm, wie ihn Achilles vor Troja trug.

»*Welches ist der Weg, Führer?*«, fragt ihn der Oberkommandierende der Emin-Pascha-Befreiungsmission mit gebührendem Respekt.

»*Dieser hier, der nach Sonnenaufgang führt*«, erwidert der Achill des afrikanischen Urwalds.

»*Wie viele Stunden sind es bis zum nächsten Dorfe?*«

»*Das weiß nur Gott*«, antwortete er.[153]

Mann um Mann taucht ein in ein grünes Halbdunkel, in eine ewige Dämmerung. Ab jetzt sehen sie fast keinen Himmel mehr. Der Blick reicht nicht einmal bis zu den Baumkronen, aber es wäre ohnehin leichtsinnig, nach oben zu schauen, will man unter sich nicht das verlieren, was kein Pfad ist.

Die Vorhut schlägt mit Äxten und Macheten einen Weg ins Grün, ist sie nicht schnell genug, erhebt sich hinter ihr ein vielhundertfaches Murren, denn es ist übel, mit schweren Lasten auf der Schulter stehenbleiben und warten zu müssen. Mitunter wird das Murren auch deutlicher, wobei sich eine ganze vielstimmige Hierarchie der sozialen Wertschätzung Sansibars kundgibt, die meisten Träger kommen von dort:

Was macht der Mann dort vorn, er hat wohl bisher nur Äcker umgegraben?

Was will der Feldarbeiter auf dem Continent?

Ihr seht, er ist nur ein Banjanensklave!

Nein, er ist ein vom Konsul in Freiheit gesetzter!

Unsinn, er ist ein Missionsjunge.[154]

Es gibt demnach nichts Verachtenswerteres als ein Freigelassener, näherhin Zögling einer christlichen Mission zu sein. Sagen die Sklaven, die das Rückgrat von Stanleys Karawane bilden.

Mit jedem Hieb fallen unzählige Kleinstwaldbewohner auf die Rücken der Männer. Jeden Tag schiebt sich der Tross zur Rettung des Oppelner Oberschlesiers fünf Meilen voran, manchmal folgen sie dem Schritt eines Leichenbegängnisses.

Woche um Woche werden sie nun in diesem Zwielicht leben.

Der Expeditionsführer versucht, die nächstliegende Frage zu unterdrücken, die zu bejahen eine Leichtfertigkeit wäre: Kommen wir hier jemals wieder heraus? Bald greift auch der Hunger nach ihnen, schon in den ersten Tagen essen sie nur Maniokwurzeln.

Die Träger, denen es bis eben nicht gelungen ist davonzulaufen, finden bei jedem neuen Schritt Gelegenheit, dies zu bereuen. Tief und tiefer sinken sie ein in den Morast, die Last auf ihren Schultern drückt sie nieder.

Was haben sie in dieser grünen Hölle verloren?

Jeder weiß, dass diese Muzungu verrückt sind. Zur Rettung eines Einzigen, von dem keiner weiß, wo er ist, schlagen sich Hunderte Männer durch grenzenlosen Morast. Sie tragen selbst ein Schiff durch den Wald, die *Advance*.

Der größte Sklavenhalter weit und breit und jetzige Gouverneur von *Stanley Falls* hatte unlängst erklärt, die Weißen immer für Narren gehalten zu haben: Wer in diesem Zug würde ihm nicht beipflichten?

Die grüne Hölle ist bewohnt, aber von wem?

Statt sie willkommen zu heißen, beschränken sich die Waldbewohner meist darauf, ihnen einen Regen von giftigen Pfeilen aus den Büschen entgegenzusenden. Auch besitzen sie eine gewisse Kunstfertigkeit im Anspitzen von Hölzern, die sie am Eingang zu ihren Dörfern sorgfältig mit Laub abdecken, sodass die Männer der Vorhut sie oft erst fühlen und dann sehen. Dabei kann in dieser feuchten Hitze jede Hautverletzung ein Todesurteil bedeuten. Eiternde Geschwüre heilen nicht, trotz Doctor Parkes Bemühungen. Er muss das faulende, stinkende Fleisch bis auf die Knochen ausschaben, und selbst dann ist noch nicht viel erreicht.

Der Marschtag beginnt um sechs Uhr morgens und endet am Nachmittag um vier. Höchste Zeit, das Lager für die Nacht vorzubereiten. Der Expeditionsleiter erklärt es so: *Bald nach Sonnenuntergang herrschte tiefe Dunkelheit in dieser grenzenlosen Baumwelt. Dann erglänzten die fröhlichen Lichter von 100 Lagerfeuern. Um 9 Uhr lag die Mannschaft fast immer schon … in tiefem Schlaf, und nur das Knistern der Feuer, der Flügelschlag der Nachteulen, die rauhen Töne großer Fledermäuse, das laute Quaken der Frösche, … das Krachen der fallenden Bäume oder Äste, der Laut der auf Jagd ausgehenden Schimpansen, das ärgerliche Geheul der Affen und der lange Schrei des Lemuren unterbrach die Stille.*[155] Nicht zu vergessen die Hornrufe und das nächtliche Raunen der Waldbewohner, welches eine elementare Form der psychologischen Kriegsführung darstellt, auch dringen mitunter ganze Ansprachen aus der Finsternis, Mitternachtsreden für eine Hauptstimme und ein Echo:

He, ihr Fremden, wohin wollt ihr?
… Wohin wollt ihr?
Dieses Land bietet euch kein Willkommen.
… bietet euch kein Willkommen.
Alle Leute sind gegen euch.
… sind gegen euch.
Ihr werdet sicherlich erschlagen werden.
… sicherlich erschlagen werden.
Ah … ah … ah … ah … ah … ahh.
… Ah … ah … aah.
Uh – uh – uh – uh – uuh.
… Uh – uh – uuh.[156]

Das Deutsche Haus

Rechts wohnt Pfarrer Greiner mit seiner Frau, daneben Stationschef Leue, gefolgt von Friedrich Tschepe, der die Tugenden eines Kaufmanns mit denen eines Wissenschaftlers verbindet. Neben Tschepe schlafen die deutsche Haushälterin und die Nichte des Missionars, am Ende schließlich Bertha und sie.

Es sind jene fünf Wohnwabenhöhlen, die sie nicht ohne Mitleid vor Wochen zum ersten Mal gesehen hatte, eine an der anderen klebend. Nichts ist hier abschließbar, kein Schrank, keine Tür. In den Fenstern sind keine Scheiben, aber noch nie, sagt sie, niemals habe sie sich *so frisch und geistig wohl befunden* wie hier.

Frieda von Bülow kann das auch erklären: *Frei und leicht wird dem geplagten Kulturmenschen zu Mute, wenn er einige Dutzend der Sclavenketten, die wir »Bedürfnisse« nennen, abzuwerfen genötigt ist.*[157] Die Mieter nennen den Ort ihres mangelnden Komforts nur das *Deutsche Haus* von Dar-es-Salaam. Aber ist es das allein, das fehlende Glas in den Fenstern, die nicht vorhandenen Schlüssel an den Türen? Ist es nicht der Umstand, dass in diesem Wabenhaus die Grenzen zwischen Ich und Du durchlässiger geworden sind, so durchlässig, wie es moderne europäische Gesellschaften schon längst nicht mehr vorsehen?

Die Europäer haben die menschliche Gemeinschaft längst durch die Gesellschaft ersetzt. Das *Deutsche Haus* aber ist, rein architektonisch gesehen, wie ein Widerruf dieser Entwicklung.

Immanuel Kant hatte das seltsame, wenig vielversprechende Temperament des Menschen, sich inmitten zu vieler anderer nicht wohlzufühlen, aber gemeinhin ebenso wenig, wenn er ganz allein ist, die gesellige Ungeselligkeit genannt. Frieda weiß gewöhnlich um beide, zumal die Distanz gewissermaßen der verfestigte Grundaffekt ihres Standes ist. Darum, nahm sie bisher an, ist sie auch keine Kommunistin, denn die Kommunisten verkennen das menschliche Grundbedürfnis, die Tür einfach mal hinter sich zuzumachen und keinen reinzulassen. Aber ebendas ist hier nicht möglich, und sie genießt es! Es ist Freiheit. Zur Freiheit gehört auch die Freiheit vom Zwang, immer der eigenen Meinung zu sein. Sie mag es, sich zu widersprechen.

In Mietwohnungen sind architektonische Veränderungen wie das Entfernen von Wänden eigentlich nicht vorgesehen, dennoch haben sie genau das getan. Auf der Rückseite aller Häuser klafft ein großes Loch, das auf die quasikommunistische Veranda hinausführt, die allen gehört und auf der sie schon bei ihrem ersten Besuch saß, während Greiners Nichte Kaffee mahlte und Herr Fröhlich Tiroler Volksweisen sang.

Es ist ein Gemeinschaftswohnzimmer im Freien. Am Anfang, als die Wände noch keine rückwärtigen Löcher hatten, haben sie in schussfreien Nächten auf dem Dach geschlafen, sagt Leue.

Ansicht von Dar-es-Salaam 1887

Genau genommen hat das *Deutsche Haus* nicht bloß acht Bewohner, sondern mehr als doppelt zu viele. Da sind Moses und Heraklit, Männchen und Elias, vier grüne Papageien, die Friedrich Tschepe gehören und auf selbstgetischlerten Ständern wohnen. Sie sind vollkommen zahm, wobei der Beifall ringsum sie zu immer neuen Verhaltensauffälligkeiten anspornt. Doch keine Nummer ist so erfolgreich wie Männchens »Toter Vogel«: Regungslos liegt er dann in der Hand seines Herrn auf dem Rücken, die Füße in die Luft gekrallt. Moses, Heraklit, Männchen und Elias konkurrieren mit Kescho, Manguste, Hassan und Mukki um die Aufmerksamkeit der Hauptmieter.

Hassan und Mukki sind Friedas Affen. Zwei Geschenke von zwei Diplomaten. Hassan überreichte ihr der Italiener Filonardi schon vor ihrer Ankunft auf Sansibar, der Nachtaffe Mukki hingegen ist ein Präsent von Konsul O'Swald. Er wird als Nachtaffe und unter seinem eigenen Namen einmal in Friedas Roman *Im Land der Verheißung* auftreten und seine Gattung in den Ruf setzen, dumm, aber sehr possierlich zu sein.

Das unterscheidet Mukki von Kescho und der Manguste. Kescho und die Manguste sind Freunde. Kescho ist ein junger Hund, die Manguste aber ist eine Manguste, halb Affe, halb Ratte, wie Frieda glaubt. Sie sei unglaublich hässlich, doch dafür klug.

Dumm, aber possierlich. – Es ist, denkt sie manchmal nicht ohne Schwermut, mit den Frauen wie mit den Haustieren: Ist die Hässlichkeit nicht der Preis der Klugheit? Die Dummen und Possierlichen kommen gewöhnlich leichter durchs Leben.

Im Fall der Manguste ist das noch nicht entschieden.

Seitdem das Tier unlängst die Tischglocke auf dem Fußboden fand, und der Effekt, der sich mit ihr erzielen lässt, ihm nicht lange verborgen blieb, mag es gar nicht mehr aufhören zu läuten. Vielleicht gefällt der Affenratte auch, dass dann jedes Mal Liese oder Mandoa erscheinen, manchmal auch beide zusammen.

Liese ist ein zwölfjähriges schwarzes Mädchen, das in der englischen Mission aufwuchs. Dort hieß es Alice, aber Frieda scheint »Liese« seinem neuen Aufenthaltsort angemessener. Welchen Namen das Mädchen trug, bevor es zu Alice und Liese wurde, fragt Frieda nicht. Wer auf das Läuten einer Tischglocke hin erscheinen muss, hat kein Anrecht auf seinen eigenen Namen, mag sie denken. Es ist nicht bewusste Demütigung, nur ist Frieda mit einer Tischglocke in der Hand groß geworden. Dass es Dienende und die zu Bedienenden gibt, ist ihr so selbstverständlich, wie es Dinge sind, die nie anders waren.

Liese steht jeden Morgen mit einem Glas frischer Milch an Friedas Bett. Wenn sie dann auf die Terrasse tritt, findet sie die übrigen Bewohner des *Deutschen Hauses* meistens schon beim Frühstück. *Es gibt einheimischen Honig, Eier, hausgebackenes Schwarzbrot und englische Zwiebacke. Sowie ich meinen Platz einnehme, erscheint der aufmerksame Mandoa und schenkt aus indischer Porzellankanne den Kaffee ein. Mandoa ist ein ehrgeiziger und strebsamer Jüngling, der ungeachtet seiner schwarzen Hautfarbe errötet, wenn er in spöttischer Weise auf eine Ungeschicklichkeit aufmerksam gemacht wird.*[158]

Sie mag es, Mandoa zu beobachten.

Sie registriert seinen Stolz und seine Tränen, wenn er sich ungerecht behandelt fühlt. Jeden Autor interessiert fremdes Seelenleben, erst recht, wenn es sich in einer so elementaren Weise, ohne Tarnung darbietet wie im Falle Mandoas. Auch ist er keineswegs nur der Junge mit der indischen Kaffeekanne, er ist der persönliche Diener des Stationschefs. Aus dieser Stellung bezieht er seinen Stolz. Aus dieser Stellung rührt seine Kränkbarkeit.

Wohl dem, dessen Platz in der Welt sich so einfach bestimmen lässt. In ihrem Fall ist das anders. Sie könnte noch immer nicht sagen, wer sie ist. Man nennt dieses Unvermögen auch Reflexivität. In dieser Fähigkeit, sich gleichsam zu verdoppeln, sich zurückzubeugen auf sich selbst, scheint ihr der eigentliche Unterschied zwischen ihr und Mandoa zu liegen. Es ist keine Stärke, eher ist es eine gut getarnte Schwäche. Wenn sie August Leue ansieht, weiß sie, dass auch er diese Schwäche teilt. Wenn Mandoa ahnte, wie vorläufig, wie ganz und gar unbefestigt die Stellung seines Herrn hier ist!

Sie versteht es selbst noch kaum.

Als sie vor wenigen Tagen den ersten Fuß an Land setzte, glaubte sie, ihr Land zu betreten. Deutsches Land, nur gepachtet, gewiss, also deutsches Land.

Sie könnte das mit Hegel begründen. Eigentum ist nicht Besitz, sondern gelebte Aneignung, es ist ein tätiges Verhältnis statt passiver Rechtstitel.

Es war schon fast Mitternacht, als Bertha und Frieda von Bord der *Barawa* gingen. Merkwürdig genug schien ihr Land fortwährend zu erbeben. Unter den Tritten von Hunderten Füßen, unter den dumpfen Schlägen unzähliger Trommeln. Überall tanzten die Menschen. Aber waren es denn noch Einzelne? Dunkle Kollektivleiber, große Kreise bildend, wogten auf und ab. In äußerst bedenklichen Rhythmen, wie sie fand. Was ist der Tanz in seinem Ursprung? Was sie sah, was sie hörte, war, wozu es leugnen, der unverstellte Ruf des Geschlechts. Das kaum verhüllte, ritualisierte Davor. Seltsam, dass sie bei ihren französischen Tanzstunden nie darauf gekommen wäre.

Warum bleibt uns das Offenkundigste manchmal so lange verborgen? Oder war sie jetzt nur besonders durchlässig für diese Einsicht, weil sie gerade Abschied genommen hatte von Peters, der wie Saint Paul die Einfahrt in den Rovuma per Boot überlebte? Sie hat es mit jener verbindlichen Unverbindlichkeit getan, die wir gemeinhin Kultur nennen.

Kultur ist, wenn man sich nichts anmerken lässt.

Kultur ist Verbergen des Eigentlichen, des Triebhaften, des Willenshaften. Und hier liegt es fast noch bloß, oder im Gegenteil: Es wird noch größer, es wird betont, ja es wird gefeiert. Wenn sie näher kommt, öffnen sich die Kreise, um sie aufzunehmen, sie zu verschlucken. Was hatte Leue gesagt, als er sie am Hafen abholte? Dies sei ein Fest zu Ehren ihrer Ankunft! Dabei, das weiß sie sehr wohl, war der Anblick dieses Festes mit ihrer Erziehung kaum vereinbar.

Albrecht hat ihr einmal erzählt, wie er in diesen Zauberkreis geraten ist. Jetzt weiß sie, was er meint. Eine Hochzeit ist nichts für Einzelne, es ist ein Kollektivereignis, eine Vermählung der Geschlechter.

Sie musste ihr ganzes Tanzschulen-Vokabular zusammennehmen, um dem Geschauten auch verbal standzuhalten. Sie überlegte, inwiefern dieses *Vor- und Rückwärtshüpfen, Chassieren, compliments aux dames etc. eine entfernte Verwandtschaft mit unserer Française* haben könne.

Angesichts dieser biegsamen, pulsenden Leiber spürte sie zum ersten Mal die eigene Steifheit in ihrem ganzen Ausmaß und als konstitutionelle. Sie handhabt ihren Körper gewöhnlich wie eine große Misslichkeit, alle Europäerinnen tun das. Und selbst die tropische Kleiderordnung für Damen sieht keinen Zentimeter unbedeckten Fleisches vor. Meistens trägt sie Handschuhe.

Handschuhe und Schirm!

Es ist, sie weiß es, ein Abgrund, der sie von den Tänzerinnen dort vorn trennt, versunken im Selbstgenuss, hingegeben dem Ruf des Geschlechts. Sie versucht es mit Abwehr. *Es ist nicht zu sagen wie eitel, kokett und lächerlich die schwarzen Tänzerinnen sich bewegen,*[159] notiert sie.

Gründet nicht alle Kultur auf Scham? Zumindest nach Immanuel Kant. Aber diese Menschen scheinen sie noch kaum zu empfinden.

Frieda formuliert das Fehlen jeglicher Bekleidung gewöhnlich wohlkonfektioniert, mit dem nötigen Feingefühl, sie sagt etwa: Jemand sei *in dem leichten Kostüm erschienen, das wir »blouse au naturel« nen-*

nen.[160] Hier sind fast alle in ihrer *blouse au naturel* erschienen. Es ist seltsam: Die Sprachen der Landeskinder sind ohne Schrift, noch nicht einmal das Rad haben sie erfunden, und doch scheinen sie ein wissenderes und zugleich gelasseneres Verhältnis zu den Ursprüngen zu besitzen.

Die Baronin wurde müde, so voll von Abschied und Begrüßung ist dieser Tag gewesen, es war schon nach Mitternacht, als sie Leue ankündigte, nun ins Bett zu gehen. Unmöglich! Ausgeschlossen!, rief der Kommandant. Sie könne jetzt nicht schlafen gehen, denn der Tanz vorm Palast des Wali beginne erst. Und dieser gedenke persönlich zur Feier ihrer Ankunft aufzutreten, er lasse bereits Sessel vor den Palast tragen. So weit hat August Leue es also inzwischen gebracht!

Sie wusste noch nicht, dass sie hier zwischen die Fronten eines Kalten Krieges geraten ist, zu dessen Strategie und Taktik inzwischen gehört, dass beide Seiten einander die größtmögliche Ehrerbietung bezeigen.

Nur einer der alten Paläste des Said Madjid ist noch bewohnt, dort residiert der Wali Abdallah bin Said, der Gerade-noch-Wali, wie die Neudaressalaamer glauben. Einen zweiten, der dem des Walis direkt gegenübersteht, lässt Leue gerade wiederaufbauen. An diesem imposanten Bauwerk hält zwar nichts mehr als die Außenmauer, aber der Gegen-Wali hat bereits Handwerker und Zimmerleute aus Sansibar kommen lassen, und nun hat der Gerade-noch-Wali in seinem Amtssitz keine ruhige Minute mehr. Nur einer von ihnen, das wissen sie beide, wird bleiben können.

Es ist eine Art Parallelherrschaft, bei der beide Seiten streng alle Regeln des Zeremoniells beachten. Frieda wollte noch einwenden, dass, wenn diese Küste doch nun bald ihnen gehöre, ihr dann auch die Souveränität zukommen müsse, über den Zeitpunkt ihres Zubettgehens selbst zu bestimmen, las aber in Leues Augen, dass dies ein Irrtum sei, noch bevor sie den Gedanken ausgesprochen hatte.

Also nahm sie mit Bertha in den rohrgeflochtenen Sesseln vor der Residenz des Wali Platz, hörte einen Gesang, der ihr ebenso laut wie monoton vorkam, und sah, herausgefordert vom Klang der Trommeln, die Söhne der Wüste über ihre blanken Schwerter springen. Erst mit einer gewissen Nachlässigkeit, dann immer schneller. Die Trommler fand sie zu ihrer Verwunderung *bald stehend, bald knieend, bald auf dem Boden liegend*. Als sie sich Berthas Eindruck versichern wollte, erblickte sie neben sich das leicht aus der Form geratene, vornüber-gefallene Profil einer Schlafenden. Berthas Zustand war umso bemerkenswerter, als um sie herum ein Kreis von Männern stand, die zur Unterstützung der Trommler, Schwerttänzer und Sänger unablässig ihre Gewehre abfeuerten. Und auch der Wali tanzte. Die Schlaflose hat, vielleicht aus Gründen des Zartsinns, nichts Näheres über seine Darbietung notiert. Aber der Wali gefällt ihr.

Das also war der Mann, den Carl Peters vor einem Vierteljahr mit der Nachricht konfrontiert hatte, man sei jetzt hier und gehe nicht wieder weg. Und nun tanzt der Wali für eine leicht deklassierte Baronin aus Berlin. Ist das nicht vielversprechend? Und wenn ja, wie wäre es zu erklären? Am nächsten Morgen wollte sie darüber nachdenken, jetzt war es zu spät, nein, zu früh. Aber der Wali gefiel ihr. Er ist ein vornehmer Mann, und sie besitzt einen Blick für Aristokraten.

Als Frieda von Bülow gegen acht Uhr aus schwerem Schlaf erwachte, drangen die Rhythmen der Nacht wieder an ihr Ohr. *Ich frug etwas kleinlaut, ob heute eine Nachfeier stattfände; aber man belehrte mich, dass die Tänzer noch von gestern her beisammen seien.*[161] Sie nickte leicht desorientiert.

Es war ihr erstes Frühstück auf der quasikommunistischen Terrasse. Zum ersten Mal schenkte ihr Mandoa aus der indischen Porzellankanne den Kaffee ein, und er beobachtete sie, sie beobachtete ihn.

Zum ersten Mal aß sie afrikanischen Festlandhonig zu hausgebackenem Schwarzbrot. Zum ersten Mal erschien sie später auf der Terrasse als alle anderen und das würde, so viel wusste, so viel befürchtete sie, vermutlich so bleiben.

Sie hat kein Talent zum Frühaufstehen.

Liest sie zum ersten Mal in den Augen der Schwester Marie Rentsch, dass sie nichts anderes erwartet habe? Marie würde sie nicht in ihren Kommunismus aufnehmen. Das ist die Crux des Kommunismus: dass er so viele ausschließt.

Moses, Heraklit, Männchen und Elias, einer grüner als der andere, beäugten die Neue, die Affen stritten; ob die Manguste an diesem Morgen bereits die Tischglocke benutzte, ist nicht überliefert. Frieda von Bülow aber dachte an ihren Bruder.

Die Trommeln der *Ngoma* und ihre Müdigkeit hatten die Sorge, den Zweifel nur übertäubt, jetzt waren sie umso stärker wieder da. War es wirklich richtig, dass sie in der Vollkommenheit dieses afrikanischen Festlandmorgens saß und nicht an seinem Krankenbett in Sansibar?

Es war keine leichte Entscheidung gewesen, von Bord der *Barawa* zu gehen, während Peters, Saint Paul und die anderen weiterfuhren. Wäre sie mit ihnen nach Sansibar zurückgekehrt, sie hielte jetzt Albrechts Hand im Hospital der Schwestern vom Heiligen Geist, das sie so gut kannte. Niemand konnte sagen, ob ihr kleiner Bruder auch diesen Fieberanfall übersteht. Ist er vielleicht schon nicht mehr unter den Lebenden?

Sie ging jetzt besser nicht hinunter an den Strand, wo sie unter Mangobäumen, sanft umschattet im leichten Wind das Grab des Regierungsbaumeisters Wolf weiß. Von nun an wird immer ein geflochtener grüner Kranz dort liegen, und, sobald er zu welken beginnt, durch einen neuen ersetzt werden.

Frieda weiß, wer ihn bringt.

Bertha mag es, zum Sonnenuntergang an den Strand hinunterzulaufen.

Dame auf Esel mit Schirm

Albrecht von Bülow hatte es, fieberglühend, von seiner Station Unsungula bis nach Bagamoyo geschafft. Dort gab ihn der Arzt eines österreichischen Kriegsschiffs auf. Für diesen Patienten könne er nichts mehr tun.

Doch wie um den Diagnostiker zu widerlegen, überlebte Albrecht von Bülow auch noch die Überfahrt nach Sansibar. Erst das war der Ort, an dem über letzte Chancen entschieden wurde. Und sie, seine Schwester, hatte das Schiff verlassen, das sie zu ihm hätte bringen können. Hieß das nicht, das Schicksal herauszufordern?

Sie sagt sich, dass er bei den Schwestern vom Heiligen Geist in der besten Pflege ist und dass sie nicht so bald wieder eine Passage nach Dar-es-Salaam gefunden hätte. Sie ist nicht als Schwester eines Bruders hier in Afrika, sie hat eine Aufgabe. Wer eine Aufgabe hat, muss lernen, von sich abzusehen. Und doch: *Ich bin in Angst um Albrecht und weiß nicht ob ich recht gethan habe. Nun, wir stehen alle in Gottes Hand!*[162] Man bekommt in Afrika einen Sinn für das Unverfügbare. Ist ihr konventionell zumute, sagt sie einfach Gott.

Frieda fragt nicht, ob sie Bertha an den Strand begleiten soll. Wenn es hier schon keine Rückzugsräume gibt, so doch Rückzugszeiten; jeder braucht eine Stunde des Alleinseins, des Urlaubs von seinen Nächsten und der kommunistischen Terrasse. Sie nimmt zum Sonnenuntergang am liebsten den Weg hinaus nach Bagamoyo. Es ist nicht die Stadt gleichen Namens, sondern ein Dorf, vielleicht das schönste schwarze Dorf, das sie bisher sah: *Der Weg dorthin ist ein Parkweg; breit und ziemlich geradlinig mit einer Einfassung von Ananasstauden umgeben, führt er durch Wiesen, auf denen die Rinderherden der reichen Inder grasen. Aus schilfumgebenen Wassertümpeln … tönt das Quaken des Ochsenfrosches und vereint sich zur Abendsymphonie mit dem tausendfachen Gezirpe der Grillen.*[163] Es ist die Stunde der Illusion, die Stunde des Friedens. Die Sonne brennt nicht mehr, ist nicht mehr die Feindin des Lebens, sondern scheint einzig am Himmel zu stehen, um jeden, der sie anblickt, in das angemessene Licht zu rücken. Also in eines der Verklärung. Als sei er der Einzige auf Erden. Als sei er, nur er, gemeint. Was für eine Begabung zur Devotion. Die Sonne als Dienerin.

Ja, es ist die Stunde des Friedens. Sie weiß, dass in den Teichen, aus denen das unzulängliche Abendgebet der Ochsenfrösche tönt, die giftigsten Schlangen wohnen. Nein, es ist niemals Frieden. Es ist höchstens ein Waffenstillstand. Es ist – für Augenblicke – die tröstende Wirkung dessen, was älter ist als wir. Dabei ist sie hier, um die Geltung all dessen außer Kraft zu setzen.

Sie biegt gewöhnlich nicht zu Fuß in die Allee ein, sondern auf dem Rücken eines weißen Maskatesels. Er ist einer von vier Eseln der Station, doch während die anderen nur Lasten tragen, ist er das Reitpferd. Rechts und links vom Weg stehen Mangobäume in einer so großen Sicherheit ihrer selbst, dass ihre Kronen fast den Rasen berühren. *Gelbe Blüten umspinnen das dunkle Grün jetzt wie mit Goldfiligran und ein Duft entsteigt ihnen ähnlich unserer Lindenblüte. Aus kleinen Vertiefungen ragen die riesigen Sammelblätter saftgrüner Bananen. Blühende Baumwollsträucher, Granaten, Orangen und über diesen Gruppen schlanker Kokospalmen vervollständigen das Bild dieser wilden Parklandschaft, wie ich sie ähnlich nur in Mikidani gesehen.*[164]

Am Morgen aber, noch vor dem Kaffee auf der kommunistischen Terrasse, reitet sie am liebsten in Sejid Majids Kokosnusswald. Der unglückliche Sultan hatte ihn pflanzen lassen, eine Stunde weit reicht er in die Ebene hinein. Damensättel sind unter diesem Himmelsstrich unbekannt, sie ist gänzlich ohne Halt, wenn sie sich auf dem Rücken ihres Maskatesels durch den Glanz des Tropenmorgens tragen lässt. Doch wozu Halt? Sie reiten gemeinsam in den Morgen und in den Abend, Esel und Frau werden immer aufs Neue eins, schon mit dem ersten Schritt ins Weite, sie sind eine kleine Harmonie in der großen Weltenharmonie, sind Teil und Ganzes zugleich. Wozu Zügel? Niemand soll an Zügeln oder Ketten gehen. Die Menschen sind schön!

Und die Esel auch!

Am Morgen des 20. September 1887 geschieht es. Sie sind schon fast wieder zurück in der Stadt, als es leicht zu regnen beginnt. Die Ausflüglerin legt die Zügel auf dem Esel nieder und spannt ihren Schirm auf. Der Mechanismus kracht ein wenig. Und im nächsten

Augenblick fliegt sie, am offenen Schirm, rücklings vom Esel. Das Tier nahm einen jähen Sprung zur Seite und rennt weg. Niemand hatte ihm bisher die Funktionsweise eines Regenschirms erklärt.

So verletzlich also sind Weltenharmonien. Das Klacken eines Schirms macht alles zunichte.

Nicht das Klacken eines Schirms sei zwischen uns!

Der Gegenwali schickt einen Diener in den Nachbarpalast, den Wali und seinen Sekretär in aller Form zum Abendessen einzuladen. Abdallah bin Said weiß, dass er nicht ablehnen darf. Es ist ein Duell der Höflichkeiten, ein Zweikampf der Zuvorkommenheit. Der Wali und sein Sekretär erscheinen zu Ehren des Gastgebers *im vollen Waffenschmuck ihrer malerischen Tracht.* Pastor Greiner und Frieda sind auch eingeladen. Es gibt Hühnerragout. Leue bittet Greiner, den Eingeladenen auf Arabisch zu sagen, sie mögen Messer und Gabel nur übersehen und sich betragen, als ob sie zu Hause wären. *Da lächelten die Gäste würdevoll und griffen mit Fingern in das Hühnerragout. Während wir Wein tranken, wurde ihnen Kokoswasser eingeschenkt. Herr Leue sprach ihnen sein Bedauern darüber aus, daß sie sich einen so herzstärkenden Genuß wie den des Weines entgehen lassen müssen und fragte, warum ihnen dies Verbot gegeben worden sei. Der Wali antwortete: »Wein in Mäßigkeit genossen, erheitert zwar des Menschen Gemüt; aber der Prophet, dessen Name gelobt sei, wusste, daß wir zu schwach sind, um Maß zu halten und daß wir in der Unmäßigkeit Tieren gleich werden.«*[165]

Wahrscheinlich versucht der Wali an dieser Stelle, seinen gastgebenden Widersacher nicht mit einem ungebührlich langen Blick zu bedenken. Frieda von Bülow ist wiederum beeindruckt, diesmal vom diplomatischen Rang seines Urteils. Ohnehin dürfte man das, was zwischen den beiden benachbarten Palästen von Dar-es-Saalam anhebt, manchmal beinahe schon Zusammenwirken nennen.

Am Tag nach dem Abendessen steht ein wohlhabender Araber aus Bagamoyo vor der Tür der deutschen Station. Leue beschäftige da einen Gärtner, der gehöre ihm nicht, der gehöre auch nicht sich, sondern ihm, dem wohlhabenden Araber aus Bagamoyo. Vor drei Jahren sei er ihm entlaufen, und nun, so höre er, habe er sich hier angefunden. Er würde ihn gleich mitnehmen.

Leue, durchaus überrascht, antwortet, dass dies so einfach nicht sei. Zumindest müsse man das entlaufene Eigentum befragen, ob es wirklich ein entlaufenes Eigentum sei.

Der Gärtner wird geholt und gibt sofort alles zu. August Leue hat dennoch keine Lust, den Mann wie eine Fundsache zurückzuerstatten. Er kann so nicht denken, er kann so nicht fühlen. Der Fall, beschließt er in einem Anflug von Geistesgegenwart, müsse vor den Wali gebracht werden. Dieser wird unverzüglich benachrichtigt, Abdallah bin Said erscheint ungesäumt und unterzieht den Selbstbesitzer, der kein Selbsteigentümer ist, einem kurzen Verhör. *Mir gefiel die natürliche Würde des Arabers, der seine Fragen in leisem, sanften Ton stellte und dabei, ohne streng zu thun, durch seine Unbeweglichkeit Respect hervorrief. Er erkundigte sich nach des Burschen Herkunft, seiner Heimat, seinen Verwandten etc. Der junge Mann antwortete präcis und wie einer, der nichts zu verheimlichen sucht. Er erlaubte sich sogar einmal eine scherzhafte Bemerkung, die den Wali und seinen Begleiter zu wohlwollendem Lächeln veranlasste.*[166] Dann wird der Angeklagte unter Bewachung gestellt, und Leue fragt den Wali, was er von dem Fall halte.

Vater und Mutter des Gärtners seien freie Leute, antwortet der Wali, demnach sei er nicht Sklave von Geburt, sondern, wie er selbst sage, geraubt worden. Herr Leue antwortet, er wolle niemandem sein rechtmäßiges Eigentum vorenthalten, wenn aber der Wali feststellen könne, was er sehr befürworte, dass der Gärtner gar kein Sklave sei, so geschehe ihm damit ein großer Gefallen. Kann sein, im Blick des Wali liegt jetzt ein Ausdruck, als sei das Letzte, was er vorhabe, ihm, Leue, einen Gefallen zu tun, doch seine gute Erziehung legt ihm eine andere Antwort nahe: Er werde noch heute seine Leute ins Heimatdorf des jungen Mannes schicken, um seine Verwandten zu holen. Morgen sei dann Gerichtstag, Schauri.

Schauri

Vater und Onkel des Gärtners aus dem Dorf Mtoni treffen schon bei Sonnenaufgang ein. Wahrscheinlich nimmt August Leue am ersten großen Schauri seines Lebens teil, und niemand wird diese Zentralinstitution des öffentlichen, halböffentlichen und fastprivaten Lebens so anschaulich beschreiben wie er:

In Deutsch-Ostafrika gibt es ein Wort, das eine vielfache Bedeutung hat. Es ist das Wort Schauri und heißt so viel wie Verhandlung, Beratung, Partei, Rat, Sache, Sitzung. Ohne Schauri kann der Ostafrikaner gar nicht leben. Nichts bereitet ihm solchen Genuß wie ein recht langes Schauri. Soll ein Huhn, eine Ziege, ein Ochse, ein Elfenbeinzahn verkauft oder erworben werden, so geht dem Handel ein endloses Schauri voraus. Will der Ostafrikaner eine Frau nehmen, so macht er mit sich selbst, mit seinen Verwandten und seinen zukünftigen Schwiegereltern Schauri. Hat ein Knabe ein Mägdlein lieb, so macht er in erster Linie mit ihm Schauri.[167] Bleibe es dennoch abweisend, begebe sich der junge Mann zum Medizinmann, um mit ihm ein Schauri zu halten, durch welchen Trank, durch welchen Zauber der Widerstand zu lösen sei.

Weigere sich *ein Häuptling im Innern, zum Schauri zu kommen, so ist er kaidi, also ein Rebell.*

Hielten auf einer schwierigen, gefährlichen Expedition die Träger unter sich Schauri, habe der Expeditionsleiter allen Grund, sich Sorgen zu machen.

Krieg und Frieden, Schuld und Sühne, alles hängt vom Schauri ab. Selbst der Straßenräuber setzt sich vor der Ausübung eines Verbrechens mit seinen Komplizen zu einem Schauri zusammen, in welchem Vor- und Nachteile der Tat sorgfältig erwogen werden. Bietet man dem Ostafrikaner unter der Hand für einen Gegenstand den denkbar höchsten Preis, so läßt er sich ohne Schauri doch ungern auf die Sache ein. Lieber gibt er ihn nach einem langen Schauri billiger weg. … Behelligt man den Farbigen, sei er nun Araber, Suaheli oder Stammesangehöriger, mit einer ihm unangenehmen Affaire, so gebraucht er stets die Ausrede: »Si

shauri yangu« (das ist nicht meine Sache). Macht man ihn in politischer
Hinsicht für einen Genossen verantwortlich, so erwidert er gewöhnlich:
Der Mann gehört zu einem anderen Schauri.

…

Zu seinem höchsten Glanze entwickelt sich das Schauri in seiner
Eigenschaft als öffentliche Gerichtssitzung. Der Schauritag ist für den
Farbigen ein Festtag. Was gibt es für ihn Feierlicheres, Großartigeres
und Interessanteres als ein Schauri, dem der Bwana mkubwa persön-
lich vorsitzt. Die Großen der Stadt und Umgegend, die Araber, die in-
dischen Händler, die Schirasi-Diwane, die Suahili-Jumben, die benach-
barten Stammeshäuptlinge, alle erscheinen in bunten, oft goldgestickten
Gewändern, mit silbernen Dolchen und prächtigen Turbanen, um sich
auf den Bänken pomphaft niederzulassen. Es gehört zum guten Ton, die-
sen Sitzungen beizuwohnen. Der Wali führt an diesem Tage sein langes
kostbares Schwert, welches einen Wert von 1000 Mark haben soll, und
das, wenn der eingravierten Jahreszahl zu glauben ist, schon zur Zeit der
Kreuzzüge geschwungen wurde. Links und rechts vom Gerichtstisch
säßen auf Ehrenplätzen die Sachverständigen, die Akidas und die Ge-
meindevorsteher. Sachverständiger für das mohammedanische Recht
sei der Wali, für das Handelsrecht gewöhnlich ein indischer Groß-
händler.

Der Sitzungssaal sei umlagert von Hunderten Zuschauern, Männern und Frauen. Verhandelt würden im Schauri Strafprozesse, Zivil-
streitigkeiten, Akte freiwilliger Gerichtsbarkeit und vieles mehr.

Wahrscheinlich spürt der künftige Bezirksamtmann von Dar-es-
Salaam schon jetzt, als Zeuge des Schauri um seinen Gärtner, wie wichtig es sein wird, eine solche Versammlung mit Würde und Umsicht zu
leiten. Wer das nicht vermag, wird zu einer Gefahr für die öffentliche
Ordnung und den inneren Frieden. Das Ergebnis des Gärtner-Schau-
ri berichtet Leue Frieda so: Der Vater des Gärtners sei ein Schafskopf,
aber sein Onkel habe für seinen Neffen alles gegeben, was in seiner
verbalen Macht stand. Leider habe der vermeintliche Eigentümer des
Gärtners dasselbe getan, sodass der Wali es für das Beste hielt, die
Sache zu vertagen.

Treffen Leue diskret-herausfordernde Blick bin Saids? Ob er das wohl auch könne?

Das Schauri wird demnächst fortgesetzt.

Die Palastruine neben dem Amtssitz des Wali, von Peters erhandelt, gewinnt täglich mehr von ihrer einstigen Würde zurück. Der Baulärm in den Ohren des Wali dürfte diesen empfindlich stören, das Erzeugen von Krach gehört zur elementaren Kriegskunst, dennoch ist den Wadatschi, den Germanen, keine böswillige Absicht nachweisbar.

Bald werden die Bewohner des *Deutschen Hauses* umziehen, denn alle sind überzeugt, dass die frische Seeluft, die alle Zimmer durchweht, ihre Widerstandskraft gegen das Fieber heben werde. Und in der Tat ist ihnen schon jetzt viel freier zumute, sobald sie das Haus betreten. Der erste Mann der Station bezieht sein Zimmer im obersten Stockwerk mit weitem Blick über den Hafen und das Meer. Ein ebensolches, mit fünf Fenstern über der Stadt, wird zur Krankenstation gemacht, und ganz oben in der Turmstube richten Frieda und Bertha die Apotheke ein.

Araber, Inder und Schwarze finden sich täglich in großer Zahl bei ihnen ein, denn die Medizin der weißen Krankenschwestern steht in gutem Ruf: als Zaubermittel. Wer die besseren Zauberer hat, wird siegen. Natürlich könnte Frieda ihren Patienten erklären, dass es keine Zauberer gäbe, viele vor ihr haben das schon versucht, allein es wäre vergeblich. Sie stellte nur mehr einen Fall von ernster intellektueller Insuffizienz dar, von simpler geistiger Unzurechnungsfähigkeit. Es ist, wie Hegel vermutete: Man versteht nur, was man schon weiß.

Die Einheimischen können Medizin nicht anders als Zauber denken. Frieda wird nicht müde, es zu beklagen: *Sie bringen Glauben und verlangen Wunder.*[168] An Wasser und Seife glauben sie nicht. Sie wäscht ein kleines indisches Mädchen, dessen Körper von Ausschlag übersät ist, vor den Augen seines Vaters und sagt ihm, das müsse auch er täglich tun. Wenn der Mann an die Wirksamkeit der Prozedur glauben soll, so scheint sie ihm doch einzig in genau dem Stück Seife zu liegen, das Frieda benutzt hat. Es ist ihr eigenes, aber er geht erst, als sie es ihm überlässt.

Bis auf Herrn Tschepe, der an einer Augenentzündung leidet und dem Frieda zur Erheiterung Gottfried Kellers *Leute von Seldwyla* vorliest, sind tendenziell alle Stationsmitglieder gesund. Natürlich haben sie längst gelernt, Zugeständnisse zu machen. Von kleineren Fieberschüben Betroffene werden, da diese nun einmal immer wiederkehren, unter die Gesunden oder doch zumindest unter die der Tendenz nach Gesunden gezählt.

Bertha und Frieda sind bis jetzt noch fieberfrei geblieben, was alle für ein Beinahe-Wunder halten. Frieda selbst glaubt, dass sie *außerordentlich wenig zum Fieber disponiere*, auch hält sie sich für den lebenden Beweis für Carl Peters' Auffassung, dass es sich bei Gesundheit und Krankheit um reine Willensfragen handelt. Sie ist durchaus stolz auf die Robustheit ihrer Natur. Sie hat noch immer die gesunde Gesichtsfarbe vom Tag ihrer Ankunft, die Europäer hier so schnell zu verlieren pflegen, um sie gegen einen fahlen Gelbton einzutauschen.

Und Albrecht?

Eines Morgens steht ein sanfter großer Schwarzer vor ihr, der eben von Sansibar kommt, und übergibt ihr einen Brief. Albrecht teilt ihr mit, dass er schon am nächsten Tag an Bord des Sultansdampfers *Nyanza* gehen wird. Der Zielhafen der *Nyanza* sei Bombay, für ihn allerdings nur ein Zwischenhalt auf seinem Weg zum Himalaya. Denn ebendort müsse er hin, wenn er seinen Aufenthalt auf Erden zu verlängern gedenke, das sagen zumindest die Ärzte. Drei Monate Himalaya, mindestens. Dann komme er wieder. *Wird man hier nicht blasiert?*, fragt Albrecht seine Schwester. Am Morgen habe er etwa folgende Unterhaltung mit dem italienischen Konsul Filonardi gehabt:

»*Guten Morgen!*«

»*Wie geht es Ihnen? Besser?*«

»*Danke; fahre morgen ein bisschen nach dem Himalaya.*«

»*Wollen Sie vorher bei mir frühstücken?*«

»*Gern, wie viel Uhr?*«

»*Elf?*«

Während sie den Brief des Bruders liest, steht sein Überbringer wartend vor ihr. Sie registriert seine *sorgfältige Kleidung*, sein offenes Gesicht. Auch über ihn steht etwas im Brief: *Ich will Dir Abdallah während meiner Abwesenheit lassen, wenn Du ihn brauchen kannst. Ich habe ihn seit über einem Jahr in meinem Dienste, und ich möchte ihn nicht gern verlieren etc.*[169]

Sie mustert Abdallah. Er ist wirklich sehr groß, seine Züge sind ruhig. Es ist seltsam, aber er erinnert sie an jemanden. Sie weiß nicht gleich, wer es ist, aber dann weiß sie es umso sicherer. Sie muss, wenn sie ihn ansieht, an einen Jungen aus Ingersleben denken, der hieß Carl Schmidt.

Abdallah? Es gibt schon zu viele Abdallahs und Abdullahs auf der Station. Sie wird ihn Carl Schmidt nennen. Sie zeichnet ihn aus und spürt nicht, dass sie ihn zugleich degradiert. Kommt ihr denn nicht in den Sinn, wie viel Demütigung darin liegt, mit jedem neuen Herrn einen neuen Namen zu bekommen?

Die Station beschäftigt inzwischen schon eine beachtliche Anzahl von Arbeitern. Da sind die Garten- und Feldarbeiter, der Stallknecht, dem irgendein Übermut den Namen Questenberg zugefügt hat, nach Schillers Kriegsrat aus *Wallenstein*; da sind weiterhin ein Wäscher, der Maurer und der Schneider und ein kleiner Viehhirt namens Marindila. Außerdem hat Leue inzwischen eigene Soldaten, *Askari*, schließlich hat der Wali auch welche. Leue unterweist sie in preußischem Exerzierreglement. Es gibt kein anderes zur Stunde, das erfolgreicher wäre. Immer wenn Hauptmann August Leue sein kleines Heer antreten lässt, versammelt sich ein großes Publikum.

Anfangs hielt es sich die Bäuche vor Lachen.

Wie die laufen! Etwas so Komisches hat es noch nie gesehen.

Am Abend, wenn Frieda nicht nach Bagamoyo reitet, fährt sie mit den anderen aufs Meer hinaus. Leues Askari rudern, bis das Segel gesetzt werden kann. Diese Meerfahrt, oft mit Delphinbegleitung, gilt als eine besonders wirksame Form der Fieberprophylaxe. *Am Horizont sieht man als Zackenlinie die schaumgekrönte Dünung der hohen See.*

Zuweilen erscheint dort ein schneeweißer Punkt, der langsam größer wird und endlich als leuchtendes Segel sich scharf vom Himmel abhebt. Dann fragen wir jedesmal: »Kommt die Dau von Zanzibar?«, worauf die Askari antworten: »Von Zanzibar.« Oder sie sagen: »Es ist ein Fischerboot.« Im Zweifel sind sie eigenartiger Weise nie. Das Fischerboot lässt uns gleichgültig; ist es aber eine Dau von Zanzibar, so segeln wir ihr entgegen, weit hinaus, wenn Wind und Wellen es erlauben. Bald hört man ein dumpfes Trommeln,[170] das sei die »ngoma«, mit der die Meerfahrer die Geister der Tiefe vertreiben. Der Trommelwirbel ist jedes Mal schon aus weiter Ferne hörbar und kommt ihr fast unheimlich vor. Die begleitende Flöte vernimmt sie erst viel später. Haben sie die Dau erreicht, rufen sie dem Kapitän die Frage zu, ob er Post für sie habe. Zuweilen reicht man dann ein mit Bindfaden verschnürtes Päckchen ins Boot.

Ist nichts für uns da, so verachten wir die Dau und fahren resigniert weiter. Dann geht die Sonne unter. Wir nehmen die Flagge ab und wickeln sie zusammen. Das Rot am westlichen Himmel erlischt rasch und der Wind legt sich vollständig. Das Segel wird gerefft und die Ruder, die in sicherem Takt das Wasser teilen, wirbeln mit jedem Schlage tausend diamantgleiche Funken auf. Zuweilen springt in unserer Nähe ein Delphin hoch in die Luft und senkrecht ins Meer zurück.[171]

Eine Dau von Sansibar bringt die Nachricht, dass ihre Tage in Dar-es-Salaam zu Ende gehen. Peters hat eine Schamba für sie entdeckt, ein Haus mit Garten am Meer, nicht weit von der Stadt. Sie wird wieder in seiner Nähe sein. Gewiss ist der Küstenvertrag in Kraft, haben der Kaiser und Bismarck längst unterschrieben.

Noch lebt sie ganz im Rhythmus der Tage von Dar-es-Salaam und kann bald doch nur noch an ihre Schamba in Sansibar denken. Sie schreibt nach Hause, nach Berlin; Mutter und Schwester müssen ihr sofort alles schicken, was sie entbehren können. Schränke, Tische, Stühle und Wäsche, Geschirr, einfach alles, was man braucht für eine richtige Schamba am Meer.

Carl Schmidt wird sie mitnehmen, aber auch Boheti und Hamed, Boheti als Diener, Hamed als Küchenjungen. Wenn Leue sie ziehen lässt.

Bertha aber bleibt, sie wird die Krankenstation mit den fünf Zimmern überm Meer und der Turmstubenapotheke allein führen. Und wenn sie Hilfe braucht, sind Greiners Frau und seine Nichte da. Und Schwester Marie natürlich. Schwester Marie Rentsch, die alles an ihr missbilligt. Wahrscheinlich sogar die bloße Tatsache ihrer Existenz.

Nach Sansibar!

Der Selbsteinwohner

Was für ein Anblick! Zerstückelte Körper, Kinder und Frauen, umgehauene Bananenstauden und Palmen, die Hütten nur noch Aschehügel.

Henry Morton Stanley fasst neuen Mut.

Die Sklavenjäger waren hier. Sie können nicht weit sein, zumindest nicht unerreichbar weit. Bei den Sklavenjägern liegen jetzt all seine Hoffnungen. Er wird Emin Bey weniger Munition mitbringen, er wird das Pulver gegen Reis tauschen.

Die Sklavenjäger sind umsichtige Leute, sie pflegen Proviantlager anzulegen. Er muss sie nur finden.

Zwei Wochen später, am 16. September, tritt der einstige Reporter des *New York Herald* einem feisten Mann gegenüber, der sich nirgends so gern aufhält wie in seiner eigenen Haut. Stanley hat einen Blick für diese Dinge, er ist nicht ohne Neid gegen solche Selbsteinwohnung. Es geht ihm durchaus anders. Es fiel ihm schon an *Number One* auf, dass diese Menschenjäger sehr ausgeglichene Naturen sind. Dieser hier heißt Ugarrowa. Ugarrowas Name ist fast so groß wie der Tippu Tips.

Nur: Warum sollte Ugarrowa den Hunger seiner Leute lindern, warum sollte er Stanleys Waldläufer ernähren? Nun, der Abgesandte Britanniens zur Rettung Emin Paschas, Sendbote des höheren europäischen Kulturbegriffs, hat da Referenzen.

Tippu Tip ist gewissermaßen Mitglied seiner Expedition, er ist der Gouverneur von *Stanley Falls*. Und hat er, Ugarrowa, nicht einst seinen Tee mit John Hanning Speke und James Augustus Grant, mit Samuel White Baker und seiner Frau Florence geteilt?

Sie alle suchten etwas, was die Auffassung der Araber, diese Europäer hätten Wasser im Hirn, durchaus genährt hat. Sie wollten herausfinden, wo der Nil anfängt. Sie waren unterwegs, um seine Quellen zu finden.

Ein Vierteljahrhundert ist das nun her.

Wahrscheinlich sieht der alte Sklavenhändler Stanley gleich an, dass er keinen Flüssesucher vor sich hat. Ugarrowa lässt mit sich handeln. Es ist sein Beruf, damit verbringt er sein Leben: Munition gegen Reis. Das ist kein schlechter Tausch. Ugarrowa mag es, mit diesen schwitzenden, immer gehetzt wirkenden Nordländern Geschäfte zu machen, deren Gesichter irgendwann alle Farbe verloren haben müssen. Kein Wunder bei dieser Lebensform.

Drei Tage bleibt die Vorhut der europäischen Gesittung im Lager des Selbsteinwohners und wird leidlich verpflegt. Zum ersten Mal sehen sie die mutmaßlichen Absender der Giftpfeile und nennen die gewöhnlich gut verborgenen Waldbewohner *Zwerge* oder *Ellenmännchen*, denn sie sind nur halb so groß wie sie. Der treue Gefährte Uledi, Bootsführer der *Advance*, bringt seinem Herrn eine *Zwergenkönigin* ins Zelt, sie trägt nichts als eiserne Ringe. Mehr notiert der Expeditionsführer nicht.

Während er sich mit der Zwergenkönigin unterhält, verschwinden Munitionskisten, Träger ohnehin. Das heißt, es verschwinden nur die, die noch Kraft genug haben zu fliehen.

Bei mehr als fünfzig seiner Leute kann davon keine Rede mehr sein. Sie scheinen beinahe zu schwach, den nächsten Tag zu erleben. Ugarrowa erklärt sich bereit, die Entkräfteten aufzunehmen, gegen ein gutes Entgelt. Sie haben Glück, sie sind bis hierher gekommen. Drei Tage bevor sie Ugarrowa fanden, blieben fünf Männer am Wege zurück. Keinen Schritt weiter konnten sie gehen. Die an ihnen vorbeizogen, wussten, was ihnen bevorstand. Die Tiere des Urwalds, kleine und große, würden ihre Körper finden und nicht einmal warten, bis kein Atem mehr in ihnen ist. Sie selbst wussten es wohl auch, aber sie waren so schwach, es ging sie schon nichts mehr an. Sie fühlten nur Erlösung. Keine Last mehr auf den Schultern. Und liegen bleiben.

Einfach liegen bleiben.

Die Schamba

Es ist ihr dreißigster Geburtstag, es ist der 12. Oktober. Wie sehr hatte sie gehofft, ihn schon in ihrer Schamba zu feiern, mit eigenem Dach über dem Kopf. Mit dreißig sollte man das haben, spätestens mit dreißig.

Das Haus liegt inmitten einer *wahren Wildnis von Mangobäumen und Palmen.* Seltsam, auf der Fahrt nach Afrika hat sie die Mango noch verschmäht, zu fremdartig, und nun kann sie sich fast keine größere Köstlichkeit denken. Das hier ist ihre Privatwildnis mit Meerzugang. Sie ahnt, was Peters aufgeboten hat, dieses Haus noch vor ihrem Geburtstag zu finden. Und er wusste, dass es ihr gefallen würde.

Rechts vom Haus wird der Hühnerhof sein und links der Gemüsegarten. *Dort wachsen Melonen und Gurken, Papais und rote Pfefferschoten. Sogar ein Weinstock schlingt seine Reben um ein Geländer.*[172] Garten und Hof sind von drei Seiten vom Ackerland der Schamba umgeben. Auf dem Acker wächst Maniok, er trägt grünlich gelbe Blüten und erreicht leicht eine Höhe von drei Metern. Es wird besser sein, sie verläuft sich nicht in ihrem Maniokfeld, sonst findet sie niemand. *Ananasstauden bilden die Einfassung des Ackers und der Beete, während eine Reihe dicht nebeneinanderstehender Bananen das Gartenland von den angrenzenden Wiesen trennt. Im Garten und auf dem Felde wachsen zahlreiche junge Orangenbäume, deren gelbgrünes Laub gegen das dunkle der riesigen Mangobäume und das saftgrüne der Bana-*

Albrecht von Bülow malt die erste Schamba.

nen lebhaft kontrastiert.[173] Sie wird sich ab sofort ihr Frühstück eigenhändig von Bäumen und Stauden pflücken.

Aber eingezogen ist sie noch nicht.

Die Kisten aus Berlin schwimmen noch auf dem Ozean, schlimmer aber ist: Es geht mit den Arbeiten am Haus nicht voran. Es muss noch repariert und umgebaut werden, aber mal kommen die Handwerker nicht, mal bringen sie das Falsche mit oder gar nichts. Irgendetwas fehlt immer, und sie kann nichts dagegen tun. Nur warten. Sie fühlt sich so ausgeliefert.

Heute habe ich vor Ungeduld und Ärger geweint.

Mehr vermerkt ihr Tagebuch nicht zu diesem Tag, der ihr Geburtstag ist. Oder doch: dass sie wieder kein Chinin genommen hat. Die Schwestern vom französischen Hospital haben ihr dringend geraten, am neunten und zehnten Tag nach ihrer Rückkehr auf die Insel Chinin zu nehmen. Ortswechsel erhöhen das Fieberrisiko, es grenze schon an ein Wunder, dass die Malaria sie bisher gemieden habe, umso mehr müsse sie … Sie hat weder am neunten noch am zehnten Morgen Chinin genommen, sie hat ihren Stolz, sie *disponiere nun einmal außer-ordentlich wenig zum Fieber*, und siehe: Sie fühlt sich großartig. Wenn nur nicht ein Tag der ruhenden Bauarbeiten dem nächsten folgte.

Irgendetwas stimmt nicht.

Peters spürt das auch. Berlin hat den Vertrag, diesen besten aller möglichen Verträge, bis jetzt nicht unterzeichnet. Das Auswärtige Amt verlangt immer neue Auskünfte, hat immer neue Änderungswünsche. Peters weiß schon nicht mehr, wie er dem Sultan gegenübertreten soll. Er spürt seine Herablassung. Leider ist auch Holmwood nicht mehr da, und der neue britische Generalkonsul hält die deutsche Anwesenheit unter diesem Himmelsstrich ohnehin für einen Irrtum. So ungefähr wird er das auch Bargasch erklärt haben. Frieda und er, sie müssen jetzt stark sein, beide. Sie müssen die Nerven behalten. Und sie darf nicht weinen, nur weil die Handwerker nicht kommen.

Sie weint doch sonst nie.

Carl Schmidt, ein Juwel von einem Diener, der sonst kein überflüssiges Wort redet, blieb heute beim Spaziergang plötzlich vor mir stehen, wandte sich nach mir um und sagte mit düsterem Ernst: »Bibi! Mohamed ben Salim kaputto.«[174]

Die Nerven behalten? Mohamed ben Salim ist tot, der junge Premierminister des Sultans. Diesmal muss sie nicht lachen über Abdullahs »kaputto«. Die Schwarzen haben dieses Wort längst in ihre Sprache übernommen, ebenso wie das deutsche »ja«. Es gefällt ihnen, es klingt so komisch.

Mohamed ben Salim ist gestorben? Er war erst Anfang dreißig, er war nicht krank. Am Tag vor seinem plötzlichen Tod hatte er Peters einen Boten geschickt, er möge zu ihm kommen, persönlich. Peters war beschäftigt, schob den Besuch auf. Berlin unterzeichnet den Vertrag nicht, ben Salim wird es nicht ändern können, es hat keine Eile.

Was wollte er Peters sagen? Dass der Sultan ihm, Peters, nicht mehr recht traut, da sein Kaiser und dessen Kanzler ihm offenbar auch nicht trauen, sonst hätten sie längst unterschrieben? Dass sich die Kräfteverhältnisse gewandelt haben und der neue britische Generalkonsul und der nicht ganz so neue Vertreter des Auswärtigen Amtes nicht zu Peters' Sympathisanten gehören, um das Mindeste zu sagen? Zwei Zungen, die dem Sultan gewiss nichts Förderliches zuflüstern. Der Mann, den sie zu lieben meint, hatte in Peters-Weise reagiert, er hatte erst recht Pläne gemacht und dem Sultan auch noch die Orte Patta, Manda, Barawa, Merka und Makdisehu abgehandelt. Auch die Idee, eine geregelte Küstenschifffahrt einzuführen, wozu der Sultan seine drei Dampfer hergeben müsse, zumindest am Anfang, fand durchaus Bargaschs Verständnis. Natürlich gründete dieses Verständnis wie früher schon nicht allein auf Carl Peters' Überredungskunst, sondern mindestens ebenso in ben Salims Fähigkeit, dem Sultan darzulegen, warum Peters' Interessen Bargaschs eigene Interessen seien. War der junge Premierminister seinem Herrn lästig geworden?

Fast alle glauben an einen gewaltsamen Tod. Frieda blickt Carl Schmidt lange an. *Mohamed ben Salim kaputto.* Sie hatte diesen jungen Araber gemocht.

Geht jetzt alles zu Ende, noch bevor es richtig begonnen hat?

Sie kann es nicht glauben. Sie vernimmt leisen, dann immer lauter werdenden rhythmischen Gesang. Sie hört die Karawane schon, bevor sie sie sieht. Die Pagazi, die meisten nur mit einem Lendentuch bekleidet, tragen Einrichtung, Wäsche und Geschirr zu ihr hinaus, und *bald unterschied ich an der Art des Atemholens … sowie am Tempo, ob eine schwerere Last zu erwarten war, oder eine leichtere. Je schwerer die Last, desto schneller und abgebrochener tönte der Gesang.*[175] Es hatte sich herumgesprochen, dass Frieda bei Magenschmerzen manchmal Cognac verabreicht, weshalb die Träger sie auf stärkstes Unwohlsein hinwiesen. Aber Frieda gibt jedem statt Cognac zwei Pfeffernüsse aus Berlin.

Pfeffernüsse. Ja, es ist wohl so, es wird bald Weihnachten. Sie schaut hinaus in den sonnenhellen Tropentag und kann es kaum glauben. Die Inhaberin eines nunmehr fast vollkommenen Hausstandes würde den jungen Männern gern erklären, was sie da unter Mienen des Entzückens essen, doch ihr Suaheli-Wortschatz lässt es noch immer nicht zu. Saint Paul tadelt sie sehr ob dieser linguistischen Faulheit. Umso mehr ist ihr klar, was sie Frau Glühmann verdankt.

Frau Glühmann ist ihre neue Haushälterin. Sie führt die Wirtschaft, beaufsichtigt die Küche und ist ihr lebendiges Mundstück, Übersetzerin in allen Lebenslagen.

Frau Glühmann ist eigentlich Griechin, jedoch ist sie im deutschen Waisenhaus der Kaiserswerther Diakonissen in Jerusalem aufgewachsen. Das Waisenhaus führt den Namen *Talitha Kumi*, das ist Arabisch und heißt *Mädchen, ich sage dir, steh auf!*, Markus 5, 41. Theodor Fliedner hatte dieses Institut 1851 gegründet, um arabischen Mädchen das Evangelium nahezubringen.

Mädchen, ich sage dir, steh auf!

So hat sie gelebt. Arabisch spricht sie fließend, wenn auch mit etwas fremdartigem Akzent, wahrscheinlich ist es ein Kairoer Akzent, denn in Kairo wurde sie Köchin des dortigen evangelischen Pfarrers, bis sie August Glühmann kennenlernte. Glühmann, ursprünglich Schlosser, arbeitete als Krankenpfleger am Kairoer deutschen Hospital. Und ganz sicher wäre das Paar noch immer in der Hauptstadt aller Ägypter zu finden, hätte es nicht die unglaubliche Kunde erhalten, dass kurz unterm Äquator eine deutsche Kolonie entstanden sei.

Mit all ihrem Hausrat, all ihre Ersparnisse in Reisegeld ummünzend, sind sie in Sansibar eingetroffen, um diese Nachricht zu überprüfen. Sie standen dort anfangs etwas ratlos herum.

Natürlich hat Carl Peters sie herzlich begrüßt. Wenn es doch mehr Glühmanns gäbe! An Menschen wie sie hat der Konquistador bei seiner Landnahme gedacht. An einfache Leute, die ihren Lebensunterhalt nicht mehr in anderer Herren Länder verdienen müssten, sondern sich gewissermaßen zu Hause eine Existenz schaffen können, auch wenn dieses Zuhause auf dem Globus etwas nach unten verrutscht ist.

Und so kocht Frau Glühmann in der Schamba der offiziellen Delegierten für die Krankenpflege in den Kolonien oder hilft dem Küchenjungen Hamed und richtet gemeinsam mit Frieda das Haus ein. *Beim Auspacken der Kisten, was auf der unteren Veranda vorgenom-*

men wurde, umstanden uns die Diener voll Neugierde und äußerten
naive Bewunderung für jeden unbekannten Gegenstand aus »Uleija«,
Europa. Auch das Füllen der Bettkissen mit Kokosnußfasern haben wir
auf der zu ebener Erde gelegenen Veranda besorgt.[176]

Die Baronin bekommt täglich Besuch von ein und demselben Mann. Er trägt entweder ein burgunderrotes weit wallendes Gewand oder ein königsblaues, durchquert ohne zu fragen gemessenen Schritts und mit feierlichem Gesichtsausdruck alle Zimmer, wobei er in regelmäßigen Abständen *Ah! Ngema sana!* ruft, um danach zwar leise, aber doch nachdrücklich zu seufzen.

Der Mann benimmt sich, als sei er hier zu Hause, und so ungefähr verhält es sich auch. Djeta Vali ist der Besitzer der Schamba, ein reicher Inder, der es für seine Pflicht als Vermieter hält, täglich nach dem Rechten zu sehen. Augenscheinlich findet der jetzige Zustand des Hauses seinen Beifall: die selbstgenähten Vorhänge an den Fenstern, die neugeflochtenen Matten auf dem Fußboden, die merkwürdigen Möbel, das Geschirr in den Vitrinen. Frieda argwöhnt, Djeta Vali werde erst jetzt bewusst, wie schön sein Haus ist, darum seufze er, denn er hätte mehr Geld dafür verlangen sollen, viel mehr Geld.

Er beginnt seinen Rundgang meist im großen Empfangszimmer, in dem der deutsche Kaiser und sein Sohn nebeneinander und mit Würde von der Wand blicken. Djeta Vali schaut beiden tief in die Augen. *Er sagt dann: »Dies ist der Sultan der Deutschen und dies sein einziger Sohn. Euer Sultan ist 91 Jahre und sein Sohn ist 54.«* Wilhelm I. kann nicht ahnen, wie sehr sein Alter sein Ansehen und das seines Reiches hebt. Denn die Mohammedaner sind der festen Überzeugung, dass Gott nur einen hervorragenden Menschen so alt werden lasse. Nicht zuletzt dieser Umstand hat schon Said Bargasch bestimmt, einen Kontrakt mit dem Reich zu schließen. Leider hat der Kaiser nur noch ein paar Monate zu leben und sein Sohn, 56 Jahre alt, wird ihm im selben Jahr in den Tod folgen.

Sie versteht Djeta Vali, auch sie könnte den ganzen Tag nichts anderes tun, als durch die Zimmer ihres neuen Hauses zu laufen. Oder aus seinen Fenstern zu sehen. 2. November: *Ich habe hier von allen Seiten den Blick ins Grüne. Eine wahre Wildnis von Mangobäumen und Palmen umgibt mich.* Und den ganzen Tag hört sie das Meer, wie es sich an den Korallenklippen hinter ihrem Haus bricht.

Ah! Ngema sana! Ihr ist, als habe sie nie woanders gewohnt. Als würde sie für immer hier wohnen.

Talitha Kumi oder »Mädchen, ich sage dir, steh auf!«

Noch ist das Krankenzimmer im ersten Stock leer. Dabei war Herr Glühmann gerade in Pangani, um den ersten Schamba-Patienten abzuholen, Doktor Fritz Spohn, akademischer Mittelbau, der sich im letzten Jahr zwecks Landerwerb einer Expedition nach Somaliland angeschlossen hatte. Seine Mission war aber nur begrenzt erfolgreich, denn zur selben Zeit, als Fritz Spohn Land in Somalia erwarb, versprach das Deutsche Reich Großbritannien, dass es dort keinerlei Interessen verfolge, wodurch die Reise des Dr. Fritz Spohn so hinfällig wurde wie dieser bald selbst. Die Diagnose lautete Malaria, der Patient aber weigerte sich, Chinin zu nehmen, wie vor ihm schon der Regierungsbaumeister Wolf. Das Chinin, so glauben viele Europäer, die nicht zuletzt aufgrund dieser Annahme schon nicht mehr zu den Lebenden gehören, bewirke organische Veränderungen. Frieda fühlt jedes Mal Ohnmacht ob solcher Verweigerung. Sie ist als Malaria-Sachverständige nicht recht glaubwürdig, da sie noch immer die gesunde frische Hautfarbe derer besitzt, die das Fieber hartnäckig meidet. Aber sie hat mit Père Acker, dem Vorsteher der katholischen Mission, darüber gesprochen. Die organischen Veränderungen, die wir dem Chinin zuschrieben, seien eine Folge des Fiebers, nicht des Chinins. *»Ich habe schon manchen am Fieber sterben sehen«*, sagte er, *»aber noch keinen am Chinin.«*[177]

Die medizinische Internationale von Sansibar kommt nun manchmal hinausgewandert, um nach ihr zu sehen und über die *Fälle* zu sprechen, die leichten und die schweren, die eigenen und die fremden. Ihre Apotheke füllt sich, mitunter auf ebenso unvorhergesehene wie vielversprechende Weise.

Gerade hat ihr ein Chemiker, Verfechter einer selbstentwickelten Theorie der Nährsalze und der Steinmehldüngung, eine große Kiste zugeschickt. Julius Hensel, Autor des seiner Auffassung zufolge bahnbrechenden Werks *Ueber causalmechanische Entstehung der Organismen*, ist der Überzeugung, dass das Heil des Menschen im Salz liegt. Frieda entnahm der Paketsendung neben Biammoniumphosphat, Hämolin-Eisen und Calcium Magnesium ein ausführliches Begleitschreiben, in dem der Absender seine Überzeugung darlegt, dass seine Salze als Widersacher der Malaria dem Chinin weit überlegen seien. Julius Hensel bereitet gerade sein Hauptwerk vor, das den bescheidenen Titel *Das Leben, seine Grundlagen und Mittel seiner Erhaltung* tragen soll.

Frieda von Bülow ist keine undankbare Empfängerin. Das Biammoniumphosphat wollte sie in Dar-es-Salaam bereits an Pastor Greiner ausprobieren, als dieser mit einem schweren Fieberanfall zu Bett lag. Im Zweifel ist die Wissenschaft doch ein besserer Arzt als Gott, es hätte sie gefreut, diesen Beweis am Pfarrer zu erbringen; allein Greiner leistete schweren fiebrigen Widerstand. Aber *Eno's Fruchtsalz* nahm auch er. Frieda hatte es in Dar-es-Salaam allen verordnet, als Vorbeugung gegen Gallenbeschwerden.

Leichte Fieberfälle behandelt sie gewöhnlich so: *Der Patient muss schwitzen, je mehr, desto besser. Dabei sinkt die Temperatur fast immer und er erhält ein Gramm Chinin. Am nächsten Tag, wenn die Blutwärme normal ist, erhält er noch ein halbes Gramm. Wer die Anfälle regelmäßig bekommt, wie Frau Glühmann und die Familie Greiner, muß, solange er meiner Obhut anvertraut ist, täglich ein Glas Chinawein trinken.*[178]

Herr und Frau Glühmann haben einen hohen Preis bezahlt für ihre Reise nach Sansibar. Der Wechsel von der trockenen Hitze in die feuchte Wärme ist ihnen nicht bekommen. Frau Glühmann hat alle zwei Wochen für einen Tag Fieber, es könnte bei der Zuverlässigkeit seines Eintreffens beinahe einen Kalender ersetzen.

Gut eine Woche nachdem Herr Glühmann allein aus Pangani zurückkehrte, wird das große Krankenzimmer im ersten Stock zum Lazarett. Tabak-Schröder hat für die Arbeit auf seinen Musterplantagen ägyptische Bauern holen lassen, denen es nun geht wie dem Ehepaar Glühmann: Das Fieber hat ihre Körper fest in seiner Gewalt. Sie stehen unter dem Befehl des reichen Arabers und Tabakpflanzers Ardili Effendi, doch der ist der Kränkste von allen. Er hat neben der Malaria auch noch die Ruhr. Sie sieht gleich, dass Ardili Effendi verloren ist, er kommt zu spät zu ihr.

Dennoch betrachtet sie die Ägypter nicht ohne Wohlgefallen. Die ersten Patienten im eigenen Haus! Und wie gut ihnen die feuerroten Krankenhemden stehen. Ihr Berliner Vorstand hat diese Hemden selbst genäht.

Handarbeit für die deutschen Kolonien!

Peters besucht sie in der Schamba, sooft er kann.

Aber ihren Enthusiasmus für Fieberkurven kann er nicht teilen. *Sie freuen sich wohl über jeden, der krank wird?*, fragt er nicht ohne Tadel. Sie weiß, für ihn ist das Kranksein eine Niederlage: eine Niederlage des Willens. Wer nur entschlossen genug Nein! sagt zur Krankheit, wird auch nicht krank. Sie blickt auf ihre ägyptischen Tabakbauern. Wollten die etwa krank werden? Wollte Regierungsbaumeister Wolf krank werden? Und die Familie Glühmann? An dieser Stelle ihrer Unterredung schweigt Peters gewöhnlich. Das Wichtigste an einem philosophischen Diskurs sind die Pausen.

Peters weiß sie zu setzen.

Und sie weiß, wer in der Mitte dieses Schweigens steht: sie selbst. Die Frau ohne Fieber. Es ist die erste Runde ihrer Philosophie des Krankseins.

Friedas Behandlung zeigt Wirkung, das erkennt auch der Noch-nicht-Gouverneur von Deutsch-Ostafrika an. Bis auf ihren Anführer haben die anderen Ägypter bald fieberfreie Stunden, in denen sie mit kreuzweise übereinandergeschlagenen Beinen auf ihren Betten sitzen und sich mit ihr arabisch unterhalten. Das heißt, die Patienten reden, und sie antwortet ihnen mit alles verstehenden zuversichtlichen Blicken.

Eben fuhr seine Hoheit der Sultan Bargasch ben Said an dem geöffnet stehenden Thor meines Gartens vorbei. Das ist immer ein glänzender Zug. Voran vier Paar rotuniformierte Vorreiter, dann zwei Offiziere der Leibwache in Schwarz und Gold, alle auf prachtvollen arabischen Pferden. Es folgt der Sultan selbst, in einer geschlossenen Equipage, von vier weißen Pferden gezogen. Dicht hinter ihm rollt eine zweite Equipage, in der die Baronin verschiedene *Sultaninnen* vermutet.

Es ist ihr noch nie gelungen, die Frauen hier ganz ernst zu nehmen, schon weil sie nie in der Einzahl, sondern grundsätzlich in der Mehrzahl auftreten. Auch hat sie bislang an keiner jene Relation entdecken können, die man übereingekommen ist, ein Ich zu nennen, also etwas, das die Unverwechselbarkeit eines Menschen ausmacht. Frauen, zumal Nichteuropäerinnen, scheinen ihr nur allzu verwechselbar.

Sind sie denn mehr als Schnittpunkte von Konvention und Koketterie?

Sie erhält öfter Besuch von den Frauen wohlhabender Inder; sie zu empfangen, fordert die Höflichkeit, Frauen besuchen Frauen, es gehört zum gesellschaftlichen Verkehr, es ist ein Zeichen gesellschaftlicher Wertschätzung. Dabei sind diese Besuche ihr meistens eine Verlegenheit. Doch es macht ihr Vergnügen, diese Wesen anzuschauen, die dem gleichen Geschlecht angehören wie sie und ihr doch so unendlich fern scheinen. Sie bekommt dann einen beinahe zoologischen Blick. Mag sein, sie tadelt sich dafür, aber sie kann nicht anders: *Die Banjaninnen tragen kurze, mit handbreiten, glatt anliegenden Ärmelchen versehene Jäckchen in den leuchtendsten Seidenstoffen, die sich der Form des Körpers eng anschließen.*[179]

Sie bemerkt die schweren Goldreifen an den Oberarmen ihrer zwölf Besucherinnen, der Blick gleitet herab zu den Fußgelenken; auch dort stellt sie eine vergleichbare Beschwernis fest, einige der Reifen mögen wohl zwölf Zentimeter breit sein. Sie weiß, worauf es ankommt: diese Fußfesseln zu tragen, als wögen sie nichts. Aller Liebreiz dieser Wesen, die ihre Kultur zu einem rein dekorativen, erotisch dienstfertigen Dasein verurteilt, liegt zudem in der Art, den buntseidenen Überwurf zu handhaben. *Das Vorschieben und Zurückwerfen dieser Umhüllung scheint zu den Lieblingsgesten zu gehören; es wird dabei viel Schalkhaftigkeit und Anmut entwickelt.*

So steht sie an der offenen Gartenpforte ihrer Schamba und besieht Bargaschs Gefolge, als nähme sie die Parade des Sultans ab. Nur das Tempo stimmt noch nicht.

Friedas Blick wird manchmal scharf wie ein Seziermesser, nicht nur fremde Frauen, auch ihre Landsleute sind ihm schutzlos ausgeliefert. Peters und Konsul O'Swald kommen öfter zum Abendessen, es liegt nahe, denn der Konsul ist jetzt ihr nächster Nachbar stadtauswärts. Mit O'Swalds Schamba verglichen, streift die ihre die Nichtvorhandenheit, aber das macht sie nicht befangen, im Gegenteil.

O'Swald heißt William Henry, nach seinem Vorbild wird Thomas Mann einmal den Großvater des jungen Hans Castorp im *Zauberberg* entwerfen. Mann hält sich dabei lediglich an ein Ölgemälde des späteren Senators und zweiten Bürgermeisters von Hamburg, es zeigt einen älteren Herrn mit der Ausstrahlung vorsätzlicher Würde; Frieda aber hat ihn jetzt in voller Restjugend vor sich, ganz ohne spanische Halskrause, noch ist nichts altertümelnd an diesem beinahe sträflich schönen Mann. Frieda wird William Henry in ihrem ersten Roman kurzerhand Harry nennen.

Harry mischte gerne englische Worte und Wendungen in seine Rede. Er trug auch Haar, Backenbärtchen und Anzug wie ein Engländer. Man hätte ihn ganz und gar für einen solchen halten können, wenn nicht Bewegungen und Mienenspiel bei ihm zu lebhaft gewesen wären. Bei all seiner Bewunderung für englisches Wesen war es dem Hamburger nicht gelungen, den stumpfsinnigen und stieren Ausdruck sich anzueignen, der britische Gentlemen von Distinktion kennzeichnet.[180]

Ja, die Engländer missfallen ihr, seit Holmwood nicht mehr da ist.

Sie nehmen – gewiss würde die Gastgeberin dieses Verb passend finden – das Abendessen gewöhnlich in der Halle. Mag sein, dieser Raum ist von fern der Ingerslebener Bibliothek nachempfunden.

Gemeinsam entwerfen sie die Zukunft im tropischen Abendfrieden ihrer Schamba, es ist eine Zukunft ohne den neuen britischen Generalkonsul und selbstverständlich ohne den deutschen, ohne Michahelles. Ja, es ist – zumindest in Carl Peters' Augen – eine Zukunft ohne den Sultan.

Wahrscheinlich unternimmt Peters keinen Schritt, den sie nicht gebilligt, schickt keinen Brief nach Berlin, den sie nicht gelesen hätte, so wie sie es einmal in ihrem Roman schildern wird, als sie Peters den Namen Ralph Krome gibt:

Sie … zog sich in das Arbeitszimmer ihres Mannes zurück. An seinem Schreibtisch sitzend, las sie. Es war ein zehn große Seiten langer Bericht Kromes.

Sie las mit Entzücken. Das war so klar, so knapp, so umfassend dabei und so einleuchtend. Gewiß, kein zweiter konnte dergleichen so schnell und so gut machen wie er! Sie war der unfähigste Kritiker, den sich Krome hätte aussuchen können, denn sie liebte seine Art, zu denken und zu sprechen und zu schreiben so sehr, daß es sie urteilslos machte. Allein das konnte Krome nicht wissen.

Als sie zu Ende gelesen, schrieb sie auf einen kleinen weißen Briefbogen: »Das, was zu sagen war, kann nicht besser gesagt werden und wird seine Wirkung nicht verfehlen.« So, ohne Anrede und Unterschrift legte sie die paar Zeilen zu dem Schriftstück.[181]

Und dann kommt der Tag, an dem sie zu wissen meint, dass alles gut wird. Ihr Bruder kehrt zurück vom Himalaya, gesund, fast gesund, er ist schon unterwegs. Noch ahnt Albrecht von Bülow nicht, dass seine Schwester ein Haus hat in Afrika. Sie werden gemeinsam in ihrer Schamba wohnen, bis er zurückkehrt in das Land, das sie nur *das Innere* nennen.

Wenige Tage noch, und Albrecht wird bei ihr sein.

Ihr Hühnerhof zählt 37 Hennen.

Wenige Tagesmärsche noch, dann ende der Wald, sagt der Häuptling von Ibwiri. Es ist Ende November. Seit fünf Monaten irren sie durch die grüne Dämmerung. Ihre Expedition gilt als verschollen. Seit fast einem halben Jahr sehen sie keine Sonne. Sie haben längst aufgehört anzunehmen, dass auch dieser Wald ein Ende habe. Es widerspräche aller Erfahrung.

Wenige Tagesmärsche noch?

Sie verlassen Ibwiris Lager, spüren, wie sie schneller laufen als sie können. Bald meinen sie wahrzunehmen, dass der Wald lichter wird. Wenige Tagesmärsche noch. Und dann ist er da, der Augenblick, auf den so viele von ihnen nicht mehr zu hoffen wagten, den so viele von ihnen nicht mehr erleben. Am Vormittag des 30. November kehrt der erste Mann der Vorhut plötzlich um und fordert seinen Oberkommandierenden auf, gen Osten zu sehen. Den Befund formuliert dieser so: *Ich hatte den angenehmen Anblick von einer ziemlich mannigfaltigen Scenerie von Weideland und Wald, flachen Ebenen und mit Gras bedeckten Abhängen …*[182]

Was für ein Satz! Die grüne Hölle gibt sie frei, und dieser Mann spricht vom *angenehmen Anblick* und *einer ziemlich mannigfaltigen Scenerie* … Sie treten hinaus in die gleißende Tropensonne, vor ihnen liegt offenes hügeliges Land. Gierig atmen die Entronnenen die reine Luft. Sie schauen sich an und wissen, dass sie das Gleiche fühlen: Wenn es eine Wiedergeburt zu Lebzeiten gibt, dann ereignet sie sich jetzt. Manchmal wenden sie sich um zum Wald, zeigen ihm die Faust und sehen, wie die grüne Mauer unbeirrt und stumm weiter *ins Unbegrenzte gen Westen* ragt. Sogar der berühmteste verschollene Sachbuchautor der Gegenwart meint inzwischen ganze Viehherden zu riechen. Es ist nicht der Augenblick für Zahlen.

Es ist der Augenblick für Zahlen.

389 Männer waren in Jambuja aufgebrochen, wo die Flussfahrt endete und Bartellot mit dem größten Teil der Expedition zurückblieb. 389 Männer zählte die Vorhut. Jetzt sind sie noch 169.

Achtzig waren unterwegs krank zurückgelassen worden, zwanzig werden vermisst, 120 sind gestorben oder desertiert.

Offenes Land. Sie ziehen mitten hinein.

Vielleicht hören sie die Trommeln nicht gleich. Doch werden sie lauter, ihr Rhythmus wechselt.

Stanley kennt den Klang afrikanischer Trommeln. Nach einer Woche lässt es sich nicht mehr leugnen: Diese Trommeln rufen zur Schlacht. Sie hören die Hügel des Graslandes widerhallen von Kriegsrufen. Nur ein Fall von Autosuggestion, könnte er sich sagen. Mag sein, auch das, aber wirksam. Sie haben keine Abwehrkräfte mehr.

Wann werden die Trommler kommen? Morgen schon?

Henry Morton Stanley liegt in seinem Zelt unter dem offenen Nachthimmel des Graslandes, er liest wie jeden Abend in dem schwarzen Buch mit dem goldenen Kreuz, das einst sein Leben verändert hat. Die Trommeln dringen durch die dünnen Stoffwände, es ist unmöglich, sich vor ihrem Klang zu schützen. Haben sich alle Stämme des Graslandes vereinigt, sie zu vernichten?

Er versucht, sich auf das 5. Buch Mose zu konzentrieren. Es ist immer dieselbe Geschichte. Zug durch fremdes, feindliches Land. Mose musste das Gelobte Land finden, er muss Emin Pascha finden. Es war mindestens gleich unmöglich. Aber Mose bekam ein Zeichen!

Wenn er doch auch einen Dornbusch brennen sähe, aber da draußen sind nur die Trommeln.

Und dann geschieht es. Wir übergeben an dieser Stelle dem Stimmenhörer das Wort, denn Offenbarungen verantwortet jeder bis auf den letzten Wortlaut allein: *Ob es eine Folge des weiten Rundblickes auf Land und Leute war, oder ob ich unter dem Eindruck des großen Geschreis der menschlichen Stimmen stand, deren Lärm mir noch in den Ohren zu klingen schien, weiß ich nicht, doch glaubte ich eine Stimme zu vernehmen: »Sei getrost und unverzagt, fürchte dich nicht.«*[183]

Eine gute Möglichkeit, sich des Realitätsgrades eines Geistes zu vergewissern, besteht darin, ein Gespräch mit ihm zu beginnen. Der Stimmenhörer entscheidet sich für die Kommunikationsform der Disputation. Er erklärt dem Redner, dass er allen Grund habe, sich zu fürchten, dass er gern zurückgehen wolle, aber nicht könne, denn das wäre noch viel schlimmer, und was der Kleinlautereien mehr sind, die man gewöhnlich Realitätssinn nennt. *Die Stimme erwiderte nichtsdestoweniger: »Sei getrost und unverzagt; denn du wirst dies Volk ins Land bringen, das der Herr ihren Vätern geschworen hat ihnen zu geben, und du wirst es unter sie austheilen.«* [184]

War das ein Zeichen oder nur zu viel Chinin?

Jenseits von Pangani

Es liegen nur wenige Tage zwischen der Ankunft ihres Bruders und der Nachricht. Albrecht trifft am 23. November in Sansibar ein. Im Angesicht der Schamba zeigt er all die Überraschung, die sie sich gewünscht, die sie erhofft hatte. Gleich beginnt der Advent, sie werden zusammen Weihnachten feiern, das erste Weihnachten in Afrika, das erste Weihnachten im eigenen Haus. Und in jedem Augenblick, das weiß sie, kann Peters durch die Tür treten. Es macht ihr jeden Moment des Tages wertvoll.

Der Brief ihres Vorstands erreicht sie am vorletzten Novembertag. Sie wird seinen Inhalt in ihren Tagebüchern, die sie zur Veröffentlichung bestimmt, mit knapper Kühle erwähnen: *Aus Berlin schreibt man mir, ich solle meinen Haushalt hier sofort auflösen, mich mit den Sachen direkt nach Pangani begeben und dort an die Einrichtung einer Pflegestation gehen. In Zanzibar werde die evangelische Missionsgesellschaft ein Krankenhaus einrichten und ich solle ihr die Thätigkeit hier allein überlassen.* [185]

Dieser Brief teilt die Zeit in ein Davor und Danach. Die Erde dreht sich knirschend um ihre Achse. Sie möchte sie zurückdrehen.

Sie soll ihre Sachen packen, so schnell sie kann? Aber sie hat sie doch gerade erst ausgepackt! All die kleinen Dinge mit dem Familienwappen derer von Bülow, gerade die kleinen Dinge, Sahnegießer und Zuckerdose. Sie weiß, dass Peters sie bemerkt hat. [186] Erst an der beiläu-

figen Selbstverständlichkeit, mit der ein Sahnegießer und eine Zuckerdose auf einem afrikanischen Tisch jenseits des Äquators stehen, erkennt man plötzlich, dass es kein Traum mehr ist: zu Hause in Afrika.

Aber Pangani?

Was soll sie in Pangani?

In Pangani, nicht in Sansibar, möchte der Frauenbund das künftige Krankenhaus plus Apotheke wissen. Die finden Pangani doch nicht
einmal mit bloßen Augen auf der Landkarte! Brauchen sie auch nicht.
Mag sein, die Schwestern von Pfeil empfinden schon aus Solidarität
mit ihrem Bruder, Peters' einstigem Reisegefährten, eine herzliche Abneigung gegen den Sympathisanten von Sahnegießer und Zuckerdose. Aber das allein kann es nicht sein. Woher diese plötzliche Un-
terwürfigkeit des Frauenbundes gegenüber den Predigern? Schließlich
haben sie aus lauter Nichtunterwürfigkeit den Frauenbund erst gegründet, weil man auch heilen kann, ohne zu predigen.

Pangani also. Sie geht durch die Zimmer ihres Hauses, blickt in
ihren Hühnerhof mit den 37 Hühnern darin. Sie hört den Ozean
hinter ihrem Haus auf den Korallenklippen rauschen. Sie sieht ihren
kleinen Bruder auf der Veranda sitzen. Sie wünscht sich, Peters käme
durch das Tor wie am Tag zuvor.

Pangani?

Albrecht malt die Schamba. In Öl.

Das wirkliche Blau

Henry Morton Stanley neigt nicht zum Aberglauben, streng genommen nicht einmal zum Glauben. Und doch: Es muss ein Zeichen gewesen sein. Am nächsten Morgen erscheinen statt der erwarteten tausend Krieger die Unterhändler des Häuptlings Mazamboni.

»Sei getrost und fürchte dich nicht!«

Er zeigt ihnen seine Furchtlosigkeit und wirkt geradezu schockie-
rend getrost. Die Unterhändler gehen wieder, doch bemerkt der Stim-

menhörer immer mehr Bewohner des Graslandes auf den umliegenden Hügeln in zunehmender Raserei. Irgendwann gibt der Dolmetscher zu, die Kriegserklärung mit einer Friedensnote verwechselt zu haben.

Kanwana. Frieden.

Kurwana. Krieg.

Die beiden Worte klingen zu ähnlich.

Der Empfänger der Botschaft ist nicht nur gestärkt vom Stimmenhören, sondern nun auch noch verärgert. Da klingt eine Gewissheit in seiner Stimme, die seine Leute furchtlos macht. Das Maxim-Geschütz ist ohnehin auf ihrer Seite. Sie siegen.

Doch der Feldherr belässt es nicht beim bloßen Sieg.

Was nun folgt, ist laut Stanley eine erzieherische Maßnahme, *eine exemplarische Lehre*, deren Haupteigenschaft, von *äußerster Gewalt* zu sein, er nicht leugnet.

Stanleys Männer legen Feuer an Mazambonis Dörfer und zerstören die Felder. Keine Hütte ringsum bleibt stehen. Der Sendbote der europäischen Gesittung kann das auch begründen: *Es war viel barmherziger, die Angelegenheit gleich gründlich zu erledigen, als einen wegen seiner Frechheit ungezüchtigt gebliebenen Stamm in unserm Rücken zu lassen.*[187]

Mag sein, die Völker, die ein weißer Hochmut die Wilden nennt, sind grausam. Aber was ist die Vorhut der Zivilisation? Sie ist es nicht minder, nur verübt sie gleichsam pädagogische Grausamkeiten. Das nun grenzt ans Perverse. Wir werden dieser Logik zu begegnen noch ausführlich Gelegenheit haben. Doch vielleicht sollte schon hier die Ausweglosigkeit der Sache vermerkt werden; die mehr theoretisch Veranlagten würden von einem Circulus vitiosus sprechen.

Die Sache ist ihrem Wesen nach unauflösbar.

Wasungu wana uauua burre kama ubusi, sagten die Afrikaner nach der Ermordung Klaus von der Deckens. Die Weißen lassen sich töten wie Ziegen. Ohne Vergeltung.

Eine Antwort, die verstanden werden soll, muss sofort erfolgen, glaubt Stanley. Peters wird es aus eigener Erfahrung wiederholen, und auch die Peters-Figuren in Friedas Romanen werden diesen Standpunkt vertreten, dem beizupflichten sie enthoben ist.

Das ist der Tribut an das magische Bewusstsein. Und hineingerissen in die archaische Logik von Töten oder Getötetwerden, bemerkt Stanley den Genuss, der in solcher Geradlinigkeit liegen kann. So bahnt sich das Emin-Pascha-Befreiungscorps den Weg, bis es am 13. Dezember auf dem Rücken eines Berges unvermittelt stehen bleibt. Es ist noch einmal, als ob sie aus dem Wald treten würden.

Unter ihnen nichts als Blau, ein unendlich tiefes Blau. Was Grenzenlosigkeit ist, wissen die nur allzu Begrenzten durch solche Anblicke, erst recht, wenn sie die Netzhaut so unvermittelt treffen. Eine weite glitzernde Fläche, ein Meer im innersten Afrika. Es ist der Albertsee. Müsste nicht ganz weit draußen, wenn man nur genau hinschaut, die Silhouette eines Schiffes zu erkennen sein, obendrauf eine weiße Rauchfahne? Es könnte entweder die *Khedive* oder die *Nyanza* sein.

Zwei Dampfer, weiß Stanley, unterhält Emin auf dem Albertsee.

Aber da ist kein Dampfer. Nur das unendliche Blau.

Regen

Bei dem Wetter kommt kein Mensch bis Pangani.

Die Regenzeit hat später begonnen als üblich, sagen die Leute von Sansibar, und schon nach ein paar Tagen scheint es, als habe es nie etwas anderes gegeben als Regen. Und dabei ist es unerträglich heiß. Heißer als üblich, wissen die Insulaner. Es gibt kein Haus mehr ohne Fieber, weiß Dr. Marseille.

Alle Lebewesen, denen es draußen zu nass ist, kommen nun ins Haus. *Abends, wenn ich mit meinem Bruder in der Halle beim Essen sitze, treiben wir Insectologie. Jeder Teller und der ganze Eßtisch wimmelt von kleineren, größeren und ganz großen geflügelten und ungeflügelten Ameisen.* Ameisen sind schnell, Käfer sind langsam, gleichwohl behaupten sie ihre Straßen auf dem Tisch. *Laut brummend und mit den Flügeln klappernd, umschwirren langbeinige Cikaden unsere Lampen; andere drehen sich wie Brummkreisel auf dem Tisch und summen dazu wie ein Kessel, der Dampf abläßt. Neulich fing Abdallah auf dem Büffet ein Fledermäuschen und brachte es uns. Er hielt das Tierchen an den Enden der ausgespannten, durchsichtig weißen Flügel, … unter den nach vorne gerichteten braunen Öhrchen hervor sahen uns ein paar erschrockene Äuglein an.*[188] Sie ließ es bald wieder frei. Sie gewöhnt sich an neue Geräusche im Haus. Ein rhythmisch hartes Aufklopfen etwa deutet auf eine Riesen-Maulwurfsgrille im Nebenzimmer.

Wenn es die Fledermäuse, die Ameisen, Käfer und Maulwurfsgrillen allein wären. Sie möchte gern ihre Arche Noah sein, ihr Zuhause auf Zeit. Aber Rost und Schimmel? Schimmel und Rost?

Das ist doch kein Advent!

Jedes Stück Leder, jeder Schuh, jedes Futteral, jedes Buch präsentiert sich, wenn man es drei oder vier Tage vertrauensvoll sich selbst überlassen hat, mit dichten grünen Schimmelwaldungen überwachsen. Jedes Stück Metall hüllt sich in Rostbraun. Erfolglos hantiere ich mit Öl, Vaseline und Tüchern herum … Man ist zuweilen versucht, die Hände zusammenzulegen und sich für überwunden zu erklären.[189]

Diese Formulierung verbirgt, dass sie keineswegs die Absicht hat, sich für *überwunden zu erklären*. Von der Natur vielleicht, aber nicht von Berlin.

Pangani!

Wo wäre der junge Hamburger jetzt, der mit dem gleichen Schiff wie ihr Bruder hier ankam und im letzten Moment zu ihr gebracht wurde? Sie erlaubt sich die etwas süffisante Notiz, dass sie ihn aufgenommen habe, da die, glaubte sie ihrem Vorstand, allein zuständige Missionsgesellschaft im Augenblick verhindert sei, ihrer Verpflichtung nachzukommen, und zwar aus dem plausibelsten aller möglichen Gründe: wegen Abwesenheit. Pastor Greiner und Familie samt Schwester Marie weilen noch in Dar-es-Salaam.

Es steht schlimm um den jungen Patienten. *Herr Dr. Marseille erklärt das Leiden für ein bösartiges Geschwür im Unterleib. Der Kranke*

hat Tag und Nacht heftige Schmerzen und kann es in liegender Stellung
kaum aushalten. Dabei ist er ein Muster an Geduld und Sanftmut. Ich
habe noch kein Wort der Klage aus seinem Mund gehört.[190]

Hat sie bald den ersten Todesfall im Haus? Nein, es wäre der zweite. Der ägyptische Tabakpflanzer Ardili Effendi ist gestorben, am 20. November schon, sie haben ihn am Meer begraben in der Nähe ihres Gartens. Sie schaut den jungen Hamburger an: so als wäre er schon nicht mehr da?

Sie schämt sich dafür.

Die *Möwe* liegt im Hafen von Sansibar, sie lässt Dr. Koch rufen, den Marinearzt der *Möwe*. Bei strömendem Regen kommen sie an, beide Doktoren, Dr. Koch und Dr. Marseille; ihre langen Mäntel triefen vor Nässe, als sie eintreten. Nur eine schnelle Operation könne dem Patienten noch helfen, erklärt der Marinearzt. Dr. Marseille zögert.

Es gibt tausend Krankheiten, aber nur eine Gesundheit, hat Schopenhauer gesagt. Und: Gesundheit sei gewiss nicht alles, aber ohne sie sei alles nichts.

Verklärt die Krankheit den Körper? Gibt sie ihm eine eigene Würde, die er sonst nicht hat, eine gewisses Durchscheinen, beinahe eine eigene Geistigkeit? Wenn sie den jungen Hamburger anschaut, Stephens heißt er, möchte sie fast daran glauben. Sie weiß, dass Carl Peters sie für diesen Gedanken tadeln würde. Aber er kann nicht tadeln, er ist in Pangani. Er will die Verhältnisse prüfen, sagt er. Sie weiß, welche er meint: die Krankenhausverhältnisse. Sie kann sich eine Meerfahrt jetzt nicht vorstellen, sie notiert: *Herr Dr. Peters, der nie an Seekrankheit leidet, dieses trübselige Übel weder kennt noch anerkennt ...*[191]

... noch anerkennt. Sie liebt ihn dafür. Sie darf sich nicht bei Schopenhaueriaden ertappen lassen. Sie weiß, dass Carl Peters stolz ist auf sie. Weil sie immer noch so gesund ist. Weil sie dem Fieber keine Macht über sich einräumt. Zwar könnte sie nicht wie er bei diesem Wetter mit dem Kanonenboot *Nautilus* nach Pangani übersetzen, aber sonst zeigt sie keine Schwäche.

Liebt er mich oder den Willen, den er an mir zu erkennen meint? Sie weiß es nicht. Wenn sie Glück hat, liebt er ihren Willen und sie gleich mit.

Er sieht sie als Exempel. Frauen sind nicht schwach. Frauen können stark sein, stärker noch als Männer. Carl Peters gehört zu den vielleicht nicht allzu zahlreichen Vertretern seines Geschlechts, die diesen Verdacht – oder ist es schon eine wachsende Gewissheit? – gern äußern und ausdrücklich begrüßen.

Und jetzt ist er in Pangani.

Sie weiß nicht viel über Pangani, fast nichts. Da ist ja auch nicht viel, fast nichts. Eigentlich weiß sie nur, dass Tabak-Schröder dort seine Musterplantage anlegt.

Schröder war ebenhier in Sansibar, nur zu einem kurzen Besuch, und sie meinte an seiner *unliebsamen Persönlichkeit* einen *wahren Fanatismus* zu bemerken, seine Plantage zu einer *Musterstation zu machen*. Tabak-Schröder würde die Krankheit auch gut stehen.

Selbst dem durchschnittlichsten Menschen sieht man nicht mehr an, was für ein durch und durch alltägliches Wesen er doch ist, wenn er leidet. Sogar Tabak-Schröder würde ein großartigerer Mensch werden, aber Tabak-Schröder leidet nicht. Ist Gesundheit nicht Trivialität? Sie sollte das einmal mit Peters besprechen, wenn er zurück ist.

Das, was sie den *Fanatismus* Schröders nennt – noch eignet dem Wort nicht der spätere Klang, noch meint es Leidenschaftlichkeit, eine Unbedingtheit des Strebens –, Schröders *Fanatismus* also hat sie trotzdem gefreut. Auch an anderen nimmt sie einen verwandten Eifer wahr. Das macht sie glücklich. Wenn Menschen mit aller Macht etwas wollen, was sie nicht müssen: Gibt es denn etwas Schöneres? Es ist angewandte Freiheit.

Vielleicht schaut sie sich Schröders Plantage doch einmal an. Es würde ihn gewiss freuen, und nebenbei könnte sie prüfen, ob sich hier eine Krankenstation …? Aber nein, das glaubt sie nicht. Und Schröder wird nicht krank.

Wenn der Hamburger nur durchkommt!

Wir gehen zurück
in den Wald!

Nicht nur Frieda von Bülow empfindet einen tiefen Widerwillen gegen Ortsveränderung. Den Überlebenden von Stanleys Expedition zur Rettung Emin Paschas geht es nicht anders. Sie glauben ihren Ohren nicht zu trauen, als ihr Anführer vor sie hintritt und spricht: Wir gehen zurück in den Wald!

Jetzt, als Wiedergeborene, nachdem sie das unendliche Blau des Sees erblickt haben im gleißenden Licht der Sonne?

Seine Männer mustern Henry Morton Stanley genau. Von manifestem Wahnsinn ist da keine Spur.

Wohin gehen wir?

Zurück in den Wald.

Überall am See hatten sie vergeblich nach einem weißen Mann gefragt. Stanley meinte, Emin würde mit seinen beiden Dampfern einen mehr oder minder regelmäßigen Schiffsverkehr auf dem See unterhalten. Aber niemand kennt Emin Pascha.

Dampfer? Zum letzten Mal sei ein »rauchendes Boot« vor zehn Jahren da gewesen.

Die Expedition oder was noch von ihr übrig ist, befindet sich also noch immer in unabsehbarer Emin-Ferne.

Und wieder stellt sich, von Tag zu Tag drängender, die Frage: Wovon sollen wir leben? Was sollen wir essen?

Die Vorhut der Zivilisation hat sich keine Freunde gemacht im Grasland. Wer raubt und plündert, wer Dörfer brandschatzt und Felder verwüstet, braucht nicht wiederkommen.

Wenn Stanley darüber nachdenkt, wen er überhaupt noch besuchen könnte, fällt ihm nur einer ein: Häuptling Boryo, der ihnen als Erster gesagt hatte, dass auch der Urwald ein Ende hat. Und Boryo wohnt im Wald. Bei Boryo in Ibwiri werden sie rasten, sehr viel essen und dann noch einmal losgehen. Diesmal werden sie die *Advance* mitnehmen und auf dem Albertsee fahren, Ausschau halten nach den Schiffen des Paschas.

Fieber

Am Abend des 12. Dezember meint Albrecht von Bülow eine leichte Appetitlosigkeit seiner Schwester zu bemerken. Auch klingt sie etwas fremd, seltsam angeregt. Ob sie sich fiebrig fühle, fragt er. Frieda schaut ihn mit lebhafter Neugier an, springt auf und kehrt mit dem Fieberthermometer zurück.

38,5 Grad.

Empfindet sie Enttäuschung oder Genugtuung? Es ist beides.

So bin endlich auch ich an die Reihe gekommen. Es klingt eine tiefe Befriedigung in diesem Satz. Sie hat immer öfter an die Geschichte von der alten Dame denken müssen, die große Angst vor Dieben hatte, weshalb sie diese täglich erwartete, denn sie wollte, sie musste vorbereitet sein. Aber nie kam einer. Das wiederum machte sie ungeduldig, es zerrüttete ihr Nervenkostüm. Frieda von Bülow geht es mit dem Fieber wie der alten Dame mit den Dieben. *Nachdem ich es nun seit sechs Monaten erwartet hatte, empfing ich es mit dem Gefühl: Na endlich!*[192]

Sie schläft ganz ruhig in ihrer ersten Fiebernacht. Na bitte, denkt sie beim Erwachen, um wie gewohnt aufzustehen, *aber kaum hatte ich mich aufgerichtet, so erfolgte zu meinem Erstaunen überaus heftiges Gallenerbrechen.* Es kommt, ohne nach Eno's Fruchtsalz zu fragen. *Taumelnd legte ich mich zurück und merkte, dass ich liegen bleiben musste. Die Temperatur schwankte vier Tage lang zwischen 39,5 und 40,5.* Durch die Fiebernebel hindurch prüft sie die Verfassung ihres Gemüts. So viele Kranke sah sie abgleiten in einen Zustand apathischer Schwermut. Depressiv bin ich nicht!, stellt sie mit Erleichterung fest und beobachtet ihr Befinden mit dem objektiven Interesse des Fachmanns.

Endlich kann sie mitreden über das Fieber. Endlich ist sie kein Laie mehr.

Während der ersten drei Tage hatte ich das eigentümliche Gefühl, aus lauter einzelnen, lose aneinander gelegten Stückchen zu bestehen, auch zogen in bunter Reihenfolge unzählige Bilder an mir vorüber, immer mit Musikbegleitung, und ich wunderte mich dabei, daß Bilder und Musik stets überaus anmutig waren. Fast alle haben ihr gesagt, dass diese Fieberphantasien sehr bedrängend, sehr beunruhigend seien. Auch ihr Bruder bestätigt das. Und Carl, Carl Peters, wenn er an seine erste Rückkunft aus dem *Innern* denkt. Aber das macht er nicht gern, schon weil er, wie längst erwähnt, grundsätzlich der Ansicht ist, dass das Kranksein, insbesondere das Krankwerden eine Frage des Willens ist. Bis jetzt war er mit dem ihren sehr zufrieden.

Ist er nun sehr enttäuscht von ihr?

Wird sie ihre Ausnahmestellung in seiner Seele verlieren?

Wird er sie anschauen wie alle anderen, bloße Patienten des Lebens statt dessen Meister, Sendboten der Gewöhnlichkeit?

Sie kann jetzt nicht darüber nachdenken, sie ist zu schwach. Aber es macht sie froh, dass ihr Hamburger Patient auf wundersame Weise gesund wird. Von Tag zu Tag ging es ihm besser, ohne Operation. Medizinisch sei das nicht zu erklären, sagte Dr. Marseille, und er sprach zu dem Genesenden: *On peut féliciter, monsieur, vous êtes revenu de bien loin! Man darf gratulieren, mein Herr, Sie sind von recht weit her wiedergekommen!*

Auch sie hat das Empfinden, der Welt immer weiter verloren zu gehen. Aber manchmal meint sie, halb Sansibar vor ihrem Bett versammelt zu sehen, selbst Peters. Sie liest keinen Tadel in seinem Gesicht, eher Sorge. Um dieses Ausdrucks willen möchte sie fast wünschen, das Fieber höre nimmer auf. Ist es nicht doch so, dass die Krankheit dem Menschen eine ganz eigene Würde verleiht? Aber vielleicht muss man, um in den Besitz einer durchscheinenden Geistigkeit zu gelangen, eher lungenkrank sein. Sie ist jetzt wahrscheinlich mehr gelb. Es ist die falsche Farbe. Sie wird später darüber nachdenken. Soll sie jemals wieder in einen Spiegel sehen?

Auch Pfarrer Greiner und Schwester Marie Rentsch treten an ihr Krankenbett. Haben ihre Nachfolger also doch schon den Weg nach Sansibar gefunden! Zum ersten Mal steht im Gesicht der Marie Rentsch keine Missbilligung, eher eine schlecht verhohlene Genugtuung. *Sehen Sie wohl,* spricht die Erfolgsschwester zu der Fieberkranken, *und wie haben Sie immer das große Wort gehabt.*[193]

Es ist ein weltanschaulicher Konflikt. Marie hat ihn gewonnen. Das Fleisch ist schwach, es untersteht nicht unserem Willen, sondern allein dem Willen Gottes. Und weil das so ist, so und nicht anders, liegt die Rivalin hier vor ihr und kann keinen klaren Gedanken mehr fassen. Dachte, sie könne eine Ausnahme machen!

Vielleicht hat Frieda auf die kleine Marie und ihre kleinen Tugenden immer etwas von oben herabgesehen. Sie misstraut nun einmal Menschen, deren Ideal die Selbstverleugnung ist. Dabei müsste etwas ihr sagen, wie gefährlich gerade diese sind. In unendlich langen Briefen nach Hause pflegt Schwester Marie ihr missverstandenes Herz zu offenbaren, ihre belächelten Tugenden zu rächen. Und wie oft sie in diesen Briefen an Pfarrer Büttner, den Gewährsmann ihres Glaubens, vorkommt! Eine vorgebliche Krankenschwester, die Feuilletons für deutsche Zeitungen schreibt. Überhaupt: eine schreibende Frau! Es ist wider die Natur.

Liest die Fiebernde etwas von solchen Bedenken in Maries Gesicht? Wohl nicht. Umso wahrscheinlicher, dass Marie Rentschs Frieda-Porträts längst ihren Weg zum Vorstand des Frauenbundes gefunden haben. Das Betragen seiner Delegierten kann dem Frauenbund doch nicht gleichgültig sein! Klingt ihr Vorstand darum plötzlich so vorständlerisch, so vormundschaftlich?

Immer wieder ist, wenn es Frauenforscherinnen um Frieda von Bülow geht, von einem Liebesbrief an Peters die Rede, der Marie Rentsch in die Hände gefallen sei und den sie Berufeneren zuzusenden nicht versäumt habe. Allerdings hat selbst die Ersterwähnerin dieses Briefs ihn nicht gelesen, sondern nur von ihm gehört.[194] Man nennt dies auch unsichere Quellenlage. Aber es braucht nicht einmal ein schriftliches Geständnis, um den Strudel zu begreifen, in den Frieda von Bülow geraten ist.

Eine Frau hat nichts zu verlieren als ihren Ruf!

Wenn Marie Rentsch diesen Brief tatsächlich abgefangen und als Beweisstück ihrem Missionswerk zugespielt hätte, gäbe es nur eine, die sich schämen müsste: die Absenderin. *Sehen Sie wohl, und wie haben Sie immer das große Wort gehabt.*[195]

Viel schlimmer als das Fieber selbst finde ich die nachfolgende Schwä-
che. Von einem so hohen Grad von Kraftlosigkeit habe ich mir in der
That nie einen Begriff gemacht! Sie denkt ganze fünf Minuten darüber nach, ob sie versuchen sollte, bis an das andere Ende des Zimmers zu gelangen. Wenn Peters sie so sehen könnte! Sie entschließt
sich nicht zuletzt um seinetwillen und kennt schon den Preis: *Diese*
Anstrengung bringt eine Erschöpfung hervor, daß die Knie zittern und
der Angstschweiß von der Stirne läuft. Auch jetzt, am 21. Dezember,
als sie sich zum ersten Mal seit zehn Tagen stark genug fühlt, eine
Schreibfeder zu halten, zittert ihr die Hand. Voller Befremden schaut
sie auf die fremden, wackligen Buchstaben.

Noch drei Tage bis Weihnachten. Frau Glühmann backt Pfefferkuchen und Weihnachtsstollen.

Am Morgen des Heiligabend tastet sich Frieda mit unsicheren
Schritten in den feuchtheißen Garten hinaus. Sie mustert ihre klei-
nen Orangenbäume. Einer von ihnen muss der Christbaum werden.
Immergrün sind sie. Aber welchen soll sie wählen?

Dass es so schwer sein kann, den richtigen Weihnachtsorangen-
baum zu erkennen! Als sie schließlich genau zu wissen meint, welcher
es ist, wird er ausgegraben und ins Haus getragen. Zu Weihnachten
gehören Bäume ins Haus. Wer aufrecht stehen kann unter den Pflegefällen der Schamba, hilft, die Apfelsine zu schmücken. Buntes Papier, Pfefferkuchen und leuchtend rote Pfefferschoten hängen an ihren Zweigen.

Am Nachmittag lässt Peters sie abholen. Es ist ihr erstes Weihnachten in Afrika, sie wollen alle zusammen im Usagara-Haus feiern. Sie
ist nicht sicher, ob ihre Füße sie tragen werden, aber dann stellt sie
sich Peters' Gesicht vor und beschließt, eine neue Probe zu machen
auf den Peters'schen Grundsatz, dass alle Gesundheit eine Frage des
Willens sei.

Sie wird ihn nicht enttäuschen.

Sie findet das Usagara-Haus mit Palmenzweigen und Lampions
geschmückt. Das habe Freiherr von Eberstein getan, der gerade vom
Kilimandscharo kommt. 23 Tage zu Fuß habe er gebraucht und sofort

nach einer neuen Aufgabe gesucht. So schön hat sie das Usagara-Haus noch nie gesehen.

In der Mitte der Tafel aber steht ein wirklicher Tannenbaum, er war vor einigen Tagen mit O'Swalds Dampfer, der *Zanzibar*, gekommen. Weihnachtsfrieden? Wenn sie doch ruhiger sein dürfte über ihren Vorstand. Sie wartet auf Post, der Frauenbund muss ihr vertrauen!

Frau Glühmann hat für alle Pfefferkuchen gebacken. Jeder hält einen Tannenzweig mit einer brennenden Kerze darauf. Sie braucht alle Kraft, um den Zweig nicht fallen zu lassen.

Es wird alles gut werden. Es ist Weihnachten.

Waldweihnacht

Die Emin-Pascha-Befreiungsfront kehrt durch das Grasland zurück in den Wald. Fast alle Orte unterwegs erkennen sie wieder: *Am 20. December führte der Marsch durch das reiche Thal von Undussuma, dessen Dörfer wir am 10. und 11. in Brand gesteckt hatten.*[196] Und immer so weiter.

Am 21. legt die Karawane einen Rasttag ein, da sowohl Leutnant Stairs als auch Stanley Fieber haben. Zu Weihnachten werden sie den Hauptarm des Ituri überqueren müssen, sie wählen eine Stelle mit Insel in der Mitte. Am Vormittag des 24. Dezember entsteht eine Hängebrücke bis zur Insel. Am Nachmittag trifft ein bösartiger Hagelsturm das Lager am Ufer, die Körner prasseln auf die Zelte. Das Thermometer fällt um zehn Grad.

Am ersten Weihnachtstag lässt Stanley ein Floß aus Bananenstämmen bauen, mit dem pro Stunde vierzig Mann samt ihrer Lasten an das andere Ufer übersetzen, zuletzt wird das geraubte Vieh durch den Fluss getrieben.

Es ist Weihnachten, warum die Landeskinder nicht mit einer Hängebrücke und einem großen Bananenstammfloß beschenken?

Three o'clock ist der letzte Mann am rechten Ufer. Er zerschlägt die Brücke mit wenigen Hieben.

Leider finden die Rückkehrer das Dorf Ibwiri nicht mehr vor, seine Bewohner haben es verlassen, aber der Befehlshabende des Vortrupps der europäischen Gesittung beschließt dennoch zu bleiben.

Sie errichten ein Fort, das Stanley *Fort Bodo* tauft, *Friedensfort*.

Abschied

Am Nachmittag des 27. Dezember kommt die Post. Der Tag, an dem sie eintrifft, ist jedes Mal ein Festtag für die Europäer Sansibars.

Frieda weiß noch, wie es war, als sie zum ersten Mal die Ankunft des Postdampfers erlebte. Sie saßen beim Frühstück im Hotel, es war zwölf Uhr mittags, die Tagebuchschreiberin wird einmal keinen Grund sehen, diese vorgerückte Stunde einer Tageserstmahlzeit zu verschweigen, als vom Hafen *der dumpfe, langgezogene und heulende Ton eines Signalhorns* ertönte. *Die Herren fuhren von ihren Sitzen auf mit dem einstimmigen Freudenruf:* »c'est la mail!«[197] Da war das Schiff noch lange nicht zu sehen.

Auch der Wächter auf dem Turm des Sultans hatte nicht den Dampfer selbst erblickt, sondern nur die Signalflagge auf einer vorgeschobenen Landzunge. Darum blies er ins Horn. Später wird er eine weiße Fahne mit drei schwarzen Kreuzen darauf hissen, zum Zeichen, dass das Schiff, das der Vorposten auf der Landzunge erspäht hatte, wirklich der Postdampfer war. Nun dauerte es noch vier Stunden, bis er im Hafen vor Anker lag. *Immer wieder bin ich in den Salon gegangen,* der aus sechs Fenstern aufs Meer hinaussieht, und habe erst durch das Opernglas, *dann mit unbewaffneten Augen nach dem schwarzen Punkt am Horizont gesehen, der ... nicht größer werden wollte!* Bertha und sie beobachteten, wie sich der British-India-Dampfer schließlich zwischen die im Hafen liegenden Schiffe schob, und als er seinen *Salutschuss abfeuerte, empfanden wir beide ein so heftiges uns selbst unerklärliches Gefühl der Freude, daß uns die Thränen in die Augen traten.*

So ist es geblieben. Auch erkundigte sich jeder bei seinem Nächsten, was denn in den Briefen stand, die er bekam, und das war nicht

Neugier, das war Anteilnahme, *so warm, so natürlich, wie sie in Deutschland längst nicht mehr existiert.* Auch das ist so geblieben.

Diesmal möchte sie am liebsten keinem sagen, was in ihrer Post steht. Wenn ihr jetzt die Tränen kommen sollten, dann nur vor Enttäuschung, vor Nichtbegreifen, vor Wut: *Man ist in Berlin mit dem, was ich thue, unzufrieden und stellt unausführbare Anforderungen an mich.*[198]

Sie wird dem Frauenbund antworten, er möge ihr vertrauen und ihr vorläufig freie Hand lassen oder er möge sie ihrer Verpflichtungen entheben. Letzteres klingt wie eine Drohung, und ebenso ist es gemeint.

Als sie die *Nautilus* wieder in den Hafen einlaufen sieht, spürt sie die Herzwelle. Peters ist zurück aus Pangani. Noch einer, der keine Nachricht mehr versteht, die aus Berlin kommt. Sie reden lange, auch über Pangani.

Peters hat kein Haus gefunden, das als Krankenstation geeignet wäre. Irgendwann an diesem Tag muss der Plan des Holzhauses gefasst worden sein. Ein einfaches Holzhaus auf Pfählen! Wenn sie das im Frühjahr bauen lassen dürfte!

Sie fühlt sich noch immer schwach, wie *zerbrochen.* Am zweiten Weihnachtstag ist auch Herr Glühmann ernstlich erkrankt, er wurde am ganzen Körper *zitronengelb,* selbst das Weiß der Augen nahm diese Farbe an. Dr. Marseille stellte perniziöses Gallenfieber fest. Der Kranke warf sich laut stöhnend von einer Seite auf die andere: Er spüre eine innere Hitze, die ihn verbrennen wolle. Dazu das Wehklagen von Frau Glühmann, die keinen Augenblick von seiner Seite wich. So hatte Frieda diese ruhige, besonnene Frau noch nicht erlebt.

Frieda, kaum fieberfrei, schrieb an Marie Rentsch, ob sie nicht zu ihr herauskommen und ihr in der Nacht helfen könne. Marie Rentsch kam nicht, aber sie schickte eine Diakonissin, Schwester Auguste.

Schwester Auguste wachte bei dem zitronengelben, verbrennenden Mann.

Eis! Man muss Herrn Glühmann in Eis packen!

Frieda schickt sofort einen Boten zur Eisfabrik des Sultans, doch der kommt mit der Auskunft zurück, dass Bargasch am Abend ein Fest gäbe und insofern alles Eis für sich brauche. In der Nacht und am nächsten Morgen die gleiche Auskunft. Die Eisbereiter des Sultans schlafen noch.

Lautes Stöhnen und Wehklagen der Eheleute Glühmann erfüllt das Haus. Frieda von Bülow spürt, wie das Fieber zurückkehrt. Eis! Sie hört nur noch, dass es endlich angekommen ist.

Das neue Jahr findet sie in heftigem Fieber. Am 10. Februar führt sie zum ersten Mal wieder Tagebuch. Es ist ein denkwürdiges Datum: Carl Peters verlässt Sansibar. Der Vorstand der *Deutsch-Ostafrikanischen Gesellschaft* hat ihn zurückgerufen. Wie einen Delinquenten? Ihn, der so lange vergeblich auf die Ratifizierung des Küstenvertrags gewartet hatte. Baron Saint Paul und Regierungsbaumeister Hörneke nimmt er mit. Hörneke ist gewissermaßen der Bürgermeister von Pangani. Vielleicht hätte sie mehr mit ihm reden sollen, aber sie hatte ja fast immer Fieber.

Auf halbem Wege nach Berlin, in Nervi schon, wartet Karl von der Heydt, der Vorsitzende der *Deutsch-Ostafrikanischen Gesellschaft*, auf den gescheiterten Diplomaten. Er weiß, dass er da etwas erklären muss. Aber auf die Unterstützung zweier Bismarcks kann er unmöglich verzichten, und wenn eines klar sei, dann, dass weder Vater noch Sohn, weder Otto noch Herbert, gesonnen seien, Carl Peters zu unterstützen.

So weit die betrüblichen Fakten.

Aber er, Karl von der Heydt, habe da einen Plan. Und wenn einer berufen sei, diesen Plan auszuführen, dann sei er es, Carl Peters, Fachmann für unlösbare Aufgaben.

Hätte er Lust, Emin Pascha zu finden?

Erst ist Emin abhandengekommen, nun ist auch noch Stanleys Expedition, die ihn finden sollte, verlorengegangen. Wenn einer berufen sei … aber er wiederhole sich, das habe er bereits gesagt. Wahrscheinlich glimmt in den Augen des Spezialisten für unlösbare Aufgaben ein Funke auf, noch kaum merklich, aber immerhin ein Funke.

Er wird die Sache bedenken.

Emin Pascha finden? Und Stanley gleich mit, Stanley, dessen beredten Büchern, die jedes Kind lesen konnte, er seine erste afrikanische Reiseroute nebst Empfehlungen für Marschgepäck verdankte?

Sein Leben sei ihm zu schade, um Studenten ein Leben lang Kant zu erklären, hatte er gesagt. Gedankenvoll und tatenarm, das schien ihm das Grundübel der Deutschen zu sein, und doch verstand er es anders als Hölderlin. Zu einfach, zu verhängnisvoll einfach?

Wähntest du etwa,/ Ich sollte das Leben hassen,/ In Wüsten fliehen,/ Weil nicht alle/ Blütenträume reiften? Dieses Goethe-Wort wird er einmal über den Bericht seiner Emin-Pascha-Expedition stellen. Aber was heißt hier: Blütenträume? Ein wenig mehr als ein Blütentraum war der Präliminarvertrag schon, solche Unterschiede sind ihm wichtig. Aber sie sind schwer darstellbar.

Eine bedenkenswerte Idee, Herr von der Heydt! Eine durchaus bedenkenswerte Idee.

Es ist ohnehin zu spät, an eine Universität zu gehen.

Jetzt kommt er als Kant-Erklärer schon nicht mehr in Frage. Der kategorische Imperativ spricht gegen ihn: Handle so, dass die Maxime deines Willens jederzeit zur Grundlage einer allgemeinen Gesetzgebung dienen kann! – Was weiß denn Kant von Afrika? Und ja, er hat es längst bemerkt und gibt es gern zu, die Maxime seines Willens lautet anders: Weiter! Weiter! Ich will mehr! Man wird einmal sein Zeitalter nach dieser Maxime, nach diesem schrankenlosen Mehrwollen benennen: den Imperialismus.

Er könnte nun beginnen, das, was ihm gehört, profitabel zu machen, seine eigene Farm zu bewirtschaften, Handel zu treiben! Aber das Geldverdienen ist ihm gleichgültig. Noch immer spricht aus allem, was Carl Peters tut, die Verachtung des Philisters. Geld verdienen, viel Geld verdienen? Darum geht es nicht. Er neigt zu einer Art Selbstlosigkeit, die zugleich Selbstsucht ist, zu einer gefährlichen Selbstlosigkeit.

Frieda bleibt fiebernd zurück. Manchmal sieht sie in den Träumen, wie sie ungut erhitztes Blut hervorbringt, ein Holzhaus auf Pfählen. Herr Glühmann ist fast gesund geworden, er ging sogar schon im

Garten spazieren, aber dann wurde er gleich wieder krank. Diesmal ist es eine Nierenbeckenentzündung. Zu viel Eis! Es war zu kalt. Jetzt braucht er anstatt Eis heiße Bäder. Und bloß keine Zugluft.

Frieda achtet darauf. Aber wie soll sie für Glühmann heiße Bäder machen, wenn die Wasserträgerinnen kein Wasser holen? Sie haben einfach einen freien Tag genommen, ohne zu fragen. Oder sie haben gefragt und sie hat leichtfertig ja gesagt, ohne zu bedenken, dass es dann kein Wasser geben wird auf der Schamba. Vielleicht protestieren die Wasserträgerinnen auch auf diese Weise gegen ihre Männer, um auf ihre tendenzielle Unverzichtbarkeit hinzuweisen. Frau Glühmann kam auf die nächstliegende Idee: Dann müssen eben die Männer Wasser holen!

Kurz nachdem ihnen dieser Vorschlag unterbreitet wurde, erscheint eine Abordnung der Hausdiener vor Frieda, die Mienen tiefernst, Bestürzung im Blick. Das könne die Bibi nicht ernst meinen! Ein Mann trägt kein Wasser, grundsätzlich nicht.

Wassertragen ist eine Weiberbeschäftigung. Kein Mann kann eine Weiberarbeit verrichten, es wäre zu schmachvoll. Sie *hielten mir mit lebhaften Gesten und Mienenspiel einen Vortrag darüber, sie seien zum Stuben reinmachen, zum Fegen, Aufwarten bei Tisch, zur Küchenarbeit und zum Botengehen da, aber nicht zum Wassertragen, und das thäten sie nicht. Ich lachte sie aus, was bei den Schwarzen immer von vorzüglicher Wirkung ist, und frug, ob sie denn ebenso unverständig sein wollten wie die Weiber.*[199] Sollen denn Frau Glühmann und sie selbst Wasser holen? Wahrscheinlich müssen die Gefragten an dieser Stelle ein Lachen unterdrücken, die Vorstellung ist zu entlegen. Bei den ungelenken Bewegungen, wie sie den Europäerinnen nun einmal eigen sind, würde kein Wasser im Krug bleiben. Dazu müssten sie noch einmal ganz neu laufen lernen. Die Rekonvaleszente einigt sich mit den im Stolz ihrer Männlichkeit Verletzten auf den Tatbestand des Ausnahme- und Notfalls plus zusätzlicher Entlohnung: »*Du hast wohl gesprochen, Bibi, wir werden thun, was Du willst.*«

Abdallah, ihr Carl Schmidt, hätte das wohl noch schneller geklärt als sie, aber er ist krank geworden. *Er fehlt mir überall.*

Wenige Tage später bekommt sie Besuch aus Dar-es-Salaam. August Leue und Schwester Bertha stehen vor ihrer Tür. Frieda und Bertha sehen sich an; jede versucht, ihr Erschrecken über das Aussehen der anderen zu überspielen. Bertha hatte fast zur selben Zeit das Fieber bekommen, zum ersten Mal. Bertha gelingt es nicht, die Fassung zu bewahren, sie bricht in heftiges Weinen aus. Das ist nicht mehr die Frieda, die Dar-es-Salaam verlassen hatte. Dass auch sie einmal so gelb werden würden! So gelb wie die anderen. Sind sie erst jetzt wirklich in Afrika angekommen?

Boheti muss nicht weinen, sondern lachen, als er seinen Bwana wiedersieht. Frieda hat schon lange nicht mehr einen solch unverstellten Ausdruck von Freude gesehen. Hat das Unglück, das wir uns angewöhnt haben die Zivilisation zu nennen, nicht mehr genommen, als es uns gegeben hat?, wird sie sich immer wieder fragen. Sogar die Fähigkeit, uns zu freuen, ist verkümmert. Sie weiß nicht, ob sie sich nicht auch ein bisschen ärgern soll über so viel alte Anhänglichkeit. Sie zählt dem Auslöser von Bohetis Glück auf, was er alles trinken könne: deutsches Bier, eisgekühlt, Limonade, eisgekühlt, Sodawasser, eisgekühlt.

Haben Sie kein Madafu?, unterbricht August Leue. Der Saft der Kokosnuss, der ihm noch im Oktober Widerwillen erregt hatte, ist ihm jetzt lieber als Bier? Für Frieda liegt Beweiskraft darin. Der gemeine Deutsche ist begabt für Afrika!

Sie hat es immer gewusst.

Leue hat den Streit um seinen Gärtner am Ende doch noch gewonnen. Er hat ihn dem unversöhnlichen Mann, der sich als sein Besitzer ausgab, abgekauft.

Ende Januar kommt ein Telegramm aus Berlin. Sie hatte den Frauenbund vor die Alternative Freiheit oder Abberufung gestellt. Sie erfährt, dass der Frauenbund eine Generalversammlung einberief und für Abberufung plädierte, einstimmig.

Einstimmig?

Was mag man von ihr glauben, welche üble Nachrede kann ein solches Ergebnis hervorbringen?

Sie wird den nächsten Sultansdampfer nach Indien nehmen und von dort nach Berlin fahren. Ihrer Gesundheit kann es nur guttun.

Sie geht noch einmal durch alle Zimmer ihres schönen Hauses, sieht nach, wie die gerade gesäten Radieschen wachsen, die Gurken und Melonen. Sie geht unter ihren Apfelsinen- und Mangobäumen zum Meer, zählt ein letztes Mal ihre Hühner. Es sind 38.

Es ist zu unsinnig, dass sie all das verlassen soll.

Albrecht bringt sie zum Schiff. Es kann, es darf, es wird nicht für lange sein!

DRITTER TEIL

Leg dein Herz nieder

Zu Findender findet den Finder

Manchmal ist es sicherer, der zu Findende findet den Finder.

Mitte April 1888 übergibt der Häuptling von Kawalli dem Emin-Sucher ein Stück schwarzes amerikanisches Wachstuch. Der Waldbewohner Henry Morton Stanley entrollt es und findet inliegend ein Billett. Unter den Eingeborenen am Südende des Albertsees habe sich die Nachricht verbreitet, dass dort ein weißer Mann umginge, sogar mehrere weiße Männer, was wiederum dem Absender am Nordende zu Ohren gekommen sei, worauf dieser mit seinem Dampfer vom Nordende ans Südende gefahren sei.

Der Häuptling von Kawalli kann das bestätigen. Sein Volk habe eine schwimmende rauchende Insel voller Menschen auf dem See gesehen. Leider, so berichtet der Absender weiter, sei seine Suche erfolglos gewesen, weshalb er wieder umgekehrt sei. Gesetzt den Fall aber, dieses Billett erreiche den Adressaten, befinde man sich bereits auf gutem Wege gegenseitiger Annäherung. Unterzeichnet: *Dr. Emin.*

Die Nachricht ist vom 26. März, sie war einen Monat lang unterwegs.

Fühlt der Befehlshabende des Vortrupps der europäischen Gesittung Erleichterung? Er liegt im Fieber, er kann jetzt niemanden suchen. Also brechen Jephson und Dr. Parke am 20. April zum Albertsee auf, die *Advance* nehmen sie diesmal mit. Stanley will inzwischen versuchen, wenigstens den See zu erreichen. Es wäre zu demütigend, der Pascha fände ihn mitten im Wald.

Neun Tage darauf nähert sich ein bedenklich beladener Dampfer dem südlichen Ufer des Albertsees, die *Advance* im Schlepptau. Es ist Emins Dampfer *Khedive.* Jephson findet, der Dampfer gleiche einem *kleinen Bauernhof:* Kühe, Ziegen, Hühner, Mehl und Korn, Obst und Gemüse treffen mit dem zu Findenden ein.

In darkest Afrika meeting

Mr. Livingstone, I presume?, hatte Stanley vor mehr als fünfzehn Jahren in dem gemessenen Ton eines Clubabends zu dem verwilderten Missionar am Nyassasee gesprochen, dem er plötzlich gegenüberstand. Wenn es berühmte Sätze gibt, so ist dies einer, es ist einer der berühmtesten Sätze des 19. Jahrhunderts. Stanley ist sich bewusst, dass er diesmal eine andere Begrüßung finden muss.

Eine Abordnung in tadellos weiße Uniformen gekleideter Offiziere betritt sein Lager, es ist demütigend genug. Die Verschollenen kommen wie der helle Tag auf ihn zu. Wäre es nicht richtiger, er käme auf die Verschollenen zu?

Wem gebührt hier die große Geste?

Der führende Ornithologe Äquatorias ist zartfühlend genug, sie Henry Morton Stanley zu überlassen, welcher sich den Anschein gibt, den Gesuchten nur mit Mühe zu erkennen. Jedem der so demütigend tadellos gekleideten Männer reicht er probeweise die Hand: *Dann erregte eine etwas kleine, zarte Gestalt, welche eine Brille trug, meine Auf-*

merksamkeit durch die in vorzüglichem Englisch gesprochenen Worte: »*Ich bin Ihnen viel tausend Dank schuldig, Herr Stanley, und weiß wirklich nicht, wie ich Ihnen denselben aussprechen soll.*«[200] Der so begrüßte, vergleichsweise derangiert wirkende Sachbuchautor bittet, nicht von Dank zu sprechen, und führt den Mann, in dem er nun ganz sicher den Gesuchten erkannt zu haben meint, in sein Zelt.

Emin weiß schon, dass er in Abwesenheit zum Pascha befördert wurde. Es erheitert ihn. Natürlich hat auch Stanley ihm etwas mitgebracht, schließlich war dies der Hauptzweck der Expedition. *Ein großes Pack wurde mir dann übergeben; es enthielt … die Petermannschen Mitteilungen und Karten aus Gotha und ein Packet Briefe für mich – alle durch die dauernde Nässe in bösem Zustande.*[201] Wahrscheinlich dankt Henry Morton Stanley seinem Genius, dass er immer der Versuchung widerstanden hat, den Champagner zu trinken, den er eigens für diese Stunde mitführte. Vielleicht denken beide das Gleiche, als sie die Flasche öffnen. So ein knallender Korken: Ist es nicht das Grundgeräusch der Zivilisation? *Und die Zeit bis nach zehn Uhr Abends verfloß wie im Traume.*

Bis zum Misstrauen verwundert, besieht Emins Gefolge *die Trümmer der Stanleyschen Expedition*. Diese zerlumpte, halbverhungerte Bande soll ihr Befreier sein?

Außer den *Petermannschen Mitteilungen* bekommt Eduard Schnitzer 34 Kisten Munition und zwei Ballen halbverdorbener Kleidungsstücke. Er wird seine Retter retten müssen.

August

Es ist Sommer, der Sommer 1888. Seit April ist sie zurück aus Afrika. Frieda von Bülow hat das Leben verlernt. Manchmal schaut sie in den Freiburger Spätsommer, als wäre er ein Irrtum. Dabei unternimmt sie jeden Morgen mit Schwester Sophie einen weiten Ritt.

Und doch: Was hat sie hier verloren?

Sie weiß, was sie eben noch war: *ein im Sturm dahinrasendes Blatt.* Seit zwei Jahren fühlte sie dieses Getragensein, seit den ersten Plänen, die sie mit Peters in Berlin machte, *es kam wie ein Wirbelwind und riß mich fort ...* Sie weiß auch, wie sehr andere ihren Mut bewunderten, aber sie war gar nicht mutig gewesen, denn Mut ist etwas Aktives; ihr aber war so passiv zumute, sie ließ nur geschehen, was geschehen sollte, besser kann sie es nicht sagen: Sie war *ein im Sturm dahinrasendes Blatt. – Dies zu erleben ist vielleicht das Schönste, Berauschendste, was es gibt, aber auch das Allergefährlichste, denn der Sturm zieht vorüber und dann liegt man da und soll wieder lernen, sich aus sich selbst heraus fortzubewegen. Das kostet ein Übermaß von Anstrengung. Es zerbricht allerlei und man behält die Risse und Sprünge.*[202]

Sie hebt ihre Scherben auf.

Nirgends ist man mehr jenseits von Afrika als im Schwarzwald. Frieda von Bülow verbrachte das Ende des Frühlings ganz allein in einem kleinen Dorf. Es war eine selbstgewählte Einsiedelei, sie hatte dort nichts zu tun, als zu atmen, das hilft gegen die Malaria. Albrecht atmet im Himalaya, sie atmete im Schwarzwald. Auch musste die Heimkehrerin erst etwas Stärke gewinnen, um ausführlichere Begegnungen mit ihrer Mutter zu bestehen, was in Freiburg unvermeidlich war.

Ihr kleiner Bruder Cuno studiert dort Jura, und Clothilde von Bülow hatte es für angemessen gehalten, ihn dabei durch ihre Anwesenheit zu unterstützen. Natürlich gibt es auch eine Unterstützung durch Abwesenheit, aber das wagte Kuno von Bülow seiner Mutter wohl nicht zu sagen. Und was sollte Clothilde noch in Berlin, wenn der größte Halt ihres Herzens nicht mehr dort war?

Ihre Töchter sind kein Halt.

Sophie, die jüngste, ist auf dem besten Weg, wie Frieda eine alte Jungfer zu werden. Dass Letztere überhaupt noch eine Jungfer ist, muss zwar aufs Nachdrücklichste bezweifelt werden, aber akut ledig ist sie noch immer. Eine Sitzengelassene, eine blamierte Tochter von Adel! Wegen liederlichen Lebenswandels zurückgerufen aus Afrika, genau wie dieser Peters. Es ist ein Skandal.

Eine Frau hat nichts zu verlieren als ihren Ruf. So ist das. Eine Frau mit ruiniertem Ruf ist eine ruinierte Frau. Ja, wenn Frieda überhaupt eine Frau wäre! Aber die Gesellschaft erkennt diesen Titel nur einer Verheirateten zu.

Frieda ist ein Fräulein, was heißt: Sie ist ohne nähere Identität, ein Weib im Wartestand. Sie ist ein gefallenes Mädchen, Clothilde von Bülow möchte verzweifeln. Als ob sie nicht ohnehin am Rand der Verzweiflung lebte! Ihre Kinder verstehen sie nicht, und das mindert ihre Verzweiflung keineswegs.

Gottlos, entehrt und ledig.

Wenn ihr Kind diesen Abenteurer wenigstens vergessen würde – auch sie wäre bereit zu vergessen, nicht gleich, irgendwann, schließlich ist sie eine Mutter. Doch die Tochter verteidigt ihn auch noch, ihn und seine kuriosen Pläne. Dieser Mann, so viel hat Clothilde von Bülow längst begriffen, ist nichts anderes als der physische Schnittpunkt von Vorhaben der allerunwahrscheinlichsten, unsolidesten Art. Jetzt will er diesen verschollenen deutschen Dschungelarzt suchen, über dessen trauriges Schicksal die Zeitungen schon seit Jahren berichten. Und zwar in ganz Europa, wie ihre Kinder sagen. Dieser Peters sollte lieber zu Hause bleiben und ihre Tochter heiraten.

Wenn schon die fast tausendköpfige Expedition jenes Briten, der Livingstone fand, abhandengekommen ist, wie soll der Verführer ihrer Tochter, dieser aus der Art geschlagene Provinzpfarrerssohn, da wohl mehr ausrichten? Ja, sie weiß, die Zeitungen formulieren das anders:

Aufruf!

Der Aufstand des Mahdi im Sudan hat die ersten Ansätze europäischer Gesittung am oberen Nil vernichtet; die Kulturwelt sieht mit Schrecken die Greuel einer zügellosen Sklavenwirtschaft sich immer weiter ausbreiten. Die Kunde, daß unser deutscher Landsmann Dr. Eduard Schnitzer, Emin Pascha, die ihm von der ägyptischen Regierung anvertrauten äquatorialen Provinzen im Süden des Sudan gegen den mahdistischen Ansturm zu behaupten vermochte und mit seinen Truppen dort ein letztes Bollwerk europäischer Kultur festhält, hat in Europa die Hoff-

nung wachgerufen, daß Emins Provinzen den Ausgangspunkt für die
Zivilisierung Mittelafrikas abzugeben vermögen.[203]

Das mag ja alles richtig sein, nur was geht ihre Tochter die Zivilisierung Mittelafrikas an, wenn es ihr nicht einmal gelingt, das eigene
Leben zu zivilisieren?

Das deutsche Volk ist berufen, dem Deutschen Dr. Schnitzer Hilfe zu
bringen. Wenn es einer schafft, dann er, sagt ihr Kind.

Frieda übersieht den Vorwurf, die Anklage in den Augen ihrer Mutter, sie kann in ihren Kategorien, in diesen Frauenweltsichten nicht
mehr denken, und vor allem: Sie kann in ihnen nicht mehr fühlen.

Freiburg? Sie will nach Berlin, man ist der Welt dort näher, der
Welt und Peters.

Auch muss sie den Frauenbund zur Rede stellen. Ohne sie gäbe es
den Frauenbund gar nicht, er ist ihr Kind, ihr Geschöpf, und er hat sie
verraten. Sie ist entschlossen, dieses furchtbare Missverständnis aufzuklären.

Der Mann, den sie liebt, geht zurück nach Afrika?

Frieda von Bülow beschließt, ihm zu folgen. Im Unterschied zur
Physis kann der Geist seinen Aufenthaltsort wählen. Das macht seine Freiheit aus. Sie wird von Afrika schreiben. Sie wird ihre Anwesenheit im Schwarzwald auf das Nötigste beschränken, sie wird Mutter,
Bruder und Schwester glauben lassen, sie sei wieder da; sie wird essen, schlafen, mit den anderen reden, sie wird alles tun, was zur Auf-
rechterhaltung ihrer leiblichen Existenz unabdingbar ist, aber leben,
leben wird sie dort.

Zuerst könnte sie aus ihren Afrika-Tagebüchern ein Buch machen,
mit Peters und Friedrich Lange im Rücken wird sie schon einen Verlag dafür finden.

Auch soll ihr Exil hier nicht lange dauern, einmal, vielleicht schon
bald, kehrt sie zurück. Albrecht wird sie erwarten, Albrecht, und vielleicht auch Peters, vorausgesetzt er überlebt seinen Ausflug zu Emin
Pascha.

Sie hat plötzlich so viele Ideen.

Vielleicht fängt sie mit Novellen an oder gleich mit einem Roman? Sollte sie nicht eine Geschichte darüber schreiben, wie schnell eine junge weiße Frau in Afrika ihren Ruf verliert? Sie könnte sich die kranke Österreicherin von der Wirklichkeit ausborgen und ihren Mann, den Schmetterlingsfänger. Sie könnte sie Monika nennen und nebenbei etwas adeln. Nicht nur, weil das Publikum gern etwas über Menschen von Familie liest, es ist ihre Welt, hier kennt sie sich aus.

Monika geht *into the interior*, sie macht sich auf ins *Innere*, ihren Mann zu suchen. Ins *Innere*, wohin Peters und ihr Bruder sie nie mitgenommen hätten. Zu gefährlich, zu anstrengend für eine Frau. Nun, dann fährt sie eben jetzt, auf eigenes literarisches Risiko.

Natürlich benötigt ihre Nicht-Heldin Begleitung. Sie könnte sie zwischen zwei Männern aussetzen. Denn nur in Gesellschaft eines einzigen Mannes darf eine Frau nicht reisen, wegen des Kostbarsten, was sie besitzt: wegen ihres Rufes. Und wenn sie den einen zum deutschen Konsul, den anderen aber zum Abgesandten des Empire macht, böte sich eine hervorragende Gelegenheit, ihre Auffassungen über die Eignung beider Nationen darzulegen, aus Afrika einen Garten Eden zu machen.

Einen Garten Eden für Monika und ihre Begleiter, mit den Afrikanern als Gärtner? Nein, so denkt sie nicht. Schließlich wollen sie Brachland kultivieren, nicht anderen ihre Gärten Eden wegnehmen. Colere, Land bebauen, das heißt Kolonisieren, mehr nicht, hofft sie. Ja, eine solche Geschichte könnte sie schreiben.

Es wäre ihr erster Roman.

Sultan Bargasch ist im Frühjahr nach Maskat gereist; es hieß, er müsse sich erholen, aber von wem? Von Carl Peters? Oder wollte er Michahelles ausweichen, dem real existierenden deutschen Konsul, auf dem das Wohlwollen Bismarcks ruht und der nun seinerseits den Sultan bedrängte, den Vertrag zu unterschreiben? Oder folgte Bargasch dem Drang, ein wenig Ozean zwischen sich und seine Walis zu legen, die ihn spüren ließen, dass sie die längste Zeit seine Walis gewesen sind, sollte er diesen Vertrag unterschreiben. Egal wie, am Tag nach seiner

Rückkehr nach Sansibar – er ging noch beinahe wohlgemut von Bord – war Bargasch tot, es war der 27. März. Viele glauben an Mord.

Bargaschs ältester Bruder folgte ihm auf den Thron, Said Khalifa, ein veritabler Alkoholiker, kaum besser als *Three o'clock*, dessen Gesellschaft die Europäer möglichst mieden, denn der Prophet selbst hätte schwerlich ein besseres Beispiel für die Weisheit gefunden, die im Verzicht liegen kann. Mag sein, die Walis hoffen, den Trinker besser beeinflussen zu können als seinen Bruder. Aber wer den Geist Allahs in einer Flasche Cognac zu erkennen meint und weiß, dass er nur den Korken ziehen muss, ihn freizulassen, ist doch nur bedingt lenkbar. Das erfuhren auch die Walis, denn der Geisterseher unterschrieb ungesäumt den Küstenvertrag. Und zwar fast so, wie Peters ihn ausgehandelt hatte.

Es ist Anfang August, wenige Tage noch, und ihre Mit-Deutschen werden die Verwaltung der Küste übernehmen. Frieda von Bülow ist nicht sicher, ob sie sich freuen oder sorgen soll. Es kommt ihr manchmal seltsam irreal vor, dass sie nicht dabei ist.

Weiß sie, dass die Walis den Sultan niemals *Sultan* nennen, sondern nur *Saidina*?

Sultan heißt Herrscher, *Saidina* heißt Herr.

Sie sehen sich nicht als Untertanen, ihr staatliches Oberhaupt ist ihnen ein Primus inter Pares. Ein Zögling des Cognacs ihr Primus inter Pares? Und was sollen sie davon halten, dass ein paar Abgesandte eines fernen nördlichen Landes, von dem sie nie zuvor gehört haben und von dem sie nicht einmal genau wissen, wo es liegt, die Macht übernehmen wollen, die für den Sultan auszuüben sie großzügig genug waren?

Deutsch-Ostafrika ist keine Kolonie des Reichs, es ist nur ein Schutzgebiet. Frieda von Bülow weiß, dass die *Deutsch-Ostafrikanische Gesellschaft* kaum Männer genug hat, all die Küstenstationen zu besetzen, die künftig unter ihrer Verwaltung stehen sollen. Und sie kann sich nicht vorstellen, dass den Arabern das noch nicht aufgefallen ist. Solche Situationen kann überhaupt nur einer bestehen: Peters. Wüsste sie ihn dort, sie wäre ruhiger.

Sie geht die vertrauten Namen durch. Saint Paul-Illaire, Leue in Dar-es-Salaam, Tabak-Schröder auf seiner Musterfarm hinter Pangani.

Und Albrecht ist in Mikindani, ganz im Süden. Es ist der letzte Küstenort Deutsch-Ostafrikas, vor dem portugiesischen Moçambique.

Tabak und Revolution

29. August 1888. Wenige Tagesmärsche hinter der Küste von Pangani liegt an den sanften Hängen eines Hügels die Farm. Ganz oben auf seiner Kuppe steht das Haus. Wenn Friedrich Schröder aus seinem Fenster schaut, sieht er fast bis zum Horizont die kleinen Tabakpflanzen aufgehen, andere sind schon geerntet. Es ist gelungen.

Auch die große Tabakpresse, deren Transport so schwierig war, ist eingetroffen; sie steht im neuen Magazin der Farm. Fast sechshundert Einheimische arbeiten in den Reihen, ihr Gesang gibt den Rhythmus vor. Zwei junge weiße Männer bleiben stehen. Was für ein Bild der Ruhe, was für ein Bild des Gelingens! Als läge ein unzerstörbarer Frieden über diesem Land.

Hans Meyer und der österreichische Geograf Oskar Baumann haben sich vorgenommen, ein wenig die Berge von Usambara zu erforschen und zu vermessen, bevor sie den Aufstieg nach Marangu zu Mareale beginnen. Meyer freut sich, Mareale bald wiederzusehen. Diesmal will er auf den Gipfel.

Er hat seine Expedition für 30 000 Reichsmark ausgerüstet. 250 Träger brechen in Meyers Auftrag von Pangani auf, ihre Lasten enthalten Ausrüstung und Lebensmittel für zwei Jahre. Denn wahrscheinlich haben sie gar keine Lust, gleich wieder nach Hause zu fahren, wenn sie vom Kilimandscharo herunterkommen, glauben der Verlegersohn und der Geograf, und da der Berg gewissermaßen auf halbem Weg zum Viktoria-See liegt, könnten sie auch diese sagenhafte Badewanne erwandern. Das sind die Pläne, als sie auf Tabak-Schröders Plantage schauen.

Die Hauptkarawane zieht unter dem Kommando eines Arabers direkt in Richtung Berg, in Gondja will man sich wieder vereinigen. 60 Mann begleiten Baumann und Meyer.

Was wollen sie hier, die Berge vermessen?

Anfangs haben die Araber über die Europäer gelacht. Mit seltsamen Instrumenten bewehrt, fragten sie allerorten nach Bergen, Seen und Flüssen. Aber haben die Muzungu wirklich Wasser im Hirn? Die Araber sind da längst nicht mehr sicher, gar nicht mehr sicher.

Was ist mit diesen blassen Tölpeln geschehen, dass sie jetzt so frech nach allem greifen, was ihnen nie gehörte?

Welches Recht haben sie, ihnen an ihrer eigenen Küste Befehle zu geben, gar den Sklavenhandel zu verbieten? Nein, sie haben nicht vor, diese Wadatschi *Sultan* zu nennen, nicht einmal *Saidina*.

Neben Schröders Plantage liegen an den schönen Hügeln des Flusses die großen Schambas der wohlhabenden Araber. In ihren Gärten, auf ihren Feldern arbeiten Sklaven. Nicht wenige von ihnen waren früher Elfenbeinhändler, denn von Pangani gehen die Karawanen ins Innere, die von dem Kriegervolk der Massai Elfenbein erhandeln. Den Arabern ist die Reise zu gefährlich, deshalb liegt sie noch immer in schwarzer Hand.

Es ist nicht gesagt, dass man von einem Besuch bei den Massai heil oder überhaupt zurückkommt. Auch darum wird jede Wiederkehr gefeiert, und die Heimkehrer geben nicht selten in kurzer Zeit mehr aus, als sie eben verdient haben. Das bringt sie oft in Schuldsklaverei.

Der letzte große Sklavenaufstand in Pangani liegt nunmehr ein Vierteljahrhundert zurück. Man sollte annehmen, dass die Eingeborenen der neuen Verwaltung mit stillem Triumph entgegensehen, aber das ist nicht so. Die Beamten der *Ostafrikanischen Gesellschaft* haben das mit Befremden bemerkt.

Sklaverei ist an dieser Küste eine unvordenkliche Einrichtung. Und natürlich hat sie auch Vorteile: Man kann selbst Sklaven verkaufen und noch als Sklave sich einen Sklaven kaufen. Tabak-Schröder hat noch keinen Schwarzen getroffen, der in der Sklaverei eine empörenswerte gesellschaftliche Einrichtung sah, aber Tabak-Schröder ist nicht maßgeblich. Nur diese übermächtige Folgerichtigkeit: Was es schon immer gab, kann nicht ganz falsch sein, denn sonst hätte es das nicht immer schon gegeben.

Nur den Europäern scheint sie so empörenswert, aber wer versteht schon die Muzungu?

Schaut Friedrich Schröder mit wachsender Sorge zu seinem Nachbarn Buschiri herüber? Es ist nicht anzunehmen, dass Hassan Buschiri bin Salim al-Harthi Schröders Anwesenheit auf den Nachbarhügeln billigt. Es ist nicht anzunehmen, dass er ihm den Titel *Saidina* zuerkennt. Und die neue Macht?

Hassan Buschiri bin Salim al-Harthi sah sich schon nicht imstande, Said Bargasch anzuerkennen.

Als dessen Bruder noch regierte, zog er oft für ihn bis nach Tabora ins Innere und unterwarf widersetzliche Stämme, aber für Said Bargasch hätte er das nie getan. Es war ein freiwilliger Dienst, keiner, der einzufordern war. Als der neue Sultan begann, ihn mittels seiner Sol-

Hassan Buschiri bin Salim al-Harthi

333

daten umstimmen zu wollen, begann Schröders Nachbar seinen Landsitz zu befestigen. Die Truppen des Sultans, die davor erschienen, mussten wieder umkehren.

Zuletzt pflegten sie ein friedvolles Verhältnis aufrichtiger gegenseitiger Abneigung, schließlich waren sie irgendwann beide nicht mehr jung und litten überdies an derselben Krankheit, der Elefantiasis, was sie nicht unbedingt beweglicher machte.

Der Name Elefantiasis rührt von Form und Umfang der Beine derer, die von diesem Leiden befallen werden, weshalb ihre Füße darunter oft kaum mehr sichtbar sind. Buschiri leidet nicht nur an der Elefantiasis der Beine, sondern auch an der Elefantiasis der Hände. Das ist schon sehr schlimm, aber noch schlimmer ist dieser nunmehr regierende Alkoholiker, der glaubt, Verträge schließen zu können, mit wem er will. Und sein neuer Nachbar, dieser arrogante despotische tabakbauende Deutsche, der sich etwas darauf zugutehält, freie Männer für sich arbeiten zu lassen statt Sklaven.

Es ist schon spät im September, als Baumann und Meyer Gondja erreichen, wo die Hauptkarawane sie erwarten soll.

Aber da ist keine Karawane. Da war nie eine.

Wenn es stimmt, was der Buschfunk berichtet, so ist sie beim schwarzen Usambara-König Sembodja von Masinde aufgehalten worden. Also gehen Meyer und Baumann statt in Richtung Berg wieder zurück. Auf dem Weg nach Masinde entlaufen ihnen am helllichten Tag 17 Waniamwesiträger. Am Morgen des 27. September sind sämtliche Askari verschwunden, mitsamt der Hinterladergewehre. Auch Koch und Küchenjunge fehlen. Sie waren so gewissenhaft, das Geschirr und den Proviant gleich mitzunehmen. Etwas stimmt nicht. Etwas stimmt ganz und gar nicht. Nur was?

Als sie beim Usambara-König Sembodja eintreffen, ist zwar das Reisegepäck für zwei Jahre noch da, die fast 200 Träger aber sind weg. Da sei ein Brief aus Pangani gekommen, in dem habe gestanden, alle Pagazi können nach Hause gehen.

Seit wann bekommen schwarze Inlandskönige Post von der Küste mit Marschbefehlen für europäische Karawanen?

Auch der alte Häuptling benimmt sich eigenartig: *Sassen wir bei Tisch, so verlangte er unsere Gabeln, beobachteten wir die Sonne, so forderte er den Theodoliten.* Schließlich lassen Meyer und Baumann ihre 30 000-Reichsmark-Ausrüstung zurück, um sich zur Küste durchzuschlagen. Unterwegs treffen sie einen Afrikaner, der früher Karl Jühlkes Diener war. Von ihm erfahren sie zum ersten Mal, dass die Deutschen die Küste verlassen hätten.

Wieder kommen Baumann und Meyer an der Farm vorbei.

Dicht an dicht, in dunklem Grün wachsen die Tabakpflanzen der Ernte entgegen, der ersten deutschen Ernte in Ostafrika. Doch kein Gesang dringt mehr herüber, da ist niemand mehr zwischen den Reihen. Tot und still liegt die Farm. Das große Magazin, in dem die Tabakpresse stand, scheint unversehrt, das Wohnhaus aber ist zerstört. Von Schröder keine Spur.

Sie erfahren, dass sie nicht die neuen Herren dieses Landes sind, im Gegenteil, sie sind feindliche Ausländer. Vielleicht hilft den Rückkehrern, dass sie offenkundig Ähnlichkeit besitzen mit den Muzungu, die früher ins Land gekommen waren, mit den Flüssesuchern und Landvermessern.

Für 10 000 Rupien kaufen Meyer und Baumann sich los. Buschiri persönlich, Schröders Nachbar, nunmehr Revolutionsführer der erniedrigten und beleidigten Sklavenhändler und Kaufleute der gesamten Küste, bringt sie persönlich bis ans Meer.

Wie anders kommt ihnen Sansibar jetzt vor! Keinem Afrikaner fällt es mehr ein, ihnen auszuweichen. Niemand ruft ihnen ein *Jambo!* zur Begrüßung zu, und wenn doch, dann in höhnischer Absicht, worauf die Umstehenden zu lachen beginnen. Noch nie hat der Mann, der nicht Buchhändler werden wollte, eine solche Geringschätzung bei den Schwarzen erlebt, er hätte sie nicht für möglich gehalten. Es bedeutet ihnen nichts, dass die Muzungu die Sklaverei aufheben. Und es ehrt sie, dass die Araber um sie werben, als Bundesgenossen.

Sind ihre Seelen über die Jahrhunderte hinweg zu Sklavenseelen geworden? Nicht unbedingt: Es sind zugleich Herrenseelen. Es ist so einfach, dass es Meyer schon wieder gespenstisch scheinen will: Sie lachen über den, den sie für den Schwächeren halten. Das Sozialgefüge Ostafrikas ist nicht zuletzt eines der Verachtung.

Angst

Sie hat Angst. Angst um Leue, Angst um Saint Paul. Vor allem aber hat sie Angst um ihren Bruder.

Die bösen Nachrichten wollen nicht enden:

Am Tag, als ihre Landsleute die Küste übernahmen, fing alles an. In Pangani, ausgerechnet in Pangani. Dieses Pangani ist ein Unglücksort. Als der Name zum ersten Mal fiel, war ihr Glück zu Ende, es scheint ihr kein Zufall. In Pangani begann, was nun zum Flächenbrand geworden ist. Der Wali weigerte sich, die Fahne der neuen Küstenmacht zu hissen. Erst als das deutsche Kriegsschiff *Karola* vor der Stadt erschien, erklomm die Flagge der *Deutsch-Ostafrikanischen Gesellschaft* doch noch den Mast. Allerdings konnte die *Karola* nicht immer auf die Fahne aufpassen, noch am selben Tag kehrte sie ihr den Rücken. Das war leichtsinnig, denn die Araber sperrten die beiden regierenden deutschen Beamten, die nunmehr mit der Fahne allein waren, in ihrem Haus ein. Die neuen Machthaber hatten keine Leute, sich zu wehren, nur ein paar irritierte Soldaten des Sultans, eine mehr symbolische Garde, und so betrug sie sich auch.

In Hausarrest gesetzt schon am ersten Tag!

Es war schmählich, vielleicht noch schmählicher, als auf der Stelle erschossen zu werden. Und wahrscheinlich wären sie auf der Stelle erschossen worden, hätten nicht ein paar der reichsten Araber der Stadt für Schonung plädiert.

Der Sultan muss helfen, er ist laut Vertrag dazu verpflichtet. Die Truppen des regierenden Alkoholikers unterstehen General Mathews. Frieda kennt den dicken General gut, vor allem vom Hören: Sein Truppenübungsplatz befand sich in gerade noch annehmbarer akustischer Entfernung neben ihrer Schamba, die nicht mehr ihre Schamba ist.

Mathews ist Brite. Schon dieser Umstand bedingt, dass er keine besondere Eile an den Tag legt. Diese germanischen Tölpel werden schon nicht wegkommen in ihrem Haus. Er will ihnen ein wenig Muße lassen, es kann ihnen nicht schaden.

Überall, erfährt sie, verweigern sich die Küstenleute der neuen Macht. Nur in Dar-es-Salaam, in ihrem Dar-es-Salaam, soll es noch ruhig sein.

Irgendwann in diesem Herbst 1888 erhält sie die befreiende Nachricht. Am 20. September habe der Stamm der Yao vor Mikidani gestanden; seine schwarzen Soldaten seien Albrecht von Bülow zwar sofort weggelaufen, er habe die Stadt aufgeben müssen, aber fliehen können. Albrecht ist in Sicherheit, er ist in Sansibar.

Sollte alles falsch gewesen sein? Doch warum schließen sich die Schwarzen ihren Unterdrückern an? Was die reichen Inder und Araber zu verlieren haben, ist klar.

Aber was haben die Yao zu verlieren?

Die alte Ordnung sei in Gefahr, wussten sie, als sie vor Mikidani standen. Jede Ordnung ist eine alte, denn sonst wäre es keine Ordnung.

*

Es ist nicht die Stunde der Zwietracht. Sie will auf den Frauenbund zugehen, sie will das Missverständnis auflösen. Wenn sie den Schwestern von Pfeil erst gegenübersitzt, wird alles einfach sein.

Sie fährt nach Berlin, der Empfang ist kühl. Nein, von Missverstehen könne keine Rede sein. Von Missbilligung schon, liest sie in den Augen von Eva und Martha von Pfeil, von tiefster Missbilligung. Darum habe man den Verein inzwischen neu gegründet. Er heiße jetzt *Deutscher Frauenverein für die Krankenpflege in den Kolonien.* Wahrscheinlich ist Frieda von Bülow im ersten Augenblick etwas ratlos: Das sei, nun ja, dasselbe, vielleicht ein wenig umständlicher, aber so doch auch nicht falsch, falls dies jetzt noch eine Rolle spiele. Und was weiter? Die Statuten, erfährt sie, seien auch neu.

Plötzlich beginnt sie zu verstehen.

Keine Gegenstimme, so war es doch. Alle waren dafür, sie von ihren afrikanischen Aufgaben zu entbinden.

Und nun ist ihr Name getilgt. Im Gedächtnis des Vereins, dessen Gründerin sie war, kommt sie nicht mehr vor.

Sie ist gelöscht, einfach gelöscht. So wie die *Deutsch-Ostafrikanische Gesellschaft* sich von Peters trennte. Oder er sich von ihr?

Aber er geht zurück nach Afrika.

*

Der Mann, der als erster Deutscher den Kontinent von West nach Ost durchquerte, ist ein Rostocker und heißt Hermann Wissmann. Seine Gesundheit ist nicht die beste, er versuchte bereits, sie mittels eines Winters auf Madeira umzustimmen, vergeblich. Er beschließt, sie künftig zu ignorieren. Er will zurück nach Afrika, er braucht dringend eine neue afrikanische Aufgabe. Hermann von Wissmann und Carl Peters würden gemeinsam auf Emin-Pascha-Expedition gehen, so war es schon beschlossen, als der Küstenaufstand alles änderte. Der Reichstag entschied, dass an der Küste Ostafrikas mehr auf dem Spiel stehe als der Erfolg einer privaten Kapitalgesellschaft: nämlich die Ehre des Reichs selbst. Der Mann, der sie retten soll, heißt ab sofort Hermann Wissmann.

Das Deutsche Reich und das Empire verständigen sich auf eine Seeblockade der Küste. Keine Sklaven, keine Waffen dürfen ein- oder ausgeführt werden.

Wissmann und Peters reisen gemeinsam.

In der zweiten Märzhälfte 1889 treffen sie in Aden ein. Wissmann braucht eine eher große Armee, Peters eine etwas kleinere. Nur: wie sie besetzen? Der Mann, der nicht vorhat, Frieda von Bülow zu heiraten, zumindest nicht gleich, hat alle Vorkehrungen getroffen.

Er wird seine Expedition selbstverständlich nicht an der Küste seines größten Triumphes und seiner größten Niederlage ausrüsten. Witu ist besser. Witu ist der Name der sich erst langsam schließenden Lücke im britischen Einflussbereich nördlich von Mombasa, wo die beiden Söhne der Stadt Zeitz, Clemens und Gustav Denhardt, einst die Probe auf Peters' Reisebericht vom Herbst 1884 gemacht hatten.

In Witu würden ihn 100 angeworbene Somalis erwarten, die Somalis gelten noch immer als die besten und zuverlässigsten Soldaten, die man auf diesem Erdteil finden kann. Zuversichtlich blickt der Konquistador von 1884 auf die Linie des Horizonts. Ist sie nicht blau vor lauter Zukunft?

Peters hat seine privaten Jagdwaffen mit dem Norddeutschen Lloyd verschifft, der Dampfer *Martha* aber hat die umfängliche Waffenlieferung an Bord genommen. Einen Teil würde er benötigen, um Emin Pascha zu finden, den anderen aber, um sie ihm zu übergeben. Jetzt fehlen vor allem noch Träger, darum fährt Peters zuerst an Witu vorbei bis Sansibar. 600 Pagazi braucht er bestimmt.

Ungläubig empfängt er noch unterwegs die Nachricht, dass sich seine Somalis keineswegs in Witu, sondern vielmehr in Bagamoyo befinden.

Wie konnte das geschehen?

Er darf sich nicht provozieren lassen. Er muss ruhig bleiben.

Carl Peters versucht, Freude und Zuversicht an dem Gedanken zu finden, dass er seine privaten Jagdgewehre, befördert vom Norddeutschen Lloyd, aller Voraussicht nach bei seinem Eintreffen schon in Sansibar vorfinden wird.

Das ist richtig, beinahe, erfährt der Befehlshaber der deutschen Emin-Pascha-Expedition, als er in dem so wohlbekannten Hafen von Bord geht, den er zuletzt schon mit dem Auge des künftigen Besitzers angeschaut hatte, der sein Inkognito noch eine gewisse Zeit zu wahren gedenkt. Ja, sein privates Jagdzubehör sei in der Tat wohlbehalten angekommen, und zwar mit der *British-India-Line* des schottischen Chordirektors, es sei aber trotzdem nicht da. Wahrscheinlich bemüht sich der Auskunftspflichtige an dieser Stelle, seinen Zügen eine Art höhere Ausdruckslosigkeit zu verleihen, die Frieda gemeinhin als Stumpfsinn zu diagnostizieren pflegt. Alles sei ordnungsgemäß nach Aden zurückgeschickt worden gemäß den Blockadebestimmungen, über deren peinliche Einhaltung der Admiral der Königin Fremantle wache. Die *British-India-Line* behalte sich ausdrücklich vor, den Besitzer auf Entschädigung zu verklagen, denn die Lieferung war irreführenderweise als *merchandise*, als Handelsware, deklariert, statt als *ammunition*.

In Peters' Augen mag zu lesen sein, dass die *British-India-Line* noch lernen werde, sich vor ihm zu fürchten. Aber nicht jetzt. Er hat keine Zeit, denn er weiß sein eigentliches bellizistisches Zubehör noch in Aden, die *Martha* lädt es dort aus, denn sie fährt nicht nach Sansibar. Er muss um jeden Preis erreichen, dass es auf einem Wissmann-Dampfer verschifft wird, nicht auf einem britischen.

Der alte Schotte Mackinnon, den die Arglosen dieser Welt mitunter für den magenkranken Leiter eines Kirchenchors halten mögen, ist nicht nur Inhaber mehrerer Schifffahrtslinien, darunter der *British-India-Line*, sondern ebenso Begründer der *Imperial British East Africa Company*. Der britische Premierminister ließ ihr kürzlich eine *Royal Charter*, eine Königliche Satzung, geben, um unzweifelhaft zu machen, dass es sich bei dieser Einrichtung um eine Institution zur uneigennützigen Beförderung des Gemeinwohls handelt, welches näherhin besagt, dass Afrika britisch werden muss, vom Kap bis nach Kairo. Schlimm genug, dass die Eisenbahn der Zukunft statt einer Geraden eine ärgerliche Delle in die Landschaft fahren werden muss – außen um Deutsch-Ostafrika herum –, eine weitere Ausdehnung dieser Amateure gen Westen aber kann das Empire unmöglich zulassen.

Tage des Harrens, Tage der Ungewissheit. Tage der Hoffnung. Telegramme nach Aden und zurück. Am Ende die Auskunft, dass die vielen großen Waffenkisten tatsächlich dank der *British-India-Line* Sansibar wohlbehalten erreicht hätten, wo sie geprüft und auf ein Kriegsschiff Ihrer Majestät umgeladen worden seien. Admiral Fremantle habe sie dann unverzüglich nach Aden zurückgesandt. Wegen der Blockadebestimmungen.

Carl Peters prüft seine Lage. Er hat keine Waffen, seine Soldaten sind in Bagamoyo und keiner der 200 Träger, die er mindestens braucht, scheint in seine Dienste treten zu wollen. Der Aufenthaltsort der

Teilnehmer der deutschen Emin-Pascha-Expedition, so viel weiß er inzwischen, erklärt sich aus dem Umstand, dass die *British-India-Steamnavigation-Company* allen Schiffskarten mit Ziel Lamu in Witu ausgestellt und der Dampfer dieses auch erreicht habe, zumindest beinahe, da er vor dem Hafen einfach wieder umgekehrt sei. Das Ausbleiben seiner 200 Pagazi kann Carl Peters bald auch viel besser deuten. Er werde jedem, der mit Carl Peters auf Expedition gehe, den Kopf abschlagen lassen, ließ der regierende Alkoholiker verkünden, wahrscheinlich beraten von einer Flasche Cognac und Admiral Fremantle.

Irrt Carl Peters, oder tragen die Einwohner Sansibars in der Tat so ein wohlgelauntes, beinahe übermütiges Lächeln im Gesicht, wenn sie ihm begegnen?

Das erträgt er nicht. Alles dürfen sie, aber nicht lachen. Man lacht nicht über Carl Peters.

Dieser Satz wird sein Schicksal.

Im Mai kommt Albrecht nach Hause. Nach Hause? Sie weiß nicht, ob sie bereit ist, Freiburg dieses Nähewort zuzugestehen. Albrecht hat Urlaub, Urlaub vom Aufstand. Wie sie sich auf diesen Besuch gefreut hat! Albrecht von Bülow sagt seiner Schwester alles, was er weiß. Wahrscheinlich reden sie die Tage und Nächte durch. Der Aufstand? Peters? Sie träumen von einer Schamba, die der Bruder für sie kaufen wird, wenn alles vorüber ist. Und immer wieder Peters. Sie begreift, dass die Expedition des Mannes, den sie liebt, keine Chance hat. Sie weiß, dass er sie nutzen wird.

Ein Grund mehr zu schreiben: seine Geschichte, ihre gemeinsame Geschichte. Sie beschließt, einen *vaterländischen Roman* zu beginnen.

Die Barfuß-Armee

Dass man zum Dienst nur vollständig bekleidet erscheinen darf, wissen sie, schließlich haben fast alle bereits mehrere Kriege hinter sich und tragen mit Stolz ägyptische oder britische Medaillen. Aber ihr neuer Befehlshaber hat weder Uniformen noch Gewehre für sie. Also befestigen sie ihre ganze textile Habe an den Körpern, die Tücher ihrer Frauen, türkische Pluderhosen, Teile arabischer Kaftane. Auf dem Kopf tragen sie statt Helmen Turbane oder alte kaputte Zylinder aus Europa. Es gibt auch keine Gewehre, sie nehmen Stöcke dafür.

Die Männer ohne Uniformen und Gewehre versuchen, den kurzen scharfen Kommandos einer kuriosen eckigen Sprache zu folgen, die sie noch nie zuvor gehört haben. Hermann Wissmann besieht seine neue Armee und kann mitunter vor Lachen kaum befehlen. Es war schwierig gewesen, die Truppenlisten zu erstellen. Viele tragen den gleichen Vornamen, Nachnamen haben sie nicht. Die Frage nach ihrem Geburtsort konnten die wenigsten beantworten, auf etwas drängendere Erkundigungen nannten sie irgendein Dorf, das ihnen gut gefallen hatte. Die Frage nach ihrem Alter ergab, dass die meisten zwischen zehn und zweihundert Jahren zählten, worauf die betreffende Spalte aus den Truppenlisten gestrichen wurde.

Hermann Wissmann ist froh, dass kein Landsmann seine vor ihm exerzierende Armee sehen kann.

Und doch hatte er Glück gehabt.

In den Straßen von Kairo und Aleandria lungerten elende, zerlumpte junge Männer herum, die nicht hierhergehörten, aber auch nicht woandershin. Schon gar nicht in ihre Heimat, in die schwarzen Provinzen des ägyptischen Reichs, die nun den Truppen des Mahdi, des Erlösers, gehören. Sie konnten nicht zurück, denn sie hatten für Ägypten gegen den Mahdi gekämpft, sie *stammten aus den südlichsten ägyptischen Provinzen von Bahr el-Ghasal und Bahr el-Abiad, und aus Darfur.*[204]

Meist groß und hager, scheinen den Europäern ihre Arme und Beine unverhältnismäßig lang. Fast alle glauben an den Propheten, außerdem glauben sie an ihre Stammesgeister, noch viel mehr sogar, aber sie haben längst gelernt, es denen nicht zu sagen, die es nicht wissen müssen. Lesen und Schreiben kann kaum einer von ihnen, doch Wissmann beunruhigt das nicht. Die Beherrschung des Alphabets gehört nicht zu den Grundqualifikationen eines Kriegsmanns.

600 von ihnen stehen jetzt vor ihm.

Fast alle haben Frau und Kinder oder auch mehrere Frauen und viele Kinder, es gab keine Möglichkeit, sie zurückzulassen. Natürlich ist das Familienleben der soldatischen Disziplin nicht förderlich. Am Anfang hatte er seine Soldaten einzeln dem Dienst zuführen lassen müssen, denn sie verließen nur ungern die Zelte ihrer Frauen und Kinder, und schon gar nicht auf Kommando. Außerdem sahen sie sich außerstande zu verstehen, was dieser General ihnen mitteilen wollte.

Siegen Sie!, hatte Bismarck zu Wissmann gesagt, der Reichstag bewilligte, vaterländisch gestimmt, zwei Millionen Mark.

Für diese Armee?

Die erheblichen Zweifel, ob es überhaupt statthaft sei und gut gehen könne, schwarze Soldaten zu rekrutieren, wusste von Wissmann mit dem Hinweis zu zerstreuen, dass seine Armee andernfalls ein wandelndes Lazarett wäre und dass es keinem nutze, wenn die Hälfte seiner Armee noch vor dem ersten Gefecht am Hitzschlag sterbe.

Sie landen in Bagamoyo. Der deutsche Konsul Michahelles hatte mit Tabak-Schröders Nachbarn Bushiri einen vorläufigen Waffenstillstand vereinbart. Wissmann weiß, dass ihm nicht viel Zeit bleibt. Als er schon nicht mehr daran glaubt, treffen aus Moçambique zwei Kompanien Zulu-Krieger ein.

Die Zulus leben, wie es die Europäer und andere Lebensfremdlinge längst verlernt haben, Haut an Haut mit Luft, Erde und Wasser, ohne jede textile Distanzerklärung zwischen sich und der Welt, abgesehen von einem kleinen Fell an dem Körperteil, dessen ungeschützter Anblick Europäer noch immer aufs Unangenehmste berührt. Ungläubig besehen die Zulus die inzwischen eingetroffenen Uniformen. Wozu sollen sie etwas so offenkundig Absurdes, so unfassbar Hinderliches tragen? Beim ersten Anprobieren vertauscht mancher von ihnen Jacke und Hose, auch ist ihnen nicht plausibel, von welcher Seite Arme und Beine in diese Kuriosa einzuführen sind, und was bitte ist hier innen, was außen?

Es fällt ihnen schwer, sich diesen gewebten Unsinn nicht gleich wieder vom Körper zu reißen. Als sie ihre Beine knieabwärts wie die Sudanesen mit einer blauen wollenen Binde umwickeln und Feldschuhe anziehen sollen, scheint die Stunde des ersten Aufruhrs gekommen.

Und doch ist Wissmann sicher, dass er aus diesen Söhnen Afrikas eine Armee formen wird, und zwar eine preußische Armee. Mit ihr wird er das Deutsche Reich auf afrikanischem Boden verteidigen. Was zum Teufel ist das Deutsche Reich auf afrikanischem Boden? Wissmann weiß es auch nicht; er muss das nicht definieren, er ist kein Intellektueller. Als er als erster Mecklenburger Afrika von West nach Ost durchquert hatte, gab es eine solche Unvordenklichkeit noch nicht.

Wissmann hat fünf Dampfer gekauft, er verfügt über fünf Feldgeschütze, sechs Schnellfeuerkanonen und ein Maxim-Maschinengewehr.

Am Ende zählt seine Armee sechs Kompanien Sudanesen, zwei Zulukompanien und einen Zug Suahelis, 40 Somalis sowie 22 türkische Polizisten. Sudanesen und Zulus tragen die Jägerbüchse 71.

Es sind mehr als 850 schwarze Soldaten.

200 von ihnen sind knieabwärts splitterfasernackt.

Der Konsul

Im Übrigen besaß er eins jener Gesichter, die man sich merkt, wenn man sie einmal gesehen hat. Die entschlossenen Züge und die von Stolz und Leidenschaft durchflammten dunklen Augen ließen auf einen Charakter schließen, der nicht die Dinge an sich herankommen läßt, sondern ihnen, mit der entschiedenen Absicht, sie zu zwingen, entgegentritt.[205] So führt sie ihn ein. Carl Peters wird zu Konsul Sylffa, sie schreibt ihren zweiten Roman.

Während Peters sich auf seine zweite große Expedition begibt, die streng genommen noch aussichtsloser ist als die erste, setzt sie ihn an Bord des englischen Dampfers *Malta* aus, in lebhafter Unterhaltung mit zwei katholischen Padres begriffen, dabei ob seiner Lebhaftigkeit tadelnd beobachtet von zwei Briten, die dem jungen deutschen Baron dennoch klaglos den Rang eines Gentleman zubilligen, einen Ehrentitel, welchem sie *nach dreitägiger Reisebekanntschaft noch das Beiwort »perfekt« zufügten*. Trotzdem verdrießen die beiden Briten die ungedämpften Laute einer Sprache, die sie nicht verstehen, und das an Bord eines britischen Schiffes. Sie ringen um ein gerechtes Urteil:

»*Er soll wirklich aus einer guten Familie sein*«, *bemerkte jetzt der Schläfrige.* Die Anmutung einer gewissen Schläfrigkeit gehört in Frieda von Bülows Augen zum britischen Nationalcharakter.

»*Ich weiß*«, *sagte St. Clair*, sein etwas wacherer Landsmann, der zudem mit dem Baron das Reiseziel teilt, »*nichtsdestoweniger scheint man seine Erziehung vernachlässigt haben.*«

»*Ausländer sind niemals, was wir gut erzogen nennen*«, *sagte der Schläfrige.*

Einen Roman zu schreiben ist etwas anderes als Zeitungsberichte. Nur die Laien glauben, dass Romane erfunden sind. Nichts ist erfunden, höchstens das Arrangement. Man darf alles sagen, aber niemand kann einem etwas nachweisen. Sie genießt ihren Ausflug in die Unbelangbarkeit.

Wer annimmt, die Autorin würde spätestens mit der Ankunft ihres Helden in U. beginnen, die Briten zu schonen, sieht sich getäuscht. Vielleicht bedauert sie, dass Heinrich Heine ihr diesbezüglich auf ewig die schönste Pointe weggenommen hat. Auf Helgoland – das Deutschland gleich gegen Sansibar eintauschen wird, aber das ist eine andere Geschichte – hatte er dem englischen Inselkommandeur gegenübergestanden und das heftige Bedürfnis gespürt, auf seiner Rückseite nachzusehen, ob man vielleicht vergessen habe, ihn aufzuziehen.

Die Autorin lässt den neuen Konsul in U. von vier Landsleuten im Boot abholen: *Da das Hafenbecken nahe dem Landungsplatz von Booten und Daus wahrhaft wimmelte, bedurfte es einiger Achtsamkeit, um nicht in diesem Labyrinth von Fahrzeugen in die Enge zu gerathen. Dabei kam das deutsche Boot in Kollision mit dem eilig landeinwärts steuernden Boot des englischen Konsulats.*

»*Hauen Sie man Ihrem Jondelführer eine 'runter, Mr. Chester!*«, rief Fürstendank – ein Mann des deutschen Konsulats – *mit volltönender Stimme über das Wasser. Er durfte seinem Groll in dieser Weise Luft machen, da der Konsul Chester keine Silbe Deutsch verstand. Chester zog höflich den Hut.*

Das Giebelzimmer des Freiburger Hauses wird ihr Exil. Sie beschließt, es nie mehr zu verlassen. Auch sie selbst kommt in ihrem Buch vor; sich zu verdoppeln, kann Befreiung sein.

Während der neue Konsul mit den *entschlossenen Zügen und den von Stolz und Leidenschaft durchflammten dunklen Augen* sich unaufhaltsam dem Ziel seiner Reise nähert, wacht ebendort in der schönsten Schamba der Umgebung eine junge Frau auf, in der wir – cum grano salis – die Autorin vermuten dürfen, oder vielmehr einen Teil von ihr. Sie heißt jetzt Gabriele und teilt deren Unfähigkeit, früh und mit dem nötigen Schwung aufzustehen. Niemand soll der Verfasserin nachsagen, sie neige zu autographischer Schönfärberei:

Sie war eine dunkle Blondine von zierlicher mittelhoher Gestalt, deren Formen freilich durch das lose, weiße Morgenkleid eher verborgen als hervorgehoben wurden. Ihre Bewegungen waren schlaff und ihre Gesichtsfarbe gelblich bleich, beides in Folge der klimatischen Einwirkungen auf ihren nordischen Organismus. Europäische Kritiker hätten überhaupt ihrer in U. bedingungslos anerkannten Schönheit nur ein sehr bedingtes Lob erteilt. Ja, es ist wahr: Frieda hat sich in Afrika immer schöner gefühlt, als sie eigentlich ist. Schon das ist ein Grund, unbedingt zurückzukehren, und sie hat bereits viel darüber nachgedacht, weshalb sie, obgleich nicht schön, doch schön ist: *Es ist zuweilen gar nicht leicht zu bestimmen, worin eigentlich das Anziehende mancher Persönlichkeiten liegt; die »Schönheit« hat gewöhnlich wenig damit zu tun.*

Vielleicht sollten wir an dieser Stelle den Frühstückstisch schildern, an den sich die frühmorgendlich leicht derangierte, nicht schöne, aber gleichwohl anziehende Doppelgängerin der Autorin setzt, das Frühstück und dessen Urheber: *Unhörbar auftretend, durchschritt ein*

Schwarzer das im oberen Stockwerk gelegene Eßzimmer des Donglar'-
schen Landhauses und öffnete die Fensterläden. Ein zweiter Schwarzer
glitt ebenso geräuschlos an dem Eßtisch hin und her, auf den er das
Frühstück für die Herrschaft zu stellen hatte: goldgelbe Ananas und wil-
den Honig, frische Eier und Fleischpastete nach englischem Rezept, da-
neben Roggenbrot, englische Zwiebäcke, Holsteiner Büchsenbutter und
was sonst von europäischen Frühstücksgenüssen dem Ausgewanderten
über das Meer zu folgen vermocht hatte.

Mag sein, das zeitgenössische hierarchiefeindliche Bewusstsein
mit seiner grundsätzlichen Ablehnung der dienenden Lebenshaltung
nimmt unwillkürlich heftigen Anstoß an der Unumwundenheit, mit
der Letztere hier beschrieben und in Verbindung mit einer Hautfarbe
gesetzt wird.

Zu Frieda von Bülows Entlastung sollte erwähnt werden, dass sie
es nicht anders kennt. Der Adel ließe sich beschreiben als eine Schicht
von Menschen, die es gewohnt ist, auf den Schultern anderer zu leben, stellvertretend für diese einschlägig Beschäftigten die Aussicht
zu genießen und sich des Daseins zu freuen. Und macht eine halbwegs
auskömmlich verdienende bürgerliche Familie es etwa anders? Un-
vorstellbar, ohne Aufwartefrau, ohne Kindermädchen, ohne Köchin
zu leben. Es gibt ein Datum, da all das plötzlich aufhört: Mit dem Ende
des Ersten Weltkriegs verschwinden die Dienstboten, und bald wird es
scheinen, als hätte es sie nie gegeben. Dies ist nicht der Ort, das Phä-
nomen zu ergründen, unumgänglich war gleichwohl die doppelte
Feststellung, dass die Baronin es erstens gewohnt ist, das Leben serviert zu bekommen, und zweitens nur bedingt etwas dafür kann.

In Afrika sind, was naheliegt, die Schwarzen dafür zuständig, dass
die Holsteiner Büchsenbutter nicht zu warm und die Milch mit Cognac trotz der darin schwimmenden Eisstückchen nicht zu kalt ist,
Mabruku, der Hausdiener ihres Romans, warf sie hinein, *und zwar*
mit bloßen Fingern. Ja, die Doppelgängerin der Autorin trinkt Cognac-
milch zum Frühstück, die Heimatverlorenen bestärken sich gegenseitig in der Auffassung, dass sie die Abwehrkräfte gegen das Fieber
stärke, außerdem hilft sie beim Aufwachen.

Die morgenversehrte Teilzeitalkoholikerin beobachtet ihr Hauspersonal mit jenem längst angedeuteten Blick, in dem Anerkennung, Zuneigung, Herablassung und Kulturkritik eine einmalige Symbiose eingehen: *Die behenden, feingliedrigen Schwarzen verrichteten ihre Arbeit nicht nach Art nordischer Dienstboten, wie eine saure langweilige Aufgabe, die eben zu Ende gebracht werden muß, je rascher desto besser. In der Art, wie Mabruku die einzelnen Gegenstände zurechtrückte, ordnete, wohlgefällig betrachtete und noch einmal etwas anders ordnete, lag ein gewisses künstlerisches Behagen. Mabruku dachte weder an Zeitersparniß, noch an sonst etwas außerhalb der Sinneswahrnehmung Liegendes.*

Für dieses Talent, ganz im Jetzt und Hier zu leben, bewundert sie die Afrikaner. Vielleicht ist das der größte Preis, den die fragwürdige Bewegungsart, die sie auch den Fortschritt nennen, sie gekostet hat: Es ist die Unfähigkeit, eine Gegenwart zu haben, ohne alle Einschränkungen.

Und Gabriele, genannt Nelly, ist sogar unfähig, einen Morgen zu haben. Der neu eingetroffene Konsul soll ein Baron sein?

Sie sagt ihrem Bruder – es ist allen Zügen nach William O'Swald, der Schöne –, was sie davon hält:

»Meinetwegen mag er Baron, Graf oder Fürst sein, wie es ihm beliebt«, bemerkte Nelly. *»Ein Hungerleider ist er doch.«* Denn verhielte sich das anders, wäre er zu Hause geblieben und lebte *standesgemäß von seinen Renten.* Sie weiß, Carl Peters wird sich in diesem Mann erkennen. Und sie adelt ihn auf beiläufige, lässige Weise, er wird das bemerken, und er wird das Gran Herablassung spüren, das darin steckt, obwohl er es ihr nicht nachweisen kann. Von dieser Art sind ihre Spiele. Man kann mehr sein von Geburt als der Sohn eines Dorfpfarrers? O ja, es wird ihn ärgern. Und er darf es sie nicht merken lassen. Mögen andere mitlesen, mögen viele, sehr viele mitlesen. Aber eigentlich schreibt sie dieses Buch nur für einen.

Die ersten Unterredungen des neuen Konsuls mit seinen Landsleuten verlaufen nicht sehr ermutigend; kein Mensch versteht, was er will: aus seinen Mitdeutschen hier aufrechte Menschen machen? Mecklenburgern, Bayern und Schwaben einreden, sie gehörten derselben Nation an? Der Bruder der Morgenuntauglichen formuliert das so:

»Du lieber Himmel!«, sagte er. »Sie haben die Bande ja selbst gesehen. Das ist ein ganz trauriges Gesindel. Lauter Plebejer! Wer's vorher noch nicht war, verbauert hier rettungslos.« Dennoch lädt er den neuen Konsul in sein Haus ein, wo seine Schwester die erste Krise des Tages – das Aufstehen – bereits überstanden hat. Die Autorin beschließt, ihr Alter Ego nicht zu schonen:

Nelly hatte inzwischen mit einiger Sorgfalt Toilette gemacht. Sie trug ein Mullkleid mit buntem, großblumigem Muster im Pompadourgeschmack, welches aus dem »Atelier« eines Hamburger Kleiderkünstlers stammte … Mit dem Anzug schien auch ihre Haltung und ihre Art sich zu bewegen ausgetauscht. An Stelle der Schlaffheit am Morgen war jetzt eine porzellanmäßige Steifheit bemerkbar. Die etwas hochgezogenen Schultern waren nach der Modelaune einander genähert, die Arme fest angelegt und der Oberkörper ohne Biegung vorgeneigt. So kam sie, sehr kleine Schritte machend, dem Baron entgegen.

Niemand soll sagen können, sie habe sich keine Mühe gegeben, sich in dieser Nelly bis zur Unkenntlichkeit zu verbergen. In dieser Modepuppe mit Zug zum Höheren, den man nur erwecken muss. Aber er wird sie erkennen.

Und sie lässt sich Zeit. Bis Seite 70 müssen die frauenromanerwartungshaften Leserinnen schon durchhalten. Erst auf Seite 70 wird erbarmungslos klar, dass Nelly mehr ist als ein atmender Kleiderständer, viel mehr. Streng genommen ist sie die Einzige, die den neuen Konsul hier auf dieser weltentlegenen Insel wirklich verstehen kann. Er wirbt um sie, aber nicht um die Frau, sondern um ihre Solidarität, ihren Beistand, ihre Begabung. Doch Gabriele, Nelly, weist ihn ab:

Sie blinzelte zwischen den Wimpern hindurch, wie Kurzsichtige etwas in's Auge fassen, das sie genauer zu erkennen wünschen. Als er geendet hatte und erwartungsvoll in ihr Gesicht sah, sagte sie:

»Sie sind ein Schwärmer! Wenn Sie aber glauben, die Menschen hier zu Ihrer Auffassungsweise bekehren zu können, so werden sie gewaltige Enttäuschungen erleben. Sie haben überhaupt nicht das Zeug zum Refor-

Carl Peters

mator! ... Ein Reformator muß viel rücksichtsloser gegen das Bestehende
wüthen und muß vor allen Dingen einseitig sein. Sie sind dazu nicht
dumm genug. Wer mit Ihren offenen Augen und Ihrer Verständnisfähig-
keit eine Umwälzung bewirken will, der muß mit Nothwendigkeit daran
zu Grunde gehen.«[206]

Wer nicht gegen Wände renne, der reiße sie nicht ein. Der Konsul gibt nun zu bedenken, dass man Wände auch abtragen könne,
Stein für Stein gewissermaßen. Aber Frieda-Gabriele schenkt seinem
Einwand kaum Beachtung. Sein ganzer Patriotismus könne ihr nicht
imponieren, im Gegenteil.

Und nun holt die Frau mit dem verhangenen Blick weit aus zur
großen kulturkritischen Geste unter besonderer Berücksichtigung seines Geschlechts: *Immer soll das Wort Patriotismus den Deckmantel und*
das Aushängeschild für die anmaßendste Selbstsucht hergeben. Wenn
nämlich die Eigenliebe von Euch Männern kein Genüge mehr daran

findet, die eigene Person zu verherrlichen, dann erweitert Ihr flugs den Begriff Eurer Macht- und Ruhmsphäre, indem Ihr Alles einschließt, was Ihr als zu Euch gehörend betrachten könnt. Das nennt Ihr dann pathetisch Nation oder Vaterland.[207] Beeindruckt von ihrem eigenen Scharfblick, geht sie noch weiter: *Ihr würdet Euch auch daran nicht genügen lassen, sondern das noch hochtönendere Weltbürgerthum auf Eure Fahne schreiben, wenn es andere Welten in Eurer Reichweite gäbe, gegen die Ihr die Eurige ausspielen könntet.* Wie klar sie den imperialen Zug der Vaterlandsliebe als Form des höheren Narzissmus erkennt. Auch der Konsul scheint beeindruckt:

»Sie denken merkwürdig klar«, sagte Sylffa ganz betroffen; *»aber was nützt Ihnen diese Kraft, wenn sie nur zu zersetzender Kritik führt? Ich kann Ihnen Ihre Worte von vorhin zurückgeben: es wäre besser für Sie, wenn Sie etwas dümmer wären.«*

Das Schlachtfeld ist bereit. Es geht um Vernichtung in erotischer Absicht. Sie will ihm wehtun, sie will seinen Stolz kränken. Er soll lernen, sie nötig zu haben.

Nach Art aller Liebenden neigt die Autorin zum magischen Bewusstsein. Egal, wo Peters ist, er muss fühlen, dass sie ihn nie verlässt, nicht in Gedanken. Und sie kennt seine Einsamkeiten.

Aber: *ein Schwärmer! – ?*

Sie ahnt nicht, wie sehr dieses Wort den Mann verfehlt, der eine Welt gegen sich hat und trotzdem nicht umkehrt.

Ein Schwärmer! Kein Wort könnte ihn mehr verkennen.

»Where is Dr. Peters?«

Es ist unmöglich. Carl Peters muss die Emin-Pascha-Expedition aufgeben, noch bevor sie angefangen hat. Es sei denn, er chartert diesen kleinen Dampfer, den der Inder Sewa Hadji ihm besorgen könnte, samt Kapitän.

Für 75 000 Mark.

Für 75 000 unvorhergesehene Mark.

Entweder er gibt auf oder er chartert die *Neera*. In diesem Fall könnte er statt 100 somalischen Soldaten höchstens 30 mitnehmen und statt 600 Träger 150, höchstens 200. Vorausgesetzt, er findet noch welche. Ob Wissmann ihm noch ein paar Waffen borgen könnte, da die seinen schon wieder auf der Rückreise sind? Was alles wiederum nur dann Sinn hätte, wenn es der *Neera* gelänge, das Blockadegebiet von den Briten unbemerkt zu verlassen.

Carl Peters spürt, wie sich eine große Entschlossenheit in ihm ausbreitet. Er formuliert das so: Erst *wenn die mechanischen Widerstände ein weiteres Vorgehen* unmöglich machen, sei er bereit aufzugeben. Er entlässt zwei Drittel der angeworbenen Somalis. Er chartert die *Neera*.

Es war ein herrlicher Augenblick, als die Umrisse der Inseln von Dar es Salam hinter uns zurücksanken. Eine starke Brise wehte von Südwest herauf und das Meer war in starker Erregung. Wohl lag die Zukunft unsicher, ja dunkel vor uns, aber das Gefühl, welches uns drei, Kapitänleutnant Rust, Oskar Borchert und mich in diesem Augenblick bewegte, war doch das des Aufatmens, der Erlösung aus einem dumpfen Druck, das Gefühl der Freiheit, der Bewegung.[208]

Natürlich nehmen sie Kurs nach Süden, obwohl sie nach Norden wollen. Es ist eine Konzession an die Wachsamkeit des obersten Blockadeverantwortlichen Admiral Fremantle. Der kleine Dampfer stampft und schlingert, als die drei Zuversichtlichen den Salon der *Neera* in Flammen aufgehen sehen. Im Salon lagert die Munition, eine Petroleumlampe ist heruntergefallen, genau neben dem ersten Pulverfass. Jeder andere würde, trüge er nur einen Rest Aberglauben in sich, dies als böses Omen deuten. Es steht kein guter Stern über dieser Fahrt. Carl Peters kann so nicht denken, er ist ein Kind der Aufklärung. Dass es gelingt, den Brand zu löschen, erfüllt ihn mit tiefer Genugtuung. Und dann wendet sich die *Neera* gen Norden, ihrem eigentlichen Ziel zu.

Die nächsten Tage verbringen sie damit, die Kwaihubucht zu finden. Die Kwaihubucht und keine andere!, hat Carl Peters gesagt und kann das auch begründen: Es gilt als unmöglich, sie zu passieren, und ohne Lotsen ist es ein ganz und gar suizidales Vorhaben. Woraus folgt, dass der Admiral, sollte er die Abwesenheit der *Neera* vor seiner Küste bemerkt haben und sollte er Peters' Absichten erraten, sie überall, aber keinesfalls vor der Kwaihubucht suchen würde.

Etwas herabstimmend erscheint der Besatzung und auch Peters selbst der Umstand, dass sie sich stets dort wiederfinden, wo sie schon am Vortag waren. Das macht der Monsun und die starke Strömung vor der Küste.

Der Kapitän begann, den Mut zu verlieren.

Er solle für eine Woche Trinkwasser an Bord nehmen, hatte Peters den Kapitän angewiesen. Das hatte er auch getan: für seine Mannschaft, nicht für die Expedition.

Die Woche ist gleich vorüber. *Der Kapitän war sehr niedergedrückt und verlangte Rückkehr nach Sansibar. Ich erteilte ihm deshalb den schriftlichen Befehl, bis zu Gegenordres meinerseits auf Kwaihubucht zu kreuzen.*[209] Falls er diesem Befehl nicht nachkomme, wolle er, Carl Peters, die Gesellschaft des Kapitäns auf Schadensersatz in Höhe von 20 000 Pfund verklagen.

Der Leiter der deutschen Emin-Pascha-Expedition späht in den Himmel. Es regnet seit Tagen wie aus Eimern.

Aus Eimern? Carl Peters entwickelt ein ingeniöses Wasserauffangsystem, was schon am nächsten Tag 1500 Liter liefert. Der Kapitän sucht noch immer die Kwaihubucht. Sie scheint nicht nur nicht passierbar zu sein, sondern gar nicht erst vorhanden.

Um vier Uhr erschien der Kapitän auf dem Achterdeck *und bat mich, auf die Kommandobrücke zu kommen: ob die Insel gegenüber nicht Lamu sei!* Wo Lamu ist, ist die Kwaihubucht nicht weit. »Ja«, meinte ich, und meinte mit größerer Bestimmtheit Kapitänleutnant Rust. Geschafft! *Diese Nacht kreuzten wir in Sicht der Insel. In der Stimmung, wie ich sie als Knabe vor Weihnachtsabenden zu haben pflegte, lag ich … ohne Schlaf auf meinem schwankenden Stuhl.* Am nächsten Mittag, als sie die Durchfahrt versuchen wollen, ergibt die Positionsbestimmung, dass die *Neera* sich rund 30 Meilen nördlich der Kwaihubucht befindet.

Es ist Freitag, der 14. Juni 1889.

*

Fünf Tage! Fünf Tage!

Admiral Fremantle, verantwortlich für die lückenlose Einhaltung der Seeblockade an der deutsch-ostafrikanischen Küste, ist eine Woche später im höchsten Maße ungehalten. Mit vier Kriegsschiffen hat er fünf Tage lang Ausschau gehalten nach dem frechen kleinen Dampfer, der so plötzlich aus den Gewässern Sansibars verschwunden war. Dann läuft die *Neera* endlich und nicht ohne die Einfalt der Unschuld in den Hafen von Lamu ein; eine Pinasse des englischen Kriegsschiffs *Mariner* eilt ihr sofort entgegen.

Where is Dr. Peters?, ruft der Offizier der *Mariner* hinauf. *Die Frage wurde in einem Tone gestellt, nicht als ob der Offizier wissen wolle, ob ich in Sansibar oder im Innern sei, sondern ob ich in der Kajüte sei oder auf dem Achterdeck.*

»*Dr. Peters? Dr. Peters is gone into the interior, to Emin Pascha*«,[210] kommt die Antwort von Bord der *Neera*, die möglichst ohne Ausdruck vorzutragen der auf dem Schiff Zurückgelassene sich große Mühe gibt.

Dieser Satz ist es, der Admiral Fremantle die Fassung kostet.

Fünf Tage!

Nur die Kwaihubucht hatte er von der Bewachung ausgenommen, aus dem naheliegendsten aller Gründe, wegen Unpassierbarkeit. Die *Neera* setzte all ihre Passagiere längst an Land und war auch schon fast entladen, als sie zuletzt eine ernste Havarie erlitt, weshalb Peters sie nach Lamu schickte, in der Hoffnung, dass sie dort ankommen möge, bevor sie sank. Das war auch die Hoffnung des Kapitäns. 25 britische Matrosen gehen nun an Bord, demolieren die Maschine der *Neera*, worauf sie im Schlepptau nach Sansibar zurückgebracht wird.

Peters findet das unangemessen.

Er schickt den Expeditionsteilnehmer Oskar Borchert hinterher, um Admiral Fremantle zu verklagen, gewissermaßen wegen Rowdytums in Tateinheit mit schwerer Sachbeschädigung. Der *Neera*-Prozess beginnt. Er wird auch in Europa bemerkt werden.

Peters nimmt in Kauf, dass er nun ein Expeditionsmitglied weniger hat, dabei waren sie ohnehin nur zu dritt, Oskar Borchert, Kapitänleutnant Rust und er. Jetzt wären sie also zu zweit. Was sich bedauerlicherweise noch an Bord ihres Schiffes befindet, sind Tauschwaren. Zwar erreichen ihn aus Lamu dreißig Lasten Pulver, Biskuits, Streichhölzer und Baumwollstoffe, *alles recht gute und nützliche Dinge, von denen jedoch für die von mir ins Auge gefaßte Route durch die Massailänder nichts zu gebrauchen war.*[211] Die Massai nehmen nur Eisen- und Kupferdraht sowie Perlen.

Er würde den Zug *into the interior* also ohne eigentliche Tauschartikel antreten. Er würde sich den Weg nicht wie jede Karawane vor ihm und jede nach ihm durch Tribute an die eingeborenen Häuptlinge freikaufen können. Also braucht er gar nicht erst loszugehen. Doch wohin sollte er sonst, wenn er nicht eines der vier britischen Kriegsschiffe des Admirals Fremantle fragen will, ob es bereit wäre, seine unmögliche lückenhafte Expedition zurückzubringen nach Sansibar?

Er lässt sich in Lamu ein Reitpferd kaufen, selbst an diesem Ort zu erscheinen, wagt er nicht. *Da ritt ich wohl stundenlang die Lamustraße hinaus, bis ich die eigentümliche Düne dieses Platzes vor mir sah. Ich wußte, wenn ich nach Lamu hineingehen würde, daß ich dann die Gefahr der Verhaftung laufe. Ich hatte die Empfindung, wie sie die Verbannten haben mögen, abgeschnitten zu sein von Europa und meiner Heimat.*[212]

Es gibt den Punkt, von dem aus keine Umkehr mehr möglich ist. Er hatte ihn bereits passiert. Nur ein Weg ist noch offen: *into the interior.*

Henry Morton Stanley hatte seine leicht absurde Idee, Emin von der Westküste aus suchen zu wollen, vor allem damit begründet, so das Massailand meiden zu können.

Den Massai zu begegnen, kann Krieg bedeuten.

Den Massai mit leeren Händen zu begegnen, bedeutet Krieg.

Stanley ist mit mehr als 1000 Menschen auf Emin-Pascha-Expedition gegangen. Peters mustert seine Leute. Er verfügt über hundert, davon sind siebzig Träger. Was sie nicht tragen können, wird auf die Rücken von siebzehn Kamelen und neun Eseln geladen. Der frühere Schüler Arthur Schopenhauers denkt darüber nach, wie sein Nachteil in einen Vorteil zu verwandeln sei. Er formuliert das Ergebnis so: *Konnte ich nicht in der hergebrachten friedlichen Weise die deutsche Emin-Pascha-Expedition durchführen, dann mußte ich den Gedanken ins Auge fassen, daß ich … gezwungen sein würde, unsere Kolonne als Kriegstruppe zu organisieren.* Er würde eine unbedingte Disziplin durchsetzen müssen.

Ein Reformator sei er, ein Schwärmer, vermutet Frieda, als sie ihn zur selben Zeit zum Helden ihres Romans macht. Sie irrt. Den Carl Peters, der jetzt ins Massailand aufbricht, kennt sie nicht. Er kennt ihn ja selbst noch nicht.

Willenswelt und Weltwille. Der abtrünnige Schüler Arthur Schopenhauers führt gleichwohl in seiner Reisebibliothek auch ein paar Bände des Philosophen mit. Denn die Wildnis ist, vor allem nach einem langen Marschtag, ein unvergleichlicher Ort der Konzentration, die zugleich Tiefenentspannung ist, was keine Bibliothek zu leisten imstande ist, aber wir verzetteln uns. Der entscheidende Satz endete: … *als Kriegstruppe zu organisieren.* Der Akademiker auf Abwegen ist wieder beim Willen, dem alten Gegenstand seines Interesses: *Es lassen sich nun solche afrikanischen Menschenmassen nur dann beherrschen, wenn man entschlossen ist, dem bösen Willen gegenüber rücksichtslos seinen eigenen Willen durchzusetzen. Auch habe ich gefunden, daß dies das einzige ist, was den … Leuten imponiert.*[213]

Natürlich weiß auch er um den Respekt, ja die Zuneigung, die die *Buana Wasuri*, die guten Herrn, genießen, solche wie der Baron Saint Paul etwa. Aber abgesehen davon, dass er keine Lust hat, sein Dasein daran zu wenden, die Welt mit den Augen der Schwarzen sehen zu lernen, ja, diese am Ende besser zu verstehen als sie sich selbst verstehen: Er glaubt auch nicht an die *Buana Wasuri.*

Sie *werden in kritischen Augenblicken nicht die Herrschaft ausüben, welche nötig ist, um eine Expedition durch die Schwankungen elementarer und kriegerischer Gefahren hindurchzubringen.*[214] Ihm wäre lieber, wenn seine Leute sagen: *Kali sana laikini hodari sana.* Er ist sehr streng, aber sehr tüchtig. Durch diese Empfindung werde mit der Zeit ein fast dämonisches Band zwischen Führer und Kolonne geschlungen.

Er muss die Somalis gewinnen. Wenn er sie in der Hand hat, würde er *vollständige physische Herrschaft* über die Träger ausüben, die meist Zentralafrikaner sind.

Carl Peters hat seinen Schopenhauer gut genug gelesen, um zu wissen, welche moralische Empfindung ihm als die vornehmste gilt: Es ist das Mitleid. Mag sein, dass er recht hat, in seiner Welt, aber das Mitleid ist ein vollkommen dschungelfremder Affekt.

In Turin ist zu Jahresbeginn ein Philosoph auffällig geworden, welcher ein Pferd umarmte. Man könnte das für eine ungemein schopenhauerische Geste halten, und natürlich ist es eine. Allerdings hatte dieser Philosoph außer über Richard Wagner zuletzt verstärkt über eine Disposition nachgedacht, die er den *Willen zur Macht* nannte. Carl Peters hätte sich erkannt und gemeint gefühlt. Noch enthält seine Reisebibliothek gewiss keine Bücher dieses Autors, bald aber wird es unmöglich sein, als Zeitgenosse im anspruchsvollen Sinn zu gelten, ohne ihn gelesen zu haben.

Sie beginnen, dem Lauf des Flusses Tana zu folgen. Carl Peters ist enttäuscht, er hat sich das Hinterland von Witu anders vorgestellt, viel großartiger, viel fruchtbarer. Nun erkennt er, dass Witu nichts weiter ist *als eine Oase in der großen ostafrikanischen Steppe, welche einen Kulturfaden den Tana entlang in diese Steppe hineinschiebt.*

Am 24. September 1889 erreicht die Karawane eine Flussgabelung des Tana, sie folgen dem südlichen Arm und tauchen bald ein in eine Landschaft, die aus dem Expeditionsführer einen Beinahe-Dichter macht. Adjektive wie *sonnenverklärt* und *poesieumwunden* fallen ihm ein, er macht wie alle Amateurdichter zu viele und zu große Worte. *Da wandelt der Fuß* durch Mais- und Batatenfelder *wie durch einen Garten.*[215]

Der Fuß wandelt?

Wiederholen wir die alte Frage: Ist ihm jemals aufgefallen, dass die poetische Weltauffassung eine willenlose ist? Sie ist offen für das Begegnende, ja ihm hingegeben. Doch, er weiß es: *Es ruht ein Hauch süßer Poesie über der Landschaft und ladet den Geist zum träumerischen Sich-Versenken in sich selbst ein.*[216] Und ebendas ist kontraproduktiv, denn er tritt hier ein in das Reich der Galla, und die Galla sind ein kriegerisches Volk, wenn auch dem Untergang geweiht, wie er gehört hat, da sie von allen Seiten bedrängt werden. Diese Lage erweckt seine Sympathie. Die Galla wohnen auf einer großen Insel im Fluss, der Oase Oda-Boru-Ruwa.

Oda = Flußgabelung.

Boru = morgen früh.

Ruwa = Regen.

Doch die Menschen, die der deutschen Emin-Pascha-Expedition zuerst begegnen, sind keine Galla, es sind die Bewohner eines kleines Dorfes am rechten Ufer, eines Sklavendorfes, denn die stolzen Galla pflegen die Suaheli von Witu zu rauben, um sie für sich arbeiten zu lassen. *Diese Sklaven sind in eigenen Dörfern angesiedelt und haben auch selbst einiges Ackerland für sich und ihre Familien in Besitz, sie sind aber niemals in der Lage, sich Eigentum anzusammeln, weil ihnen solches regelmäßig durch ihre Herren, die Gallas fortgenommen wird.*[217]

Ein Witu-Träger der Expedition erkennt in einem der Sklaven seinen früheren Freund Mandutto, es ist, wie sich bald zeigen wird, ein durchaus schicksalhaftes Wiedererkennen. Peters bleibt im Sklavendorf, setzt sich in den Schatten eines mächtigen Baumes und lässt dem Sultan der Galla auf der Insel ausrichten, dass er gedenke, seine Gastfreundschaft in Anspruch zu nehmen. Dabei stehen die Galla, wie er wohl weiß, keineswegs in dem Ruf, gute Gastgeber zu sein.

Es dauerte eine Stunde, bis der Sultan Hujo mit Gefolge bei mir erschien: ein kleiner, äußerst verschlagen aussehender Mann, bekleidet mit einem braunen Togaüberwurf und geschmückt mit einer kupfernen Kette um den Hals und dicken Armringen ... In seiner Hand trug er eine Lanze, wie dies die Sitte der Gallas ist.[218] Der Leiter der deutschen Emin-Pascha-Expedition erklärt dem Sultan, dass er gern Waren gegen Nahrungsmittel tauschen würde und froh wäre, wenn er mit seinen Leuten bei ihm Rast machen dürfe. Vielleicht auch etwas länger, bis seine Nachhut eintrifft. Der Sultan erwidert, beide Ansinnen in Beratung mit seinen Ältesten prüfen zu wollen, wobei nichts an ihm besondere Eile verrät.

Peters bleibt unter seinem Baum sitzen und studiert die Galla, die ihm – bis auf ihren Sultan – mindestens so vollkommen vorkommen wie das Land, in dem sie wohnen. Groß und schlank sind sie, meist von feinem Gesichtsschnitt. Die Galla gehören *zu den schönen Völkern der Erde*, stellt der Rastende fest und bemerkt mit ästhetischer Befriedigung, dass auch in ihrem Auftreten, ihren Bewegungen *etwas durchaus Adeliges liegt*. Wahrscheinlich muss er achtgeben, dass seine Augen nicht zu viel bewunderndes Wohlgefallen verraten. Dass die Galla es gewohnt sind, wie der Adel anderswo auch, andere für sich arbeiten zu lassen, insbesondere das schwarze Volk der Wapokombo, schmälert seine Anerkennung nicht.

»… und sind die stärksten von allen Völkern der Erde«

Ich faßte von vornherein eine starke Sympathie für diesen kriegerischen, aber so bedrängten Stamm, zu diesen stolzen Männern mit dem schwermütigen Blick und diesen in sich gekehrten Mädchen.[219] Eine Neigung zur Schwermut befällt auch ihn, denn der Deckel des einzigen Geschützes funktioniert nicht, was sie kaum wehrhafter macht. Und was, wenn die Nachhut gar nicht mehr kommt, wenn sie längst aufgerieben und die deutsche Emin-Pascha-Expedition in Wirklichkeit schon zu Ende ist, nur dass sie es noch nicht wissen?

Es ist ein guter Platz zu warten.

Am Horizont sieht er eine Bergkette im Dunst verschwimmen. Dort beginnt das Land der Massai. Stanley war von der Westküste aufgebrochen, auch um den Massai nicht begegnen zu müssen. Und er,

Carl Peters, führt nicht einmal Güter mit sich, um sich den Weg durch ihr Land freizukaufen. Wenn er doch die Galla als Verbündete gewinnen könnte!

Gegen Abend erscheint Sultan Hujo würdevoll am Inselufer des Tana und bedeutet dem Mann unterm Baum, er möge herüberkommen. Zu diesem Zweck dürfe er ein Kanu benutzen. Nicht ohne Sorge steigt Peters in das kleine leichte Boot, seine Leute geben ihr Bestes, es zu rudern, doch es reicht nicht: In der Mitte des Flusses schlägt das Kanu um, weshalb sich der ungebetene Besuch seinen Gastgebern jetzt schwimmend nähert.

Die Krokodile schlafen, sie lassen Carl Peters das Inselufer erreichen, und wahrscheinlich sehen der Sultan und seine Berater mit einer unbewegten Miene tiefen Ernstes, wie der Fremde da triefend aus dem Fluss steigt, was die Würde seiner Erscheinung nicht hebt, wie ihm wohl bewusst ist.

Mit einer gewissen Milde, die von Herablassung kaum zu unterscheiden ist, eröffnet Hujo seinem Gast, dass er bleiben dürfe, dass seine Leute auch einverstanden seien, für ihn einen Markt zu eröffnen, auf dem er eintauschen könne, was er brauche.

Auch gedenke er, Hujo, dem Fremden höchstselbst ein paar Hühner zu schenken.

Als ich ihn jedoch aufforderte, mir sofort ein solches zu schicken, da ich noch nichts gegessen habe an diesem Tage, meinte er, das habe bis morgen früh Zeit, und ich konnte ihn auch nicht veranlassen, von dieser Meinung abzugehen.[220] Der Starrsinn des Monarchen kränkt ihn. Und er ist angewiesen auf seine Einsicht, denn Hujo soll ihm viel mehr geben als nur Hühner. Mit großem Missfallen erblickt Carl Peters zwei englische Stationen in der Nähe. Die habe unlängst ein weißer Mann namens Pigott errichten lassen und mit Soldaten bemannt, erfährt er. Die Soldaten seien aber bereits vor zehn Tagen abgezogen.

Peters ist still erbost.

Die Briten haben gar kein Recht, sich hier niederzulassen!

Laut des Londoner Abkommens ist der Tana die Grenze des britischen Interessengebietes, woraus folgt, dass Mr. Pigotts stationärer Aufenthalt hier alle Kriterien der Illegalität erfüllt.

Aber wie soll er das den Galla erklären? Sie haben noch nie vom Londoner Abkommen gehört, sie können nicht wissen, dass ihr Land längst nicht mehr ihnen gehört, dass es vergeben ist, ohne dass sie jemand davon unterrichtet hat.

Eine große Versammlung wird einberufen, an der auch die Ältesten des Sklavendorfs teilnehmen dürfen. Carl Peters lässt alle seine Leute in vollem Waffenschmuck aufmarschieren und beschließt, diesmal nicht tropfnass aus dem Fluss zu kommen; er lässt sich vielmehr in einem Sessel in die Mitte der Versammlung tragen, denn einen wirklich großen Mann erkennt man nicht zuletzt daran, dass er nicht selbst laufen muss.

Carl Peters spricht zu Sultan Hujo etwa so: *Ich bin hierher geschickt vom großen Volk der Deutschen, der »Wadutschi«. Wir wohnen in der Mitte von Europa und sind die stärksten von allen Völkern der Erde.*[221]

Wahrscheinlich blickt Sultan Hujo an dieser Stelle mit einiger erkenntnistheoretischer Nachdenklichkeit. Wenn dieser schmale Mann dort ein Abkömmling des mächtigsten Volks der Erde ist, wie mächtig ist dann er selbst, wenn er doch in der Lage ist, ihm ein Huhn zu geben oder es zu verweigern, ihn satt zu machen oder hungern zu lassen? Und wenn dieser Blässling wirklich der Abgesandte des *stärksten Volkes der Erde* ist, wie kann er dann den ganzen Tag nichts zu essen haben?

Er, Sultan Hujo, besitzt also eine gewisse Allmacht über einen Allmächtigen? Wahrscheinlich findet er keine Muße, dieser interessanten theologischen Erwägung nachzugehen, denn sein Gast ist noch nicht fertig. Er schlägt ihnen einen Vertrag vor: Sie geben seiner Karawane Wegführer zum Mount Kenia im Land der Massai, weiterhin Boote und Proviant für viele Wochen. Still lauschen die Galla. Wahrscheinlich bemühen sie sich, die Tiefe ihrer Irritation zu verbergen.

Warum zum Teufel sollten sie das machen?

Der Redner begründet sein Ansinnen unter erheblichem rhetorischem Anlauf so: In dem Falle, dass Hujos Volk das alles tun wolle, *so bin ich bereit, unsere Flagge hier aufzuziehen, welche die Somalis sehr wohl kennen und welche sie abhalten wird, euch anzugreifen.*[222] An dieser Stelle hält der Unterhändler ein Stück Papier in die Luft. Das sei von Hussein, dem großen Sultan der Somalis. *Falls die Somalis kommen sollten, zeigt es ihnen, und sie werden eure Freunde sein!*

Die Galla leben mit den Somalis in Todfeindschaft. Beide Seiten glauben, dass sie ursprünglich ein Volk waren: Die einen, die Somalis, sind Mohammedaner geworden, während die anderen, die Galla, ihrem alten Glauben treu blieben. Diese Wunde ist nicht schließbar, und die Galla sind die Unterlegenen in diesem Kampf.

Nur ein Stück Papier?

Keinem der Menschen, die der Erde noch näher wohnen, die das Schreiben nie gelernt haben, fiele es je ein, so zu reden.

Schrift ist angewandte Magie.

Es ist so schwer, die Vergangenheit zu beschwören, die Gegenwart zu bestehen, die Zukunft vorauszusagen. Auf einem Schriftstück aber, wenn der Zauber denn wirksam sein sollte, wäre der große Feind besiegt und gebannt vor ihren Augen. Da ist nichts Wandelbares mehr, die Schrift bestätigt unseren Sinn für die Ewigkeit. Zweifelnd und doch gebannt lauschen die Galla.

Ein Brief soll sie fortan schützen, ein Brief und eine Fahne? Längst nicht alle Würdenträger sind dafür, sich mit dem ungebetenen Gast einzulassen, und doch stimmen sie am Ende mit Hujo für den Vertrag, denn Nichteinstimmigkeit bedeutet Schwäche.

Peters' Leute bringen einen mächtigen Baumstamm, den künftigen Fahnenmast, und graben ein tiefes Loch, ihn aufzustellen. Aber nicht er, Peters, will die Fahne des Deutschen Reichs hissen, es will ihm eindrucksvoller scheinen, der Sultan nähme diesen Akt selbst vor.

Hujo ist einverstanden.

Langsam und mit großer Feierlichkeit zieht der Sultan der Galla die Fahne des Deutschen Reichs auf, mit der er sein Land verliert. *Als die Sonne im Westen hinter den geheimnisvollen Bergzügen verschwand,*

welche nach unserer damaligen Meinung die Massailänder begrenzten,
da wehte zum ersten Male die schwarz-weiß-rote Flagge im Abendwinde
über dem oberen Tana, begrüßt von drei Salven meiner sämtlichen Leu-
te und umtanzt von den schlanken Gestalten der Gallakrieger.[223]

Wird der Zauber wirken? Wird die Fahne sie schützen vor ihren größten Feinden, der anderen, abtrünnigen Hälfte des eigenen Volkes?

Wer dürfte zweifeln am Ursinn des Rechts, Eigentum zu schaffen, indem es Eigentum schützt? Der Neubesitzer von Oda-Boru-Ruwa bereitet seinen Weitermarsch vor und baut inzwischen ein Haus, er beobachtet sich *im vollen und reinen Genuß des Schaffens.* Strohgedeckt, ganz aus Holz ist es und ungeheuer eckig. Dabei weiß jeder, dass eine Architektur, die dem Auge und der Seele nicht wehtun soll, rund ist, nicht eckig. Das Haus hat drei Zimmer, er umgibt es nach Eigentümer-Art mit einem Zaun. Unbefugten Betreten verboten!

Er nennt es *Von der Heydt-Haus,* denn es kann, so glaubt der Abgesandte *des mächtigsten Volks der Erde,* nie schaden, seine Mäzene zu ehren. Nicht ohne eine gewisse Rührung bringt er links vom Haus eine kleine Tafel an: *Von der Heydt-Haus 1.10.1889.*

Während Peters baut, kommt es zwischen den Galla und dem vermeintlich zweitbesitzenden Erstbesitzer zu verschiedenen Spannungen, die nicht zuletzt darauf beruhen, dass das Gefolge des Hausbauers aus lauter Somalis besteht. Und doch ist es nicht diese älteste Zwietracht, die die Situation des Abkömmlings *des stärksten Volks der Erde* zunehmend unhaltbar macht.

Es ist Manduttos Schuld.

Der geraubte Suaheli-Sklave, der in einem der Träger seinen früheren Freund wiedererkannt hatte, beschließt unter dessen starkem Zureden, wieder ein freier Mann zu werden. Wenn er und seine versklavten Stammesgenossen in Peters' Lager übersiedeln würden, um künftig in seine Dienste zu treten, wäre dieser dann bereit, sie gegen den Zorn der Galla in Schutz zu nehmen?

Der Gedanke an neue Gefolgsmänner, die ihm als ihrem Befreier bedingungslos ergeben wären, missfällt Carl Peters keineswegs, und heißt es nicht im Aufruf des Emin-Pascha-Rettungskomitees, dass die *Kulturwelt mit Schrecken die Greuel einer zügellosen Sklavenwirtschaft sich immer weiter ausbreiten* sähe, der Einhalt zu gebieten das vornehmste Ziel der Expedition sei? So gesehen ist er geradezu verpflichtet, Mandutto und seinen Mitsklaven zu helfen. Andererseits: Verträge und Bündnisse schließt man in Afrika mit den Mächtigen, also mit Sklavenhaltern. Er hat ein Bündnis mit dem Galla-Sultan Huju, nicht mit Mandutto, dem Sklaven.

Es ist gewiss nicht Großmut, nicht moralische Verpflichtung, die Peters schließlich bewegt, mit folgender Aussage vor seinen Gastgeber zu treten: Er wolle alle Sklaven schützen, *welche nachweislich von den Gallas weder gekauft noch im Kriege erbeutet, sondern schlechtweg gestohlen seien.* Achtzehn Sklaven hätten ihm gegenüber diesen Nachweis glaubhaft führen können.

Der Sultan hört es mit unbeweglicher Miene. Unterstellt ihm dieser Fremdling etwa, dass er widerrechtlich Sklaven besitze?

Will er ihm mitteilen, dass er und seine Galla Diebe seien?

Zuerst nimmt er ein Huhn, jetzt greift er schon nach einem halben Sklavendorf. Am nächsten Tag werde er von ihm hören, beendet Sultan Huju die Unterredung.

Es ist der 6. Oktober 1889.

Am Abend sitzt Carl Peters noch bis neun Uhr vor seinem Zelt, um dann schlafen zu gehen. Keine Stunde später wird er von seinem Posten geweckt. Mandutto und mehrere seiner Mitsklaven stünden am anderen Ufer, was sie zu sagen hätten, sei dies: Die Galla hielten Kriegsrat, sie hätten soeben beschlossen, die Suaheli-Sklaven in Ketten zu legen und das Lager der Expedition noch vor dem Morgen anzugreifen.

Carl Peters wusste, was er tat, als er sich bereit erklärte, die Sklaven zu schützen. Es war Vorwitz, ein Übermut, der seiner Situation völlig unangemessen war, weshalb es ihn reizte, ihn zu erproben. Er war offenkundig zu weit gegangen.

Nun würde alles darauf ankommen, weder vor den Galla noch vor seinen eigenen Leuten Schwäche zu zeigen. Er beschließt, sofort den Kral des Sultans aufzusuchen, es ist eine halbe Stunde Fußmarsch.

Noch hofft er, dass es ihm gelingt, durch sein bloßes Erscheinen die Leute einzuschüchtern und eine neue Verhandlung der Sklavenfrage zu erwirken. *So trat ich in den Gallakraal hinein, dessen dumpfes Geschrei wir schon aus der Ferne gehört hatten, und rief zweimal laut in die Versammlung: amani, amani! (Friede, Friede!)*[224]

Die Wirkung verblüfft ihn.

Statt Ruhe und neue Besinnung erweckt sein Eindringen rasende Wut. Darauf ist er nicht vorbereitet. Er verletzt einen heiligen Bezirk, er stört einen Kriegsrat. *Die Antwort auf mein Erscheinen war, daß ein Galla-Krieger seine Lanze gegen meinen Kopf schleuderte und mir das Ohr damit ritzte, daß ein zweiter nach meiner Brust stieß, welchem Stoß ich nur dadurch entging, daß Hamiri mich beiseite riß, worauf ich zu Boden fiel und mein Kopf gegen seinen Flintenlauf schlug.*[225] Er bleibt geistesgegenwärtig genug, sofort seinen Revolver zu ziehen, um den Angreifer niederzuschießen, doch der Revolver versagt. Vorbei!

In diesem Ewigkeitssekundenbewusstsein greift der Frontmann der deutschen Emin-Pascha-Expedition nach seiner Büchse und schießt. Seine Somalis schießen auch, endlich dürfen sie es.

Der Angreifer, der Sultan und *sieben seiner Großen* brechen auf dem Boden des Krals zusammen. Die Krieger verlassen den Ort in wilder Flucht.

Die Galla erschrecken so tief, dass Einzelne von ihnen bis an die Küste laufen. Von dort verbreitet sich das Gerücht, dass die deutsche Emin-Pascha-Expedition am Tana gescheitert und ihr Anführer gefallen sei. Die Kunde erreicht Europa binnen kürzester Zeit.

Die Kaiser-Wilhelm-Spitze, 6010 Meter

Taweta am Fuß des Kilimandscharo, einen Monat zuvor, September 1889. Meyer ist zurück am Berg. Aber es kommt keine Post von Man-

Meyer auf dem Kilimandscharo

dara. Er lädt *den Geliebten, den Europäer*, nicht zu sich ein, und Meyer weiß auch, warum.

Wenn Mandara heute Briefe schreibt, dann nicht an entlaufene Buchhändler mit alpinen Ambitionen, sondern an Personen seines Standes. An den deutschen Kaiser etwa. Im vergangenen Jahr sandte er vier seiner Verwandten nach Berlin, wo sie von Wilhelm empfangen wurden. Zum Zeichen seiner Wertschätzung ließ Mandara dem Kaiser einen riesigen Elefantenzahn überreichen. Jetzt erwartet er die Gegengeschenke des Kaisers, doch hat dieser inzwischen gewechselt.

Alles, was Meyer tun konnte, tun musste, war, Mandara um eine Audienz zu bitten. Er will zu Mareale, aber es ist unmöglich, den Absolutisten vom Berg noch einmal unbesucht zu lassen. Meyer bittet zugleich um Entschuldigung für Zahl und Art der mitgebrachten Geschenke, kaiserlich seien sie nicht. Das mache nichts, ließ Mandara ausrichten, er solle nur kommen.

Moschi hat sich namentlich im letzten Jahr sehr verändert. Oberhalb von Mandaras Haus liegen zwei diplomatische Vertretungen: die der Londoner Missionsgesellschaft, die schon die Seelsorger Rebmann und Krapf nach Ostafrika entsandt hatte, sowie eine nagelneue Station der *Deutsch-Ostafrikanischen Gesellschaft*.

Wie Peters, so setzt auch Meyer wiederum ganz auf die Somalis.

Sie sind wie in den vergangenen Jahren die *Niampara*, die Hauptleute, die eigentlichen Führer der Karawane. Besser als sie hält niemand einen solchen Zug in Schach.

Meyer überprüft seine Geschenke, kleidet sich und seine *Niampara* in untadelige Gewänder, um sich Mandaras viereckiger Residenz inmitten von lauter Rundhütten zu nähern.

Karibu!, Herein!, tönt eine Stimme aus dem Dunkel des fensterlosen Raumes, denn auch wenn Mandara sich ein Haus bauen ließ, wie es die Suaheli an der Küste haben, vermag er den Nutzen von Löchern in der Wand bisher nicht einzusehen. Löcher sind eine Lücke im Sein, ein Nichts anstelle eines Etwas, das ist kein Vorzug, sondern ein eindeutiger Mangel, auch hätte diese Lücke Mandaras Sicherheitsgefühl verletzt.

Die bienenkorbförmigen Hütten der Dschagga haben nur eine kleinstmögliche Öffnung zum Hindurchkriechen. So kann der Löwe nicht hinein, und Schafe und Ziegen schaffen es nicht hinaus.

Dass Menschen und ihr Vieh dicht an dicht beieinanderschlafen, versteht sich von selbst, denn ein Afrikaner – und das gilt längst nicht nur bei den Dschagga – besitzt nichts Wertvolleres als sein Vieh: Da ist nichts unter der Sonne, was sich nicht in Schafe, Ziegen und Rinder umrechnen ließe. Meyer irritiert, dass er etwas verloren im Halbdunkel steht und anfangs nicht recht weiß, in welcher Richtung er den Souverän vermuten soll. Seine Augen müssen sich erst an die Dämmerung gewöhnen.

In der Mitte des Raumes wirft ein flackerndes Feuer Schatten an die Decke. Flüchtig bemerkt er eine grellbunte Tapetenwand, auf der eine große Wanduhr tickt. Die Uhr ist, soweit er sehen kann, der einzige Einrichtungsgegenstand des Zimmers, abgesehen von der Kitanda, auf der der Herrscher halb aufgerichtet ruht. Mandara steht nicht auf, um den Gast zu begrüßen, begründet dies jedoch, und zwar mit starken Schmerzen im Bein. Er ist inzwischen von der mehr sitzenden zu einer mehr liegenden Lebensweise übergegangen. Um ihn herum kauern vier von Mandaras Frauen sowie sein halbwüchsiger, vom Vater stetig geduckter Sohn Meli. Dieser Junge, von dem Meyer nicht weiß, ob er ihn bemitleiden oder verachten soll, wird nur zu bald als schwarzer Schatten in Frieda von Bülows Leben treten.

Die Uhr tickt, der Fürst und der Bergsteiger tauschen in landesüblicher Ausführlichkeit Artigkeiten aus. Mandara hat nichts dagegen, dass Meyer ein weiteres Mal Dscharo aufzusuchen gedenkt, er hat nichts anderes erwartet und bietet ihm seine Hilfe an, wo immer der Leipziger sie benötige. Dscharo wird sich zu wehren wissen.

Und dann beginnen Meyers *Niampara*, die mitgebrachten Gaben zu überreichen, versehen jeweils mit dem ausführlichsten Kommentar ihrer Vorzüge. Neben Stahlfeilen, Messern, Medizin, einem europäischen Anzug und vielem mehr wechselt ein Telefon den Besitzer.

Es ist nicht überliefert, ob Mandara auch diesmal zum Zeichen seiner Anerkennung durch die Lücke der Vorderzähne pfeift. Meyer beginnt sofort, das Telefon vorzuführen, verlässt zu diesem Zweck den Raum, um Mandara von draußen durch die Muschel zuzurufen, jetzt hätte er aber Appetit auf einen sehr großen Rinderbraten.

Der Alte vom Berge verbirgt geistesgegenwärtig seine mit Erschrecken gemischte Verblüffung, als die Stimme seines Gastes an sein Ohr dringt, und antwortet in scheinbar größter Ruhe, als habe er nie anders als durch eine solche Vorrichtung gesprochen, sein Besuch habe ihm in der Tat bemerkenswerte Sachen aus Ulaja mitgebracht und sei sein Freund, doch vor dem Braten benötige er noch Schnaps, eine gute Doppelbüchse und namentlich ein paar Kanonen. Meyer lässt ihn durch das Telefon wissen, über all dies nicht zu verfügen, doch glaube er, dass in Sansibar bereits die Sendung des Kaisers eingetroffen sei, und er halte es für mehr als wahrscheinlich, dass all das und noch mehr darin enthalten sei. Meyer selbst und seine Somali-Führer sind bis auf einen verdeckt getragenen Revolver waffenlos bei Mandara erschienen, um seiner königlichen Bedürftigkeit die Gewehre nicht überlassen zu müssen.

Zum Vorteil Mandaras ist zu erwähnen, dass er, kurz nachdem seine Gäste sich verabschiedeten, ihnen das gewünschte Abendbrot, eine großartige Kuh, hinterherschicken lässt.

Auf dem Rückweg zum Lager seiner 65-köpfigen Karawane bleibt der Alpinist lange stehen, um Mandaras Untertanen bei der Feldarbeit zuzuschauen: *An und auf den langgedehnten Hügelrücken und im Grunde der Mulden und Bachtälchen waren Männer, Weiber und Kinder mit Beil und Hacke tätig, um mit der nahenden Regenzeit Hirse, Bohnen und Mais zu stecken, Tabak auszupflanzen und Bananen- und Zuckerrohrstecklinge*[226] in den Boden zu bringen.

Er sieht zu, mit welcher Sorgfalt der Boden umgegraben wird, neue Felder gerodet und vor allem schadhafte Kanäle ausgebessert werden. *Die künstlichen Wassergräben, welche der jungen Saat vor Beginn des Regens das befruchtende Naß zuführen, gehören zu den erstaunlichsten Feldarbeiten, die man bei einem Volk der Wadschaggastufe sehen kann.* Der Rückkehrer am Berg beobachtet angewandte technische Intelligenz: Dass die Bachtäler desto tiefer sind, je weiter unten am Berg sie liegen, hindert diese Landarbeiter nicht, auch diese Hänge zu bestellen. Sie *ziehen von dem auf dem gleichen Niveau mit ihren Feldern liegenden, oft stundenweit entfernten Oberlauf des Baches Gräben an den Talwänden entlang, aus welchen das Wasser in die Felder hineinrieselt.*

Warum stellen sich die Europäer die Tropen wie einen Paradiesgarten vor, in dem man nur zu ernten brauche?

Die Dschagga sind die leibhaftige Widerlegung dieser Fabel, sie *müssen hart arbeiten, viel härter als es der Europäer in diesem Land vermöchte.* Und darum haben sie wie alle Völker Ostafrikas einen Maßstab für den Wert ihrer Arbeit. Es tut Meyer gut, den Dschagga wieder zuzuschauen, wie er es vor zwei Jahren so oft bei Mareale in Marangu getan hat.

Wer nach Afrika gehe, weil er glaube, hier für ein paar Glasperlen und eine alte Husarenjacke alle Schätze Äthiopiens kaufen zu können, müsse bitter enttäuscht werden. Er hat sich schlicht in der Wahl des Erdteils getäuscht und kann diesem Land nur schaden. Ostafrika sei im Gegenteil *ein sehr teures Reisegebiet,* und nicht nur weil man an jeder Weggabelung seinen Tribut fürs Weitergehendürfen zu entrichten habe.

Zwei Kleinkönigtümer liegen zwischen Mandaras und Mareales Reich.

1400 Meter über dem Ozean verläuft der Pfad nach Marangu, solange sie nicht in die tiefen Täler zwischen den Bergrücken hinabsteigen müssen, um am nächsten wieder hinaufzuklettern. Bald treffen sie auf eine Prozession von Sklavinnen des Kiruahäuptlings, die, bohnengefüllte Bananenbastsäcke auf dem Kopf tragend, zum Markt nach Moschi laufen. *Die Stockung der Begegnung benutzte unser Führer, ein exemplarischer Vertreter des Mandarischen Idealvolkes, um im Nebel mit seiner … Vorauszahlung durchzubrennen und uns den Weg zu Mareale allein finden zu lassen.*[227] Es gibt zwei Nebenwährungen in Dschagga, in die sich fast alles umrechnen lässt: weiße Baumwollstoffe aus den Fabriken Europas, abgemessen nach Armlängen, und Glasperlen aus Venedig. Alle Glasperlen Ostafrikas kommen aus Venedig. Der flüchtige Wegekundige Mandaras hatte einen Vorschuss von acht Armlängen Baumwolle erhalten.

Als sie sich Mareales Reich nähern, nimmt Hans Meyer an sich eine überraschende Bewegtheit wahr: *Dem Freund würdig zu begegnen, ließ ich jedermann sein Gewehr zum Salutschießen laden und sandte zwei Somali voraus, um die Karawane anzumelden. Es hatte sich meines Gemüts eine freudige Unruhe bemächtigt, die mich fühlen ließ, wie sehr mir dieser Fleck Erde und seine Bewohner, unter denen ich vor zwei Jahren so glückliche Tage verlebt hatte, ans Herz gewachsen waren. Hier kannte ich nun jede Hütte, jeden uns Begegnenden begrüßte ich als Bekannten.*[228]

Kaum sind in Marangu die ersten Zelte aufgerichtet, nähert sich Mareale selbst.

Meyer weiß es schon, bevor er ihn sieht, denn seine Leute ringsum verstummen. Meyers Blick umfasst die hohe Gestalt, den stolzen Gang. Wie ein Mensch all die Würde seines Amtes in die Art seiner Bewegung zu legen vermag!

Jambo, jambo, Dakta Maya, jambo sana; umefika sasa, uhalli gani? Willkommen, willkommen, Dr. Meyer, herzlich willkommen; nun bist du endlich da, wie geht es dir?

Mareales Begrüßungsvisite ist kurz, doch sie genügt, die ganze Karawane in eine frohe Stimmung der Zuversicht zu versetzen, die durch das bald in Form mehrerer Ziegen eintreffende Abendbrot verstärkt wird.

Am nächsten Morgen errichten Meyers Leute in kürzester Zeit ein ganzes Dorf: vierzehn Hütten aus Bananenblättern, in der Mitte ein kleiner Marktplatz. Der Expeditionsleiter stellt inzwischen die Gaben für Mareale zusammen. Er weiß, dass er den Freund nicht enttäuschen darf, und er ist sich des Erfolgs seines Hauptgeschenks durchaus sicher: Es ist eine Nähmaschine.

Nur muss er in der Lage sein, sie auf überzeugende Weise vorzuführen.

Während Meyer am Fuß des Kilimandscharo in 1500 Metern Höhe versucht, den Faden durch die verschiedensten Ösen zu führen, denkt er darüber nach, was für Begabungen nötig sind, um eine wissenschaftliche Expedition in Afrika erfolgreich zu führen, und welche Talente der Mensch an sich zu entdecken vermag, die ihm unter normalen Umständen ein Leben lang verborgen geblieben wären: *Daß man Geolog, Zoolog, Botaniker, Ethnolog, Metereolog, Astronom, Photograph, Kartograph, Maler, Jäger, Arzt, Diplomat, Strateg, Nationalökonom, Kaufmann, Büchsenmacher, Tischler, Schneider, Schuster, Blechschmied, Koch usw. sein muß, versteht sich von selbst; aber daß ich es bei dem stundenlangen Zurechtmachen der Mareale-Geschenke auch noch zum Nähmaschinenmonteur und zum Steppstich-Künstler bringen würde, hatte ich mir nicht träumen lassen.*[229]

Mit Nähmaschine, Stoffballen, Perlen, Taschenuhren, Revolvern, Seidendecken, Armspangen, Feilen, Tee, Harmonikas, Masken, Glocken, Pulvern, Schrot und vielem anderen erscheinen sie schließlich bei Mareale. Meyer erkennt die Residenz kaum wieder. *Wo früher neben seiner bescheidenen Hütte ein offener Platz gelegen hatte, steht jetzt ein viereckiges, kastellartiges Steinmauerwerk von Doppelmannsgröße mit niedrigen Durchkriechlöchern, in welchem die Hütten seiner Weiber und Kinder eingereiht sind, und dicht daneben ein wirkliches Sansibarhaus mit Giebeldach.*[230]

Das Haus hat neben einem Schlafzimmer ein europäisch einge-
richtetes und ein mehr indisch gehaltenes Wohnzimmer. Wie Mandaras Haus besitzt auch das Mareales schon aus Sicherheitsgründen
keine Fenster.

Um seine ehrgeizigen Bauvorhaben zu finanzieren, hat Mareale
einen Krieg gegen das Nachbarkönigreich Rombo geführt und die
Architekten von der Küste mit den Einwohnern und dem Vieh Rom-
bos bezahlt.

Die Nähmaschine wird ein Erfolg.

Am 6. Oktober 1889 steht Hans Meyer auf dem Hauptgipfel des
Kilimandscharo. 6010 Meter. Er ruft drei Mal Hurra! und hisst die
deutsche Flagge. Er nennt ihn die *Kaiser-Wilhelm-Spitze*.

Kupanda Scharo

Alle glauben, er sei tot, aber sie weiß es besser. Mit jeder Zeile, die sie
schreibt, holt sie ihn ins Leben zurück. Es ist sein Roman.

Wie diese schwarzen Naturkinder zu lachen und zu singen wussten!
Das Herz des finstersten Pessimisten mußte dabei aufgehen und sich
dem Leben zuwenden. Diese unmittelbare Daseinsfreude ließ sich nicht
wegphilosophieren! Sylffa war entzückt.[231] Sylffa, Carl Peters. Ihr Carl
Peters. Sie meint sein Entzücken zu kennen. Denn was da am Hafen
von Sansibar vor seinen Augen erbracht wird, ist schließlich nichts
weniger als der Nachweis, dass der noch irgendwie naturbelassene
Mensch kein Schopenhauerianer ist. Schopenhauer ist lebenswidrig!
Hat sie das nicht gut gesagt?

Der Konsul ihres Romans steht da, versunken in die Betrachtung
des Lebenswillens, der mit einer uranfänglichen Lebensfreude iden-
tisch sein muss: *Irgend einer stimmte da mit lautem Getön einen Gesang*
an, improvisiert natürlich, Andere fielen schallend ein. So ging es fort,
ein belebter Wechselgesang, wie der Augenblick ihn eingegeben; der des
Weges fahrende Lauscher bildete vielleicht selbst den Gegenstand.

Hier schien Alles Impuls! Ein freies, naives Sichausleben. Wenn irgend ein Erdenvolk glücklich genannt werden kann, so sind es diese schwarzen Sonnenkinder mit ihrem spielenden Arbeiten und gesungenen Denken!

Ihre Bedürfnisse sind gering und ihre Genußfähigkeit ist groß; bei uns ist's umgekehrt. Der Gedanke, sooft sie ihn schon durchgespielt hat, verblüfft sie noch immer. Die Menschen beugen sich unter den Druck der Zivilisation, nur um immer unglücklicher zu werden?

Mit Grauen dachte Sylffa der Armen seiner Vaterstadt Berlin. Er sah Arbeiter, deren Mark und Hirn der Branntwein verzehrt, die Gassen entlangschwanken und taumeln, viehische Rohheit in den Zügen, er hörte sie lästern und fluchen. Jammervoller noch und nicht weniger abstoßend waren die schattenbleichen, ausgehungerten Frauengestalten, die der Druck einer übermäßigen Arbeitslast zu Greisinnen gemacht hatte, wie sie mühselig dahinschlichen, die skrophelkranken Kinder schleppend, hohläugig, hohlwangig, Angst, Haß und Gier im Blick!

Das ist die Kultur der europäischen Großstadt! Das ist der Fortschritt!

»Welcher Dämon zwingt uns, rastlos an dem eigenen Untergang zu arbeiten?«, fragte sich Sylffa. »Reiche und Arme hat es zwar immer gegeben und wird es immer geben. Aber das entsetzliche Proletariertum ist lediglich das Ergebnis europäischer Zivilisation! Woher nimmt man nur, angesichts dieser Thatsache, die F r e c h h e i t, von einem »Segen der Kultur« zu sprechen? Daß man an dieser Lüge nicht ersticke!«[232]

Das alles ist nicht übel gedacht, und doch kann sie nicht wissen, wie fern ihm die Welt gerückt ist, die solche Erwägungen hervorbringt. Diese ungeheuer abgeleitete Welt. Aber sie erschafft ihn noch einmal, ganz für sich. Ab jetzt gibt es diesen Mann doppelt. Und vielleicht fällt es ihr zunehmend schwer, den einen vom anderen zu unterscheiden.

*

Oda-Boru-Ruwa. Kein Galla ist mehr zu sehen, menschenleer liegt der Kral. Carl Peters sitzt wie am Abend zuvor noch lange vor seinem Zelt. Er spürt eine *Erschütterung seines ganzen Wesens.* Zum ersten Mal hat der entlaufene Akademiker auf Menschen geschossen. *Als das Gefecht beendet war, empfand ich zwar den ganzen stolzen Rausch des Siegers, aber auch die heftige Nervenerregung im Hinblick auf das erste vergossene Menschenblut.*[233]

Dass er noch lebt, verdankt er dem Somali Hamiri, der ihn zur Seite riss.

Am Morgen des 7. Oktober 1889 meint er als der wahre Herr dieses Landes zu erwachen: *da gab es nichts, was nicht mir gehörte.* Und doch macht ihn der Gedanke nicht froh, im Gegenteil.

Wie soll er ohne die Galla den Weg den Tana aufwärts finden?

Die schlechten Nachrichten mehren sich, seine Nachhut kommt nicht durch, eine Truppe von 5000 Somalis versperrt ihr den Weg.

Er lässt, als Geste des guten Willens, alle gefangenen Galla frei und beginnt zugleich, sein Lager zu befestigen und den *besten Wachdienst* von ganz Afrika einzuführen. Es gelingt ihm, mit Hujos Nachfolger Beziehungen anzuknüpfen, die freundschaftlich zu nennen leichtfertig wäre. Aber sie sind durch gemeinsame Interessen verbunden. Er wartet weiter auf seine Nachhut, sie kommt nicht. Er schickt ihr die besten Leute entgegen, sie kehren nicht zurück.

Er kann so nicht aufbrechen. Aber er kann auch nicht länger bleiben. Frühere Kriegsherrn befragten in solchen Situationen gewöhnlich ein Orakel, die Afrikaner beraten sich mit ihren Ahnen. Carl Peters, der nicht glaubt, dass der Geist des alten Pfarrers aus Neuhaus an der Elbe ihm zu helfen vermag, fühlt zum ersten Mal, was für ein Nachteil darin liegen kann, nicht abergläubisch zu sein, die Entscheidung nicht einer höheren Autorität überlassen zu dürfen, so irreal sie auch sein möge. Aber warum eigentlich nicht?

Neben seiner Bibliothek führt seine Expedition zur Unterhaltung auch ein Herophon, den Vorläufer des Grammophons, mit sich. Carl Peters beschließt, blind eine Platte auszuwählen und der Eingebung der ersten Musik zu folgen, die er hört. Es ist *Carmen*, Friedrich Nietzsches Lieblingsoper. Die Musik eines spanischen Stierkampfs erklingt über Oda-Boru-Ruwa. *Auf in den Kampf, Torero …!*

Die Entscheidung ist gefallen.

Es wird November, und sie sind noch immer am Leben. Nach endloser Einöde ziehen sie wieder durch fruchtbares Land, dessen Einwohner stehenbleiben, um sie erst ungläubig anzustarren, dann auf ihre Beine zu zeigen und sich die Bäuche zu halten vor Lachen: Menschen mit Eselsfüßen!

Noch nie haben sie Menschen mit Eselsfüßen gesehen!

Carl Peters teilt ihren Humor nicht. Er zählt Stiefel nicht zu den Kuriositäten des Daseins. Dabei ist er selber mindestens so komisch wie diese. Eine Gesichtsfarbe wie verdorbene Milch und Eselsfüße!

Carl Peters beschließt, sich nicht den Nachmittag stören zu lassen, er tauft einen Hügel, der ihm besonders gefällt, kurzerhand den *Krupp-Berg* und legt sich mit einem Buch in sein Zelt. Es ist Sonntag.

Kurz darauf stehen 1000 Krieger vor seinem Lager. Sie haben gelacht, jetzt wollen sie kämpfen.

Dies ist ihr Land.

Nach der Schlacht verbreitet sich ein Name in der Ebene.

Kupanda Scharo.

Sie nennen ihn Kupanda Scharo: der die Befestigungen erklimmt.

Der Zug der 1500

Hat er das mit Absicht gemacht?

Fällt einfach aus dem Fenster, jetzt noch, schon fast im Ziel. Er will ihn der Lächerlichkeit preisgeben, ihn, seinen Retter, seinen Befreier. Wie soll Henry Morton Stanley der britischen Öffentlichkeit gegenübertreten, im Triumphzug mit einer Leiche? 1000 Mann waren aufgebrochen, ihn zu befreien, Hunderte von ihnen kehren nicht mehr zurück, und am Ende fällt der Pascha aus dem Fenster und stirbt? Beim Festbankett zu seinem eigenen Empfang? Dieser Stümper!

Es ist der Abend des 4. Dezember 1889 in Bagamoyo, Deutsch-Ostafrika. Am Tag zuvor hatte eine Karawane biblischen Ausmaßes auf dem Weg zur Küste einen kaum vernehmbaren Knall in weitester

Ferne gehört. Die Leute wussten sofort, was das war: die Abendkanone von Sansibar! Fast zwei Jahre hatten sie diesen Klang vermisst, und viele von ihnen sollten ihn nie wieder hören. Am nächsten Morgen würden sie das Meer sehen. Viele Sansibaris schliefen die ganze Nacht nicht, denn sie warteten auf die Morgenkanone, sie mussten sichergehen, dass sie sich nicht geirrt hatten.

Was am nächsten Vormittag folgte, glich einem Triumphzug. Jephson, bekennender Eminist, trug Ferida, die Tochter des Pascha, wie all die Wochen zuvor auf seinen Schultern. Gegen elf Uhr ritten Emin Pascha und Henry Morton Stanley Seite an Seite in dem palmzweiggeschmückten Bagamoyo ein, empfangen von Hermann Wissmann persönlich, der mit seiner Sudanesen-Zulu-Armee den Küstenaufstand in kürzester Zeit niedergeworfen hatte.

Wissmann überreichte Emin ein Schreiben:

Recieved the following Telegram:
From Berlin dated 4. Dec. 3 U. 10. M. p. m.
To German Consulate Sansibar.
Für Doctor Emin Pascha.
Bei Ihrer endlichen Rückkehr von dem Posten, welchen Sie über
elf Jahre mit echt deutscher Treue und Pflichterfüllung helden-
müthig behauptet haben, begrüsse ich Sie gern mit Meinem Glück-
wunsch und Meiner Kaiserlichen Anerkennung. Es hat Mir zur
besonderen Freude gereicht, dass die Truppe des deutschen
Reichskommissars Ihnen den Weg an die Küste gerade durch
unser Schutzgebiet bahnen konnte.
Gez. Wilhelm, Imperator Rex.
Graf Bismarck.[234]

Wer hat den Weg gebahnt, Wissmann? Er, Henry Morton Stanley, hat ihn hierhergebracht. Ein ganzes Jahr hat er gebraucht, diesen Oppelner Oberschlesier, genannt Emin Pascha, zu überreden, mit ihm zurück an die Küste zu kommen.

Nach diesem katastrophalen Hinweg ein volles Jahr!

Im April 1889 fand er Emin, oder Emin fand ihn, er will da gar nicht kleinlich sein, und dann sagt der Mann einfach Nein, danke!, er bleibe lieber da.

Natürlich konnte Eduard Schnitzer sich darauf berufen, nie etwas anderes gewollt, geschweige denn gesagt zu haben: *Ich verlasse keineswegs meine Leute. Wir haben trübe und schwere Tage miteinander durchgemacht, und ich halte es für schmachvoll, gerade jetzt von meinem Posten zu desertiren. Meine Leute sind trotz vieler Mängel brav und gut.* Vor allem glaubt er nicht, dass es einem anderen überhaupt gelingen könne, ihr volles Vertrauen zu erwerben, so wie er es besitze. *England soll … uns freie und sichere Wege zur Küste verschaffen – das ist, was wir wollen. Unsere Länder aufgeben? Gewiss nicht.*[235] Dieses Briefbekenntnis datiert vom 7. April 1887, da sah sich Stanley gerade mit dem Dampfer-Problem am Stanley Pool konfrontiert.

Ein halbes Jahr später hatte sich an den Entschlüssen des Absenders nichts geändert, nur dass er nun nicht mehr *meine Leute* sagte, er sagte vielmehr *mein Volk*, wie Moses und Stanley bei einem ähnlichen Vorhaben: *Ich versicherte …, daß ich hierbleiben wolle und selbst, falls Stanley mich mit Munition und Vorräthen versehen würde, niemals meinen Posten zu verlassen gedenke. In diesem festen Entschluß werde ich bestärkt erstens durch meinen Wunsch, alle aufgegebenen Stellungen wieder zu besetzen, damit mein Volk eine sichere Straße bekommt, um mit der Außenwelt zu verkehren.*[236]

Er ist ein Dableiber, er hat es Stanley immer wieder erklärt. Und dieser hat es immer wieder überhört.

Mein Volk! Es hatte Emin zwischenzeitlich schon zum Tode verurteilt, denn es ist ein sehr misstrauisches Volk. Und dieser Mann nennt es das seine! Dann nehmen wir Ihr Volk eben mit, beeilte sich der Oberkommandierende der Emin-Pascha-Befreiungsfront trotz solcher Bedenken vorzuschlagen. Der Pascha zögerte noch immer.

Warum wollen alle, die er befreite, am Ende gar nicht mehr zurück? Schon im Fall Livingstones war das eine große Verlegenheit, noch einmal konnte der Befreier nicht ohne den Befreiten nach Hause kommen, Emin verstand das, er verstand das durchaus.

Der Pascha hat an diesem Abend beim Bankett, dessen Ende er nun nicht mehr erlebt, eine beeindruckende Rede gehalten, das gibt Stanley gern zu. Emin hat zwar Deutsch gesprochen, aber es war eine gute Rede, so viel kann er beurteilen. Überhaupt war der Pascha von einer ungewohnten Lebhaftigkeit, und welchen Spaß es ihm machte, Deutsch zu sprechen, diese misstönende Sprache! Manchen fiel auf, dass er eine merkwürdige Art zu essen hat. Er hielt sich die Speisen ganz dicht vor die Augen, nur wenige Zentimeter von der Pupille entfernt, aber es war wahrscheinlich keine äquatoriale Sitte, er konnte die Dinge auf seiner Gabel so nur besser erkennen.

Stanley fand das Essen gut, den Wein hervorragend und die Musikkapelle ebenso, sie gehört der *Schwalbe*. Er verlangte sogar *Heil dir im Siegerkranz* zu hören, es war Höflichkeit. Als er vor bald zwei Jahren in Sansibar ankam, lagen neun deutsche Kriegsschiffe im Hafen.

Neun deutsche Kriegsschiffe. Es ist herabstimmend.

Am Ende wird Bismarck Äquatoria bekommen, er könnte wetten, dass es so kommt. Dafür hat er nicht ganz Afrika durchquert. Natürlich hat er Emin immer wieder Angebote unterbreitet, sein Land betreffend. Er könne es zum Beispiel dem Empire geben. Oder Leopold, ganz wie er wolle. Emin versprach, es zu bedenken. Er ist noch immer nicht damit fertig.

Wenn Jephson, der Eminist, bereit gewesen wäre, bei ihm zu bleiben, wahrscheinlich säßen sie noch immer am Albertsee. Jephson, vielleicht Stanleys bester Offizier, auf dessen Schultern Ferida zum ersten Mal die Küste erblickte, hat gesehen, wie ihr Vater aus dem Fenster fiel. Er stürzte mehr als ein Stockwerk tief, er hatte das tiefgehende Fenster für eine Balkontür gehalten. Jephson war zuerst bei ihm, er fand ihn leblos, aus einer Kopfwunde stark blutend.

Es gibt noch mehr überzeugte Eministen in der Expedition. Emin hatte immer wieder nach Europa geschrieben, wie sehr er eines europäischen Assistenten bedürfe und wie er sein solle:

Ich wünsche keine Leute, welche nur Geld verdienen, oder solche, welche eine afrikanische Reise machen wollen, oder solche, welche lange Berichte über unsere Mühseligkeiten und Entbehrungen verfassen, oder solche, welche den Namen Gottes beständig im Munde führen, aber zu faul sind, ihr täglich Brod im Schweiße des Angesichts zu erwerben. Davon kann man genug bekommen.[237]

Ja, wenn Jephson bei ihm geblieben wäre!

Aber den schlimmsten Fehler hat trotzdem Emins Volk gemacht, indem es ihn eines Tages gefangen nehmen und zum Tode verurteilen ließ. Es hatte sich inzwischen die Dinge auf seine Art erklärt: Die Mahdisten seien wahrscheinlich eine lügnerische Erfindung, um sie alle an der Ostküste in die Sklaverei zu verkaufen.

Gott sei Dank kamen kurz darauf die Mahdisten selbst, als ihr eigener Existenzbeweis, und die Aufrührer ließen Emin wieder frei. Seitdem war es aber noch schwerer, Stanley gegenüber *mein Volk* zu sagen, wollte er nicht als Idiot gelten. Der Oberkommandierende der Emin-Pascha-Befreiungsfront spürte wohl, dass die Sehnsucht des Mannes, Europa wiederzusehen, sehr begrenzt war, um nicht von Abneigung zu sprechen.

Schon das trennte sie.

Europa. Es handelt sich in Eduard Schnitzers Augen um keinen allzu erfreulichen Kontinent, und da war noch ein Widerwille, den er Stanley jedoch verschweigen musste.

Alles in ihm sträubte sich gegen die Vorstellung, den strengen Augen der dortigen Ornithologie mit seiner noch ganz und gar unvollkommenen Vogelsammlung unter die Augen zu treten: … *sollte ich jemals Europa wiedersehen, was ich nicht erwarte, so würde ich mich schämen, dem Publikum solch Flickwerk vorzulegen.*[238]

Am Tag nach dem Bankett, dessen Ende der Pascha nicht mehr erlebte, lässt Henry Morton Stanley Emins *Volk* unter der Androhung, es in Ketten zu legen, einschiffen und über Sansibar nach Mombasa bringen.

Keinem ist es gestattet, den Verunglückten noch einmal zu sehen.

Am 25. Januar 1890 schreibt der führende Ornithologe Äquatorias wieder einen Brief. Er ist an den Bremer Professor der Zoologie Hartlaub gerichtet:

Verehrter Herr und Freund!

Auf schwerem Krankenlager niederliegend, wurde ich durch die Ankunft Ihres freundlichen Briefes eigentlich überrascht, denn lang sind die Zeiten, in denen ich vergeblich auf ein Zeichen Ihrer Sympathien für mich gewartet hatte. Heute, wo ich Gott sei Dank imstande bin, in meinem Zimmer hin und her zu gehen, beeile ich mich … Ihnen eine Kiste Vogelbälge in der Anlage zu übersenden … Um meinen gezwungenen Aufenthalt in Bagamoyo auszunützen, habe ich einen Präparator engagiert …[239]

Henry Morton Stanley verließ Bagamoyo am Tag nach Emins Fenstersturz. Sie werden einander nie wieder begegnen.

Vor dem Fenster, aus dem Emin fiel, befindet sich nun ein Gitter.

Lou oder ein paar Bände Schopenhauer!

Diese Frau besitzt eine Selbstverständlichkeit des In-der-Welt-Seins, die ihr rätselhaft ist, die sie überwältigt. Und sie ist schön. Aber wenn es nur das wäre, Frieda fände Grund genug, die Fremde für diese Selbstverständlichkeit zu verachten.

Selbstverständlichkeit. Es ist ein seltsames Wort. Das eigene Ich, die Kunst, das Denken: Sie beginnen alle erst jenseits dessen, was sich von selbst versteht. Sie begreift sofort, dass die andere das weiß. Verstünde sie sich nicht auf jene Nichtselbstverständlichkeiten: Der Philosoph, der neuerdings in aller Munde ist, hätte sie schwerlich zu seiner Vertrauten gemacht.

Der Ruf, die einzige Frau zu sein, der Friedrich Nietzsche je einen Heiratsantrag gemacht hat, eilt ihr voraus. Streng genommen waren es zwei Heiratsanträge, sie hat beide abgelehnt. Auch Frieda weiß, wer sie ist, bevor sie ihr bei der Schriftstellerin Johanna Niemann gegenübersteht. Und jetzt verfasst sie auch noch Aufsätze über Nietzsches Geist. Eine Frau!

Woher nimmt sie den Mut dazu?

Frieda und Lou

Frieda versteht es nicht. Zwar glaubt sie nicht, dass Frauen nicht denken können und dass sie aus diesem Grunde auch nicht studieren dürfen, geschweige denn wählen. Aber wer philosophische Aufsätze schreibt, sollte der nicht doch studiert haben? Wie kann diese Frau, nicht einmal stimmberechtigt, ihre Stimme so hoch erheben?

Mag sein, Lou Andreas-Salomé kam spät zu Johanna Niemann, auf so souveräne Weise zu spat, wie es nur Menschen können, die sicher sind, dass der Abend nicht ohne sie anfängt.

Dass das Leben nicht ohne sie anfängt.

Vielleicht ist das der Unterschied. Frieda ist da gar nicht sicher. Sie war beinahe entschlossen, diese Frau nicht zu mögen. Sie bewohnen zu verschiedene Universen. Und doch war da vom ersten Augenblick an eine seltsame Anziehung und das Gefühl, als könne sie dieser Fremden alles sagen. Und so ist es nun.

So war es schon nach diesem allerersten Miteinanderreden. Lou, die Seelenkundlerin, diese Expertin für Fremdseelisches.

Noch spricht sie Lou im Brief mit *Sie* an, aber sie gibt sich preis, ohne Schutz, einem Menschen gegenüber, den sie kaum kennt. *Sie raten mir:* »*Ärgert dich dein rechtes Auge, so reiß es aus und wirf es von dir!*« *Ein alter bewährter Rat, aber wenn man nun das kranke Auge so sehr liebt, daß man lieber allen Schmerz und die aus dem Schmerz sich entwickelnden Funktionsstörungen und Nervenschwäche auf sich nehmen, als dieses Auge hergeben will?*[240]

Die Nervenschwäche der ersten Kolonialschriftstellerin des Reichs hat einen Namen: Carl Peters. Er ist die *Funktionsstörung* ihres Ich, und sie attestiert diesem Defekt Entwicklungsfähigkeit. *Die Operation, die gleich heilen könnte, lehnt man ab, weil das gesunde Weiterleben ohne das kranke Auge wertloser erscheint als das jetzige Leben.*

Peters' Rückkehr nach Deutschland hatte einem Triumphzug geglichen; das ganze Reich gab Empfänge zu seinen Ehren; der neue Kaiser, der Bismarck entlassen hatte, empfing ihn, und der neue Reichskanzler wollte ihn zum Zivilgouverneur von Deutsch-Ostafrika machen. Fühlte sie Komplementärstolz, oder entfernte sie die Aura des Ruhms von ihm?

Wahrscheinlich hoffte sie wieder, dass er sie heiraten werde. Der künftige Gouverneur von Deutsch-Ostafrika braucht eine Frau, er wäre vollständiger so. Und wen sollte er heiraten, wenn nicht sie?

Natürlich war er bei ihr, immer wieder, er hat ihr alles erzählt, zumindest das, was er einer Frau gegenüber für zumutbar hielt. Sind Frauen nicht von vornherein Sozialdemokraten, Sozialdemokraten des Gefühls? Und natürlich berichtete er ihr, wie er Emin Pascha fand, zwar nur als Zweitfinder, aber immerhin.

Und bei wem fand er ihn?

Er war längst auf dem Rückweg, aber noch immer fern der Küste und hatte eine letzte Unterredung mit den Massai, vom einen Ufer des Marenga Mkali zum anderen:

»Kommt rüber auf diese Seite des Flusses«, rief ich ihnen zu. »Bringt mir Geschenke mit, dann sollt ihr auch von mir Geschenke haben.«

Peters trifft Emin

»*Wer bist du?*«, *antworteten sie.*

»*Ich bin Kupanda Scharo, und wir haben die Massais vom Leikpia geschlagen.*«

»*Nein, bleibe du auf jener Seite, wir wollen auf dieser Seite bleiben.*«

Sie näherten sich der Station von Mpuapua. *Der Buschwald verwandelte sich allmählich in Hochwald, und so ging es immer weiter gen Osten. Mit einem Male begegneten uns Soldaten in Uniform der deutschen Schutztruppe, welche uns begrüßten.*[241]

Dann bot sich ihnen – nach eineinhalb Jahren im *Innern* – der merkwürdig surreale Anblick einer schwarz-weiß-roten Fahne auf den Zinnen des Turms von Mpuapua.

Wenig später standen drei Männer vor ihm, der eine war der Kommandeur von Mpuapua, er wandte sich an einen Mann in einfacher blauer Uniform:

»*Exzellenz, darf ich Ihnen Herrn Dr. Peters vorstellen?*«

Der blau Uniformierte war Emin Pascha, der Fragesteller Albrecht von Bülow. Sie sprachen ganze Tage hindurch. Zum Abschied schenkte Peters Emin Pascha ein paar wissenschaftliche Instrumente *und auch einige Bücher, u. a. einige Bände von Arthur Schopenhauer, die ihm ganz besondere Freude zu machen schienen.*

Das war im Juli 1890.

Jetzt, am Ende des Jahres 1891, als Frieda von Bülow Lou Andreas-Salomé kennenlernt, ist Carl Peters schon wieder zurück in Afrika. Er hat sie nicht gefragt. Sie ist doppelt verwaist. Sie ist die Hinterbliebene ihres Romans. Solange sie ihn schrieb, war er bei ihr. Solange sie ihn schrieb, war sie bei ihm.

Er ist zuletzt doch nicht Gouverneur geworden. Wahrscheinlich haben die maßgeblichen Stellen, zumal im Auswärtigen Amt, befunden, dass einer, der sich mit einer Handvoll Somalis durch das Land der Massai bis in die Mitte Afrikas durchschlägt, kaum in Frage kommt für die Rolle eines Zivilgouverneurs, wenn denn die Betonung auf der ersten Doppelsilbe liegen sollte.

Sie ernannten Peters stattdessen zum *Reichskommissar zur Verfügung des Gouverneurs von Ostafrika.* Was für eine Unannehmbarkeit schon im Titel!

… zur Verfügung von …?

Er steht grundsätzlich nur zu seiner eigenen Verfügung. Wer ihn kennt oder sein Buch *Die deutsche Emin-Pascha-Expedition* gelesen hat, was dasselbe ist, sollte das wissen.

Allerdings gibt es noch zwei andere Reichskommissare. Einer ist Wissmann, der andere Emin Pascha. Er konnte schwerlich einen Posten ablehnen, der Wissmann und Emin Pascha genügte.

Er ist zurück in Afrika.

Er kommt und geht, wie er will. Er hat nicht gefragt, ob sie mitkommen will. *Ins Innere,* das ist kein Aufenthaltsort für eine Frau.

Aber welcher dann? Gibt es noch einen Platz, an den sie wirklich gehört?

Zuletzt hat sie in Godesberg gelebt. Sie würde nicht sagen, dass sie nach Godesberg gehört, aber sie verbrachte den Sommer 1890 gern dort. In Godesberg wohnte die Diakonissin, die in Smyrna die deutsche Schule geleitet hat, *Tante Minna*. Wenn sie ihr gegenübertrat, wurde sie wieder zu dem kleinen Mädchen, das sie einmal war. Und ihrer Mutter tat Tante Minnas Nähe gut, zumal gleich neben Godesberg Neuwied liegt, eine Brüdergemeinde wie die von Neudietendorf. Zwischen Tante Minna, ihren Töchtern und den Brüdern und Schwestern von Neudietendorf fand die Mutter notdürftig Halt in der Welt, die ihr immer fremder wurde.

Clothilde von Bülow ist im März in Godesberg gestorben. Jetzt ist niemand mehr zwischen Frieda und dem Grab. Tante Minna starb Clothilde von Bülow gleich hinterher.

Sie darf nicht werden wie ihre Mutter, die keine Gegenwart mehr kannte, die nur in der Vergangenheit lebte, obwohl nicht einmal die Vergangenheit ihr gehört hatte. Ist sie dieser merkwürdigen, weltabgewandten Frau schon ähnlicher, als ihr lieb sein dürfte?

Wehe dem, der den Halt außerhalb seiner selbst sucht, hatte sie nach Margaretes Tod geschrieben. Lou Andreas-Salomé gehört zu den Menschen, denen man diesen Satz nicht erklären muss. Seltsam, zu denken, dass sie jetzt eine Freundin hat. Seit dem Tod der Schwester hat sie sich von einem anderen Menschen nicht mehr so verstanden gefühlt wie von dieser Frau.

Haie angeln

Wieder ist es Mai, als sie losfährt, genau wie sechs Jahre zuvor. Und doch ist alles so anders, dass sie nicht sagen kann, ob sie es überleben wird. Carl, Lou und Sophie haben sie zum Anhalter Bahnhof gebracht. Carl, Lou und Sophie, die Schwester. Es sind die einzigen Menschen, die sie noch hat auf Erden.

Ein seltsamer Gedanke.

Carl wird die Freundin gleich, wenn Frieda außer Sicht ist, in ein Gespräch über Nietzsche ziehen, sie weiß es, sie hat es so gewollt. Pe-

Frieda von Bülow 1892

ters hat ihr nie geglaubt, dass diese Frau wahrscheinlich ein größerer Philosoph ist als er, ebenbürtig allemal. Das interessiert ihn, natürlich interessiert es ihn. *Er hat noch keine Frau erlebt, die ihn untergekriegt hätte,*[242] hat sie Lou erklärt. Wie gern wäre sie diese Frau gewesen. Noch immer möchte sie ihn demütigen, zumindest beeindrucken.

Was Menschen beeindruckt, ist ihnen nicht egal.

Und um wie viel mehr gilt das bei ihm. Nun setzt sie alle Hoffnung auf Lou. Möge ihm schwarz werden vor Augen. Sein *Geschwistergehirn* hat Nietzsche diese Frau genannt.

Aber dass Frieda nach Afrika fährt, allein, ihrem toten Bruder hinterher, den anderen toten Bruder zurücklassend, das hat ihn schon beeindruckt. Da war dieses Leuchten in seinen Augen, das sie immer seltener sieht. Es ist alles, wie es war: *Sie warb um sein Lächeln, um einen kleinen zärtlichen Blick.*[243]

Eine Frau, allein nach Afrika, unmöglich!

Jeder Mann würde so reagieren, Peters nicht. Und dafür liebt sie ihn noch immer. Er glaubt, dass sie es schafft, einfach deshalb, weil sie daran glaubt. Und das gibt ihr Kraft.

Auch ist sie längst nicht mehr irgendeine Frau. Die *Roman-Zeitung* hat das im vergangenen Jahr sehr schön formuliert: *Frieda von Bülow hat es nicht weit bis zu dem Gipfel, den eine Annette von Droste-Hülshoff und eine Marie von Ebner-Eschenbach im deutschen Schrifttum behaupten.*

Gipfel, wirklich?

Sie ist unterwegs.

Die *Bundesrath* ist ein kleiner, schmaler Dampfer, er schaukelt auf dem Wasser *wie eine Kinderwiege*, schon bei ruhiger See. Kaum an Bord, schreibt sie der Freundin: *Ich war so gespannt, was Du zu Peters sagen würdest … Immer muss ich an die letzten Minuten vom Anhalter Bahnhof denken, wo in drei Menschen alles bei mir war, was mir auf Erden noch lieb und teuer ist: Sophie, Du und »er«.* Es ist Widersinn, dass sie sich so mutwillig von ihnen entfernt, und doch, *mit jedem Tag überkommt mich auf dem weiten Wasser wieder jenes herrliche Freiheits- und Lebensgefühl, nach dem ich mich in unseren eigenen, von 1000 Schranken durchzogenen feindlichen Verhältnissen so lange vergeblich gesehnt habe. Es läßt sich nicht genau erklären, nur beschreiben. Man hat das Gefühl des Losgelöstseins, des Immer-vorwärts-Gleitens in unendliche Weite.*[244]

Die schlimmste Zeit, die eigentliche Hochseebewährungsprobe fange bei Cap Gardafui an, teilt sie Lou noch mit, mit aller Gelassenheit des Kenners, der weiß, was auf ihn zukommt.

Sie hat recht, bei Cap Gardafui fängt es an. Sie erinnert sich, wie der italienische Konsul Filonardi es ihr einst erklärte und ihr Hassan schenkte, den kleinen Affen, der mit Vorliebe die Kakerlaken ihrer Kabine fraß.

Die Kinderwiege ist nun keine Kinderwiege mehr. Die Wogen werfen den kleinen Dampfer hin und her, zumindest beschreibt ihr Magen es so. Zugleich herrscht drückende Hitze.

Unmöglich, zum Schlafen in die Kabine zu gehen. Sie braucht Raum um sich, Luftzug, darum legt sie sich auf den schmalen Plüsch-Diwan des Damensalons *zur Ruhe*, von Schlaf kann keine Rede sein. Im Rauchzimmer der Herren nebenan hört sie die Stimmen der letzten Skatspieler, und dann kommt der Knall. Sie vernimmt *das fauchende Geräusch heftig entweichenden Dampfes, gleich darauf wurde es eigentümlich still, – die gewohnte Musik der tobenden, stampfenden Schiffsmaschine war verstummt.*[245]

Kurz darauf öffnet sich die Tür zum Damensalon. Sie möge sich nicht beunruhigen, es sei nichts, nur ein *Cylinder* sei gesprungen. Sie beunruhigt sich nicht, obgleich die plötzliche Stille gespenstisch ist. Bei dem Lärm, dem ewigen Stampfen und Schnauben des Dampfers, kann kein Mensch schlafen, aber ohne ihn erst recht nicht. Man darf dem Ozean nie die Hoheit überlassen, auch nicht die akustische.

Sie kleidet sich an. Unvorhergesehenen Situationen begegnet man besser gut angezogen.

»Warum sind Sie nicht liegen geblieben?« fragten die Herren im Rauchzimmer, denen man die Verstimmung ansah. »Wenn Sie wachen wollen, bis wir wieder flott sind, können Sie bis morgen wachen.«

Das macht sie, natürlich macht sie das.

Es wird Morgen über dem Wasser, ein monsungepeitschter Morgen, er hebt die *Bundesrath* auf haushohe Wogen hinauf, um sie dann in bedenklichen Wassertälern auszusetzen, weit weg von jeder Küste. Der Dampfer schweigt, die Bordmechaniker schwitzen. Es ist nicht so, dass die *Bundesrath* gar nicht vorwärtskäme, sie schwimmt sogar erstaunlich schnell, allerdings rückwärts.

Statt nach Süden, treiben sie zurück nach Norden. Den ganzen Tag über arbeiten die Schiffsmaschinisten; sie versuchen, unnötige Begegnungen mit den Fahrgästen zu vermeiden.

Nur ein *Cylinder*.

Die Passagiere der *Bundesrath* beginnen inzwischen, sich so gut sie können in der Zeitblase einzurichten, in der sie sich plötzlich wiederfinden. Es ist eine Melange aus Gefahr, Sorge und Langeweile. Der Abend kommt, dann die Nacht.

Sie weiß nicht mehr, wer am nächsten Tag auf die Idee kam, Haie zu angeln.

Sie erinnert sich an Karl und Anton, die beiden Haie im Hafenbecken von Sansibar. Karl und Anton blieben lange, die Ernährungslage behagte ihnen. Wahrscheinlich waren Karl und Anton mit den Pilgerschiffen des Sultans gekommen.

Said Bargasch pflegte jedes Jahr in großzügiger Weise Dampfer gen Mekka auszurüsten und allen Pilgerwilligen freie Überfahrt zu gewähren, die Gratis-Bordverpflegung bestand aus Reis und Kokosnüssen.

Kapitän Jürgensen – Bargasch beschäftigte nur deutsche Kapitäne – hatte sie damals in Sansibar mit den Einzelheiten einer Seefahrt gen Mekka unterhalten, wobei die Rückfahrt eine ganz andere Dramatik besaß als die Hinfahrt, denn auf der Rückfahrt waren Reis- und Kokosnussvorräte längst erschöpft und die Pilger besaßen meist kein Geld mehr und keinen Proviant. Schwäche, Hunger und Bordepedemien folgten, die Haie begleiteten das Schiff, diese schwimmende Riesenmahlzeit, sie mussten nur warten können. Sie bemerkten jeden Körper, der über Bord ging.

Aber die *Bundesrath* ist kein Pilgerschiff des Sultans. Mit Missvergnügen schauen die Passagiere bordabwärts.

Ihr wollt uns angeln?

Wir angeln euch!

Aus Schiffshaken und Tauen bauen sie an Bord des kleinen schweigsamen Dampfers eine gewaltige Riesenangel, mit rohem Fleisch gespickt.

Es tut gut, die Bedrückung in Aktion zu verwandeln. Immer wieder beißen die häßlichen großen Fische an, schaffen es aber jedes Mal, sich mit blutendem Maul loszureißen, bevor sie an Deck geschleudert werden. *Bei diesem rohen Schauspiel herrschte allgemeiner Jubel. Auch in mir entdeckte ich zu meiner Verwunderung eine Empfänglichkeit dafür, die ich meiner zivilisierten Frauenseele gar nicht zugetraut hätte. Die wilde Siegeslust des Negers, der dem überwältigten Feind zuruft: »du wolltest mich fressen, jetzt fresse ich dich!« ist uns Zivilisationsprodukten noch nicht ganz fremd geworden. Es bedarf nur der Gelegenheit, um solche von unserer Kultur gebändigten Naturtriebe loszulassen.* Es klingt, als würde sie nicht zum ersten Mal darüber nachdenken, wie dünn, wie brüchig diese Schicht ist, Zivilisation genannt. Sie wird mit Peters darüber gesprochen haben. Hätte er denn geglaubt, welcher Urmensch in einem Akademiker steckt, vorausgesetzt, er überlebt lange genug, um zu dieserart Selbstreflexion zu gelangen? Peters, den sie am Kilimandscharo inzwischen *Mkono wa damu* nennen, Mann mit den blutigen Händen. Aber das weiß sie nicht. Auch Albrecht trug diesen Namen, er war sein Nachfolger.

Ihre Gedanken sind oft am Kilimandscharo, genauer: Sie sind jeden Tag dort. Denn am Kilimandscharo ist Albrecht gestorben, im Juni 1892, gleich wird es ein Jahr her sein.

Sie kennt die Namen der Orte, Moschi und Marangu.

Sie kennt die Namen der Häuptlinge, Meli und Mareale.

Es sind bloß Namen, sie sind ihr fremd, sie erklären ihr nichts. Sie weiß, dass Albrecht mit seinen Leuten von Marangu nach Moschi aufgebrochen war, um mit Mareale gegen Meli zu kämpfen. Meli ist der Sohn des alten Mandara, der 1889 und 1890 noch Kaisers Geburtstag gefeiert hatte, es war inzwischen Wilhelm II. Wilhelm I. starb 1888, 1891 starb Mandara selbst. Es gibt keinen Dschaggafürsten, der nicht der Ansicht wäre, Mandaras legitimer Nachfolger zu sein. Ob sie versteht, dass dieser Tod die große plötzliche Unruhe am Berg erklärt?

Der zweite Tag, an dem sie nichts hören als das endlose, gleichgültige Rauschen des Ozeans, geht vorüber. Kein Rauch steigt aus den Schornsteinen der *Bundesrath*. Es liegt ein Moment von Lust darin, der Welt derart abhandenzukommen und dabei Champagner zu trinken, und sie besitzt, zumal jetzt, alle Empfänglichkeit dafür. Lou wird es einmal so formulieren: *Frieda neigte von Natur her zur Schwermut, trotz einem männlich starken Willen und Lebenstrieb, der sie in ihrer Jugend zur Zeit der Carl-Petersschen Erfolge nach Ost-Afrika geführt hatte. Sie nannte diese Mischung von Tatkraft und Mattigkeit gern ihren Anteil an dem alten, ermüdeten Geschlecht, das schließlich in der Sehnsucht nach Unterwerfung, Selbstaufgabe enden mag.*[246]

Sehnsucht nach Unterwerfung? Nein, so würde sie das nicht nennen. Mit Peters verbindet sie ein ständiger Kampf des Selbstbewusstseins, hier wäre sie gern die Verliererin, die Unterworfene. Im Verhältnis zu anderen Menschen jedoch widerstrebt ihr das hinnehmende Dasein zutiefst. Nur fehlt ihr dem Leben gegenüber oft die Kraft. Es ist stärker als sie, sie gibt es gern zu. Und wer wie sie binnen weniger Monate beide Brüder verliert, hat der nicht das Recht, nicht ganz auf der Höhe seines Selbsterhaltungstriebs zu sein? Soll dieser Dampfer doch im Ozean versinken! Manchmal sieht sie die Lebenden wie Tote. Ob sie wissen, wie lächerlich sie sind, mit ihren kleinlichen Unternehmungen, die sie für weltbewegend halten? Weltbewegend. Was für ein Wort. Was für ein großspuriges, dummes Wort.

Die längste Zeit sind wir tot, so ist das. Unser Sein ist ein kurzes Atemholen der Welt. Man bekommt ein gutes Gefühl dafür, wenn links und rechts und unten drunter nichts ist als Wasser.

Kuno ist im Februar gestorben, es ist kaum drei Monate her.

Kuno war auch in Afrika gewesen, aber nicht in Deutsch-Ost, sondern in Deutsch-Südwest. Der Hamburger Rechtsanwalt Scharlach hatte ihm eine führende Stellung in seiner Kolonialgesellschaft angeboten. Am 16. Juni 1892, nur ein paar Tage nach Albrechts Tod, brach er auf; sechs Monate später, im Januar dieses Jahres, war er plötzlich wieder da, für ein paar Tage nur sollte es sein, in *allerpersönlichster Angelegenheit*. Frieda kannte diese Angelegenheit längst, sie trug den Namen einer Frau.

Es war die falsche.

All ihre Überzeugungskraft hat sie aufgewandt, Kuno von ihr zu entfernen. Aber alles, was sie erreichte, war, Kuno von sich zu entfernen, ihren kleinen Bruder, fast zehn Jahre jünger als sie. Liebenden kann man nicht raten, sie selbst ist das beste Beispiel dafür.

Kuno kam zurück, um eine Entscheidung zu erzwingen. Ein halbes Jahr Bedenkzeit hatte die Falsche gehabt, jetzt sollte sie ja oder nein sagen. Sie sagte das Falsche.

Am 7. Februar 1893, abends in seinem Zimmer in der Pension Fink, richtete Kuno sein Gewehr gegen sich.

Was dann geschah, hielt Frieda in der Familienchronik fest.

8. Februar. Schmerzlich süße Stunden der innigsten Gemeinsamkeit mit Kuno und Sophie in seinem Krankenzimmer in der Bergmannschen Klinik.
10. Februar. Kuno Josua Freiherr von Bülow, noch nicht sechsundzwanzig Jahre alt, in der Bergmannschen Klinik gestorben.
13. Februar. Den Vormittag mit Sophie an Kunos Leiche zugebracht. Er sah sehr schön und ruhig aus.
14. Februar. Auf dem Sophienkirchhof fand heute Kunos Begräbnis statt. Onkel Thankmars Freund, Lic. Weser, hält am Sarge eine schöne, feinfühlige Ansprache, die ihm nicht vergessen werden soll.[247]

Darunter setzt sie Goethes Worte:

Es wenden die Herrscher
Ihr segnendes Auge
Von ganzen Geschlechtern,
und meiden, im Enkel
die eh'mals geliebten
still redenden Züge
des Ahnherrn zu sehen.

Selbstauslöschung wegen einer unglücklichen Liebe. Wie gut sie den Bruder versteht. Aber es ist ein schlimmes Urteil über ihre Familie. Über ihre Widerstandskraft.

Der dritte Tag vergeht, die dritte Nacht. Wenn sie so weiterdriften, müssten sie bald wieder in Hamburg ankommen. Irgendwann gelingt es den in das Niemandsland der Zeit gefallenen Passagieren der *Bundesrath* doch, einen Hai an Bord zu ziehen. Der Fisch tobt zum Entsetzen der Umstehenden, wahrscheinlich würden die meisten jetzt gern ihre Kabinen aufsuchen, doch wagt keiner, den Anfang zu machen. Schließlich holt ein beherzter Missionar sein Gewehr und erschießt den Fisch, noch immer an der Angel.

Diese Männer Christi verfügen mitunter über ein erstaunliches Temperament, denkt Frieda von Bülow musternden Blickes. Es ist nicht leicht, einen Hai zu erschießen, er beeilt sich nicht zu sterben.

Der Todeskampf des monströsen Fisches bereitet der *beau monde* der *Bundesrath* ein Gefühl gesteigerten Unwohlseins in fließendem Übergang zur Angst. Schließlich tritt der Schiffszimmermann mit einem großen Beil in ihren Kreis und entscheidet die Sache. Gegen den Fisch.

Die Bordhandwerker haben einen schweren Stand.

Der vierte Tag vergeht, die vierte Nacht. Die Wirkung der Zeit und der Gewöhnung auf das Denken ist erstaunlich. Am Anfang wollte niemand glauben, dass kein Rauch mehr quillt aus den Schornsteinen des Schiffes. Jetzt, da sich alle an diesen Anblick gewöhnt haben, scheint das Gegenteil beinahe widernatürlich. Die Passagiere versuchen ihre wachsende Nervosität – oder sollte man von beginnender Panik sprechen? – vor ihren Nachbarn unter einer vorsätzlichen Wohlgelauntheit zu verbergen. Die Küche leistet ihr Bestes. Ist eigentlich schon der Augenblick gekommen, die Güter an Bord zum Gemeineigentum zu erklären, oder sollte man, wenn auch nur zur Tarnung, die nunmehr sinnlos werdende Gewohnheit, für Erhaltenes eine Rechnung zu stellen, vorerst beibehalten? Und wenn ja, wie lange noch?

Sie spürt, wie die Toten, ihre Toten, sie hinüberziehen in ihr Reich. Sie ist bereit.

Am Hafen von Tanga

Frau mit Insel

Und dann geschieht es doch. Am fünften Tag als Treibgut auf dem Indischen Ozean hören alle das schon fast entwöhnte und doch so vertraute Stampfen und Fauchen der Schiffsmaschine wieder. Es geht weiter.

Nicht länger als Treibgut, als Floß des Lebens, wie traditionelle Kulturen, sondern nach der Fortbewegungsart der Weltgegenden, die sich mit allem Zivilisationshochmut als Bürger begreifen, als Kinder der Aufklärung und des Fortschritts.

Auf eigenem Kurs!

Vier Tage ohne Dampf plus Monsunströmung ergeben eine Verspätung von sechs Tagen.

Sie sind unterwegs.

Es ist nicht so, dass die Erfinder des Fortschritts völlig unempfindlich gegen das magische Bewusstsein wären. Auf der Ebene des individuellen Seins ist das kaum durchzuhalten, zudem wäre es Anästhesierung im Wortsinn, jedes Gefühl für Begegnendes stumpfte ab, jede Empfänglichkeit. Kunst und Moral hätten keinen Adressaten mehr.

Es ist wie ein Evidenzbeweis, den das Leben jetzt für Frieda führt. Sie sieht mit eigenen Augen, was die Zöglinge der Depression nie glauben: Es gibt ein Leben vor dem Tod! Nach der blauen Wüste des Ozeans, den staubigen Ufern des Roten Meeres, den kargen Felsen von Aden fällt sie mitten hinein in das Grün von Tanga. Hier kam auch Peters an, zwei Jahre vor ihr.

Die Häuser von Tanga *liegen zwischen einem Wald von Kokospalmen, so etwa wie die Villenkolonie Grunewald zwischen Kiefern. Wo man hinschaut: Palmen! Palmen! Palmen! Bewegt der Wind die Wipfel, so ist es ein Geräusch, wie stark fallender Sommerregen.*[248] Wie hat sie diesen Laut vermisst, mehr als sechs Jahre lang. Es gibt nichts Schöneres als das Wiedererkennen dessen, was fast schon verloren schien und einem doch gehört. Den Hintergrund der Bucht *bildet die schönförmige, in hellblauen Duft gehüllte Kette der Usambara-Berge, den Vordergrund dem Hafen vorgelagerte, mit saftiggrünen Mangroven umgürtete Koralleninselchen, dazwischen tiefblaue See.*[249] Sie schreibt diesen Bericht einer Ankunft für Helene Langes Zeitschrift *Die Frau*, sie widersteht der Versuchung, hinzuzufügen, dass eine der drei *Koralleninselchen* ihr gehört. Und sie weiß auch, welche. *Sehen Sie dort, gnädiges Fräulein?*, ruft der Kapitän, *das ist Ihre Insel. Die Insel Jambe.*

Albrecht hatte sie einem alten Araber abgekauft, von ihrem gemeinsamen Vermögen. Sie weiß nicht, ob dieser Anblick sie traurig oder froh stimmen soll, es sind beide Empfindungen auf einmal, und eigentlich misstraut sie allen anderen. Der lachende Schmerz, eine Freude, die wehtut. Lou, der Freundin, braucht sie solche Affektlagen nicht zu erklären. Das verbindet sie.

Vom steilabfallenden Ufersaum herüber blinken einzelne weiße Europäerhäuser.

Die Bewohner Tangas glauben ihren Augen nicht. Nähert sich da ein Geisterschiff? Sie wähnten den Dampfer samt seinen Passagieren längst zur letzten Ruhe gebettet auf dem tiefsten Grund des Ozeans. Sie haben jeden Abend von den Toten gesprochen.

Von Bord aus unterscheidet man die Nahenden an den verschiede-

nen Flaggen und Phantasie-Uniformen der Ruderer. Der Herr des Boo-
tes sitzt weißgekleidet und weißbehelmt am Steuer, manchmal noch vom
weißen, grüngefütterten Sonnenschirm geschützt.

Grüngefüttert. Sie hat Sinn für solche Details, schließlich schreibt
sie Frauenromane. Frauen sind ein eher dekoratives Geschlecht, und
am Ende interessiert ihr Publikum an Afrika nichts so sehr wie die
Farbe des Innenfutters der Sonnenschirme. Es ist grün!

Alles leuchtet in der unsäglich hellen und sengenden Tropensonne,
eine Lichtfülle, die das an sie gewohnte Auge später den hellsten deut-
schen Mittagssonnenschein als matt empfinden lässt.[250] Sie ist wieder in
Afrika!

Leider ist sie die Einzige, die hier aussteigen wird. Alle anderen
fahren weiter nach Sansibar. Weit und breit niemand, der sie abholt.
Nicht Baron Gravenreuth, inzwischen als Wissmanns bester Mann
promoviert zum *Löwen von Afrika*, und nicht Baron Saint Paul. Dabei gehört Saint Paul hierher. Er ist der Bezirksamtmann von Tanga,
ein Baron *ohne Habe*, er soll inzwischen seine Jugendliebe geheiratet
haben.

Sie weiß noch, wie sie bei ihrer ersten Ankunft kurz das unbehag-
liche Gefühl des Alleinseins empfand. Diesmal hat sie Grund dazu.

Und dann steht der Baron doch vor ihr, an Bord der *Bundesrath*,
mit seiner sanften Stimme, seinen schönen, *langbewimperten blauen*
Augen, die er immer etwas zusammenkneift, *wenn er einen Gedanken*
verfolgte.[251] Er hat auch die Baronin mitgebracht, sie kommt ihr vor
wie eine jener *geisterhaft in die Länge gestreckten, stilisierten, präraf-*
faelitisch angehauchten Gestalten unserer modernen Maler. Gleich je-
nen über großblumige Wiesen schwebenden, schemenhaften Wesen hat-
te sie sozusagen nur eine Dimension.[252] Es ist schwer zu sagen, ob ihr
das alles schon auffällt, als der Baron und die Baronin bei ihr eintreten. Man begreift einen Menschen entweder gleich oder gar nicht. So
ist das wohl. Also präraffaelitisch.

Wahrscheinlich spricht Saint Paul sie nicht mit ihrem Namen an,
sondern einfach mit *Bibi*, die alten Afrikaner machen das so, sie sagen Bwana oder Bibi, sie erkennen einander an dieser Anrede. Und

dennoch meint Frieda von Bülow eine Reserve zu bemerken, eine letzte leise Distanz ihr gegenüber. Oder ist sie einfach überreizt von der Seefahrt?

Es gibt zwei *recht gute Hotels* in Tanga, das hatte sie schon in Berlin gehört, das Hotel *Schlunke* und das Hotel *Perrot*.

Saint Paul warnt sie vor dem *Perrot*, es sei in letzter Zeit sehr in Verruf geraten, da es von mindestens acht jungen Eisenbahnern bewohnt werde, deren Anwesenheit man dem Ehrgeiz verdanke, eine Strecke von Tanga bis zum Kilimandscharo zu bauen, bis nach Moschi zu Mandara. Das *Perrot* ist das *Radau-Lokal*, er rate dringend ab.

Also das *Schlunke*.

Leider könne er selbst nicht mehr alles Nötige veranlassen, denn er müsse unverzüglich abreisen. Er werde seine junge Frau nach Dar-es-Salaam begleiten und dann mit anderen Offizieren zum Kilimandscharo aufbrechen. Aufbrechen müssen. Es herrscht noch immer kein Frieden am Berg. Sprechen sie über Albrecht? Wie könnten sie nicht, er war Saint Pauls Gefährte.

Also das *Schlunke*.

Sie lässt sich in den Hafen bringen und wähnt sich schon in unmittelbarer Nähe der ersten Nacht auf nichtschwankendem Boden, der ersten Nacht, die Schlaf verspricht, als der Empfangschef des *Schlunke* ihr sein Bedauern ausspricht. Sie könne nicht ermessen, wie leid es ihm tue, aber er sähe sich außerstande, sie aufzunehmen. Sein Hotel sei nicht vorbereitet auf Damen. Wahrscheinlich verbirgt sein Blick notdürftig die entscheidende Konkretisierung: auf allein reisende Damen.

Es gibt nichts Unseriöseres als eine allein reisende Frau. Sie sei eine Baronin? Umso schlimmer, steht die Antwort in den Augen des Empfangschefs, man würde gern helfen, doch gehe es den Hotels nicht anders als den Damen: Beide haben einen Ruf zu verlieren. Man wisse nicht, was dieser Bewerberin um ein Hotelzimmer widerfahren sei, seinen Ruf jedoch gedenke das Hotel zu behalten, weshalb etc., etc.

Sie könnte den Rüpel darauf hinweisen, dass er laut *Roman-Zeitung* eine Frau vor sich habe, die sich kurz vor *dem Gipfel des deutschen Schrifttums* befinde. Zumindest, insofern es Frauenliteratur betrifft. Aber erstens ist sie strukturell unfähig zu solchen Selbstauskünften, und zweitens sieht sie dem Mann wohl an, dass er diesen Umstand eher als belastendes Indiz werten würde.

Es bleibt, erkennt sie nicht ohne Bitternis, nur das *Radau-Lokal*.

Das ist ein vielversprechender Anfang, das Barometer meiner Stimmung sinkt.

Der Inhaber des *Radau-Lokals* ist sehr jung, neunzehn Jahre alt, wie sie gleich wissen wird, sie bemerkt *sein fieberbleiches Gesicht,* aber auch ohne Fieber hat sein Aussehen etwas *gnomengleiches.* Und ist sein Hotel nicht *ohne festen Plan und ohne Architektur* gebaut, *ein häßlicher zweistöckiger Kasten, fünf Minuten vom Meer entfernt?*

Das *Haus Perrot* gehört der *Deutschen Seehandlung* und führt seinen Beinamen erst in jüngster Zeit, seit es jene acht jungen Arbeiter aufnahm, Bautechniker, Lokomotivführer, Maurer, Schlosser und Maschinisten, die Erbauer der Kilimandscharo-Eisenbahn. Das Vereinigte Königreich baut auch eine, auf der anderen Seite des Bergs.

Der nach damaliger Menschenzeitrechnung noch längst nicht volljährige Geschäftsführer des *Radau-Lokals* dürfte mit viel größerem Recht als sein Kollege auf dem Standpunkt beharren, dass sein Hotel auf Damenbesuch nicht eingestellt sei, erklärt sich jedoch sofort bereit, sie zu beherbergen. Zumal sie ja gewissermaßen eine Wiedergeborene, eine Wiederauferstandene sei. Wem es gelänge, der ewigen Ruhe auf dem Grund des Ozeans auszuweichen, der habe auch das Recht auf ein Bett. Allerdings sei diese Bereitschaft im Augenblick noch nicht gegeben, man müsse das Haus noch etwas in Ordnung bringen und nachschauen, welches Zimmer man dem willkommenen Gast überlassen könne.

Frieda lässt sich zurück an Bord der *Bundesrath* bringen, die noch bis zum nächsten Morgen in Tanga bleibt. Hoch über der Bucht sieht sie Saint Pauls Haus am Berg hängen. Es ist ganz und gar aus Metall.

Sie wird es einmal so schildern:

Graf Waldemar bewohnte mit seiner jungen Frau das zierlichste Haus in Satuta, eine aus Eisen zusammengesetzte, in vielen einzelnen Teilen zu Schiff aus Deutschland herübergeschaffte Villa.

Als die Eisenteile anlangten, konnte sie niemand richtig zusammenstellen.[253] Es folgten endlose Versuche, der Rost bemächtigte sich des nutzlosen Gestänges, und alle kamen bereits überein, die Villa einen Haufen Schrott zu nennen, als ein Techniker aus dem Reich eintraf.

Zu allgemeiner Bewunderung stand die Villa nach wenigen Wochen fertig da. Graf Waldemar alias Saint Paul überschlug, dass die Sache rückblickend mehr Zeit und Geld gekostet hatte als ein Steinbau.

Wie ein … Riesenspielzeug, ein Vogelhaus, stand nun die lustige Villa über dem Meer. Das die Veranden überragende Wellblechdach blitzte wie Stahl in der Sonne, und die schlanken Eisensäulen, die den ganzen Bau trugen, ließen das Haus von weitem aussehen, als schwebe es in der Luft.

Dort oben die Villa ihres einstigen, jetzt bei aller Höflichkeit doch seltsam distanzierten Freundes, und sie findet nicht einmal Obdach in einem Hotel, zumindest nicht in den besseren! Ist es so weit mit ihr gekommen? Wahrscheinlich verbietet sie sich solche Gedanken, es liegt keine Würde darin. Adel ist ihrer Auffassung zufolge zwar durchaus etwas Erbliches, vor allem aber ist es eine Art und Weise, sich und der Welt zu begegnen.

Was heißt, sie geht ins *Radau-Lokal*. Kopf hoch!

Ihr letzter Abend auf dem Schiff ist nicht ohne Furcht und Unbehagen.

Mit Morgengrauen, unmittelbar ehe der Bundesrath seinen Weg nach Süden fortsetzte, holte mich der neunzehnjährige Chef des Hotels der deutschen Seehandlung in seinem kleinen Boot ans Land. Wieder bemerkt sie das Gnomenhafte seiner Gestalt, was durch die über den Kopf gezogene Kapuze seines Lodenmantels verstärkt wird. *Über Wasser und Land lagerte noch die kalte Farblosigkeit, die auch am Äquator dem Tag voranzugehen pflegt; dazu regnete es. So bezog ich ziemlich bangen Herzens das Haus.*[254]

Noch immer ist sie der Ansicht, dass es keinerlei Architektur besitze. Es hat zwei Stockwerke mit umlaufenden Holzveranden. Sie bekommt das beste Zimmer des ganzen Hotels, mit einem Fenster auf der Giebelseite und zwei Fenstertüren zur Veranda. Ihren Lesern zu Hause hinter dem Ofen, mit dem Rücken zum Meer, wird sie das einmal so erklären: *Zwei der auf die Holzveranda führenden Fenster waren zugleich Türen.* Alle drei dienen einem eher dekorativen Zweck, da sie keine Glasscheiben besitzen und außerdem vollkommen unverschließbar sind. Der Estrich-Fußboden hat große Risse, die Wände und die Decke sind weiß gekalkt. In der Mitte steht ein großes Himmelbett mit Moskitonetz.

Von den Eisenbahnern ist nichts zu hören.

Sie beruhigt sich bei dem Gedanken, dass sie tagsüber arbeiten müssen. Wir wissen nicht, ob der Hotelier ihr schon mitgeteilt hat, wer außer den acht Eisenbahnern noch im Hotel der *Deutschen Seehandlung* wohnt: Ratten, Hunderte von Ratten. Nicht einmal tagsüber geben sie sich Mühe, sich gut zu verstecken.

Sie packt ein paar Sachen aus, um sich dann *der ersten Sorge des nach der Kolonie kommenden Europäers* zu widmen: dem *Mieten eines Boys.*

Kein Europäer lebt an der Küste ohne seinen Boy, er geht nirgendwohin ohne seinen Boy.

Der Boy ist Führer, Lotse und Diener zugleich.

Der Boy eines Europäers zu sein, garantiert unter den Einheimischen eine gehobene gesellschaftliche Stellung, etwas, das ein späteres Zeitalter einmal *Sozialprestige* nennen wird; der Boy darf sich der Anteilnahme der schönsten Mädchen an seiner Person ganz sicher sein. Er und seinesgleichen bilden die Jeunesse dorée Tangas.

Die Jeunesse dorée trifft sich jeden Vormittag in der Kneipe des alten Griechen zum Frühschoppen, nachdem sie in den Häusern der Europäer das Frühstück serviert hat. Doch das hatte ihr Saint Paul wohl noch nicht erklärt, als er ihr – oder war es seine schöne präraffaelitische Frau? – einen jungen Mann namens Hamis empfahl. Sie lässt nach Hamis schicken, sie schaut in sein schalkhaftes offenes Gesicht.

Hamis ist engagiert!

Gegen Mittag, als die Tropenhitze unerträglich wird und ganz Tanga Siesta hält, macht sie sich gefasst auf die Rückkehr der Bauarbeiter. Sie hört fast nichts, wahrscheinlich schlafen sie, die Ratten schlafen auch.

Es berührt sie eigentümlich, durch die Straßen dieser kleinen Stadt zu laufen. Sie sieht so ungemein deutsch aus: *Nichts mehr von dem berüchtigten Schmutz und Gestank, der malerischen Unordnung, die ich von den Wohnorten der Schwarzen und noch mehr der Inder für ganz unabtrennbar hielt.* Verfallene Häuser werden abgerissen, jeder Neubau wird überwacht, die Straßenbreite ist vorgeschrieben, es sind meist Alleen mit Palmen in der Mitte.

In ihrem Tanga-Roman *Tropenkoller* wird sie einmal behaupten, Tangas Boulevards trügen ausschließlich Namen wie *Zehn-Meter-Straße oder Drei-Meter-Straße.* Und sie haben *Laternenbeleuchtung, wie sie so nah aneinander die Villenumgebung Godesbergs am Rhein ... noch nicht aufzuweisen hat. Am eigentümlichsten berührte mich die auf schwarz-weiß-rotem Grenzpfahl angebrachte Tafel mit der Aufschrift: »Bezirksamt Tanga«.*[255]

Sie weiß nicht, ob sie sich darüber freuen oder lachen soll. Wie bei allen Affekten, die tief reichen, ist jene unlösbare Ambivalenz darin, über die sie schon so oft nachgedacht hat.

Und wie ist es zu erklären, dass sie in den letzten engen, übelriechenden Gassen derer, die schon viel langer hier wohnen, das Gefühl hat, als käme sie nach Hause? Der Geruchssinn ist denkbar elementar, Gerüchen kann man nicht ausweichen, auch in ihnen liegt ein Wiedererkennen des lang Vermissten.

Am Abend isst sie im Hotel, Koch ist ein in Tanga gestrandeter Skandinavier, den sie bald ein etwas *verbummeltes Genie von einem Dänen* nennen wird. Er neigt wie alle übrigen Bewohner des Hauses, ja ganz Tangas, sehr dem Alkohol zu. Die Eisenbahner stellen sich vor, wahrscheinlich etwas verlegen, denn als Abgesandte der heimischen Arbeiterklasse sitzen sie nicht alle Tage mit einer Baronin am Tisch. Wie isst man in Gegenwart einer Baronin? Ist es unhöflich, bei

Tisch zu reden, oder ist es eher unhöflich, bei Tisch zu schweigen? Eine leichte Unbehaglichkeit liegt über diesem ersten Abendbrot.

Währenddessen steht Hamis im *wallenden schneeweißen Kanzu*[256] hinter ihr an der Wand. *Der Boy übernimmt stets die persönliche Bedienung seines Herrn, auch wenn derselbe in fremden Häusern als Gast speist.* Diese Sitte ist, soviel sie weiß – oder vielleicht noch nicht weiß –, nur in Tanga üblich.

Natürlich fühlt sich Hamis etwas degradiert.

Er hat keinen Bwana, er hat nur eine Bibi. Eine Auszeichnung ist das nicht, aber Hamis beschließt, diesem Umstand mit Würde ins Auge zu blicken. Auch ist eine Bibi gewiss leichter zu lenken als ein Bwana. Obwohl Hamis ein sehr fröhlicher Mensch ist, wahrt er schon bei diesem ersten Abendessen einen tiefen Ernst, und sie weiß auch, warum.

Das *Aufwarten bei Tisch* ist der Schwarzen Lieblingsdienst. Alles Zeremonielle imponiert ihnen, ja, sie würde noch weiter gehen: Ohne ihre Tafelsitten hätten es die Europäer nie zu dem Ansehen gebracht, das sie unter den Einheimischen genießen. *Das umständliche Dinieren der Menschen von Uleja ist ihnen ein Beweis von deren Vornehmheit, und sie sehen es mit ehrfürchtigem Staunen an. Auch nehmen sie das korrekte Umwechseln von Messern, Gabeln und Tellern so wichtig wie Vorschriften der Religion. Kaum ist die Gabel niedergelegt, so gleitet mein Schwarzer auf den nackten Füßen geräuschlos hinter meinen Stuhl und nimmt den Teller fort; kaum ist das Glas geleert, so ergreift er die Flasche, um es wieder zu füllen.*[257]

Hamis nimmt schon an diesem ersten Abend mit Unruhe wahr, dass seine Bibi die Gläser langsamer leert als die acht Eisenbahner. *Meinem ernst und würdig dreinschauenden Hamis trank ich zuweilen zu wenig, was ihm in Anbetracht der besseren Leistungen der anderen Tischgäste ehrenrührig schien. Er stellte sich dann mit der Wein- oder Bierflasche hinter mich und flüsterte mir tiefernst zu:* »Sauf aus!«[258] Er hat diese Worte von einem *früheren fidelen Herrn* und ist der Überzeugung, dass sich das, was zu sagen ist, besser nicht sagen lässt.

Ist der Nachtisch abgetragen und der Diener hat eine Tasse Kaffee vor seinen Herrn gestellt, so bittet er um »Ruksa«, Urlaub, und erhält ihn.

Die acht Eisenbahner als Vertreter der Arbeiterklasse haben zwar keinen persönlichen Diener, doch auch sie werden zu ihrer großen Erheiterung bei Tisch von je einem Hotelboy bedient. Das Abendessen beendet den Arbeitstag eines Boys, Hamis lässt sie allein.

Das Radau-Lokal

Die erste Nacht im *Radau-Lokal* steht ihr bevor, bei offenen Fenstern, offenen Türen. Herr Perrot, noch immer nicht gesünder aussehend, macht sie darauf aufmerksam, dass sie die Petroleumlampen unbedingt brennen lassen müsse, wegen der Ratten. Zwar dürfe sie nicht hoffen, allein zu bleiben in ihrem Zimmer, aber ohne Licht werde sie unweigerlich noch mehr besucht. Sie versucht, einen intelligiblen, offenen Gesichtsausdruck zu bewahren. Wenn Adel eine Art und Weise der Welt- und Selbstbegegnung ist, so nicht zuletzt ein anderes Wort für die Fähigkeit, die Beherrschung nicht zu verlieren. Ihre Erziehung steht ihr zur Seite. Sie darf nicht schreien. Sie darf sich vor diesen jungen Vertretern der Arbeiterklasse nicht unmöglich machen. Sie darf nicht den Verdacht bestätigen, den alle ohnehin hegen: Eine allein reisende Frau in Afrika ist ein Irrtum.

Aufgrund der brennenden Petroleumlampen bietet das Hotel der *Deutschen Seehandlung* die ganze Nacht über einen festlichen Anblick, während die Dame im ersten Stock keinen Schlaf findet. Sie hört die Ratten über den Boden laufen, sie prüfen ihre Toilettenartikel, wobei Seife ihren besonderen Beifall findet. Bis zum Morgen ist sie feingeraspelt. Jeder Schlaflose ist ein Philosoph, denn er ist ganz zurückgeworfen auf sich: Hier ist der Schlaflose, dort ist die Welt. Es ist eine Dichotomie, ein feindliches Gegenüber.

Die Post von Tanga

Das Selbstbewusstsein ist ein empfindliches Gleichgewicht aus Selbstbild und Fremdbild. Niemand kann ganz in seinem Selbstbild leben, genauso wenig wie er sich ganz seinem Fremdbild aussetzen darf.

Das Letztere kennt sie, dieser Tag hat es ihr bestätigt: Sie ist eine unverheiratete Frau Mitte dreißig. Sie ist als Frau gescheitert, sie ist eine wandelnde Verlegenheit. Bald wird sie ihren Tanga-Roman beginnen, und dessen Heldin Eva Biron ist zehn Jahre jünger als sie, denn alles andere wäre nur noch komisch, geradezu absurd. Und doch ist auch die Frau, nein, das Fräulein ihres Romans längst latent verloren.

Die Szene: Das Metallhaus des Barons.

Die Sachverständigen: Beling und Müller, beide Beamte der deutschen Bezirksverwaltung von Tanga, sowie ein Zollvorsteher.

»Warum sie wohl nicht geheiratet hat?« meinte Beling. »So ein famoses Mädel!«

»Sie kann's ja noch!« sagte der alte Müller.

»Ach nee – wenn eine erst sechsundzwanzig Jahre gewartet hat, dann wird's gewöhnlich nichts mehr.«

»*Den meisten Männern wird sie auch zu emanzipiert sein*«, meinte der Zollvorsteher. »*Wer riskiert das?*« Die Autorin überlässt es Saint Paul alias Graf Waldemar, bei dieser Sonnenuntergangszusammenkunft im Eisenhaus den Fall der 26-Jährigen so zusammenzufassen: »*Warum Eva Biron nicht geheiratet hat und auch voraussichtlich nicht heiraten wird*«, begann er jetzt, »*das will ich Ihnen sagen: sie denkt zu viel. Wenn ein Frauenzimmer so vorwiegend mit dem Verstande tätig ist, so wird sie schwer zum Lieben und noch schwerer zu der gesegneten Verblendung kommen, die immer Vorbedingung des Heiratens ist.*«[259]

Im Schein der Petroleumlampe fallen ihr schwarze Halbkugeln an Wänden und Decken auf, die sie am Morgen als Nester *einer überaus tätigen Mauerwespenart* identifizieren wird.

Wahrscheinlich ist sie überzeugt, als die Sonne über dem Ozean in größtmöglicher Harmlosigkeit aufgeht, dass der minderjährige Hotelbesitzer Perrot ihr etwas verschwiegen hat. Nicht nur, dass das Licht die ganze Nacht über brennen muss, der ideale Gast dieser Herberge sollte auch nicht schlafen, denn sonst springen die Ratten auf sein Bett, zernagen das Moskitonetz und legen sich selbst mit hinein.

Ein gewöhnlicher afrikanischer Boy beginnt am Morgen seinen Dienst, indem er die Vorhänge aufzieht und das Schlafzimmer in Ordnung bringt. In ihrem Fall ist das Schlafzimmer zugleich das Wohnzimmer, weshalb Hamis' Arbeitstag erst später beginnt.

Sie möchte ihre Farm sehen. Sie weiß, dass sie nicht wie daheim einfach loslaufen kann, sie muss bis zum späteren Nachmittag warten, wenn die Sonne tiefer steht.

Die Schamba liegt eine Dreiviertelstunde hinter der Stadt am Meer. Der schmale Pfad, auf dem man nur wie die Schwarzen hintereinanderlaufen kann, führt durch Palmenhaine, Reisfelder und hohes Stachelgras. Hamis geht voran. Manchmal ruft er: *Bibi, angalia! Herrin, gib acht!* Gewöhnlich sieht sie gar nichts, wenn Hamis sie warnt. Aber sie bleibt augenblicklich stehen.

Die eigentliche Regentin von Tanga und Umgebung ist die Wanderameise. Ihre Straßen sind die Hauptstraßen, und wenn Frieda ihre

Schamba besuchen will, muss sie genau auf die Verkehrsregeln achten: Wenn nur die Schleppe ihres Kleides ein paar Ameisen streift, geht plötzlich eine ganze eben noch unsichtbare Armee aus dem Nichts heraus zum Angriff über. Vor keinem Tier hat sie mehr Respekt.

Was ist der Löwe gegen eine Ameise?

Obwohl ein Löwenpaar unmittelbar vor der Stadt lebt. Wir müssen die beiden erschießen!, hat die Regierung von Tanga schon längst beschlossen, aber noch ist das keinem gelungen.

Es ist ein wehmütiger Gang. Wie oft mag ihr Bruder diesem Pfad gefolgt sein, und doch beginnt sie ihn schon jetzt zu lieben. *In den Mangowipfeln tönt der einförmige, melancholische Lockruf der wilden Taube; irgend ein Sumpfvogel flattert geräuschvoll neben mir auf; ein alter Neger, der uns begegnet, tritt freundlich grüßend zur Seite in das Gras, um uns vorüber zu lassen, dann wieder weit umher majestätische Einsamkeit und Stille, und über allem feuchte, schwere Wärme.*[260]

Der Verwalter ihrer Schamba heißt Mohamed. Über dreißig Menschen arbeiten auf Albrechts Pflanzungen unter seiner Aufsicht. Mohamed erklärt ihr alles; er überspielt so gut er kann die Verlegenheit, mit einer Frau sprechen zu müssen. Er weiß, dass er ihren Worten ab sofort so folgen muss wie früher denen des Mannes. Es ist eine Kokosnussplantage. Neben den großen Palmen stehen auch Setzlinge. Albrecht hat neben den Kokospalmen Sesam pflanzen lassen.

Die kleine Regenzeit ist schon vorbei, aber das Jahr ist ungewöhnlich feucht, fast täglich gehen kurze Schauer auf das Land nieder. Der Regen bringt Moskitos und Fieber, aber die Bäuerin Frieda ist einverstanden: Alles auf der Schamba wächst um die Wette!

Vielleicht wählt sie schon bei diesem ersten Besuch die Stelle, an der sie das Haus bauen möchte. Wie gern würde sie den Abend hier verbringen, aber Hamis beginnt zu drängen. Er hat wie alle Einheimischen große Angst vor der Nacht, sie müssen vor Einbruch der Dunkelheit zurück in der Stadt sein.

Sie würde sich kein Eisenhaus bauen.

Sie wird sich ein Haus aus dem Kalkstein errichten, den die Menschen auf ihrer Insel aus den Korallen brennen. Oder sie nimmt Lehmziegel. Tanga hat wunderbar *schweren Lehmboden … Werden hier erst Ziegel gebrannt, so dürften auch die jetzt unentbehrlichen Wellblechdächer, auf denen die Sonne glüht wie auf den Bleidächern Venedigs, Ziegeldächern weichen.*[261]

Sie muss das am Abend mit ihren Eisenbahnern besprechen. Hat sie da gerade *meine Eisenbahner* gedacht? Die bauen an der Strecke zum Kilimandscharo gerade ein Streckenwärterhaus *ganz nach dem Muster der Eingeborenen: unmittelbar vom Erdboden erheben sich Lehmwände, gefestigt durch ein Stangengerüst, von einem weit vorspringenden Makuti-Dach gedeckt.*

Makuti ist das Palmstroh.

Ein Leben für die Kokosnuss und für den Kalk, für Ziegelsteine und Sesam! Sie kann sich kein besseres denken. Ab sofort ist sie ihr eigener Herr. Das *Radau-Lokal* kommt ihr schon viel weniger hässlich vor, und was macht es schon, dass es keine Architektur besitzt? Hat sie denn eine?

Ab sofort wird sie das Leben eines Mannes führen: als Herr ihrer selbst, als Frau ihrer selbst. Sie wird sich täglich neu erfinden. *Sauf aus!* Ja, sie wird auch mehr trinken. Zumindest könnte sie es versuchen. Und als Nächstes besichtigt sie ihre Insel.

Wenn sie nicht diese seltsame Reserve ihrer Landsleute mit Regierungsbeteiligung spüren würde, so als müssten sie vor ihr etwas verbergen, als dürften sie nicht offen sein, nicht zu ihr. Ist es, weil jeder hier um ihre Nähe zu Carl Peters weiß? Saint Paul ist ein Anti-Peters, schon immer. Sie verkörpern verschiedene Weisen, in der Welt zu sein. Sie wird die des Barons bald so zusammenfassen:

Er hatte sich mit Eifer dem Studium der Sprache, Gebräuche und Sitten seiner schwarzen Untertanen ergeben, da eine gründliche Kenntnis von Land und Leuten ihm helfen sollte, Karriere zu machen; später war es Liebhaberei und Selbstzweck geworden. Die fast täglichen »Schauris«, in denen er Klagen anhörte, Rat erteilte und Recht sprach, waren ihm das Liebste an seiner sonst recht unerquicklichen Berufstätigkeit.

Diese Schauris trugen ihm täglich neues Wissen zu, ein zugegebenermaßen entlegenes Wissen, wie es keinen Philosophen seines Vaterlandes interessiert hätte, das nicht zuletzt Philosophen hervorbrachte. Und doch hatte er nicht selten das Empfinden, als ginge ihm eine Welt auf, abgesehen davon, dass es eine tägliche praktische Sprachübung war. *Die Deutschen behaupteten freilich, daß er bei einer Meinungsverschiedenheit zwischen ihnen und den Farbigen stets auf seiten der letzteren stehe, was der Graf in stillen Stunden auch nicht leugnete.*[262]

Jetzt liegt das Eisenhaus über der Bucht verwaist. Und nicht nur Saint Paul musste die Stadt verlassen, um mit *einer großen Expedition* zum Berg aufzubrechen.

Tanga, d. 15. Juli 1893. Mein geliebtes süßes Lou-Kind, denke Dir, hier lässt man mich den Hass auf Peters entgelten. Lt. Paul, der hier das Regiment führt und seine Beamtenschaft hat mich hier gesellschaftlich in Acht und Bann gethan.[263]

Mkonu wa damu.
Der Mann mit den blutigen Händen

Was hat Peters ihr erklärt? Was hat sie ihn gefragt über seine Zeit als Reichskommissar des Kilimandscharogebiets, als Vorgänger ihres Bruders?

Weiß sie, dass er seine schwarze Konkubine und seinen Diener zum Tode verurteilte und hinrichten ließ?

Wahrscheinlich erfahren sie auch in Tanga erst Jahre später die Einzelheiten, doch dass man Carl Peters am Berg *Mkonu wa damu* nennt, Mann mit den blutigen Händen, hört sie spätestens jetzt.

Die Friedensliebe zählt keineswegs zu den Hauptmerkmalen der stolzen Dschaggafürsten, das bezeugen alle, die sie kannten. Der Krieger definiert den Mann. Auch hätten Mandara und Mareale ihre neuen Residenzen mit pazifistischer Gesinnung niemals bezahlen können.

Die Freunde des moralischen Weltbildes gestern, heute und morgen könnten nun annehmen, dass die Dschagga sich gegen ihre Kolonialherren auflehnen. Aber Mandara hatte es als Ehrensache betrachtet, während des Küstenaufstandes unerschütterlich auf der Seite seines Freundes, des Kaisers, zu stehen.

Doch Wilhelm I. und Mandara sind tot.

1891, in Mandaras Todesjahr, kam Peters. Er hatte auf eine Aufgabe in Tanga, an der Küste gehofft, stattdessen versetzte ihn der Zivilgouverneur von Soden an den neuerdings so unruhigen Berg. Als Erstes verlegte Carl Peters seine Station von Moschi nach Marangu zu Mareale.

Man wird noch von diesem jungen Mann hören, hatte der Alpinist Meyer schon nach seinem ersten Besuch bei Mareale erklärt: *Sollte sich ... Mandara auf die Dauer der Anwesenheit einer europäischen Station abgeneigt zeigen, was kaum zu erwarten ist, so würde man gewiss an seinem jüngeren Nebenbuhler Mareale einen Rückhalt finden, dessen Land Marangu außerdem noch den Vorzug hat, daß es dem wichtigen Platz Taweta eine Tagesreise näher liegt als Moschi.*[264]

Peters verließ also Meli, den wankelmütigen, cholerischen Sohn des toten Mandara, und ging zu Mareale, was gewiss keine besänftigende Wirkung auf Melis Gemüt ausübte. Im Gefecht gegen Melis Truppen sollte Albrecht von Bülow sterben.

Meyer hatte gut prophezeit: Mareale stand längst im Verdacht, der künftige Souverän am Berg zu sein, was mit seinem Selbstbild vollkommen harmonierte. Nur musste er das Selbstbild noch zum Fremdbild machen. Kurz: Carl Peters geriet wie nach ihm Albrecht von Bülow zwischen die Fronten der Diadochenkämpfe am Berg, wobei insbesondere Mareales Nachbar Malamia von Mamba zu erwähnen ist.

Im Oktober 1891 fasste Peters' *Bezirkssekretär* die Lage in Marangu so zusammen: *Auf unserer Station hier bleiben höchstens 20 Sudanesen und zwei bis drei Weiße, und man kann immer auf die letzte Stunde gefaßt sein. Dabei gärt es überall ... Mit Nachsicht und Güte ist hier nichts auszurichten. Gestern haben wir einen Schwarzen wegen nächtlichen Einbruchs und großen Vertrauensbruches gehängt.*[265]

Es gab 1891 *etwa 120 000 kriegerische, zum Teil ganz unabhängige Eingeborene* am Kilimandscharo. Afrikanische Bündnisse, Blutsbrüderschaften sind keine Sentimentalität, im Gegenteil, sie haben einen sehr genauen Sinn, er besagt: Meine Feinde sind auch deine Feinde!

Demnach hieß Peters' Hauptfeind im Augenblick Malamia von Mamba, doch schien der Ständige Vertreter des Kaiserreichs an Mareales Hof diesen Sachverhalt nur ungenügend verstanden zu haben. Mareale beschloss, das zu ändern.

Er hatte Peters' Umzug zu schätzen gewusst, es war mehr als ein Ortswechsel, es war die Erklärung eines Bündnisses. Der kommende Souverän überreichte Peters als Willkommensgeschenk eine seiner Lieblingsfrauen, Jagodjo.

Vielleicht sollte man, was nun folgte, aus afrikanischer Sicht erzählen. Denn es wäre wie eine postume Kastration, in Mareale und seinen Mit-Dschagga *die Opfer* zu sehen. Sie waren Krieger, sie waren Angehörige der aktiven Seinsform, statt Hinnehmende, bloß Erleidende zu sein.

In afrikanischer Sicht war nicht Peters der Handelnde, sondern Mareale. In der Überlieferung seiner Familie,[266] die noch immer die Uniformjacke aufbewahrt, die Peters dem Vorfahr einst schenkte, trug sich der Fall so zu: Mareale gab dem Mädchen Jagodjo den kriegswichtigen Auftrag, nach Mamba zu fliehen, um Peters' Kampfmoral zu heben. Denn die Schande, dass die eigene Konkubine zum Feind überläuft, konnte er nicht hinnehmen, wenn er sich nicht zum Gespött des ganzen Bergs machen wollte.

Und so zog Peters folgerichtig mit seinen Sudanesen, großherzig unterstützt von Mareale, gegen Malamia von Mamba.

Am 5. Januar 1892 fällte Carl Peters folgendes Urteil:

Kilima-Ndjaro-Station, den 5. Januar 1892
Urteil
Die Gefangene Jagodjo wird wegen Konspiration gegen die Sicherheit der Kilima-Ndjaro-Station und des Lebens der Deut-

schen wegen Verleitung zur Desertation, das zweitemal als Ket-
tengefangene der Station, hierdurch zum Tode mit dem Strang
verurteilt. Dieses Urteil spreche ich nach einstimmiger Befürwor-
tung durch die endesunterzeichneten Beisitzer Herrn Freiherrn
von Pechmann und Herrn Janke.
Der Kaiserliche Kommissar
Gez. Carl Peters[267]

Das Urteil wurde vollstreckt.

Das Mädchen Jagodjo bezahlte mit ihrem Leben.

Vier Jahre später kennt man sogar im Deutschen Reich ihren Namen. Die Briten werden dem SPD-Frontmann August Bebel ein leider fiktives Material zuspielen, worauf der Deutsche Reichstag drei Tage lang den »Fall Peters« verhandelt. Es ist Wahlkampfzeit, und die Sozialdemokratie ist mindestens so sehr gegen Kolonien wie einst ihr größter Feind Bismarck, nur aus anderen Gründen. Schlimm genug, dass sich in Europa dieses kollektive Elend, diese nach Millionen zählende Unterbietung des Menschen durch den Menschen herausgebildet hat, auch das Proletariat genannt. Es handele sich dabei keineswegs um einen Exportartikel, andere Kontinente möge man von solcher Entwicklung verschonen. Die Grundlage: der erfundene Brief von Carl Peters an den anglikanischen Bischof Tucker, in dem der Kaiserliche Kommissar bereut, das schwarze Mädchen aus Eifersucht umgebracht zu haben. Er habe sich zu dieser Strafe *nach arabischem Recht* befugt erachtet.

Nach arabischem Recht! Das, so Bebel, sei die Wahrheit über jene, die die Zivilisation und Menschenwürde nach Afrika bringen wollten! Erst Jahre später wird Bebel in Ansätzen bereuen, die Quellenlage im Verhältnis zu seinem weltanschaulichen Ehrgeiz nur ungenügend berücksichtigt zu haben.

Man kann vieles über Carl Peters vermuten, aber dass er keine Geständnisbriefe an anglikanische Bischöfe verfasste, darf als sicher gelten.

Das Bezirksamt von Tanga

Maximilian von Hardens Zeitschrift *Die Zukunft* wird die inzwischen weithin anerkannte und gerühmte Autorin Frieda von Bülow um eine Stellungnahme bitten. 1897 schreibt sie *Mann über Bord*. Es wird eine Verteidigung sein. Nicht eine Verteidigung des Urteils gegen Jagodjo, wohl aber eine Verteidigung des Menschen Carl Peters und seiner Antriebe.

Sie spüre in Tanga einen *Hass gegen Peters*, teilt sie 1893 Lou mit. *Hass?* Was Peters' früherer Weggefährte Saint Paul, der das Usambaraveilchen inzwischen schon gefunden hat, nicht mehr erträgt, ist die Selbstherrlichkeit dieses Mannes. Ein bisschen Demut gehört zum Menschsein, alles andere ist monströs.

Und niemand wird das weltanschauliche, kolonialpolitische Schisma zwischen Peters und dem Baron Saint Paul einmal besser beschreiben als sie:

»Gewiß«, versetzte Udo rasch, »wollen wir Herren dieses Landes bleiben, so müssen wir so prompt strafen können, wie andererseits schützen.« Udo ist ein Doppelgänger ihres Bruders wie Carl Peters' gleicherma-

ßen, er hat soeben auf einer Expedition ins Innere mutwillig einen Sklavenhändler erschossen. Der Bezirksvorsteher, Saint Pauls Alter Ego Graf Waldemar, empfindet diese Vorgehensweise als grundfalsch, er hätte den Sklavenhändler ziehen lassen müssen.

»Das fehlte! Sind die Deutschen darum Schutzherren, um die Greuel dieser Araberbastarde vor ihren Augen geschehen zu lassen und die Hände zu falten?«, beharrt Peters' und Albrechts Doppelgänger.

»Nein, Bana. Doch aber ist es unmöglich, daß jeder auf eigene Hand Krieg führt. Wohin würden wir kommen? Und dann, – Sie stechen in ein Wespennest, haben Sie doch einmal die Gewogenheit, das einsehen zu wollen, verehrter Bana. Zum Kriegführen gehört bekanntlich sehr viel Geld, und das haben wir nicht, also müssen wir uns bestreben, auf friedlichem Wege weiter zu kommen. Der Abdallah, den Sie aufgeknüpft, hat eine mächtige Sippschaft. Es sollte mich sehr wundern, wenn die uns nicht bald zu tun machte …«

Albert Waldemar saß in seinem Bureau am Schreibtisch, ein Bein über das andere geschlagen, und seine schlanken Finger spielten mit dem Papiermesser. Dabei hielt er den Blick gesenkt, denn er besaß die Schwäche, Menschen, denen er unangenehme Dinge sagte, nicht ansehen zu können.

Sein Gegenüber findet sich zu dem Hinweis veranlasst, dass *auf Menschenraub in unserm Gebiet die Todesstrafe* stehe.

»Jawohl, Bana. Nach ordnungsgemäßem Gerichtsverfahren.«

»Also was hätte ich tun sollen?«

»Anzeige machen beim Bezirksamt.«

»Und dann?«

»Dann konnten Sie das Weitere denen überlassen, deren Ressort es war.«

»In solchen Fällen geschieht nur, was sofort geschieht.«[268]

Gegen Peters' Politik der Stärke setzt Saint Paul die Politik der kontrollierten Schwäche in pädagogischer Absicht. Er verteidigt den Rechtsstaat in Tanga, nein, die Rechtsstadt Tanga im vollen Bewusstsein ihrer latenten Inexistenz. *Albert Waldemar seufzte und erhob sich.*

Der Inselgreis

Ihre Insel heißt Yambe. Mit dem Ruderboot sind es knapp drei Stunden bis nach Yambe. Oder sie nimmt die Dau. Albrecht hatte sich ein arabisches Segelboot gekauft, um den gebrannten Kalk von der Insel zu seinen Kunden bringen zu können, aber niemand weiß, wo die Dau ist. Sie sucht mit Hamis nach dem Schiff, sie finden es schließlich verfault am Strand liegen.

Sie wird eine neue Dau kaufen müssen.

Ein neues Haus, ein neues Schiff. Zuletzt noch einen Kapitän und eine Mannschaft, aber das weiß sie noch nicht. Was für Ausgaben vor den ersten Einkünften! Und zudem hat sie so wenig Zeit. Es gibt keinen Arzt in Tanga, und seitdem sich herumgesprochen hat, dass eine Krankenschwester aus Uleja angekommen ist, hat sie täglich Patienten.

Sie lässt sich zur Insel rudern, das Steuer liegt in ihrer Hand. Auf Yambe wohnt der Inselgreis Schefatuma mit seinen Frauen, Kindern und Sklaven, Ziegen und Schafen. Schefatuma hat dreißig Sklaven, die für ihn arbeiten. Wenn nun aber die Insel ihr gehört, gehören ihr dann auch Schefatuma und seine dreißig Sklaven?

Ihr Verstand verweigert die Antwort.

Vier Bootsleute, der Boy Hamis und ein junger Araber, der früher für Albrecht gearbeitet hatte, gehen an Land. Auf ihrer Insel ist, streng genommen, nichts außer afrikanischem Wildbusch, überall zutage liegendem Korallensandstein und zwei riesengroßen wunderbaren Affenbrotbäumen. Im Schatten des einen Baobabs lassen sie sich nieder und warten auf Schefatuma. Sein Dorf liegt zehn Minuten vom Inselhafen entfernt, der nun ihr Hafen ist.

Mit würdigen Schritten naht der alte Mann.

Seine Sklaven bringen zwei große *Terrinen einheimischer Arbeit, die wie gepresstes Leder aussehen.*[269] Auf einen Wink des Alten werden die Deckel abgehoben, beide sind voller Milch.

»Diese ist von heute«, erklärt der alte Herr, »die andere ist von gestern.«

Milch ist ein überaus kostbares Getränk an der afrikanischen Küste, denn seit vor drei Jahren eine Rinderseuche, von Somaliland kommend, die Herden Ostafrikas vernichtete, vermehren sich die Tiere noch immer sehr zaghaft, und die meisten Kühe geben keine Milch. Dabei ist Milch gerade für Fieberkranke unersetzlich, aber in Tanga meist nicht zu erlangen.

Sie weiß genau, welche Kostbarkeit vor ihr steht, doch hat die Milch *einen strengen, wilden Geschmack, so dass wir es nicht über den Schluck hinausbrachten, den der Anstand erforderte.*

Dabei unterhielten wir uns.

Die Schwarzen hocken im Kreis auf der Erde, sie sitzt auf einer großen Baumwurzel, und das Schauri beginnt.

»Als der Bana Bülow noch lebte«, sagte der Alte, »da hatte ich immer viele Pesas. Jetzt habe ich keine. Aber jetzt bist du gekommen, Bibi, – nun werde ich auch wieder Pesas haben.«

Die Gewissheit des Alten freut sie, die Kokosnussfarmerin und Kalkbrennerin wünschte, sie hätte diese auch. Natürlich war die Bemerkung des Inselgreises vor allem ein diskreter Hinweis, und sie ist sensibel genug, dies nicht zu übersehen.

Ich nahm den Wink auf und überreichte dem alten Herren einige Rupien, die er mit wohlgefälligem Lächeln an sich nahm.

Unterdessen trieben seine Sklaven ein schönes, starkes, unbändiges Hammelchen herbei, weiß mit schwarzen Hufen, *von der Fettschwanzsorte.* Sie binden dem Schaf die Vorder- und die Hinterläufe und legen es mit Würde ins Boot. Viele der Insulaner haben nur ein Auge. Ist Yambe die Insel der Einäugigen?

Ein Schaf kostet in Tanga 4 bis 5 Rupien, für 20 bis 30 Rupien kann man schon eine Frau kaufen. Sie weiß den Wert der Schaf-Gabe zu schätzen, zumal ihr noch zwei Hühner beigefügt werden.

Nun erklärt sie dem Inselgreis, wie sie künftig, eine gute Zusammenarbeit vorausgesetzt, gemeinsam Rupien und Pesa mehren könnten. Die dreißig Sklaven und Sklavinnen müssen täglich Steine brechen, Mangrovenholz schneiden, Kalkhaufen bauen und brennen. Sie zahle Schefatuma dafür einen Tagelohn, von dem er – als Besitzer der Sklaven – zwar eine Hälfte behalten dürfe, die andere aber müsse er an seine Leute geben.

Kann sein, an dieser Stelle erscheint ein kleines mildes weises Lächeln auf dem Gesicht des Patriarchen.

Doch sie ist schon einen Schritt weiter. Ihre noch zu erwerbende Dau bringe dafür alle zwei Tage frisches Trinkwasser auf die Insel und nehme den Kalk mit. Yambe hat kein Süßwasser, es wird ihr immer ein Rätsel bleiben, wie Schefatumas Herden überleben.

Der Alte hat keine grundsätzlichen Einwände, die Einäugigen werden nicht gefragt.

Als sich das Schauri seinem Ende zuneigt, überlässt Schefatuma mit einem kleinen Wink die Milch, *die von heute und die von gestern*, den niederen Gästen, Friedas Bootsleuten und Dienern. *Die stürzten sich in freudiger Gier darüber her und ließen nichts übrig. Der Inselgreis sah dem mit souveräner Nichtachtung zu.*[270]

Nach einer weiteren Frist des Anstands und gegenseitigen Ehrbezeigungen geht die Inselbesitzerin mit ihrem Gefolge wieder an Bord des Bootes. Der Inselgreis wird zwei Wochen verstreichen lassen, bevor er sich ans Festland übersetzen lässt, um für Schaf und Hühner gleichwertige Gegengeschenke zu empfangen.

Vielleicht sind die ursprünglicheren Gesellschaften entgegen ihrem Ruf die eigentlich materialistischen Gesellschaften. Alles unter der Sonne wird in Schafe und Ziegen umgemünzt, und keine Gabe darf ohne Gegengabe bleiben, das allein garantiert das Gleichgewicht der Welt, welches immer wieder neu hergestellt werden muss.

Indem Frieda mit Schefatuma ein Schauri gehalten hat, gebührt auch ihr Anteil an dem Verdienst, dass die Erde sich weiter um ihre Achse dreht.

Es ist ein gutes Gefühl. Es ist ein tätiges Gefühl.

Sie überdenkt ihre Aufgaben. Sie muss für die *Tägliche Rundschau* eine Artikelserie schreiben, sie muss eine Dau kaufen, eine Dau mit Kapitän und Mannschaft. Denn dass es in Tanga keine arbeitslosen Seeleute gibt, hat sie schon gehört. Sie muss weiterhin ein Haus bauen und den Ertrag ihrer Kokosnuss-Schamba steigern.

Irgendwann in diesem Sommer – was für ein unpassendes Wort unterm Äquator! – kommt sie an der Farm eines alten Suaheli vorüber, vor dessen Kokosnusspalmen sie so andächtig stehenbleibt wie die Gläubigen vor dem Bildnis der Jungfrau Maria. Tanga ist voller Kokospalmen, aber diese hier sind etwas anderes. Unwillkürlich beginnt sie die Nüsse eines Baumes zu zählen. Sie kommt auf 260 Nüsse. 260 Nüsse an einem einzigen Baum?

Sie lässt den Besitzer rufen, stellt sich vor und fragt, ob sie näher kommen dürfe, sie habe sich wahrscheinlich geirrt, sie müsse noch einmal die Nüsse an der Palme zählen.

Es werden wieder fast 260.

Der Marktpreis für eine Nuss beträgt einen Pesa, für 64 Nüsse bekommt man eine Rupie. Das ist der durchschnittliche Jahresertrag einer Palme. Die des alten Landmannes wirft demnach den vierfachen Gewinn ab. Und die Übrigen tragen nur wenig schlechter. Der Eigentümer der Palme kann ihr auch nicht sagen, woran das liegt.

Sie bemerkt, dass unter seinen Bäumen nicht wie üblich Dornen und Gestrüpp wachsen, sondern *Kunde*, eine einheimische Bohnenart. Die üblichen Palmen sehen gegenüber diesen aus *wie die sieben mageren Kühe aus Pharaos Traum gegen die fetten*. Sie muss mit ihrem Verwalter darüber sprechen. Vielleicht sollten sie ab sofort auch *Kunde* unter ihren Palmen pflanzen.

Sie könnte die Bohnen im Hotel beim Koch, diesem *verbummelten Genie von einem Dänen*, abliefern. Warum sollte er nicht lernen, *Kunde* zu kochen?

Auch hat sie von Höhlen gehört, vor denen die Einheimischen eine heillose Angst haben, denn in ihnen wohnen *Millionen von Fledermäusen*. Unter den Nachtflüglern aber befinde sich beste *dunkle, feine, durchgesiebte Komposterde*, einwandfreier Humusboden, *tausendjähriger Fledermausguano*.[271] Sie muss Mohamed davon berichten. Vielleicht könnten sie ihre Düngung verbessern.

Es kommt nur darauf an, Ideen zu haben.

Wahrscheinlich ist die Schamba auch zu klein, um wirklich profitabel zu sein. Vierzig Hektar, das reicht niemals. Sie sollte noch mehr

Land kaufen, vielleicht, wenn das Kalkgeschäft richtig Fahrt aufnimmt, wobei sie wieder bei der Dau wäre.

Sie freut sich fast jeden Tag auf das Abendessen im Hotel. Die *Seehandlung* betreibt keineswegs nur diese Herberge, sie ist auch landwirtschaftlich engagiert, und zwar gleich hinter dem Kokosnuss-Wunder: *An jener kleinen Suaheli-Muster-Schamba vorüber führt der Weg durch Lagunen und an öden, wilden Hügelgeländen vorbei hin nach den Thälern des Mkulumusi, in denen mit verhältnismäßig geringen Mitteln und großer Umsicht die junge Pflanzung der Deutsch-Ostafrikanischen Seehandlung angelegt ist. Die ansehnlichen Baumwollfelder stehen in Blüthe, weiße, zeisiggelbe und mattrothe graziöse Blumen; einige sind bereits abgeblüht und aus der geplatzten Fruchtkapsel schaut die weiße, seidige Baumwollenwatte hervor.*[272]

Auch das Haus des Schambaverwalters gefällt ihr, es besitzt genau wie das Hotel der *Seehandlung* eigentlich keine Architektur. Oder doch, natürlich besitzt es eine.

Die Einsiedelei des Verwalters ist eine auf Mangrovenpfählen stehende Lehmhütte mit Palmstrohdach. Fenster hat die Hütte keine. Auch steckt kein einziger Nagel in diesem Domizil, *die Türbalken u.s.w. sind mit Kokosnußfaserstricken zusammengebunden.*

Sie besucht den Einsiedler gern, auch wenn sie durchaus Bedenken hat, dieses Zuhause durch ihr Körpergewicht zusätzlich zu belasten. Im Laufe der Zeit hat es sich erheblich gesenkt, *und die Mauern sind voller klaffender Spalten, in denen die Ratten ein- und ausgehen. Man meint, im nächsten Augenblick müsse es ganz zusammenstürzen, es ist aber trotzdem fest.*[273] Es ist mit den Häusern wie mit den Menschen. Sie biegen durch, ihre Seelen bekommen Dellen, manchmal geben sie sich selber keinen Tag mehr: Aber sie sind *trotzdem fest*, sie halten trotzdem aus.

Wer wüsste das besser als sie.

Der Baron Saint Paul ist zurück vom Kilimandscharo. Die Mission war siegreich, mehr sagt sie nicht darüber. Die Subordinationsverhältnisse am Berg sind geklärt: Mandaras Sohn Meli ist so bevormundet, wie er es sein Leben lang war; Mareales Nachbar Malamia von Mamba weiß, wo der Hammer hängt, und Mareale selbst ist der unangefochtene König am Berg, wenn er von seinen Mitkönigen, den Wadatschi, absieht.

Seit das Eisenhaus wieder bewohnt ist, finden zum Sonnenuntergang kleine Empfänge im Salon statt, zu denen die Spitzen der europäischen Gesellschaft Tangas eingeladen sind. Natürlich ist sie auch dabei, schließlich ist sie eine alte Freundin von Saint Paul. Auch wäre es leichtfertig, in einer Stadt ohne Arzt die einzige Krankenschwester zu brüskieren.

In ihrem Roman wird sie den Baron, den Entdecker des Usambaraveilchens, zum Grafen promovieren und seine Sonnenuntergangssoireen so beschreiben:

Eben kam der Graf auf dem Landweg vom Bureau zurück. Er trug die weiße Zivilbeamten-Uniform und die Mütze mit den amantroten Streifen. Die ersten Gäste sind auch bereits auf dem Wege zur Villa. *Man begrüßte einander, und der Graf, der etwas müde aussah, geleitete die Besucher die eiserne Freitreppe hinan in sein luftiges Heim.*

Der hallenartige Mittelraum, der zum Eß-, Empfangs- und zum allgemeinen Wohnzimmer diente, war leer.

Albert Waldemar öffnete eine Seitentüre.

»Leontine!«

»Was soll ich?« klang es unlustig zurück. Das war die präraffaelitische Schönheit, deren Wesen und Ehrgeiz die Autorin so kennzeichnet: *Die Gräfin Leontine hielt das von ihrem Badenser Landaufenthalt her Gewohnte für das Alleinseligmachende und gültig für das Universum. Sie hätte auch auf dem Mond getrachtet, echt deutsche Haushaltung einzuführen.*

Die Herren machten sich's auf der Veranda bequem. Der gräfliche Schwarze reichte Gläser und Flaschen herum und jeder mischte sich mit geübtem Auge seinen Whisky-Soda.

»Es ist ein Kreuz mit diesem Exzelsior-Mann«, begann der Graf in etwas schläfrigem Plauderton, »heute liegen schon wieder drei Klagen gegen ihn vor. Das reißt jetzt nicht mehr ab.«

Vielleicht ist es richtig, den Fortgang an dieser Stelle um der Erklärung willen zu unterbrechen, dass es sich bei dem *Exzelsior-Mann*, im Roman beauftragt mit dem Straßenbau, im wirklichen Leben um den Vorgesetzten der acht Eisenbahner aus dem *Radau-Lokal* handelt, den Eisenbahnbaudirektor Bernhardt, der wie Drahn im Roman niemals in die Eisenvilla eingeladen wird. Er wird die Autorin des Romans *Tropenkoller* später verklagen. Wegen Herabwürdigung eines preußischen Beamten, Beleidigung, Rufschädigung usw.

Doch auf der Veranda über der Bucht von Tanga geht es vorerst um Beschwerden über ihn:

»Das Klagen gegen den Mann scheint hier epidemisch zu werden«, sagte Biron – Bruder der Heldin – *mit einem kurzen, nervösen Lachen.*

…

Da die Langstühle in einer Reihe standen, sahen sich die Herren nicht an, sondern jeder schaute vor sich hin in die Landschaft hinein. Dies beeinflußte mehr als man ahnte, den Ton der Unterhaltung. Die Rede floß träger und die Meinungen äußerten sich rücksichtsloser, als wenn man einander ins Auge schaute.[274]

Baron Saint Paul experimentiert vor allem mit Vanille und Kautschuk. Auch ein Kaffeebauer ist regelmäßiger Gast im Salon der Eisenvilla. Liberia-Kaffee soll auch unter tropischen Bedingungen gut gedeihen.

Und dann ist da noch der Landwirtschaftsexperte Dr. Richard Hindorf, er wohnt etwas im Hinterland. Hindorf hat gewöhnlich nur ein Thema: die Agave *Sisaliana Perrine*. Und in dem Entdecker der *Saintpaulia* darf er sich stets eines aufmerksamen Zuhörers sicher sein.

Wenn etwas wächst zwischen Tanga und dem Kilimandscharo, dann sei es die Agave *Sisaliana Perrine*! Das mag schon sein, nur was wäre damit gewonnen? Statt Kaffee, Tabak, Kakao oder Tee liefert dieses bedauerliche Stiefkind des Planzenreichs nichts als eine Art Bast.

Trotzdem hat Bwana Hindorf in Mexiko umgehend eine ganze Lieferung davon bestellt. Lauter kleine Leichname der Agave *Sisaliana Perrine* erblickten schließlich das Licht von Tanga. Jeder versuchte, Hindorf zu trösten.

Das wäre sowieso nichts geworden.

Sie ist gebannt, sie ist beschäftigt. Auch kommen täglich Kranke zu ihr, und die nicht selbst kommen können, muss sie besuchen. Manchmal ist sie dennoch unendlich allein: *Heute mußte ich einige Kisten und Koffer auspacken, die Kuno im Dezember von Kapstadt hierher geschickt hat. Alte Kleidungsstücke, Bücher, gesammelte Waffen, schmutzige Wäsche etc. Man glaubt hier, es seien Sachen von Albrecht. Dabei überwältigte mich wieder die Tragik der ganzen Geschichte.*[275]

Sie lernt neuerdings ganze Kapitel aus Nietzsches *Zarathustra* auswendig – als Gedächtnisübung, gegen die Gedankenschwärze, gegen die *Verbauerung*. Vielleicht lernt sie auch dies: *Ehre und Scham vor dem Schlafe! Das ist das Erste! Und Allen aus dem Wege gehn, die schlecht schlafen und Nachts wachen!*[276]

Aber sie kann doch nicht allen Europäern Tangas aus dem Weg gehen! Da könnte sie erst recht nicht schlafen.

Dieser Autor gefällt ihr nicht.

Whisky Soda

Sie mag die Morgengeräusche in ihrem Zimmer. Laute Kinderstimmen dringen an ihr Bett, dazwischen hört sie die eines Schwäbelnden Mannes, das ist Herr Barth, aber er spricht gar nicht Schwäbisch, sondern Suaheli mit Stuttgarter Akzent.

Die Schule liegt direkt vor ihrem Fenster, es ist die erste in ganz Ostafrika. Im letzten Jahr, 1892, wurde sie eröffnet. Das Schulhaus hat ein blaues Wellblechdach und ist von einem tief herabhängenden Palmblätterdach überschattet.

Es ist ein geteilter intellektueller Vormittag zwischen der Schule und ihr. Sie sitzt an dem großen Tisch mit den indischen Schnitzereien, der ihr gleich gefiel, er ist jetzt ihr Arbeitstisch. Sie muss Feuilletons für die *Tägliche Rundschau* schreiben.

Während sie auf das noch immer beunruhigend weiße Blatt vor sich schaut, übt Bwana Barth mit den kleinen Suaheli- und Inderjungen die ersten zwei Zeilen von *Ich hatt' einen Kameraden.* Der Lehrer spielt die Melodie auf der Geige, die Kinder singen nach, so laut, so falsch, dass sie lachen muss. Sie glaubt nicht, dass sich die Geige als Musikinstrument hier durchsetzen kann, aber die Mundharmonika hat es schon geschafft. Ihre Landsleute brachten sie vor Jahren mit, und sie staunt jeden Tag wieder, wie viele Mundharmonikaspieler Tanga hat, auch Mädchen.

Die Jungen vor ihrem Fenster üben weiter *Ich hatt' einen Kameraden*, aber sie singen nicht auf Deutsch. *Den Text des Liedes hat der Mwalimu ins Kisuaheli übertragen.*[277]

Barth hatte auch die Fibel, nach der die Jungen lesen lernen, selbst zusammengestellt und drucken lassen. Es ist eine Suaheli-Fibel.

Anders als in englischen oder französischen Schulen wird aller Unterricht auf Suaheli gegeben, denn ein Volk kann sich nur in seiner eigenen Sprache entwickeln, wusste Herder. Barth und Saint Paul sind große Herderianer. Letzterer vervollkommnet im Geiste noch immer seine bis in feinste Sprachverästelungen vordringende Suaheli-Grammatik, vor der Friedas Verstand manchmal noch heute kapituliert. Seite um Seite liest sie Erläuterungen wie diese: *In der Form mwenyi ezi Muungu, gewöhnlich zusammengezogen in Mwinyizimgu, oder Mwenyezimngu, Gott, welcher die Allmacht hat, der allmächtige Gott … folgt ausnahmeweise das regierende Substantiv Muungu dem mwenyi.*[278]

Muss sie das denn verstehen?

Sie ist ein Mädchen, oder besser: Sie war eins. Mädchen gehen nicht in Barths Schule, Mädchen sind Naturtatsachen, sie sind einfach da, da gibt es nichts zu lernen.

Sie schreibt fast immer am Vormittag. Es ist jedes Mal die gleiche Anfangsverlegenheit vor dem leeren Blatt. Wenn sie so weitermacht, kennt Barths Klasse sämtliche deutsche Volkslieder, bevor sie überhaupt angefangen hat.

Warum nicht ein Feuilleton über den Lehrer und Hamis schreiben? *Der schwarze Diener des Europäers, »Boy« genannt, hat das behaglichste Dasein, das sich ein Mensch wünschen kann. ...* Er serviert das Frühstück und hält sich im Laufe des Vormittags seinem Herrn zur Verfügung, falls dieser einen Auftrag für ihn hat. So weit die Theorie.

In Wahrheit ist Hamis am Vormittag meist beim Griechen zum Frühschoppen. Er weiß, dass sie beim Schreiben die Welt um sich herum vergisst, insofern diese nicht in ihrer Geschichte vorkommt.

Ein Boy verdient zwischen 10 und 15 Rupien im Monat. Hamis brauchte also nur zwei Monate sparen, schon könnte er sich eine günstige Frau kaufen. Doch er gibt sein Geld außer beim Griechen und in Palmweinschänken vor allem für neue Kleidung aus. Es kommt darauf an, die anderen Boys in den Schatten zu stellen. Es ist eine Frage des Ehrgeizes, des Prestiges, sie zu überglänzen. Keine Frau könnte eitler sein als diese jungen schwarzen Männer; Frieda wird immer behaupten, dass Hamis notfalls seine Seele verkaufen würde für einen neuen Anzug.

Beim Griechen erzählt sich die Jeunesse dorée Tangas Geschichten über ihre Herren, die nur glauben, ihre Herren zu sein, während in Wahrheit der Boy sie sensibel und gewissenhaft lenkt, ohne ihre Illusionen zu zerstören. Frieda wäre die Letzte, das zu bestreiten.

Es ist viel Spiel dabei.

Hamis erbittet oft Urlaub wegen Unpässlichkeit oder wegen Unpässlichkeit seiner Dada, seiner kleinen Schwestern, die hilflos wären ohne ihn.

Aber Urlaub von was eigentlich?

Frieda neigt zu der Ansicht, dass Hamis im Grunde immer Urlaub habe, denn: *Er arbeitet äußerst ungern und sehr langsam.* Noch nie hat sie jemanden langsamer arbeiten sehen als Hamis. Sie gibt ihm meist trotzdem Ruksa, denn sie muss lachen über ihn, und auch wenn er ein Taugenichts sein sollte, so ist er doch ein guter Junge.

Außerdem mag sie ihre Landsleute nicht, die »die Schwarzen zur Arbeit erziehen« wollen, wie sie das formulieren. Sie diagnostiziert in solchen Fällen bei den meisten den *Bwana-kubwa-Vogel.*

Im Zweifel für den Müßiggang, diesen Nachglanz des Paradieses!

Wenn Faulheit die Angewohnheit sein sollte, sich auszuruhen, bevor man müde ist – was eigentlich spricht dagegen?

Frieda weiß bald alles über Hamis' Schwestern, was jedoch über den Grad der Wahrscheinlichkeit ihrer Existenz noch gar nichts sagt. Die Philosophen wissen um den Unterschied von Wesen und Existenz. Auch wenn wir alle Eigenschaften Gottes kennen sollten, wissen wir trotzdem noch nicht, ob es ihn gibt, und genauso ist das mit Hamis' Schwestern.

Oder anders formuliert: Hamis hat bestimmt Schwestern, wohl nicht in Tanga, und wenn doch, dann ist kaum er es, der an ihrem Lager wacht. Sicher ist hingegen, dass bei jedem Krankheitsfall in Hamis' Familie irgendwo eine Ngoma stattfindet, dieser getrommelte Tanz der Geschlechter, dessen treibender Rhythmus der Umweglosigkeit Frieda noch immer latentes Unwohlsein bereitet.

Die meisten Europäer Tangas sind ohnehin der Meinung, dass man die Zahl dieser Ngomas erheblich begrenzen sollte, ein Ansinnen, das Saint Paul meist so beantwortet wie Waldemar in ihrem Roman:

»Aber … die Leute wollen doch ihre Hochzeitsfeier haben. Das ist nun mal Dasturi.[279] *Ich kann nicht in die alten, durch Jahrhunderte geheiligten Überlieferungen eingreifen.«*

»Ist das Ihr Ernst, Herr Bezirksamtmann?«

»Aber gewiß.«

»Nun, das versteh' ein anderer. … Hochzeit bei diesen Schwarzen! Ich bitte Sie, ist das wohl etwas, was einer achttägigen Orgie wert ist? Einer kauft für dreißig Rupien ein Weib und schickt sie nach drei Monaten wieder ihres Weges. … Aus lauter Humanitätsduselei gegen die Schwarzen sind Sie in unerhörter Weise rücksichtslos, – ja, barbarisch gegen die eigenen Landsleute, Herr Bezirksamtmann!«

Albert Waldemar war ein friedliebender Mensch und einer, der sich zu beherrschen wußte. Darum blieb er auch jetzt ruhig, obwohl der Ton ... ihn nicht wenig aufbrachte.

»Lassen Sie uns das doch lieber in aller Ruhe besprechen«, sagte er freundlich.

»Ruhe! Die ist es eben, die man nicht mehr hat!«

»Vor allem trinken Sie aus, Bana!«[280]

Alle Europäer von Tanga sprechen einander mit Bwana[281] an, fast alle, denn wem dieser Ehrentitel verwehrt bleibt, wie dem Eisenbahnbaudirektor Bernhardt, hat es nicht leicht. »Herr Bernhardt!« ist eine schneidende Anrede, das ist Kolonialmobbing.

Spätestens an dieser Stelle ist zudem darauf hinzuweisen, dass es sich bei der Aufforderung *»Vor allem trinken Sie aus, Bana!«* keineswegs um eine bloße Redensart handelt, das Austrinken ist im Gegenteil bereits tief in das Brauchtum von Tanga eingegangen. Seine Bewohner haben dafür im Wesentlichen drei Rechtfertigungen: Das einheimische Wasser schmeckt nicht und ist oft von Kleinlebewesen bevölkert, Würmern und Raupen; es zu trinken ist zudem riskant. Gegen das aus der Heimat gelieferte Mineralwasser spricht gar nichts, doch muss man es gut einteilen, denn es ist unerlässlich für den Whisky Soda, das Hauptgetränk Tangas, womit Punkt drei schon berührt ist: Alkohol beugt dem Fieber vor.

»Vor allem trinken Sie aus, Bana!« Vom frühen Morgen bis spät in die Nacht kommen die Europäer von Tanga dieser Aufforderung nach, obwohl es in der Stadt nur lauwarme Getränke gibt, denn die elektrische Eisfabrik des Sultans von Sansibar befindet sich in größtmöglicher Entfernung. Fast auf jeder Seite des Romans *Tropenkoller* treten die Europäer von Tanga mehr oder minder alkoholisiert auf, was das Buch, das mehrere Auflagen erleben und ins Französische übersetzt wird, zum veritablen Porträt einer Trinkerkommune macht.

Doch zurück zu Hamis. Frieda schreibt der *Täglichen Rundschau*, dass sie ihm meist Ruksa gibt, nicht ohne ihn merken zu lassen, dass sie ihn durchschaut.

Frieda lacht.

Hamis lacht.

Das ist die Basis einer jeden glücklichen Beziehung.

Bis sie ihn eines Morgens fristlos entlässt. Und das kommt so:

Es war nach neun Uhr Abends, als der vor anderthalb Stunden beur-laubte Hamis plötzlich thränenüberströmt auf der Terrasse erschien, in der Hand eine zusammengebogene Nilpferdpeitsche und den linken Arm emporgehalten, wie ein verwundeter Hund die Pfote in die Höhe hält.

Heulend und vor Empörung zitternd erzählte er mir, er habe still und friedlich bei seiner Schwester gesessen, da sei ein »Giricki« (Grieche) auf ihn zugesprungen und habe ihn mit dieser Nilpferdpeitsche angegriffen.

Er entledigte sich nun seines Oberkleides und zeigte mir einen Strie-men, den er auf dem Rücken hatte, und der allerdings von einem gehö-rigen Hieb Zeugnis ablegte.

»Warum schlug Dich der Grieche?« fragte ich, »irgendein Grund muß doch dagewesen sein.«

»Nein, Bibi, er hat mich ganz ohne Grund geschlagen, nur so. Ich saß nur bei meiner Schwester auf der Kitanda.«[282]

Was war hier zu tun?

Durch den Striemen auf Hamis' Rücken war das Gleichgewicht der Welt erschüttert, so viel begriff sie. Und auch, dass es wiederher-gestellt werden musste. Das konnte nur durch ein Schauri geschehen. Hamis war ein klarer Fall für Saint Paul, der jeden Vormittag in der Boma, Tangas Rathaus, Klagen und Beschwerden aller Art entgegen-nahm. *So ermahnte ich ihn, sich etwas zusammenzuraffen und vertrös-tete ihn auf morgen.*

»Morgen früh beklagst Du Dich auf der Boma, da wird Dir Dein Recht schon werden.« …

Am anderen Morgen erschien Hamis mit interessanter Duldermiene und den Arm in einer weißen Schulterbinde tragend, wie ein verwun-deter Krieger. Er bat um einen Geleitbrief für die Boma, den ich ihm ausfertigte. Er lautete etwa so: Hamis sagt aus, unschuldigerweise gemiß-handelt worden zu sein und bittet um den Schutz der Obrigkeit. Unter-zeichnet mit meinem Namen.

Damit zog er zufrieden ab.

Eine Stunde später kehrte er zurück.

»Nun, Hamis?« fragte ich.

»Ich habe fünfundzwanzig bekommen«, antwortete er dumpf.

Ich traute meinen Ohren nicht. »Was? Fünfundzwanzig? Du?!«

»Ja.«

»Warum denn?«

»Ohne Grund, Bibi. Nur so. Man hat mir fünfundzwanzig gegeben; baß.«

Wieder rannen die Thränen.

Ich war innerlich außer mir. Wollte man mich in so brutaler Weise verhöhnen? Als Beantwortung meiner Bitte um Schutz und Recht eine Tracht Prügel?! – Sie spürt eine große Erregung in sich aufsteigen. Ist es nicht wie an ihrem ersten Tag in der Stadt, an dem das auf seinen Ruf bedachte *Hotel Schlunke* sie abwies? Wessen Diener würde man so züchtigen, ohne seinen Herrn zu unterrichten? Sie meinte, inzwischen ein ordentliche, anerkannte Bürgerin der Stadt zu sein.

Sie tröstet Hamis mit einer Rupie, worauf der doppelt Geschlagene erklärt: *»Nun bin ich sehr krank und muß nach Hause gehen. Gib mir Urlaub, Bibi.«*

Ich ließ ihn natürlich gehen.

Inzwischen kannte ganz Tanga den »Fall Hamis«, nur sie hatte noch nichts gehört: Hamis' Schwestern erwiesen sich als eine Gruppe junger Mädchen, und sie hatten auch nicht still *auf der Kitanda gesessen*, sondern *einen Mordslärm gemacht*. Ein ruhebedürftiger Nachbar verbat sich die Störung, worauf Hamis das Haus des Mitbürgers mit Steinen bewarf.

Hamis, da ist Frieda sicher, ist eigentlich kein Steinewerfer, nur sah er sich inmitten seiner Bewunderinnen einem erheblichen Profilierungsdruck ausgesetzt. Zu erbringen waren, von einem Augenblick zum anderen, der Beweis großer Furchtlosigkeit, hohen Wagemuts sowie erheblicher Originalität. Der Befehdete verließ nun, mit der Nilpferdpeitsche in der Hand, sein Haus Richtung Hamis. Der erste Hieb traf, es kam zu einem Handgemenge, in dessen Verlauf es Hamis gelang, die Peitsche zu erbeuten.

Zahlreiche Zeugen hatten im Schauri diesen Hergang der Dinge rekonstruiert und plädierten auf zusätzliche 25 Hiebe. Hamis' Affektlage war ihnen gleichgültig. Offenbar hielt auch Saint Paul, gewöhnlich *bis zur Schwäche rücksichtsvoll gegen die einheimische Bevölkerung*,[283] dieses Äquivalent für angemessen. Es geht dem Bezirksamtmann nicht um die Abschaffung der gebräuchlichsten Strafe, sondern um die Ächtung ihrer willkürlichen Anwendung. Keine Prügel ohne Schauri!

Und als sei das alles nicht genug, verlor der doppelt gezüchtigte Hamis am selben Tag seine Anstellung bei Frieda.

Er war zu weit gegangen.

Hamis: *Wegen nichts.*

Niemand wird beim Abendbrot mehr hinter ihr stehen und ihr ein leises, aber umso nachdrücklicheres »Sauf aus!« zuflüstern.

Sie muss einen neuen Boy finden.

Oder sollte sie einfach Suahibu engagieren?

Suahibu

Suahibu ist die Küchenmagd des *Radau-Lokals*, dessen Geräuschpegel neuerdings dem eines Damenstifts gleicht. Suahibu hat das Oberkommando über alle Hotel-Tiere. Wenn sie, die Futterschüssel in der Hand, über den Hof geht, folgen ihr alle Hühner und Enten sowie fünf hungrige Madagaskar-Schweine. Suahibu ist schon ziemlich alt, bereits über dreißig, *und das ist viel für eine Negerin*, sagt Frieda. Sie sind die beiden einzigen Frauen des Hotels, und sie sind beide schon über dreißig, das verbindet. Irgendwann bilden Suahibu und Frieda die hoteleigene Frauenbewegung.

Sie mag es, Suahibu anzuschauen: *Sie hatte die aufrechte Haltung, die davon kommt, daß die Frauen von Kind auf alles, was sie tragen, auf dem Kopf balancieren; ihre Bewegungen waren ruhig und sicher; ihr Gang, ja ihr ganzes Auftreten drückte Selbstgefühl aus.*[284]

Suahibu wohnt mit ihrem Mann in einer Hütte im Garten, versteckt *unter Palmen und baumhohen Bananen.* Ihr Mann gehört zur Boots-

mannschaft der Herberge. So idyllisch dieses Zuhause auch wirkt –
es herrscht doch immer Zwietracht unter den Bananen.

Frieda sieht es mit dem objektiven Interesse eines Kriegsbericht-
erstatters: *Wenn ihr Gatte sich leichtfertigerweise mit andern Weibern
amüsierte und dann nach Hause kam, um sein Mittagessen einzunehmen, erklärte Suahibu bündig: Es gibt heute nichts.* In solchen Fällen
läuft Suahibus Mann in tiefem Groll zum 19-jährigen fieberbleichen
Hoteldirektor und sagt, was er zu sagen hat: Bwana, meine Frau will
mir kein Essen kochen!

Das ist keine feige Beschwerde bei einer dafür ungeeigneten Ins-
tanz, im Gegenteil: Suahibu hatte die Ordnung des Weltlaufs gestört,
kein anderer als der Direktor ist berufen, diese wiedereinzurichten,
der Direktor muss ein Urteil fällen. So erscheint der 19-Jährige jedes
Mal vor der Hütte der Frau, deren Sohn er sein könnte, um Suahibu
zur Rede zu stellen.

*»Wenn er sich mit anderen Weibern abgiebt«, erklärte sie sehr ent-
schieden, »dann mag er auch andere Weiber für sich kochen lassen.«* Vom
Standpunkt der Folgerichtigkeit war nichts dagegen zu sagen, Frieda
sieht das auch so, und der Hoteldirektor überbringt die Nachricht
jedes Mal kleinlaut Suahibus Mann.

Seine Frau hat gesprochen.

Da ist nichts zu machen, gar nichts.

Die Erde eiert um ihre Achse.

Dabei hätte Suahibu durchaus Grund zur Nachgiebigkeit, denn sie
war eine Sklavin gewesen, bevor ihr Mann sie freikaufte, und zwar von
einem zinslosen Kredit des Hoteldirektors. Suahibu war nicht billig.
Wahrscheinlich ist Frieda Zeugin der Nachbeben einer großen Leidenschaft. Noch immer bezahlt der hungernde Mann seine Frau ab,
während die anderen Bootsleute des Hotels das Doppelte verdienen.

Für eine Frau, die nicht kocht!

Es gibt auch Köche, die nicht kochen. Ob der Däne besser kochen
würde, wenn er nüchtern wäre, weiß keiner seiner Tafelgäste zu sagen,

denn dieser Fall ist noch nicht eingetreten, worüber sich zu ereifern beim durchschnittlichen Promillespiegel Tangas niemand Grund hat. Und doch gibt es für alles Grenzen. Dass Frieda den Dänen als Genie bezeichnet, muss sich auf andere Talente beziehen.

Als das *verbummelte Genie von einem Dänen* eines Tages ins Koma fällt *und mehrere Tage wegen schwerer Berauschtheit dienstunfähig war, übernahm ich (in meinem eigenen Interesse) das Kommando in der Küche.*

Sie muss Suahibu gar nicht erst um Beistand bitten, sie ist sofort an ihrer Seite. *Ich staunte über die Flinkheit, Ruhe und Aufmerksamkeit, mit der mir Suahibu an die Hand ging. Sie errieth oft meine Wünsche, ehe ich Zeit hatte, sie zu äußern. Dabei war sie still und von bescheidenster Zurückhaltung und erschien dadurch viel verständiger als die kindisch eitlen, koketten und schwierigen männlichen Diener.*

Würde sie Suahibu als Boy engagieren, könnte die frühere Sklavin sich selbst abbezahlen. Aber Frieda von Bülow kann Suahibu nicht einstellen, die ganze Weltordnung Ostafrikas stünde Kopf, niemand würde es verstehen. Keine Tätigkeit, die mit Prestige und Ehre verbunden ist, kann eine Frau ausführen. Der Mann steht auf den Schultern der Frau. Sie trägt das Gewicht der Erde und das seine.

Den Leserinnen des Periodikums *Dieses Blatt gehört der Hausfrau* wird sie das einmal so erklären: *Die schwarzen Frauen nehmen eine untergeordnete Stellung ein; das hindert sie jedoch nicht, mutwillig, eitel und heiter zu sein. Zu persönlicher Bedienung werden sie auch von Europäerinnen nicht verwendet, da man sie allgemein für zu unintelligent hält. Natürlich sind sie durchweg fleißiger und tüchtiger als die Männer.*[285]

Frieda hat eine Dau gekauft, mit Kapitän und Mannschaft. Kapitän und Mannschaft kommen aus Pangani. Leider sieht der Kapitän nach einigen Wochen sehr seekrank aus, sie vermutet eine Seekrankheit der Seele und stellt ihn zur Rede. Finster berichtet ihr Dau-Kapitän, ein befreundeter Schiffer aus Pangani habe ihm Nachrichten von seiner Frau gebracht. Schweigen. Ermutigung Friedas zum Weitersprechen.

Der Kapitän fährt fort: »*Ich lebe in Pangani*«, habe seine Frau ihm ausrichten lassen, »*also will ich auch einen Mann haben, der in Pangani lebt. Wenn du an einem anderen Orte bleibst, muß ich mich nach einem neuen Mann umsehen, der hier ist. Punktum.*«[286]

Frieda von Bülow beginnt sich unweigerlich schuldig zu fühlen. Sie hat eine Farm, eine Insel und eine Dau, sie beschäftigt über sechzig Arbeiter und eine komplette Schiffsmannschaft, und schon geht es ihr wie allen Kapitalisten: Sie sieht nicht mehr den Menschen, nur seinen Nutzen. Sie hat sich nicht einmal erkundigt, ob der Kapitän eine Familie hat.

Natürlich holen wir sofort deine Frau!, beeilt sie sich zu versichern. Es sei eine Gedankenlosigkeit gewesen, ihn nicht gleich nach seiner Familie gefragt zu haben, es täte ihr leid.

Doch merkwürdig genug, die Miene des Seefahrers hellt sich nicht auf. Sein Geist scheint eher noch entrückter nach ihrem Vorschlag. Schweigen.

»*Wenn sie sich dort einen anderen Mann suchen will, nun gut*«, erklärt der Verlassene schließlich.

Plötzlich versteht Frieda:

»*Du willst dir wohl hier eine neue Frau suchen?*«

Er, mit strahlendem Gesicht: »*Ja, Bibi.*«

»*Hast du schon eine gefunden?*«

»*Ja, Bibi.*«

»*Was verlangt sie?*«

»*Fünfundzwanzig Rupien.*«[287]

Das ist günstig, das ist verdammt günstig und sie zahlt, natürlich zahlt sie. Es ist eine Investition in die Zukunft, denn was hätte sie von einem missgelaunten, schwermütigen Kapitän?

Leider kann sie dem Inselgreis nicht erklären, welchen unverhofften Zusatzausgaben sie sich mitunter gegenübersieht und ihm einen temporär etwas geringeren Verdienst vorschlagen.

Pünktlich zu jedem Zahltag erscheint Schefatuma persönlich im Hotel der *Deutschen Seehandlung*.

Sie legt Schefatuma dann ihre Abrechnungen und Kalkulationen vor, über die er verächtlich hinwegzublicken pflegt, denn Schefatuma kann weder lesen noch schreiben. Der Alte kompensiert dieses Manko durch erhöhte Wachsamkeit, ja durch ein grundstürzendes Misstrauen. An jedem Zahltag bietet sie über Stunden all ihre Überzeugungskraft und Beredsamkeit auf. Jedes Mal wieder rechnet sie ihm Einnahmen und Ausgaben mündlich vor, und jedes Mal, wenn sie schon nicht mehr daran glaubt, gibt der Alte nach und akzeptiert seinen Verdienst, deren zweite Hälfte er seinen Sklaven geben muss.

Doch eines Tages stehen statt des Inselgreises lauter Einäugige vor dem Hotel. Es sind Schefatumas Sklaven, also auch ihre Sklaven, in gewissem Sinne. Sie haben irgendeine Möglichkeit gefunden, Yambe zu verlassen, und nun warten sie, vorgelassen zu werden.

Sie hätten sich die Sache gut überlegt, sehr gut sogar, beginnt ihr Sprecher in aller Feierlichkeit und lässt sein Auge auf ihr ruhen. Er berichtet, dass Scheftuma ihnen nie gäbe, was ihnen gehören solle, und erreicht irgendwann den Grund ihres Hierseins:

Wir wollen nicht länger Schefatumas Sklaven sein!

Wir wollen deine Sklaven sein!

Ein erwartungsfroher, gehobener Ausdruck liegt in dem einen Auge der Delegierten. Frieda von Bülow ist bestürzt, überrascht und weiß nur eins: dass sie eine würdige Antwort geben muss.

Sie bedankt sich für das in sie gesetzte Vertrauen, das sie sehr ehre. Satz um Satz arbeitet sie sich vor zum Höhepunkt ihrer Ansprache, der zugleich ihr Tiefpunkt sein wird, das ahnt sie wohl. Sie mäandert auf die unvermeidliche, finale Auskunft zu:

… hätte ich mich sehr gefreut. Allein, ich kann euch nicht bezahlen!

Die Einwohner ihrer Privatinsel benehmen sich, als hätten sie nichts gehört. Unerfreuliche Nachrichten ignoriert man am besten. Die Bibi werde sich das gewiss noch überlegen. Schefatumas Sklaven belagern das Hotel mehrere Tage, auch weil sie große Angst vor ihrem Eigentümer haben.

Wahrscheinlich verspricht sie ihnen, sich für Milde einzusetzen und sie von Schefatuma loszukaufen, sobald sie genug Geld verdient hat. Schon wieder das alte Thema.

In Tanga sind soeben 62 kleine hässliche Setzlinge eingetroffen. Sisal-Hindorf hat noch einmal seine grotesken Pflanzen bestellt, aus denen man Schiffstaue machen kann, Säcke oder Netze. Diesmal hatte er sie in Florida bestellt, 2000 Stück. 62 haben es geschafft.

Wo bislang Kaffee wächst, will er Sisal anbauen.

Vielleicht wird sie es mit Liberia-Kaffee versuchen. Es gelang ihr noch nicht, die Fledermausguano-Düngung auf ihrer Schamba durchzusetzen, aber sie hat jetzt einen neuen Verwalter.

Der Ausflug seiner Sklaven hat Frieda von Bülows Verhältnis zum Inselgreis nicht verbessert.

Delirium acutissimum aequatoriale oder der Bwana-kubwa-Vogel

Was wäre sie ohne die Eisenbahn! Sie ist eine Unternehmerin, und die Eisenbahn will ihren Kalk kaufen.

Es lebe die Eisenbahn!

Manche sagen, die Nachbarkolonie könne ihre Produkte schon jetzt billiger auf den Markt bringen, es sei nur eine Frage der Zeit, bis Britisch-Ostafrika Deutsch-Ostafrika abhänge, aber das glaubt sie nicht.

Man erkenne das schon an der Eisenbahn. *Die in Mombassa von den Engländern vor Jahr und Tag in Angriff genommene Eisenbahn ist einen Kilometer weit gediehen und dann, weil das Geld zuende war, stecken geblieben. … Unsere Eisenbahnstrecke ist jetzt schon über fünf Kilometer lang.*[288]

Vielleicht sollte man der Gerechtigkeit halber nicht verschweigen, dass die ersten deutschen Eisenbahningenieure bereits im August

1891 in Tanga eintrafen, was sich insofern als folgenlos erwies, da man versäumte, ihre Geräte auszuladen. Die Ingenieure blieben da, die Instrumente fuhren weiter, und als Letztere wiederkamen, waren Erstere fieberkrank oder schon weg. Später mussten die anfänglich benutzten Holzschwellen gegen Stahlschwellen aus Deutschland ausgetauscht werden und die einheimischen Arbeiter gegen Eisenbahnbauer aus Moçambique. Auch erwies sich das bewilligte Startkapital von 2 Millionen Reichsmark als unzureichend. Kurz, es waren zwei Jahre voller Missgeschicke, kaum ein Ingenieur hielt aus oder überlebte, bis im Mai dieses Jahres 1893 kurz vor Frieda von Bülow Chefingenieur Bernhardt in Tanga an Land ging.

Und nun, im Dezember desselben Jahres, sind bereits fünf Kilometer der Usambara-Bahn fertig. Sie soll einmal bis nach Moschi führen, der Hauptstadt Mandaras.

Man möchte annehmen, dass das Lob dieses Erfolges das Lob seines Erbauers beinhaltet, doch dem eben ist nicht so. Bernhardt ist nicht Bwana, er ist »Herr Bernhardt«.

Sie wird ihn einmal so vorstellen: Leopold Drahn sitzt über seinen Bürotisch gebeugt, *mit rotem gedunsenen Gesicht, die Kinnladen blauschwarz von schlecht rasierten Bartstoppeln, und um die kleinen, lauernden, blitzenden Augen hundert bewegliche Fältchen.*[289] Bei Erregung steht ihm nur eine ohnmächtige stumm mahlende Bewegung seiner Kiefer zur Verfügung.

Chefingenieur Bernhardt alias Leopold Drahn darf mit Gewissheit davon ausgehen, dass seine europäischen Mitbürger seine Person schon am Morgen beim Frühschoppen kommentieren, auch in der Boma, erst recht in der Boma.

Der Chefingenieur hat alles falsch gemacht, was er falsch machen konnte. Er hat Afrika geschmäht. Er möchte hier nicht begraben sein. Die anderen werden es nötig haben, diese Hungerleider mit den vielen *von* und *zu* an ihren Namen, diese Damen und Herren von gestern. Die neue Zeit gehöre den Genies der Technik, die neue Zeit gehöre ihm.

Der wichtigste Mann am Ort sei ohnehin nicht der Bezirksamtmann, sondern das sei er, Leopold Drahn. Und der bestbezahlte außerdem. Ein Bwana kubwa, der einzig wirkliche Bwana kubwa von Tanga!

Das darf man denken. Aber man darf es doch nicht aussprechen! Konversation besteht darin, Dinge auszusprechen, indem man sie verschweigt. Dieser Eisenbahnmann beleidigt fortwährend das ästhetische Empfinden Saint Pauls und der anderen, ja ihr Weltempfinden. Bernhardt mag ein guter Ingenieur sein, aber menschlich gesehen ist er trotz seines fortgeschrittenen Alters ein Embryo. Auch so kann man sein Dasein versäumen.

Unnötig zu sagen, dass der Eisenbahn-Diktator hart ist gegenüber allen Untergebenen. Die Arbeiterklasse ihres Hotels hat einen schweren Stand, allerdings lässt er sie auch wissen, dass sie unendlich höher steht als diese schwarzen Kaum-Menschen in seinem Dienst. Das verursacht Frieda Übelkeit.

Männer wie dieser Bernhardt dürften gar nicht hier sein. Er stellt auf neuer Basis das alte afrikanische Sozialgefüge der Verachtung wieder her.

Sie trinken alle zu viel. Und sie können nicht gut schlafen. Sie sind reizbar, haben oft Fieber und kennen diese beinahe tödliche Trägheit der Tropen. Und ja, sie verdienen wenig, denn aufgrund der hohen Einfuhrzölle für alle Waren ist das Leben hier mehr als doppelt so teuer wie zu Hause.

Zu Hause?

Zu Weihnachten hängt sie wieder rote Pfefferschoten statt Baumkugeln auf. Auf der Boma feiern Saint Paul und die anderen, seine etwas durchsichtige Frau hat Pfefferkuchen gebacken, aber Frieda sagt ab. Sie kann die Arbeiterklasse ihres Hotels an diesem Tag unmöglich allein lassen, sie ist so traurig. Wahrscheinlich gibt der Däne sein Bestes. Eine große Spieldose wiederholt unermüdlich *Stille Nacht, heilige Nacht*, aber die Schlosser und Schienenleger weinen trotzdem. *An diesem Abend sagte ich mir, daß es auch ein Vorzug sein kann, wie ich ohne Heimath und Familie zu sein. Man fühlt sich überall gleichmäßig*

zu Hause, und vereinsamte fremde Menschen sind ... die willkom-
mensten Genossen.[290]

Vielleicht widmen sie sich noch an diesem Heiligabend ihrem Lieb-
lingsspiel: Alle Fenster, alle Türen zum Speisesaal werden geschlossen
und dann beginnt die Jagd.

Eine Baroness, mit der man Ratten fangen kann!

Das Gleichgewicht des Gefühls scheint hier verloren zu gehen.[291]

Außer Saint Paul und ihr verzeichnen alle empfindliche Störungen
ihrer inneren Balance, was nicht nur am Whisky Soda liegt. Saint Paul
sucht Blumen und verfasst mit unendlicher Geduld Grammatiken.
Nicht einmal seine Frau weiß, wo dieser Mensch eigentlich lebt. Sicher
nicht in der Welt, die andere in ihrer Einfalt die Wirklichkeit nennen.

Doch sie kommt ebenfalls zu einem erstaunlichen Befund: *Auch*
besitze ich hier ungleich mehr Gemütsruhe. Man lebt seinen kurzen,
körperlich angreifenden Tropentag durch und denkt: was kommt, das
kommt.[292]

Sie weiß, dass sie eine Ausnahme ist.

Dieser Nietzsche hat schon recht mit seinem Übermenschen, genauso sieht sie das auch. *Ich mache mir aus einem Menschen nur so viel, als*
er ein Beispiel zu geben vermag. So ist das.

»*Weil der Mensch hier so öffentlich und so scharf auf seinen Wert*
erprobt wird ...‚ sollten sich diejenigen, die sich zum Tropendienst mel-
den, sehr ernsthaft besinnen. Und weil die Wirkung der Persönlichkeit
hier eine so weitgehende ist, sollte man auch nur die Allertüchtigsten und
Besten hinausschicken«,[293] erklärt Freiherr von Rosen im Roman der
Hauptheldin. Keinen von den *Heerden-Menschen*, die nach oben du-
cken und nach unten treten und aus deren Munde es schon eine Frechheit sei, wenn sie Ich! sagen.

Vokabeln wie *Heerdenmensch* oder *Fabrikware der Natur*, diesen
ganzen sublimen Jargon der Menschenverachtung, hatte einst Schopenhauer in Umlauf gesetzt. Er lässt sich zur Erhöhung und Erniedri-
gung des Nächsten oder Fernsten gleichermaßen verwenden.

Kilimandscharo von Moschi aus gesehen

Von Rosen ist eine Carl-Peters-Figur, aber mit starker Neigung zur Melancholie und schon weit über vierzig. Das ist sublime Kriegsführung. Sie darf sicher sein, der Adressat wird sich erkennen. Bald fünfzig und mit Neigung zu Melancholie! Es wird ihn treffen. Auch er ist nicht unendlich, nicht unsterblich. Bei seiner Lebensweise wird er nicht einmal vierzig, haben ihm viele prophezeit.

Sie hat Grund, an Peters zu denken. Ab und zu kommt die *Möwe* vorbei, die *Möwe* hat wie alle Kriegsschiffe in Friedenszeiten eigentlich nichts zu tun. Sie vermisst ein wenig die Küste. Der Marinearzt an Bord heißt Eugen Erhardt, sie tauschen ihre medizinischen Erkenntnisse aus, er würde das gern erweitern, aber sie kann nicht.

Wegen Harmlosigkeit.

Er ist ein lieber Mensch, aber leider ein zu harmloses Gemüt. Vielleicht wäre ihr das gar nicht aufgefallen, wäre ihre Seele nicht auf den Grundton Peters gestimmt. So nimmt man einem anderen sogar das übel, wofür er gar nichts kann. Carl Peters ist nicht schuld, dass sie Eugen Erhardt nicht liebt. – Natürlich ist er das!

Ich mache mir aus einem Menschen nur so viel, als er ein Beispiel zu geben vermag. – Friedrich Nietzsche gibt eins, und trotzdem ist dieser

Autor ihrer Seele unendlich fern. Vielleicht spürt sie seine scharfe Verachtung des Adels, der Frauen ohnehin. Sie ist doppelt gemeint. Und es ist kein Trost bei ihm, nur eine unendliche Herausforderung.

Den schönsten Raum der Boma, des Rathauses von Tanga, *hatte ein Maler während eines vorübergehenden Aufenthaltes … mit zwei kolossalen Fresken geschmückt; die eine stellte eine Löwengruppe dar, die andere eine Ebene mit dem Kilimandscharo im Hintergrund.* Leider gleicht der Berg aufgrund *mangelhafter Luftabtönung einem überlebensgroßen Pudding* mit Schlagsahne auf der Spitze.

Die launige Schilderung verbirgt, dass sich in dieser Süßspeise an der Wand die Hoffnung Ostafrikas zusammenfasst.

Die Korrespondentin der *Täglichen Rundschau* beschreibt die Usambara-Bahn-Utopie so: *Das Hinterland Tangas bis zum Kilimandscharo ist eine Schatzkammer, zu der uns der Eingang noch fehlt. Außer den wichtigsten Tropenerzeugnissen Kaffee, Thee, Tabak, Baumwolle, Vanille, Kautschuk u.s.w. erlaubt bekanntlich das Kilimandscharo-Klima den Anbau sämmtlicher europäischen Gemüse u. dgl. und gewährt Wasser und Weide für die größten Viehheerden. Dies Land, in dessen begeistertem Lob alle Europäer, die es kennen gelernt haben, einig sind, wird einst unsere Luftkurorte abgeben …*[294]

Sie erwähnt nicht, dass nah am Ziel der Bahn ihr Bruder begraben liegt. Und vielleicht möchte Mareale seinen privaten Luftkurort gar nicht mit den Europäern teilen?

Mareale war noch nie an der Küste. Es ist ein Spezialfall der Weltvermeidung. Niemand hat ihn um sein Einverständnis gefragt.

Wer hat das Recht, einen küstenscheuen Menschen mit der Welt zu verbinden? Und plötzlich kommen alle ihm und *Dscharo*, dem Geist auf dem *Kili*, nahe, die es niemals aus eigener Kraft geschafft hätten.

Es gibt keinen Namen für den Fortschritt in Mareales Welt. Aber wenn es einen gäbe: Das Wort hätte nicht den naiven Klang der Sprachen Europas.

Es wäre der Fortschritt als Verfall.

Schule von Tanga

Liebstes Lou-Kind …

Hamis' Nachfolger heißt Salé.

Noch immer sitzt sie am Vormittag meist an ihrem Schreibtisch, während sie Lehrer Barth und seiner Klasse zuhört. Sie vergisst beim Schreiben nicht nur die Welt, sondern auch Salé. Wenn er ihr trotzdem einfällt, ist er wie vor ihm Hamis meist unauffindbar. Das heißt, sie weiß, wo er ist: beim Griechen.

Anders als Hamis hat Salé dann immer ein schlechtes Gewissen.

Sie reist nach Dar-es-Salaam und nach Sansibar. Dar-es-Salaam erkennt sie kaum wieder, es ist voller Villen und Gärten. Der führende Architekt der Stadt hat alle grauen Wellblechdächer mit *pompejanisch roter Ölfarbe* streichen lassen. Sie findet das wunderschön. In Tanga wohnen fünfzig Europäer, in Dar-es-Salaam sind es schon fast zweihundert.

In letzter Zeit kommen sogar ganze Familien, auch mit Kindern.

Die Kinder sprechen bald ihre ganz eigene Sprache, Suaheli versetzt mit deutschen Satzteilen oder andersherum. Der kleine Sohn des Gouverneurs machte bereits die merkwürdige Erfahrung, dass erwachsene schwarze Menschen vor ihm weglaufen. Der Junge habe so entsetzliche Augen, die könne man nicht anschauen. Pfützen-Augen eben.

Sie sieht August Leue wieder und seinen Diener Mandoa, den sie einst auf der quasikommunistischen Terrasse musterte, mit der indischen Kaffekanne in der Hand, bis er rot wurde unter seiner schwarzen Haut. Und sie trifft auch den alten Diener ihres Bruders, Abdallah, den sie Carl Schmidt nannte. Es ist ein schmerzlich-schönes Wiedersehen. Sie trauert gemeinsam mit einem schwarzen Mann um ihren Bruder. Was heißt das?

Sie hat eine Heimat.

Als sie in Dar-es-Salaam ist, kommt die Nachricht vom Untergang der *Emin*.

Es gibt drei Postdampfer zwischen den deutsch-ostafrikanischen Häfen, die *Emin*, die *Peters* und die *Wissmann*. Alle drei sind haargenau gleich.

Emin Pascha ist im Jahr zuvor ermordet worden. Jeder hier weiß, wie es geschah.

Der frühere Gouverneur von Äquatoria war unterwegs in sein altes Reich, er machte Rast nahe des Ituri, wo einst Stanleys Emin-Expedition lagerte. Der örtliche Großsklavenhändler Kibonge hatte ihm freies Geleit zugesichert, also saß Emin Pascha an seinem Reisetisch, der voller toter Vögel und Käfer lag. Er konnte die Vögel und Käfer zwar weniger denn je erkennen, und doch verhielt sich alles wie immer: Nur während solcher Stunden war er ganz bei sich, ganz zu Hause. Seine Leute ernteten inzwischen in den naheliegenden Pflanzungen, was sie nicht gesät hatten. Mit Erlaubnis Kibonges.

Als die Abgesandten des Sklavenhändlers an seinen Tisch traten, um ihm mitzuteilen, dass er jetzt sterben müsse, hielt der führende Ornithologe Äquatorias das für einen Irrtum, er habe freies Geleit.

Pascha, könnt Ihr Arabisch lesen?

Ja!

Dann leset dies, forderten seine Mörder.

Sie hielten ihm ein Stück Papier ganz nah vor seine fast blinden Augen. Emin Pascha las sein Todesurteil vor. Er werde gerichtet als Feind der Araber.

Auf ein Zeichen des Anführers *wurde Emin aus seinem Stuhl herausgehoben und flach auf den Rücken gelegt; jedes Bein und jeder Arm wurde von einem Manne gehalten, Ismaili hielt den Kopf, während Mamba ihm die Kehle durchschnitt. Emin leistete keinen Widerstand, der Kopf wurde hinten über gezogen und Mamba schnitt den Kopf halb ab. Das Blut spritzte über die Leute hinweg.*[295] Die Männer ließen den Leichnam liegen, Emins Kopf schickten sie in einer Kiste an den Sklavenhändler Kibonge, als Trophäe und zum Beweis der getanen Arbeit.

Frieda wird Emin in ihrem Roman *Im Land der Verheißung* ein Denkmal setzen. Und auch seiner Tochter Ferida, die in Bagamoyo aufwächst und nun eine Waise ist. Zu Friedas Pflegefällen in Tanga gehört seit Wochen ein flügellahm geschossener Adler. Dieses Tier wird sie Ferida anvertrauen.

Und jetzt ist auch der Dampfer untergegangen, der Emins Namen trägt.

Spurlos.

Jede Suche nach dem Schiff bleibt vergeblich, nur vereinzelte Wrackteile werden an der Küste gefunden. Die *Emin* muss bei hohem Seegang in den Nordostmonsun geraten sein, erklärt ihr der Kapitän der *Bundesrath*. Das kleine Schiff habe *zu stark übergeholt und »das Wasser unterschritten«.*[296] Ihr alter Dampfer bringt sie zurück nach Tanga.

Emin Paschas sagenhafter Elfenbeinschatz wurde nie gefunden. Der führende Ornithologe Äquatorias hatte ihn dem Nil übergeben, er sollte dem Mahdi nicht in die Hände fallen.

Eigentlich kann sie nicht weg von Tanga. Sie muss ihre Geschäftspost im Auge behalten.

Bagamoio, 26. Januar 1894

Sehr geehrte Baroness!

Infolge Ihres Telegramms vom 24. Januar erlaube ich mir Sie zu be-nachrichtigen, dass für den Zollhausbau hier nur noch 50,0 cbm Kalk gebraucht werden, die in einem Monat von Lamu her eintreffen ...[297] Es ist eine Absage, aber der Absender macht ihr Hoffnung, dass noch viel mehr Kalk gebraucht werde. Und dann nehme er den ihren, *da ich den Jambekalk für besser als den Lamukalk halte.* Er könne 7 Rupien pro Einheit zahlen, vielleicht noch ein klein wenig mehr, nur glaube er nicht, dass sie den Kalk von Tanga für 7 Rupien nach Bagamoyo liefern könne, ohne in die roten Zahlen zu geraten. Der Absender heißt Friedrich und ist ein Idealist auf Abwegen.

Er hatte gehofft, in Deutsch-Ostafrika die Welt neu erfinden zu dür-fen. Stattdessen baut er Zollhäuser, hat aber inzwischen ein neues Be-tätigungsfeld erschlossen: *Da ich ... bis jetzt bei der hiesigen weißen und schwarzen Männerwelt für meine weltbauenden Ideen fast gar kein Verständnis fand, trat ich fuer die Emancipation der schwarzen Frauen ein, und scharenweise liefen sie mir zu, groß und klein ...* Die schwar-zen Frauen seien überhaupt viel fleißiger und klüger als die Männer. Vielleicht sollte sie mit Suahibu und Bwana Friedrich die ostafrika-nische Frauenbewegung gründen?

Doch zuvor muss sie ihre Bilanzen in Ordnung bringen.

Liebstes Lou-Kind, ... was mir von hier aus nicht gelungen ist, muss bzw. will ich nun noch mal in Berlin versuchen. Allerlei Pläne durchkreu-zen meinen Hirnkasten und lassen keinen Platz zur Beschaulichkeit. Dafür ist mein Lebensgefühl intensiv und ich fühle mich oft so glück-lich, dass ich laut für mich selbst ausrufe: o Gott, wie schön ist das Le-ben!

Sie sehnt sich so nach einem Kapitalisten, von ihr aus auch einer mit Golduhr in der Westentasche und Zwicker auf der Nase. Der ganze Inhalt seiner berstenden Brieftasche aber darf nur zwei Ziele kennen: ihre Schamba und ihre Insel. Und vielleicht noch Saint Pauls Vanille-felder.

Sie muss expandieren. Was wirklich lebt, expandiert.

Natürlich liegt ein Risiko darin, dem Bwana Musa das tanganitische Gesundheitswesen zu überlassen, insofern es die theoretische Medizin betrifft. Bwana Musa – diesen Namen zumindest wird er in *Tropenkoller* tragen – ist das Faktotum des Eisenbahndiktators, ein Schulabbrecher und Aussteiger, der sein halbes, noch unerwachsenes Leben im Busch zugebracht hat. Er ist noch keine dreißig, sieht aus wie siebzig und ist der unerschütterlichen Meinung, den Eisenbahnmann fest in der Hand zu halten, eine Annahme, die auf Gegenseitigkeit beruht. Im Gegensatz zu »Herrn Bernhardt« nennen ihn alle Bwana.

Der Bwana Musa hält seine medizinischen Vorträge meist am Nachmittag im »Lustigen Kaspar«: Der Wirt *stellte frische Flaschen mit Versandtbier auf den Tisch, schweres, pastorisiertes Spatenbräu, das, lauwarm, wie es in S. genossen werden mußte, alles andere eher war als eine Erfrischung.*

Dennoch hielten die meisten zu ihrem Schoppen, nur Bana Musa machte sich mit freundlichem Gesicht eine Mischung aus Sodawasser und Whisky zurecht, um dann darzulegen, wie man idealerweise einem Fieberanfall vorbeugt:

»Wenn ich einen Anfall kommen fühle«, berichtete er mit seiner sanften Diskantstimme, die immer leise, beschwichtigend und ein wenig geheimnisvoll klang, »dann koche ich mir einen Topf ganz starken Kaffee und hole eine Pulle Kognak, Drei-Stern, oder besser noch zwei Pullen. Natürlich auch eine Tasse oder ein Glas. Dann trinke ich abwechselnd eine Tasse schwarzen Kaffee und ein Glas Kognak ...«[298]

Eine Reise nach Europa ist eine gute Gelegenheit, weniger Alkohol zu trinken. Im Namen von Saint Paul und ihrem eigenen sowie aller aufstrebenden Farmer Tangas fährt sie nach Berlin, dem Investor der Zukunft entgegen. In der Eisenvilla wird ein großes Fest zu Ehren ihres Abschieds und erfolgreicher Wiederkehr gegeben.

Aber zuerst will sie nach Paris.

Die Empfängerin des *Liebste-Lou*-Briefes hat unlängst eine Untersuchung über die Religion der Araber, eine Erzählung sowie ein Buch über Nietzsche beendet, *Friedrich Nietzsche in seinen Werken*. Dann ist sie zur Erholung nach Paris gefahren, denn eine Frau, von dieser Überzeugung wird Lou Andreas-Salomé nie abrücken, amüsiert sich besser allein. Auch hätte ihr Mann ohnehin nicht mitkommen können, denn er muss alles Korrektur lesen und abschicken.

In Paris wartet Lou auf Frieda. Und Sophie, die Schwester, wird auch da sein. Sie hat auf einem italienischen Landsitz die Erziehung mutterloser Töchter übernommen. Irgendwann aber wird sie zu Frieda nach Tanga kommen. Sie werden ihr Haus bauen. Das ist der Plan.

Der neue Verwalter Georg Paßarge führt inzwischen die Schamba und beruhigt den Inselgreis. Noch trägt keine ihrer Kokospalmen 260 Nüsse.

Das muss, das wird sich ändern.

Jenseits von Afrika

Frieda von Bülow kehrt nie mehr nach Afrika zurück.

Aus den 62 Setzlingen des Dr. Richard Hindorf werden bis 1911 zehn Millionen Sisal-Agaven im Hinterland von Tanga. Tanga wird zur reichsten Stadt in Deutsch-Ostafrika. Die *Sisal-Agaven-Gesellschaft* zahlt um 1912 Dividenden von 25 Prozent.

Sisal ist der Hauptexportartikel des späteren Tansania, eines der größten Sisalproduzenten der Welt.

Am 26. September 1911 erreicht die Usambara-Bahn endlich Moschi, nach 351,4 Kilometern. Die Fahrzeit von Tanga bis zur früheren Residenz Mandaras beträgt vierzehn Stunden und vierzig Minuten.

Immer wieder hatte die Bahn vor dem Aus gestanden. 1896 schrieb Saint Paul, noch immer Bezirksamtmann von Tanga, an den Gouverneur von Deutsch-Ostafrika: *Zur Zeit verkehrt lediglich ein Zug je Woche zwischen Tanga und Muheza sowie zurück.* Muheza liegt vierzig Kilometer westlich von Tanga. *Alle Streckenarbeiten sind eingestellt worden. Die Kassen geben nichts mehr her, und die Landungsbrücke ist teil-*

Mangobaum

weise eingestürzt nach ihrer schludrigen Konstruktion 1892. Für Repara-
turkosten haben wir keine Mark übrig.[299]

1956 graben erstaunte Afrikaner hinter Tanga einen ganzen Eisen-
bahnzug aus der Erde. Die Deutschen hatten ihn kurz vor dem Ende
des Ersten Weltkriegs hier beerdigt, zur Weiterfahrt im Frieden. Es
muss wohl zur gleichen Zeit gewesen sein, als das Deutsche Reich auf
die Idee kam, seine von jedem Nachschub abgeschnittene Kolonie mittels eines Zeppelins zu versorgen. Die Briten hatten inzwischen die
ganze übrige Küste besetzt.

6757 Kilometer lagen vor der L 59, die in Bulgarien losflog und im
Makonde-Hochland bei Lettow-Vorbecks noch immer ungeschlage-
nen Askari-Truppen landen sollte.

Es war ein ingeniöses Luftschiff.

Es hatte 50 000 Kilogramm Fracht an Bord, aber auch der Zeppe-
lin selber war vollständig recycelbar. Die Umhüllung gab Verbands-

material sowie Uniformstoff, und der Drahtkörper sollte zu Zelten und Funktürmen werden. Das Material der Gaszellen, da waren sich die Ausrüster sicher, eigne sich ausgezeichnet zur Herstellung wasserdichter Schlafsäcke, und die Laufstege im Schiff waren aus Leder gemacht: zum Besohlen der Stiefel.

Am 21. November 1917 flog die L 59 los, sie hatte schon das Mittelmeer und Ägypten hinter sich, als sie auf der Höhe von Khartum, nach mehr als der Hälfte der Strecke, einen Funkspruch auffing.

»Letzter Stützpunkt Lettow-Vorbecks, Revala, verlorengegangen … Sofort umkehren.«

Der Funkspruch kam aus Nauen bei Berlin. Die L 59 kehrte um und landete nach 95 Stunden wieder wohlbehalten im bulgarischen Königreich. Das war ein neuer Rekord der Luftschifffahrt.

Der Funkspruch aus Nauen erwies sich als Falschmeldung der Briten.

Am 13. November 1918, zwei Tage nach dem Ende des Ersten Weltkriegs, nahm der Generalmajor Lettow-Vorbeck mit seinen noch immer unbesiegten Askari-Truppen einen britischen Motorradfahrer gefangen. In dessen Papieren befand sich die Nachricht vom Kriegsende. Lettow-Vorbeck hielt sie für eine Finte.

Als 1918 das Kapitel der deutschen Kolonialgeschichte zu Ende ging, war Frieda von Bülow bereits neun Jahre tot.

Es ist nicht leicht zu verstehen, warum sie nie mehr in das Land zurückkehrte, das sie mit einem Ich-bin-gleich-wieder-da! verließ.

Sie fand in Berlin einen Kapitalisten, sogar zwei.[300] Möglicherweise sagten sie ihr das Gleiche wie das Kolonialamt: Man fördere nur große Ländereien. Bloß große Farmen seien profitabel. Und eine Frau allein in Afrika! Man übernehme für ihre Sicherheit keinerlei Garantien.

Darauf war sie vorbereitet. Aber dass ein Investor ihre Schamba nur unter der Bedingung wollte, dass sie nicht mehr da war: Damit hat sie wohl nicht gerechnet. Merkwürdig, dass man auf das nächstliegend Fernliegende oft so wenig vorbereitet ist.

1895 wird durch Vermittlung eines Berliner Rechtsanwalts die *Tanga-Gesellschaft* gegründet, zwischen ihr, Saint Paul und Oskar Wolff, seines Zeichens Pulverfabrikant zu Walsrode.[301]

Die Insel Yambe, wird sie später ohne Kommentar in einem Feuilleton mitteilen, sei ihr schließlich abgesprochen worden.

Und trotzdem.

Undenkbar, die Tanga-Gemeinde hätte sie nicht wieder aufgenommen. Der letzte Grund, keinen Fuß mehr in das Perrot'sche Hotel, das *Radau-Lokal*, und auf die Veranda der Eisenvilla zu setzen, nie mehr zu ihrer Schamba hinauszuwandern, wo ihr neuer Verwalter bereits Liberia-Kaffee pflanzte, und ihre Insel der Einäugigen nicht mehr wiederzusehen, selbst wenn die Schamba nun kollektiviert und ihre Insel nicht mehr ihre Insel war, muss anderswo liegen.

Am 10. Dezember 1904 schreibt Frieda von Bülow einen Brief an die junge Schriftstellerin und Nietzscheanerin Toni Schwabe. Zuerst geht es um den Philosophen: *Über Nietzsche kann ich schwer reden, denn ich bin philosophisch zu ungeschult ..., ich kann nur sagen, daß er meinen Verstand sehr leicht ins Schlepptau nimmt, meinem innersten Ich aber mißfällt und widerstrebt. ... Ihm fehlen das Maß und die Schlichtheit, die großen Vorbedingungen des wahrhaft Guten.*[302]

Und dann folgt das Eigentliche, das Anti-Nietzsche-Bekenntnis, ihr spätes Lebens-Bekenntnis: Meide die Höhen!

Sie kennt sie gut, diese Zunahme *von Kraft, Energie und Mut ..., die zu den tollköpfigsten Wagnissen fähig macht.*

Sie spricht nicht von Afrika in ihren Briefen an die junge Schriftstellerin, aber um Afrika geht es. Sicher habe nur halb gelebt, wer das nicht kenne, was ein späteres Zeitalter einmal das Leben auf der Überholspur nennen wird, aber *für Menschen mit übererregbaren Nerven, zu denen ich leider von Geburt an gehört habe, zieht das Übermaß an Erregung und Gemütserschütterung unweigerlich eine schwere Reaktion nach sich, wie hohes Fieber. Und während die Steigerung eine flüchtige, vorübergehende war, ist die Abnahme der Nervenkraft hinterher tief und dauernd.*[303]

Zweimal Afrika.

Zweimal seelischer Ausnahmezustand.

Sie weiß, ein drittes Mal würde sie nicht überstehen.

Schon zwei Monate nach ihrer Rückkehr aus Tanga war *die tödliche Traurigkeit* wieder da, *die hier fast immer der Grundton meiner Seelenstimmung ist.* Sie hatte keinen Anhalt mehr im Leben.

Aber irgendwann, nach Monaten, geschah es doch: *Es ist ein Zu-sich-selbst-kommen, ein Erwachen … Man muss schwer daran lernen, siegt man in diesem Kampf, ist es, als tauche aus dem öden und blassen Grau des Alltags mit wunderzarten Farben ein ganz neues Bild des Lebens auf und füllt die Seele mit einem tiefen, geheimnisvollen Glück.*

Sie findet die Kraft für ihr Tanga-Buch. Sie hat keine Knochen mehr in der Seele, aber *Tropenkoller* merkt man das nicht an. Dieser Roman hat alles, was ihr fehlt: Leben. Leichtigkeit.

Sie schreibt – jenseits von Afrika.

1897 sind Lou und Frieda in München, sie muss hier einen Afrika-Vortrag halten. Ein junger Mann heftet sich an die Freundin und lässt sich nicht mehr abschütteln. Sogar in ihr gemeinsames Sommerfrauenschreibexil nach Wolfratshausen folgt er ihnen. Es ist René Maria Rilke, den Lou bald in Rainer umbenennt.

Frieda von Bülow schreibt noch einmal ein Buch über Peters und ihren Bruder. Sie notiert: *… eine Athletenfigur von edelsten Maßen … Das schwere, stark modellierte Kinn* verrät *urwüchsige Kraft und Furchtlosigkeit … die langbewimperten blauen Augen hatten den Blick eines Menschen, der auf Feinde gefasst ist und sie im ruhigen Bewusstsein, mit ihnen fertig zu werden, erwartet.*[304]

Indem sie notiert, was Rilke alles nicht ist, entsteht wie von selbst noch einmal das Porträt ihres starken, mutigen, doch etwas gedankenscheuen Bruders Albrecht. Das Ergebnis nennt sie Rainer. Der Eindringling dieses Sommers wird wissen, wer gemeint ist.

Er wird sich erkennen.

Er wird ihr verzeihen.

Die Figur des Rainer Waltron ist Albrechts Denkmal: *Einmal hatte er Araber, die mit bewaffneter Macht anrückten, um ihn von seiner Station zu vertreiben, auf einem Fäßchen Pulver sitzend empfangen, im Mund die brennende Pfeife. Auf ihre Forderung, den Platz zu räumen, hatte er seelenruhig geantwortet:* »*Wenn der Platz geräumt werden muß, so räumen wir ihn zusammen. Wenn ihr nämlich einen Schritt näher kommt, werfe ich meine Pfeife in das Pulver, und wir fliegen mitsamt dem Haus in die Luft.*«[305]

Der kaiserliche Konsul Thankmar Freiherr von Münchhausen, Bruder ihrer Mutter und Friedas Lieblingsonkel, bezog 1892 ein Haus in Lankwitz bei Berlin, Calandrellistraße 43. Thankmar von Münchhausen war bereits Vorsitzender des Deutschnationalen Frauenbundes für Krankenpflege in den Kolonien gewesen, und er hatte seiner Nichte assistiert, als diese während des Zerwürfnisses mit der Missionsgesellschaft gegen fünf Pastoren auf einmal stritt. In Lankwitz, in der Calandrellistraße 43, im Haus ihres Onkels, richtet sie sich eine kleine Wohnung ein. Es ist die Wohnung einer Afrikanerin, mit orientalischen Waffen und Teppichen, aber auch mit Erbstücken ihrer Familie, wie sie überhaupt eine Vorliebe für Dinge besaß, die Geschichten erzählen konnten.

Vor allem aber wird sie zur Bewohnerin leerstehender Schlösser und Burgen, eine Leidenschaft, in der nur Rainer Maria Rilke sie einmal überbieten sollte. Im Winter liebt sie deren Einsamkeit und im Sommer auch. Ihr Lieblingsschloss ist Bärenfels im Erzgebirge, aber im Sommer 1900 lädt sie Lou und ihren Schatten Rainer auf den Bibersberg in Franken ein. Die Prinzessin von Altenburg hatte Frieda, wahrscheinlich im Gedenken an den einstigen Hofmarschall ihrer Familie, das Schloss für die schönsten Monate des Jahres überlassen.

Von Lou und Rainer hab ich bei diesem sechswöchigen Zusammensein äußerst wenig gehabt. Nach der längeren russischen Reise, die sie in diesem Frühjahr (inkl. Loumann) unternommen, hatten sie sich mit Leib und Seele dem Studium des Russischen verschrieben und lernten mit phänomenalem Fleiß den ganzen Tag: Sprache, Literatur, Kunstgeschich-

te, Weltgeschichte, Kulturgeschichte von Rußland, als ob sie sich für ein fürchterliches Examen vorbereiten müßten. Kamen wir dann bei den Mahlzeiten zusammen, so waren sie so erschöpft und müde, daß es zu anregender Unterhaltung nicht mehr langte.[306]

Lou und Rainer gehen so schweigsam, wie sie gekommen waren. Wahrscheinlich sind sie entschlossen, Russland gar nicht erst zu verlassen, bis sie wieder hinfahren. Immerhin bekommt sie von dem schmalen jungen Mann, der gewiss Carl Peters' wachsamstes zoologisches Interesse erweckt hätte, einen schönen Dankesbrief in seiner so unverwechselbaren Art des Manierismus, der ihr manchmal ungemein auf die Nerven geht, wenn sie nicht gerade geneigt ist, ihm eine Anlage zum Höheren zu attestieren.

Mein Abschiednehmen, liest Frieda, *ist eine große und warme Dankbarkeit an Alles in diesem heimlichen Hause, darin so Frohes und Fleißiges mir geschah.* Vielleicht wiederholt sie unwillkürlich die letzte Zeile: *darin ... so Fleißiges mir geschah.*

Warum kann er nicht einfach wie jeder andere schreiben: Ich war so fleißig? Wahrscheinlich, weil er weiß, dass der eigene Fleiß entgegen dem Vorurteil der meisten Menschen, das von Gedankenlosigkeit nicht zu unterscheiden ist, nichts darstellt, worüber man frei verfügen kann.

Er ist so jung, und trotzdem ahnt er solche Dinge schon.

Dafür mag sie ihn. Aber komisch ausgedrückt ist es trotzdem. Also weiter: *... Fleißiges mir geschah; darin ich körperlich so ruhig und von einer neuen Gesundheit voll lebte und durch ein bestimmtes Studium mir neuen Muth gewann. Die Tage vom Bibersberg – wird für mich der Ausdruck einer Vergangenheit sein, die lange wirksam sein wird ...* nein, sie kann das nicht lesen, und müsste es nicht heißen: Die Tage von Bibersberg werden für mich ... *wirksam sein in allen Ereignissen und Zufällen und Erfolgen meines Tages?*[307]

Sie darf gar nicht nachdenken über die *Ereignisse, Zufälle und Erfolge* ihres Tages. *Im Lande der Verheißung* ist erschienen, aber den beiden war zu russisch zumute, um das zu bemerken.

Afrika liegt nicht mehr in ihrer Welt.

Halten möcht ich Dich!

Dies »Gefangensein« (im Körperlichen) ist es, was Du jetzt durch Krankheit so grauenhaft zu fühlen bekommst, und so eng, so eng um Dich wird es gewiß oft und oft, daß mir vor Mit-Angst und -Schmerz der Schweiß manchmal ausbricht. Halten möchte ich Dich!

Ausgehalten werden m u ß es, wir mögen thun, was wir wollen! Was ü b e r D i r ist, mein über alles Liebes, Geliebtes, verlangt danach. Du selbst bist es, die daraus hervorgeht, Wehen sind es, – aber nichts Grausames, Unedles erlegt sie Dir auf, wie alte Träume Dich manchmal das ahnen ließen, – sondern das Leben, das unendliche, will es so, des Lebens »stirb und werde!«, darin wir alle eins sind, – Ein hinaufstrebender Mensch! Ich kann nicht mehr schreiben, ich bin ja so ganz, ganz mit Dir.[308]

Es ist einer von Lous letzten Briefen an die Freundin. Frieda lebt auf den Dornburger Schlössern, sie sieht das Land unter sich liegen, ihr Land, Thüringen; irgendwo da unten, ganz nah, ist Tautenburg, der kleine Ort, in dem sich vor vielen Jahren alle Köpfe nach einem höchst seltsamen Paar umdrehten: Es waren Friedrich Nietzsche und Lou. Damals nannte dieser unmögliche Autor die Freundin sein *Geschwisterhirn.*

Auch Ingersleben ist nicht weit, ihr Ingersleben.

Hier oben auf den Dornburger Schlössern hat sie ihre letzte kleine Schamba; der Park ist öffentlich, aber der Hofgärtner hat ein Stück für sie abgeteilt, in dem sie allein sein kann, in dem ihr kein Mensch begegnet, nicht morgens und nicht am Abend.

Sommer 1908. Sie weiß, dass es ihr letzter Sommer sein wird. Alles, was sie zur Frau machte und was nie einer beanspruchte, ist ihr entfernt worden. Gebärmutterkrebs. Sie hat nie ein Kind geboren. Bald wird sie es nur noch mit Morphium aushalten können.

Sie würde ihre Afrika-Romane jetzt anders schreiben, um entscheidende Nuancen anders, es sei *zuviel Tendenz* darin. Zuviel Peters.

Carl Peters hat sich verlobt, in diesem Sommer, sie hat es durch

Zufall in der Zeitung gelesen. Etwas in ihr möchte sich empören: *und das lässt er mich aus der Zeitung erfahren!!*

Was mag das für eine Frau sein, die den Platz einnimmt, der ihr einmal so gewiss erschien?

Jung und schön wird sie sein, all das, was sie nie war oder längst nicht mehr ist. Und gesund wird sie sein. Aber das allein, überlegt sie, brächte Peters nicht dazu, eine Frau zu nehmen, die er dann behalten muss. Es ist eine *Commercialratstochter aus Iserlohn.* Klingt nicht, als ob man sich dauerhaft mit ihr vertragen könnte. Er wird in Geldverlegenheit sein, anders kann sie sich diese Fatalität nicht erklären. Geldnot als Heiratsgrund scheint ihr vergleichsweise verzeihlich.

Carl Peters ist längst nach London zurückgegangen; es jemals verlassen zu haben, begreift er als Grundirrtum seines Daseins. Er ruft Arthur Schopenhauer zu seinem Zeugen auf: *Ich war Schopenhaueri-aner und glaubte demnach an die Erscheinungswelt einerseits, mit den zeitlichen Vorgängen in und um uns, und dem wirklichen Sein andererseits mit dem Ding an sich, und daß auch das wahre Wesen meines eigenen Ich diesem angehört, demnach unbeirrt über den Tod hinausreicht.*[309]

Sie ist kein Philosoph, aber was bitte hat Carl Peters mit dem Ding an sich zu schaffen? Sein Ding an sich ist die *Dr. Carl Peters' Estates und Exploration Co.*, eine Minengesellschaft in Südafrika. Scheint nicht gut zu laufen, sonst müsste er nicht heiraten. So ist das.

Und doch, hätte er nicht rücksichtsvoll sein und noch ein Jahr warten können, bis es sie nicht mehr treffen kann?

Einer liebt immer mehr und muss leiden. Sie hat sich längst damit abgefunden, sie sieht jedem Tag ins Gesicht, als ob es ihr letzter wäre. Soll sein Leben noch einmal neu anfangen, während das ihre endet? Etwas möchte sich gegen diese Zumutung des Schicksals empören, aber weiß sie denn, was ihr erspart geblieben ist? Es ist gewiss kein Spaß, mit Carl Peters verheiratet zu sein.

Sie haben in den letzten Jahren so gut zusammengelebt, sie auf den Dornburger Schlössern, er in London, und wenn er Zeit für sie hatte, schrieb er ihr einen Brief. Und sie hat immer eine kleine Frist vergehen lassen, ehe sie ihm antwortete.

Gerade in den letzten Jahren war ich so glücklich! Es war eigentlich nur ein Phantasieglück, aber seine warmen Briefe mit der Anrede »liebste Frieda« und der Unterschrift »dein Carl« genügten dazu. Er hätte wirklich noch einen Sommer warten können.

Sie ist zu krank, um der Commercialratstochter aus Iserlohn übel gesinnt zu sein. Oder ist es gar vorauseilendes Mitleid, das sie bewegt?

Frieda von Bülow stirbt am 12. März 1909.

Nach ihrem Tod erscheint die letzte Erzählung *Die Schwestern. Geschichte einer Mädchenjugend.*

Sie ist wieder in Ingersleben, sie sind wieder zusammen, Margarete und Frieda. Wie immer.

Sie werden uns nicht lieben …

Die Neger verstehen uns nicht. Sie fragen sich, was wir hier überhaupt wollen. Wir handeln nicht mit Sklaven, unterhalten keine Harems, sind keine Mohammedaner, zwingen sie zum Plantagenbau und besteuern ihre Hütten.[310] Und er schlussfolgerte: *Sie werden uns nicht lieben!*

Das war richtig.

Die Kolonialverwaltung in Deutsch-Ostafrika beging neben vielen kleinen zwei große Fehler. 1898 führte sie die »Hüttensteuer« ein und etwas später den Zwangsanbau von Baumwolle auf *Kommunalschamben*, ungefähr so, wie die Preußenkönige die Brandenburger einst zwangen, Apfelbäume zu pflanzen und vor allem: Kartoffeln. Baumwolle sollte zur Volkskultur werden.

Es ist nicht überliefert, was Baron Saint Paul zu beiden Ideen sagte. Die in Tanga erscheinende *Usambara-Post* kommentierte die Einführung der Hüttensteuer 1898 so: Sie sei der erste praktische Schritt, *das Land und seine Bewohner den deutschen Kolonisationsplänen nutzbar zu machen.*

Baumwollernte

Es verhielt sich mit Deutsch-Ostafrika ungefähr wie mit Friedas Schamba: Es verursachte vor allem Kosten. 100 Millionen Mark habe der bedauerliche Umstand, dass das Deutsche Reich Kolonien besitze, den deutschen Steuerzahler bislang gekostet, rechnete ein linksliberaler Kolonialgegner im Hüttensteuer-Jahr 1898 dem Reichstag vor.

Der moderne Mensch ist vor allem ein Steuerbürger. Es wurde bereits an eine Pombe- und Palmweinsteuer gedacht, auch eine Wagen- und Wegesteuer war im Gespräch, die Erbschaftssteuer war bereits eingeführt, brachte aber nichts ein. Die Afrikaner vererbten nichts, und wenn doch, gaben sie es nicht zu.

Die »Hüttensteuer« änderte alles.

Zwar zahlten Europäer, Inder und Araber mehr, denn sie hatten Häuser. Der Spitzensteuersatz lag bei vier Reichsmark.

Der Umzug in eine Hütte war, fiskalisch gesehen, durchaus von Vorteil. Doch die Steuer erschütterte eine ganze Weltordnung, denn sie war ungerecht. Sie war ungerecht aus mindestens zwei Gründen:

Es hatte sie noch nie zuvor gegeben. Wäre sie gerecht, wäre sie immer schon da gewesen. Und für wie viele Hütten sollte ein durchschnittlicher afrikanischer Mann eigentlich zahlen? Er hatte nicht eine Frau, sondern mehrere, die Tradition aber forderte, dass er jeder Frau eine eigene Hütte baute. Das war die zweite Ungerechtigkeit. Verhöhnte diese Steuer nicht das Kostbarste: die afrikanischen Sitten und Traditionen? Vor allem aber den afrikanischen Mann.

Sollte er künftig wie ein Eunuch leben müssen, um unnötige Abgaben zu vermeiden?

Die Steuerbürger Deutsch-Ostafrikas verhielten sich wie überall auf der Welt. Sie sparten. Sie rückten enger zusammen. Und sie vergaßen nicht!

Der Zins konnte in Obst und Gemüse, Kleinvieh oder Handelswaren wie Kopra, Wachs und Baumwolle entrichtet werden, weshalb die Bezirksämter oft Jahrmärkten glichen. Saint Paul und seine Beamten werden noch häufiger geseufzt haben als zuvor. Und was blieb schon übrig nach Abzug der Verwaltungskosten?

Der Zwangsanbau von Baumwolle war der zweite große Fehler. Alle arbeitsfähigen Männer sollten seit Anfang des neuen Jahrhunderts auf den Baumwoll-Kommunalschamben arbeiten. Bei Nichtbefolgung drohten Geldstrafen, körperliche Züchtigung oder gar Kettenhaft.

Alle Männer? Schwere Arbeit war Frauensache, und nun sollten Männer Frauenarbeit leisten?

Es war eine unvorstellbare Demütigung. Sie verdienten zwar ein wenig Geld auf den Feldern, aber bezahlt wurde oft erst im nächsten Jahr, von den Erträgen. Und die Einnahmen würden sie nicht zuletzt für die Hüttensteuer ausgeben müssen. Denn sie sollte künftig nicht mehr in Naturalien entrichtet werden dürfen.

Am Morgen des 20. Juli 1905 reißen auf einer Plantage im Süden der Kolonie eine Frau und zwei Männer die jungen Baumwollpflanzen aus der Erde. Es ist der Beginn des größten Aufstandes in Deutsch-Ostafrika, über Stammesgrenzen hinweg. Er geht als Maji-Maji-Aufstand in die Geschichte ein.

Maji heißt Wasser. Der Geist des Gottes Bokero, der in den Stromschnellen des Flusses Rufiji bei Pangani wohnt, hatte sich 1902 einem Mann namens Kinjiktile mitgeteilt. Und seine Botschaft verbreitete sich nun im ganzen Land. Heiliges Wasser aus dem Rufiji, gekocht in einem Zaubertopf mit etwas Mais oder Hirse, gestrichen über Kopf und Herz, machte unverwundbar.

Nieder mit der Baumwolle!, rief der Flussgeist Bokero. Aber er rief noch etwas anderes: Afrika den Afrikanern!

In gewissem Sinn schuf die Zwangskultivierung der Baumwolle die Grundlage für die unabhängige Republik Tansania. Der Maji-Maji-Aufstand wies den Weg zur nationalen Einheit, erinnerte sich Mwalimu Julius Nyerere. Er war Tansanias erster Präsident von 1964 bis 1985.

Nachwort

Einen Menschen ernst zu nehmen heißt, auch seine Liebe ernst zu nehmen. Das war die Verlegenheit dieses Buches.

Die Geschichte Frieda von Bülows zu schreiben hieß auch, die Geschichte des Mannes zu schreiben, den die Afrikaner irgendwann Mkono wa damu nannten, Mann mit den blutigen Händen. Der Persönlichkeitsbefund des Sozialhistorikers Hans-Ulrich Wehler lautet in alle Kürze »krimineller Psychopath«. So kann man das sehen, doch wären wir in diesem Fall der Tendenz nach alle kriminelle Psychopathen. Die Maxime des Immer höher! Immer mehr! Immer schneller! der westlichen Gesellschaften ist ungebrochen.

Es ist mit dem Thema Kolonialismus wie früher in der DDR mit dem Kapitalismus. Man durfte zwar von ihm sprechen, aber nicht, ohne sich in jedem Satz von dieser menschenverachtenden Ausbeuter-Ordnung zu distanzieren. Der Erkenntnisgewinn solcher Verfahren ist traditionell gering. Die Diskurse gestern und heute gleichen sich: Heute verteidigen wir notfalls die Menschenrechte am Hindukusch, gestern kämpfte ganz Europa gegen den Sklavenhandel, die Geißel Afrikas, und teilte den Kontinent nebenbei unter sich auf.

Dieses Buch versucht, mit vielen Augen zu sehen, aus der Perspektive der Afrikaner ebenso wie aus der Frieda von Bülows und der Europäer, die mit ihr nach Afrika kamen. Sie kamen längst nicht alle als Eroberer.

Zur Frage des Rassismus vertritt die Autorin die folgende Auffassung: Ostafrika, der Schauplatz dieses Buches, ist die Wiege des Homo sapiens. In Ostafrika gab es ihn schon, als die europäische Kultur noch die des Neandertalers war. Kurz: Der Ostafrikaner ist der Primärmensch, alle anderen sind Migranten. Die Autorin entschuldigt sich an dieser Stelle beim Andenken der Neandertaler für retrospektive Diskriminierung.

Wenn es nicht wie Poesie am falschen Ort klänge, dürfte man sagen: Naturwüchsige Gesellschaften gleichen einer unentfalteten Blüte. Alle menschlichen Vermögen, die später so rücksichtslos ihren Eigensinn behaupten werden, sind in ihnen noch kaum auseinandergetreten, wissen wenig von sich und ihrem kommenden Auseinanderstreben. Das religiöse Bewusstsein hält sie wie eine Membran umschlossen.

Auch das ist eine Art von Vollkommenheit, und die aus ihr Entlassenen werden nie aufhören, sich zurückzusehnen. Nach einem einfacheren, einem voraussetzungsloseren Leben. Als müsse es einmal wieder so sein, wie es nie war. Freud nannte den Ausgangspunkt dieser Sehnsucht einmal das »Unbehagen in der Kultur«.

Gesellschaftliche Entwicklung bedeutet, dass jede Sphäre ihren Eigensinn entwickelt: Recht, Ökonomie, Wissenschaft, Kunst, Moral. Diese Autonomieerklärung ist das Siegel des Fortschritts und zugleich das der Entfremdung, schon weil gelingendes Leben bedeutet, dass die Partialtriebe im Einzelnen wieder zusammenlaufen, eine individuelle Balance finden, früher hätte man gar von Versöhnung gesprochen. Insofern wohnt im Individuum immer die unwillkürliche Erinnerung an die Anfangsblüte. Von dorther rührt alle Sehnsucht nach dem unverletzteren, dem ursprünglicheren Leben.

Der Mensch ist das Tier ohne natürliche Mitte.

Moderne Subjektivität bedeutet, diesen Umstand zu erkennen und zu bejahen. Moderne Subjektivität ist expansiv, immer auch auf der Suche nach Fluchtpunkten.

Was wir Globalisierung nennen, begann nicht gestern, sondern vor einem halben Jahrtausend. Selbsterhaltung durch Expansion lautet bis heute die Formel westlicher Existenz.

Kolonisierung ist keine Angelegenheit von gestern, doch ihre Formen haben sich verfeinert. Wir verurteilen die harten Formen von gestern, wähnen, sie seien in Hirnen entstanden, die von den unseren grundverschieden sind, und verbergen vor uns, wie ähnlich wir ihnen sind. Oder sie uns?

Der Kolonialismus hatte immer auch Züge von Entwicklungshilfe, so wie die Entwicklungshilfe bis heute auch Züge des Kolonialismus besitzt. Denn was heißt Entwicklung? Es bedeutet nicht zuletzt, sich auf Abhängigkeiten einzulassen – sei es die Abhängigkeit von Technologien, von Materialien oder Spezialisten. Entwicklung trägt das Doppelgesicht von zunehmender Isolation bei gleichzeitig wachsendem Eingewobensein in Kreisläufe, die den Einzelnen übersteigen und sich seinem Zugriff entziehen.

Die zeitgenössische westliche Moral, insofern sie sich von selbst versteht und die Grundlage des gesellschaftlichen Miteinanders bildet, lässt sich vielleicht als eine Art von Hausgemeinschaftsethik fassen: Niemand erhebt einen Besitzanspruch auf die Wohnung seines Nachbarn! Kein Mieter darf einen anderen unterwerfen und unter seine Befehlsgewalt zwingen! Alle Bewohner gelten grundsätzlich als gleich, sie haben gleiche Rechte und gleiche Pflichten. Insofern muss uns die koloniale Weltanschauung als schlechthin unverständlich, ja absurd und verurteilenswert erscheinen.

Und doch hat die egalitäre Nachbarschaftsmoral, zur Weltsicht geweitet, ihre intellektuellen Grenzen. Denn ihr entgeht, was den jugendlichen Ursurpatoren meist das Primäre war: nicht Unterwerfung des Fremden, sondern Selbsterfindung in einem von der eigenen Herkunftswelt noch nicht vorgeprägten Raum. Es ging nicht lediglich darum, die Grenzen des Deutschen Reichs zu verrücken, sondern zuerst die eigenen.

Werden die Kolonisierten zugleich die Begünstigten der eigenen Kolonisierung sein? Die Frage klingt heutigen Ohren beinahe zynisch, bestenfalls naiv, doch bezeichnete sie einmal eine reale Hoffnung.

Der deutsche Marineoffizier Hans Paasche kam 1904 zum ersten Mal nach Ostafrika und blieb, um den Maji-Maji-Aufstand niederzuwerfen. Seine Erlebnisse machten ihn zum radikalen Pazifisten. Jahre später schrieb er ein bis heute unvergessenes, wunderbares Buch *Die Forschungsreise des Afrikaners Lukanga Mukara ins innerste Deutschland*. Es war eine Erwiderung des kolonialen Blicks auf Augenhöhe.

Anmerkungen

Titel, die ohne Autorennamen angegeben werden,
stammen von Frieda von Bülow.

ERSTER TEIL
Wie gründe ich eine Kolonie?

1 Carl Peters, Die Gründung von Deutsch-Ostafrika, in: *Gesammelte Schriften I*, München und Berlin 1943, S. 136. Und der Autor fügt hinzu: *Dies ist die einzige und wirkliche Gespenstererscheinung, welche ich in meinem Leben gehabt habe.*

2 Brief an Wilhelm Junker, Sommer 1882, zit. nach Georg Schweitzer, *Emin Pascha. Eine Darstellung seines Lebens und Wirkens mit Benutzung seiner Tagebücher, Briefe und wissenschaftlichen Aufzeichnungen*, Berlin 1898, S. 243.

3 Brief an Georg Schweinfurth, 20. August 1880, zit. nach Schweitzer, S. 160 f.

4 Tagebuch v. 11. Oktober 1881, zit. nach Schweitzer, S. 209.

5 Tagebuch v. 14. Oktober 1881, zit. nach Schweitzer, S. 210.

6 Brief an E. Harders, 9. August 1883, zit. nach Schweitzer, S. 266.

7 Ebd., S. 210.

8 Helene Lange, Was wir wollen, in: *Die Frau. Monatsschrift für das gesamte Frauenleben unserer Zeit*, hrsg. von Helene Lange, Oktober 1893, S. 1.

9 Carl Peters, *Wie Deutsch-Ostafrika entstand! Persönlicher Bericht des Gründers*, Leipzig 1940, S. 8.

10 Carl Peters, *Die Gründung von Deutsch-Ostafrika*, S. 138.

11 Ebd.

12 Ebd.

13 Landschaft im heutigen Simbabwe.

14 Brief an E. Harders, Frühjahr 1883, zit. nach Schweitzer, S. 268 f.

15 Ebd. S. 269.

16 Brief an E. Harders, Jahresende 1883, ebd., S. 272 f.

17 Tagebuch der Margarete von Bülow, 27. Dezember 1884, zit. nach Sophie Hoechstetter, *Frieda Freiin von Bülow. Ein Lebensbild*, Dresden 1910, S. 67.

18 Tagebuch der Margarete von Bülow, 28. Dezember 1884, ebd., S. 68.

19 Vgl. Hoechstetter, S. 103.

20 Zit. nach Hoechstetter, S. 92; alle Zitate bis auf Weiteres ebd., S. 92 ff.

21 Carl Peters, *Die Gründung von Deutsch-Ostafrika*, S. 143 f.

22 Joachim Graf von Pfeil, *Zur Erwerbung von Deutsch-Ostafrika. Ein Beitrag zu seiner Geschichte*, Berlin 1907, S. 3.

23 Ebd.

24 Beschluss der Gesellschaft für deutsche Kolonisation vom 16. September 1884, Carl Peters, *Wie Deutsch-Ostafrika entstand!*, Leipzig 1940, S. 25.

25 Ebd., S. 26.

26 Carl Peters, *Die Gründung von Deutsch-Ostafrika*, Berlin 1938, S. 149.

27 Ebd.

28 Brief an E. Harders, 11. Mai 1884, zit. nach Schweitzer, S. 275.

29 Zit. nach Fritz Carl Roegels, *Mit Carl Peters nach Afrika*, Berlin 1938, S. 36.

30 Ebd., S. 38.

31 Joachim Graf von Pfeil, *Zur Erwerbung von Deutsch-Ostafrika*, Berlin 1907, S. 34.

32 Gebiet im heutigen Angola.

33 Carl Peters, *Die Gründung von Deutsch-Ostafrika*, S. 161.

34 Junker, Wilhelm, *Reisen in Afrika*, Band 3, zit. nach Schweitzer, S. 280; alle Zitate bis auf Weiteres ebd.

35 Frieda von Bülow, *Reisescizzen und Tagebuchblätter aus Deutsch-Ostafrika*, hrsg. von Katharina von Hammerstein, Berlin 1889, wiederveröffentlicht im trafo-Verlag, Berlin 2012, S. 75.

36 Tagebuch Frieda von Bülows, Frühjahr 1884, zit. nach Hoechstetter, S. 78.

37 Zit. nach Hoechstetter, S. 80 f.

38 Tagebuch Frieda von Bülow vom Februar 1885, zit. nach Hoechstetter, S. 111.

39 Zit. nach Carl Peters, *Wie Deutsch-Ostafrika entstand!*, Leipzig 1940, S. 30 f.

40 Die Angaben differieren; in seinen Lebenserinnerungen spricht Peters von diesem Datum.

41 Joachim Graf von Pfeil, *Zur Erwerbung von Deutsch-Ostafrika*, S. 76.

42 Carl Peters, *Wie Deutsch-Ostafrika entstand!*, S. 19 f.

43 Carl Peters, Die Usagara-Expedition, in: *Gesammelte Schriften I*, S. 290.

44 Ebd., S. 291.

45 Ebd., S. 295.

46 Sorbet, gekühlter Trank aus Früchten.

47 Carl Peters, *Die Usagara-Expedition*, S. 297 f.

48 Carl Peters, *Die Gründung von Deutsch-Ostafrika*, S. 168.

49 Carl Peters, *Die Usagara-Expedition*, S. 298 f.

50 Werner Wrage, *Wildnis Ostafrika*, Radebeul 1975, S. 146.

51 Carl Peters, *Die Usagara-Expedition*, S. 304.

52 Carl Peters, *Zur Erwerbung von Deutsch-Ostafrika*, S. 91.

53 Ebd., S. 305.

54 Carl Peters, *Wie Deutsch-Ostafrika entstand!*, S. 47 ff.

55 Richard Wagner, Wie verhalten sich republikanische Bestrebungen dem Königstume gegenüber?, *Dresdener Stadtanzeiger*, 14. Juni 1849.

56 Friedrich Nietzsche, *Also sprach Zarathustra*, Ditzingen 1983, S. 293 f.

57 Ebd., S. 301.

58 Carl Peters, *Die Usagara-Expedition*, S. 307.

59 Ebd.

60 Zit. nach Roegels, S. 19 f.

61 Carl Peters, *Die Usagara-Expedition*, S. 309.

62 Ebd., S. 310.

63 Ebd., S. 311.

64 Ebd., S. 316.

65 Joachim Graf von Pfeil, *Zur Erwerbung von Deutsch-Ostafrika*, S. 90 f.; alle Zitate bis auf Weiteres ebd.

66 Bettstelle.

67 Carl Peters, *Die Usagara-Expedition*, S. 317.

68 Rudyard Kipling.

ZWEITER TEIL
Die Eroberer

69 *Reisescizzen und Tagebuchblätter aus Deutsch-Ostafrika*, Berlin 2012, S. 63.

70 Zit. nach Carl Peters, *Wie Deutsch-Ostafrika entstand!*, S. 70.

71 Zit. nach Reinhard Escher, Leipzig 1989, in: Hans Meyer, *Zum Gipfel des Kilimandscharo. Ostafrikanische Gletscherfahrten*, hrsg. von Reinhard Escher, Leipzig 1989, S. 28.

72 Carl Peters, *Wie Deutsch-Ostafrika entstand!*, S. 94.

73 Europa.

74 Nach Carl Falkenhorst, *Auf Bergeshöhen Deutsch-Afrikas*, Stuttgart, Berlin Leipzig 1890, S. 136.

75 Vgl. Carl Peters, *Wie Deutsch-Ostafrika entstand!*, S. 97 ff.

76 *Reisescizzen und Tagebuchblätter*, S. 68.

77 Ebd., S. 73.

78 *Im Lande der Verheißung*, Berlin 1943, S. 5.

79 Walter von Saint Paul Illaire, *Suaheli Handbuch*, Stuttgart und Berlin 1890, S. XII.

80 Paul Reichard, zit. nach C. Falkenhorst, *Deutsch-Ostafrika. Geschichte der Gründung einer deutschen Kolonie*, Stuttgart, Berlin, Leipzig 1890, S. 175.

81 Ebd.

82 *Im Lande der Verheißung*, S. 46.

83 Joachim Graf von Pfeil, *Zur Erwerbung von Deutsch-Ostafrika*, S. 121.

84 Carl Peters, *Wie Deutsch-Ostafrika entstand!*, S. 78 f.

85 Zit. nach Carl Peters, *Wie Deutsch-Ostafrika entstand!*, S. 80.

86 Vgl. ebd., S. 81 f.

87 *Im Lande der Verheißung*, S. 28.

88 *Reisescizzen und Tagebuchblätter aus Deutsch-Ostafrika*, S. 76.

89 *Im Lande der Verheißung*, S. 5.

90 Ebd., S. 78.

91 Ebd., S. 41.

92 Henry Morton Stanley, *Im dunkelsten Afrika I*, Leipzig 1890, S. 60 f.

93 Vgl. Hoechstetter, S. 114.

94 *Im Lande der Verheißung*, S. 26.

95 Ebd., S. 27.

96 Ebd., S. 45 f.

97 Vgl. zuletzt Patricia Clough, *Emin Pascha, Herr von Äquatoria*, München 2010, S. 160. *Erst versuchte er* (Carl Peters) *in aller Öffentlichkeit den Mann zu bestechen und dazu zu bringen, ein Dokument zu unterschreiben, mit dem das ganze Gebiet der DOAG unterstellt werden sollte. Dann, als der Wali sich weigerte, hielt Peters ihm eine Pistole an den Kopf und zwang ihn zur Unterschrift.*

98 August Leue, *Dar-es-Salaam. Bilder aus dem Kolonialleben*, Berlin 1903, S. 6.

99 Carl Peters, *Die Gründung von Deutsch-Ostafrika*, S. 241.

100 Carl Peters, *Wie Deutsch-Ostafrika entstand!*, S. 110.

101 Ebd.

102 Ebd., S. 111 f.

103 Ebd., S. 90.

104 *Im Lande der Verheißung*, S. 8.

105 Ebd., S. 89.

106 Ebd., S. 14 f.

107 Vgl. *Reisescizzen und Tagebuchblätter aus Deutsch-Ostafrika*, S. 147.

108 Ebd.

109 Diese Wirkung wurde von den verschiedensten Menschen, Freunden und Feinden, immer wieder bezeugt.

110 *Reisescizzen*, S. 91.

111 *Reisescizzen*, S. 91.

112 Henry Morton Stanley, *Im dunkelsten Afrika I*, S. 70.

113 Zit. nach P. Werner Lange, *Henry Morton Stanley. Sein Weg nach Afrika*, Berlin 1990, S. 271.

114 Ebd., S. 100.

115 *Reisescizzen*, 30. Juni 1887, S. 96 f.

116 *Reisescizzen*, S. 103.

117 Ebd., S. 104.

118 Ebd.

119 Ebd., S. 109.

120 Henry Morton Stanley, *Im dunkelsten Afrika I*, S. 76.

121 Ebd., S. 47.

122 Ebd., S. 89.

123 Ebd., S. 91.

124 Ebd., S. 116 f.

125 *Der Konsul*, S. 21 f.

126 Ebd., S. 95.

127 *Reisescizzen*, S. 96.

128 Henry Morton Stanley, *Im dunkelsten Afrika I*, S. 98 f.

129 Ebd., S. 100.

130 Ebd., S. 106.

131 Ebd.

132 Ebd., S. 109.

133 Ebd., S. 110.

134 Ebd., S. 121.

135 *Reisescizzen*, 25. Juli 1887, ebd., S. 125.

136 Ebd.

137 *Reisescizzen*, 27. Juli 1887, ebd., S. 126.

138 Vertragsentwurf vom 30. Juli 1887, zit. nach Fritz Carl Roegels, *Mit Carl Peters in Afrika*, S. 100 ff.

139 *Reisescizzen*, S. 129.

140 Ebd.

141 Vgl. Eintrag v. 3. August 1887, ebd., S. 130

142 Hans Meyer, *Zum Schneedom des Kilimandscharo*, Leipzig 1888, S. 20.

143 Ebd., S. 20.

144 Ebd., S. 15.

145 *Reisescizzen*, S. 142 ff., alle Zitate bis auf Weiteres ebd.

146 Ebd., S. 144 f.

147 Ebd., S. 148.

148 Frieda findet dieses schöne Bild in ihrem Roman *Im Lande der Verheißung*. Die eben aus Europa eingetroffene Maleen bekommt *den Becher Gottes* gereicht. Vgl. S. 15.

149 *Reisescizzen*, S. 148.

150 Henry M. Stanley, *Wie ich Livingstone fand*, Berlin 1986, S. 28.

151 *Reisescizzen*, S. 149.

152 Henry Morton Stanley, *Im dunkelsten Afrika I*, S. 134.

153 Ebd., S 133.

154 Ebd., S. 132.

155 Ebd., S. 154.

156 Ebd., S. 138.

157 *Reisescizzen*, 29. August 1877, S. 157 f.

158 Ebd., 30. August 1877, S. 159.

159 Ebd., 27. August 1887, S. 154.

160 Ebd., 12. September 1887, S. 167.

161 Ebd., 27. August 1887, S. 155.

162 Ebd., 28. August 1887, S. 156.

163 Ebd., S. 166.

164 Ebd., 8. September 1877, S. 166.

165 Ebd., 16. September 1887, S. 170.

166 Ebd., S. 171.

167 August Leue, *Dar-es-Salaam. Bilder aus dem Kolonialleben*, Berlin 1903, S. 19; alle Zitate bis auf Weiteres ebd., S. 19 ff.

168 *Reisescizzen*, 14. September 1887, S. 169.

169 Ebd., S. 168.

170 Ebd., 22. September 1887, S. 175.

171 Ebd.

172 Ebd., 2. November 1887, S. 184 f.

173 Ebd., S. 185.

174 Ebd., 15. Oktober 1887, S. 179.

175 Ebd., 25. Oktober 1887, S. 180.

176 Ebd., S. 180 f.

177 Ebd., 1. November 1887, S. 183.

178 Ebd., S. 184.

179 Ebd., 4. November 1887, S. 186 f.

180 *Der Konsul*, S. 11.

181 *Im Lande der Verheißung*, S. 51.

182 Henry Morton Stanley, *Im dunkelsten Afrika I*, S. 262.

183 Ebd., S. 287.

184 Ebd.

185 *Reisescizzen*, 28. November 1887, S. 198.

186 Vgl. *Im Lande der Verheißung*, S. 43.

187 ebd., S. 292.

188 *Reisescizzen*, 8. Dezember 1887, S. 200 f.

189 Ebd., S. 201.

190 Ebd., 2. Dezember 1887, S. 198.

191 Ebd., 27. Dezember 1887, S. 208.

192 Ebd., 21. Dezember 1887, S. 203 ff.; alle Zitate bis auf Weiteres ebd.

193 Ebd., 23. Dezember 1887, S. 205.

194 Vgl. Wildenthal, Lora, »When men are weak«. The Imperial Feminism of Frieda von Bülow, *Gender & History* 10.1/1998, S. 53–77.

195 *Reisescizzen*, 23. Dezember 1887, S. 205.

196 Henry Morton Stanley, *Im dunkelsten Afrika I*, S. 320.

197 *Reisescizzen*, 13. Juli 1887, S. 107; alle Zitate bis auf Weiteres ebd.

198 Ebd., 27. Dezember 1887, S. 208.

199 Ebd.

DRITTER TEIL

Leg dein Herz nieder

200 Henry Morton Stanley, *Im dunkelsten Afrika I*, S. 369.

201 Schweitzer, *Emin Pascha*, S. 400.

202 Frieda von Bülow an Toni Schwabe, 1904, zit. nach Hoechstetter, S. 116.

203 Aufruf des Provisorischen Komitees zur Unterstützung Emin Paschas vom 17. September 1888, in: Carl Peters, *Die deutsche Emin-Pascha-Expedition*, Hamburg und Braunschweig 1907, S. 3.

204 Paul Reichard, *Deutsch-Ostafrika*, S. 155.

205 *Der Konsul*, S. 2., alle Zitate bis auf Weiteres ebd.

206 *Der Konsul*, S. 72.

207 Ebd. S. 72 f.

208 Carl Peters, *Die deutsche Emin-Pascha-Expedition*, S. 26.

209 Ebd., S. 28.

210 Ebd., S. 39.

211 Ebd., S. 44.

212 Ebd., S. 45.

213 Ebd., S. 45.

214 Ebd.

215 Ebd., S. 103.

216 Ebd.

217 Ebd., S. 101 f.

218 Ebd. S. 101.

219 Ebd., S. 102.

220 Ebd., S. 105.

221 Ebd., S. 108.

222 Ebd., S. 109.

223 Ebd., S. 109.

224 Ebd., S. 113.

225 Ebd.

226 Hans Meyer, *Zum Gipfel des Kilimandscharo*, S. 72.

227 Ebd., S. 75.

228 Ebd., S. 78.

229 Ebd. S. 79.

230 Ebd.

231 *Der Konsul.* S. 37; alle Zitate bis auf Weiteres ebd.

232 Ebd. S. 37 f.

233 Ebd.

234 Schweitzer, S. 463 f.

235 Brief vom 7. April 1887, zit. nach Schweitzer, S. 392.

236 Brief vom 3. September 1887, zit. nach Schweitzer, ebd.

237 Ebd.

238 Schweitzer, S. 392.

239 Brief vom 27. Januar 1890, zit. nach Schweitzer, S. 471.

240 Frieda von Bülow an Lou Andreas-Salomé, Dezember 1891, zit. nach Monika Czernin, »*Jenes herrliche Gefühl der Freiheit*«. *Frieda von Bülow und die Sehnsucht nach Afrika*, Berlin 2008, S. 250.

241 Carl Peters, *Die deutsche Emin-Pascha-Expedition*, S. 428; alle Zitate bis auf Weiteres ebd.

242 An Lou Andreas-Salomé, Mai 1889.

243 *Im Land der Verheißung*, S. 19.

244 An Lou Andreas-Salomé, Mai 1889.

245 Allerhand Alltägliches aus Deutsch-Ostafrika, in: *Die Frau. Monatsschrift für das gesamte Frauenleben unserer Zeit*, Jg. 2, Oktober 1894, S. 25 ff., alle Zitate bis auf Weiteres ebd.

246 Lou Andreas-Salomé, *Lebensrückblick*, Frankfurt a. M. 1968, S. 104 f.

247 Zit. nach Hoechstetter, S. 166.

248 »Aus Tanga erhalten wir vom 6. Juli folgendes Schreiben«, *Tägliche Rundschau* v. 15. September 1833, Unterhaltungs-Beilage 217, S. 866.

249 Allerhand Alltägliches aus Deutsch-Ostafrika, in: *Die Frau. Monatsschrift für das gesamte Frauenleben unserer Zeit*. Jg. 2, H. 1, Oktober 1894, S. 25–30.

250 Ebd.

251 Frieda von Bülow porträtiert Saint Paul in ihrem Roman *Tropenkoller* als Graf Waldemar von Ilsershofen, Bezirksamtman der afrikanischen Stadt Satuta, vgl. S. 41.

252 Vgl. die Schilderung der Gräfin Leontine, Gattin des Grafen Waldemar von Ilsershofen, *Tropenkoller*, S. 29.

253 *Tropenkoller*, S. 23.

254 Ebd.

255 Aus Tanga erhalten wir vom 6. Juli folgendes Schreiben, *Tägliche Rundschau*, S. 711.

256 Langes, langärmeliges, meist weißes Hemd der Männer in Ost- afrika.

257 *Allerhand Alltägliches aus Deutsch-Ostafrika*, S. 180 f.

258 Ostafrikanischer Brief, *Tägliche Rundschau* 1893, S. 1150.

259 *Tropenkoller*, S. 41.

260 Frieda von Bülow, Unpolitische Briefe, Tanga, den 31. Juli 1893, *Tägliche Rundschau* 1893, S. 867.

261 Ebd., S. 866.

262 *Tropenkoller*, S. 77.

263 Frieda von Bülow an Lou Andreas-Salomé, 15. Juli 1893.

264 Hans Meyer, *Zum Schneedom des Kilimandscharo*, S. 18.

265 Zit. nach Fritz Carl Roegels, *Mit Carl Peters in Afrika*, S. 183.

266 Vgl. Czernin, S. 285.

267 Zit. nach Roegels, S. 185.

268 *Tropenkoller*, S. 122 f.

269 Brief aus Tanga vom 30. August 1893, *Tägliche Rundschau*, S. 891.

270 *Allerhand Alltägliches aus Deutsch-Ostafrika*, S. 183.

271 Ostafrikanischer Brief, *Tägliche Rundschau* 1893, S. 1149.

272 Ostafrikanischer Brief v. 24. Oktober 1893, S. 1146.

273 Ebd.

274 *Tropenkoller*, S. 25 f.

275 Frieda von Bülow an Lou Andreas-Salomé, 27. Juli 1893.

276 Friedrich Nietzsche, *Also sprach Zarathustra*, S. 32.

277 *Tägliche Rundschau* 1893, S. 711.

278 Walter von Saint Paul Illaire, *Suaheli-Handbuch*, S. 21.

279 Sitte.

280 *Tropenkoller*, S. 28.

281 *Bana* ist die vereinfachte Schreibweise von *bwana* in Frieda von Bülows Roman, gemeint ist ebenfalls die höfliche Anrede eines Mannes.

282 Ostafrikanischer Brief. Schluss, *Tägliche Rundschau* 1893, S. 1150; alle Zitate bis auf Weiteres ebd.

283 *Tropenkoller*, S. 40.

284 *Allerhand Alltägliches aus Deutsch-Ostafrika*, S. 181 f., alle Zitate bis auf Weiteres ebd.

285 Ebd., S. 181.

286 Ebd., S. 185.

287 Ebd.

288 Ostafrikanischer Brief vom Dezember 1893, *Tägliche Rundschau* 1894, S. 43.

289 *Tropenkoller*, S. 92.

290 Ebd., S. 78.

291 Ebd., S. 131.

292 Frieda von Bülow an Lou Andreas-Salomé, Herbst 1894.

293 Ebd., S. 135.

294 Ebd.

295 Georg Schweitzer, *Emin Pascha*, S. 750.

296 Ostafrikanischer Brief vom 15. Januar 1894, in: *Tägliche Rundschau* 1894, S. 154.

297 Nachlass, Kasten IV, Staatsbibliothek Preußischer Kulturbesitz

298 *Tropenkoller*, S. 97.

299 Zit. nach Golf Dornseif, *Als die Usambara-Bahn in den Untergrund ging*.

300 Vgl. Czernin www.golf-dornseif.de S. 325 f.

301 Ebd.

302 Frieda von Bülow an Toni Schwabe, 10. Mai 1904, zit. nach Hoechstetter, S. 199.

303 Frieda von Bülow an Toni Schwabe, 29. Dezember 1906, zit. nach Hoechstetter, S. 207.

304 *Im Lande der Verheißung*, S. 8.

305 Ebd., S. 9.

306 Brief Frieda von Bülows, 20.9. 1899, in: Ursula Welsch/Dorothee Pfeiffer, *Lou Andreas-Salomé. Eine Bildbiographie*, Leipzig 2006, S. 105.

307 Rainer Maria Rilke an Frieda von Bülow, 14. 9. 1899, ebd.

308 Lou Andreas-Salomé an Frieda von Bülow, Ende 1908, Lebensrückblick, S. 262.

309 Carl Peters, *Lebenserinnerungen*, S. 115.

310 Wilhelm Arning, Schutztruppenarzt aus Hannover, zit. nach Bernd G. Längin, *Die deutschen Kolonien*, S. 195.

Suaheli-Glossar

Askari	Soldat
Bibi	höfliche Anrede einer Frau
Boma	Häuptlingssitz, auch befestigter Wohnort, im übertragenen Sinn: Rathaus, Verwaltung
Bwana *(auch Bana, Buana)*	Herr
Bwana kubwa *(auch Bwana mkubwa)*	großer Herr
Dasturi	Sitte
Daua	Medizin
Jumbe	Ortsvorsteher
Kanzu	weißes langes Hemd der Schwarzen
Kitanda	Bettstelle
Madafu	Saft der Kokosnuss
Muzungu	der Weiße, der Europäer
Ngoma	wörtlich: Trommel, übertragen: Fest, Tanz
Pagazi	Träger
Pombe	Hirsebier
Pori	Wildbusch, hauptsächlich mit Sykomoren, Tamarinden, Akazien, Miombo, Dumpalmen, Kopalbäumen, Euphorbien und Laubbäumen bestanden
Schamba	Haus mit großem Garten, Farm
Schauri	Disputation zur Erhaltung des Weltgleichgewichts, nicht nur der Stammes- oder Dorfältesten
Ugali	Hirsebrei
Uleja *(auch Ulaja)*	Europa
Wadatschi *(auch Wadutschi)*	die Deutschen
Wali	Statthalter des Sultans

Die Mitwirkenden

Andreas-Salomé, Lou (1861–1937), engste Freundin Frieda von Bülows seit 1891, war vielleicht die erste Intellektuelle Deutschlands; trat Friedrich Nietzsche und Rainer Maria Rilke nahe, wurde Schülerin und Lehrerin Sigmund Freuds.

Arendt, Hans, war von 1884 bis 1887 deutscher Konsul in Sansibar, begegnete Carl Peters mit souveräner Herablassung.

Baumann, Oskar (1864–1899), Afrikaforscher, Philosoph, Karthograph und Ethnologe, begleitete Hans Meyer auf dessen zweiter, wegen Gefangennahme abgebrochenen Expedition zum Kilimandscharo.

bin Said, Abdallah, Statthalter des Sultans in Dar-es-Salaam, Widersacher der *Deutsch-Ostafrikanischen Gesellschaft.*

bin Salim, Mohammed, junger Premierminister des Sultans von Sansibar, gemäßigter Sympathisant von Carl Peters, handelte mit diesem 1887 den Präliminarvertrag über die Verpachtung der ostafrikanischen Küstenhäfen aus, wurde wahrscheinlich ermordet.

Bismarck, Otto von (1815–1898) war von 1871 bis 1890 erster Reichskanzler, 1884 bis 1885 Gastgeber der Kongo-Konferenz, die dem Wettlauf der europäischen Großmächte um Afrika die Spielregeln gab. Eigentlich Gegner der Idee deutscher Kolonien, konnte sich in diesem Punkt aber nicht durchsetzen.

Borchert, Oskar, begleitete Peters anfänglich auf dessen Emin-Pascha-Expedition.

Buschiri bin Salim al Harthi, Hassan, arabischer Händler in Pangani, 1888 Anführer des Aufstands der Küstenleute gegen die Übernahme der Häfen durch die deutsche Verwaltung, wurde 1889 gehängt.

Bülow, Albrecht Freiherr von (1864–1892), Friedas jüngerer Bruder. Er ging 1885 auf Vermittlung seiner Schwester nach Ostafrika, war ab 1889 Offizier und Kompagnieführer in Wissmanns Armee zur Niederschlagung des Küstenaufstands. Er war Peters' Nachfolger als Reichskommissar für das Kilimandscharo-Gebiet, fiel bei Moschi in einem Gefecht mit dem Dschagga-Junghäuptling Meli.

Bülow, Clothilde von, geb. von Münchhausen (1832–1891), Friedas Mutter, nach dem frühen Tod ihres Mannes mit starker Neigung zur pietistischen Frömmigkeit der Herrnhuter.

Bülow, Cuno Freiherr von (1867–1893), Friedas jüngster Bruder, studierte Rechtswissenschaft in Freiburg, ging im Auftrag einer Kolonialgesellschaft nach Deutsch-Südwestafrika, nahm sich wegen einer unglücklichen Liebe das Leben.

Bülow, Frieda Freiin von (1857–1909), Hauptheldin des Buches.

Bülow, Hugo Freiherr von (1821–1869), Friedas Vater, war von 1863 bis zu seinem Tod Legationsrat und Leiter des preußischen Konsulats in Smyrna.

Bülow, Margarete Freiin von (1860–1884), Friedas seelenverwandte jüngste Schwester und Schriftstellerin, ertrank bei der Rettung eines Kindes im Januar 1884 im Rummelsburger See.

Bülow, Sophie Freiin von (1858–1932), Friedas jüngere Schwester, übernahm die Erziehung dreier mutterloser Kinder einer deutschen Familie in Pedaso, Italien.

Decken, Karl Klaus von der (1833–1865), deutscher Afrikaforscher, versuchte zweimal den Kilimandscharo zu besteigen, der Dschagga-Häuptling Mandara begegnete ihm als Kind.

Denhardt, Clemens (1852–1929) *und Gustav* (1856–1917), deutsche Afrikaforscher und Siedler aus Zeitz, unternahmen bereits 1878 eine Expedition nach Ostafrika zum Tana; im März 1885 trat der Sultan von Witu ihnen 60 Kilometer seiner Küste mit Hinterland ab. Mit dem Helgoland-Sansibar-Vertrag 1890 zwischen Großbritannien und Deutschland fiel Witu an Großbritannien.

Djeta Vali, indischer Kaufmann, vermietete Frieda von Bülow ihre erste Schamba.

Ehrhardt, Eugen, Marinearzt der *Möwe*, Frieda von Bülows Verehrer, als sie zum zweiten Mal nach Afrika geht, segelt mit Frieda zu ihrer Insel Yambe.

Emin Pascha, auch Emin Bey, siehe unter Schnitzer, Eduard.

Filonardi, Vincenzo, italienischer Konsul in Sansibar, Friedas Reisegefährte an Bord der *Mecca*.

Fremantle, Edward, britischer Admiral, verantwortlich für die Einhaltung der Seeblockade während des Aufstands der Handelsleute gegen die Übernahme der Küste durch die *Deutsch-Ostafrikanische Gesellschaft*.

Glühmann, August, Schlosser, ging mit seiner Frau 1887 von Kairo nach Sansibar, wurde Krankenpfleger in Friedas erster Schamba.

Gravenreuth, Karl Freiherr von (1858–1891), seit 1885 Mitglied der *Deutsch-Ostafrikanischen Gesellschaft*, schon in Berlin mit Frieda von Bülow bekannt. Ob seines Anteils bei der Niederwerfung des Küstenaufstands gegen die deutsche Verwaltung zum *Löwen von Afrika* promoviert. Er fiel bei Kämpfen in Kamerun.

Gordon, Charles George, Gordon Pascha (1833–1885), seit 1877 Generalgouverneur der ägyptischen Provinz Sudan, zuvor Oberbefehlshaber der *Ever Victorious Army* im Chinesischen Opiumkrieg, im Januar 1885 von den Truppen des Mahdi bei der Erstürmung Khartums ermordet.

Greiner, Johann Jakob (geb. 1842) war der erste Missionar der Evangelischen Missionsgesellschaft für Deutsch-Ostafrika, die Frieda von Bülow mitgegründet hatte.

Heydt, Karl von der (1858–1922), Elberfelder Bankier und Mäzen, Förderer und Vorsitzender der *Deutsch-Ostafrikanischen Gesellschaft*.

Jühlke, Karl (1856–1886), engster Freund von Carl Peters, unternahm mit ihm und Graf von Pfeil die Usagara-Expedition, erwarb 1885 für die *Deutsch-Ostafrikanische Gesellschaft* das Dschaggaland Mandaras und den Küstenstreifen von Witu bis zur Mündung des Juba, wurde im Dezember 1886 von einem Somali ermordet.

Junker, Wilhelm (1840–1892), Afrikaforscher, Freund Emin Paschas, schlug sich nach sieben Jahren im Innern Afrikas 1886 bis zur Küste durch; vor allem durch ihn erreichte die Kunde von Emin Pascha Europa.

Kirk, John (1832–1922), schottischer Arzt, Begleiter Livingstones, Gegner der Sklaverei, von 1873 bis 1887 britischer Generalkonsul in Sansibar. Said Bargasch schaffte unter seinem maßgeblichen Einfluss offiziell den Sklavenhandel ab.

Krapf, Johann Ludwig (1810–1881), deutscher Missionar in Afrika, »entdeckte« zum Unglauben Europas das Mount-Kenya-Massiv; seine Berichte über einen großen Binnensee in Afrika lösten die großen Forschungsreisen zu den Quellen des Nils aus.

Lange, Friedrich (1852–1917), Peters-Förderer der ersten Stunde, seit 1882 Redakteur der Berliner Zeitung *Tägliche Rundschau*, in der Anfang 1885 Peters' Bericht der Usagara-Expedition erschien. Die *Tägliche Rundschau* hatte schon vorher Feuilletons von Friedas Schwester Margarete von Bülow veröffentlicht. Unter Langes Herausgeberschaft seit 1890 wurde die Zeitung zunehmend zu einem Tendenzblatt der Rechten.

Lange, Helene (1848–1930), Frauenrechtlerin und mütterliche Freundin Frieda von Bülows, die Langes Berliner Lehrerinnenseminar besuchte. Lange bewirkte maßgeblich, dass 1896 zum ersten Mal sechs junge Frauen der Stadt die Reifeprüfung ablegen durften. Sie gab seit 1893 die Monatszeitschrift *Die Frau* heraus.

Leopold II. (1835–1909), König der Belgier, stammte aus dem Haus Sachsen-Coburg und Gotha; Leopold ließ ein Riesenreich im Innern Afrikas annektieren, die größte Privatkolonie der Welt. Bei der Kautschukgewinnung ab 1890 kommt es zu den »Kongogräuln«: Schwarze Einwohner, die nicht genug Kautschuk sammeln, werden verstümmelt.

Lettow-Vorbeck, Paul (1870–1964), im Ersten Weltkrieg Kommandeur der Schutztruppe von Deutsch-Ostafrika, der vor allem schwarze Soldaten angehörten. Noch immer unbesiegt, erfuhr er vom Kriegsende erst zwei Tage später.

Leue, August, ging 1887 mit Carl Peters nach Ostafrika, von diesem in Dar-es-Salaam ausgesetzt, leitete er die Station der *Deutsch-Ostafrikanischen Gesellschaft* und verteidigte sie während des Aufstands der Küstenleute.

Livingstone, David (1813–1873), schottischer Missionar und Afrikaforscher, suchte die Quellen des Nil, Gegner der Sklaverei, wurde nicht zuletzt dadurch berühmt, dass Stanley ihn 1871 fand.

Mackinnon, William, schottischer Kaufmann und Inhaber eines Dampferimperiums, Vorkämpfer für ein britisches Ostafrika von Alexandria bis nach Kapstadt.

Mahdi, s.u. Muhammad Ahmad ibn as-Sayyid Abdallah.

Mandara, führender Dschagga-Häuptling am Kilimandscharo, Herrscher über Moschi, gestorben 1891. Er lernte in seiner Jugend den deutschen Afrikaforscher Klaus von der Decken kennen, schloss mit Peters' Freund Carl Jühlke

1885 einen Vertrag, in dem er sein Land der *Deutsch-Ostafrikanischen Gesellschaft* abtritt.

Mareale, jüngerer Dschagga-Häuptling, Herrscher über Marangu, Freund Hans Meyers.

Mathews, Sir Lloyd William (1850–1901), schuf für den Sultan von Sansibar seit 1877 eine Truppe nach europäischem Vorbild; ab 1891 Premierminister von Sansibar, nachdem dieses zum britischen Protektorat wurde.

Mauthner, Fritz (1849–1923), Sprachphilosoph und Schriftsteller, bescheinigte Margarete von Bülow großes literarisches Talent und gab deren Werke posthum mit heraus.

Meli, der etwas nichtsnutzige Sohn des Dschagga-Häuptlings Mandara, Albrecht von Bülow stirbt bei einem Gefecht mit dessen Truppen.

Meyer, Hans (1858–1929), Erstbesteiger des Kilimandscharo und Buchhändler, entstammt der Leipziger Verlegerfamilie Meyer, die das *Meyersche Konversationslexikon* herausgab, Freund des Dschaggahäuptlings Mareale.

Mohammed Ahmed, richtig: *Muhammad Ahmad ibn as-Sayyid, Abdallah*, auch der *Mahdi* genannt (1844–1885), Sohn eines nubischen Bootsbauers im Sudan, erklärte sich zum Mahdi, zum Gesandten Allahs, der die Welt heilen wird.

Münchhausen, Henriette von (1810–1886), Frieda von Bülows geliebte Großmutter mütterlicherseits, lebte während deren Kinderzeit auf Gut Ingersleben in Thüringen.

Münchhausen, Thankmar von (1835–1909), Frieda von Bülows Onkel mütterlicherseits, in dessen Lankwitzer Haus sie nach der zweiten Rückkehr aus Afrika zeitweilig lebte.

Nietzsche, Friedrich (1844–1900), Philosoph der radikalen Lebensbejahung, Schöpfer der oft missverstandenen Idee des »Übermenschen« und des *Willens zur Macht*. Maxime: Folge nicht mir, folge dir nach! Gäbe es eine angewandte Philosophie, so darf Carl Peters in gewissem Sinn als ins Groteske gekehrte Trivialausgabe von Nietzsches Ideal gelten.

O'Swald, William Henry (1832–1923), Hamburger Überseekaufmann, Peters-Förderer, führt gemeinsam mit seinem Bruder Albrecht Percy O'Swald (1831–1899) das Handelshaus Wm. O'Swald & Co.; er schloss 1859 für die deutschen Hansestädte einen Handelsvertrag mit dem Sultan von Sansibar; deutscher Handelskonsul in Sansibar, dann österreichisch-ungarischer Konsul; später Senator und Zweiter Bürgermeister von Hamburg.

Peters, Carl (1856–1918), Begründer von Deutsch-Ostafrika und tendenziell negativer Hauptheld des Buches.

Pfeil, Eva und *Martha, Gräfinnen von*, gründeten 1886 gemeinsam mit Frieda von Bülow und anderen den *Deutschnationalen Frauenbund für die Krankenpflege in den Kolonien*, der sich 1888 in *Deutscher Frauenverein für Krankenpflege in den Kolonien* umbenannte und Frieda von Bülow aus seinen Annalen strich.

Pfeil, Joachim Graf von (1857–1924), unternahm 1884 mit Peters die Usagara-Expedition, gründete 1985 die erste Station der *Deutsch-Ostafrikansischen Ge-*

sellschaft in Usagara; ging zunehmend auf Distanz zu Peters, war später in kolonialer Absicht in Neuguinea und Deutsch-Südwestafrika tätig.

Rebmann, Johannes (1820–1876), deutscher Missionar, »entdeckte« den Kilimandscharo, Autor eines Suaheli-Wörterbuchs.

Rentsch, Marie, Krankenschwester der Evangelischen Missionsgesellschaft für Deutsch-Ostafrika, missbilligt Frieda von Bülows unkrankenschwestlerliches Verhalten; verrät wahrscheinlich deren Liebe zu Carl Peters.

Said Bargasch, Sultan von Sansibar (1837–1888), regierte von 1870 bis 1888, schaffte auf Druck der Briten offiziell den Sklavenhandel ab, worauf er inoffiziell fortgesetzt wurde.

Said Khalifa, Sultan von Sansibar.

Said Madjid, Sultan von Sansibar (1834–1870), Bruder Said Bargaschs, regierte als erster Sultan von Sansibar von 1856 bis 1870. Das Sultanat lebte hauptsächlich vom Sklavenhandel.

Saint Paul-Illaire, Walter, richtig: *Adalbert Emil Walter Redcliffe von Saint Paul-Illaire* (1860–1929), Offizier, Sohn des Konteradmirals von St. Paul-Illaire und Hofmarschalls des Prinzen Adalbert von Preußen. Peters' Mitschüler in Ilfeld, ab 1885 Mitglied der *Deutsch-Ostafrikanischen Gesellschaft*. Er gründete 1886 u. a. die deutsche Station Madimola. Ab 1889 Generalvertreter der Gesellschaft. 1891 bis 1910 Bezirksamtmann in Tanga.

Sayyid Said, Sultan von Oman, Maskat und Sansibar (1791–1856). Unter seiner Herrschaft erreichte die Said-Dynastie die größte Ausdehnung, er verlegte seine Residenz von Arabien nach Sansibar. Das Sultanat Sansibar lebte vor allem vom Sklavenhandel und dem Anbau von Gewürznelken. Sayyid Said hatte drei Haupt- und mehr als 75 Nebenfrauen. Vater von Said Madjid und Said Bargasch.

Schnitzer, Eduard, Oskar Karl Theodor (1840–1892), als Kind einer jüdischen Kaufmannsfamilie in Oppeln, Oberschlesien, geboren, studierte Medizin, wurde Hafen- und Distriktsarzt in Antivari auf dem Balkan. Schon hier trat er in den Dienst des Osmanischen Reiches, später in Ägypten. Seit 1874 Gouverneur von Äquatoria.

Schopenhauer, Arthur (1788–1860), Philosoph, Hauptwerk: *Die Welt als Wille und Vorstellung*, dessen Widerlegung sich Carl Peters widmete. Das Weltprinzip sei ein blinder Drang am Grund der Dinge, der Wille und ihn zu verneinen das Höchste, was der Mensch erreichen kann. In Kunst und Moral übersteigt er die blinde Willenswelt. Für Schopenhauer ist das Mitleid der höchste moralische Affekt: »Jeder dumme Junge kann einen Käfer zertreten. Aber alle Professoren der Welt können keinen herstellen.«

Sembodja von Masinde (gest. 1895), Herrscher über die Bantu-Stämme der Wasambara und Wasegua in Usambara.

Stanley, Henry Morton (1841–1904), Journalist, Afrikaforscher und Buchautor, fand 1871 den verschollenen Missionar Livingstone, eroberte später für Leopold II. das Kongobecken, leitete ab 1887 die desaströse Emin-Pascha-Expedition.

Strandes, Justus (1859–1930), leitete die Niederlassung des Hamburger Handelshauses Hansing & Co. in Sansibar; Peters-Sympathisant.

Tiedemann, Adolf von, Carl Peters' Begleiter auf dessen Emin-Pascha-Expedition.

Tippu Tip, Hamed bin Juma bin Rajab bin Mohammed bin Said el-Murjebi (ca. 1838–1905), von Stanley auch *Number One* genannt, ostafrikanischer Sklaven- und Elfenbeinhändler, machte ab 1874 Nyangwe zu seiner Hauptstadt, die zum größten Sklavenhandelsplatz Zentralafrikas wurde.

Ugarrowa, Sklavenhändler im Innern Afrikas.

Wissmann, Hermann von (1853–1905), durchquerte als erster Europäer Afrika von West nach Ost, warf 1888 im Auftrag Bismarcks mit einer Truppe afrikanischer Soldaten den Aufstand der Küstenleute nieder.

Zeittafel

1856	27. September: Carl Peters wird als achtes von elf Kindern des Pastors Johann Peters und seiner Frau Elisabeth in Neuhaus an der Elbe geboren.
1857	12. Oktober: Frieda von Bülow wird als ältestes von fünf Geschwistern in Berlin geboren.
1862–1866	Aufenthalt der Familie von Bülow in Smyrna (heute Izmir), wo der Vater preußischer Legationsrat wird.
1869	Tod des Vaters.
1869–1880	Friedas Kindheit in Thüringen in der Herrnhuter Brüdergemeinde und auf dem benachbarten Gut Ingersleben.
1878	Eduard Schnitzer, seit zwei Jahren Amtsarzt in Äquatoria, wird zum Gouverneur der ägyptischen Provinz.
1880	Frieda von Bülow besucht Helene Langes Lehrerinnenseminar in Berlin.
1881	Muhammed Ahmad ruft sich im Sudan zum Mahdi, zum Erlöser aus. Empörung gegen die ägyptische Fremdherrschaft. Eduard Schnitzers Provinz ist zunehmend isoliert.
1883	14. April: Der letzte Dampfer aus Khartum erreicht Lado.
1884	Januar: Friedas Lieblingsschwester Margarete stirbt. Herbst: Carl Peters' erste Landnahme-Expedition nach Ostafrika. Äquatoria zerfällt. November: Beginn der Berliner Afrika-Konferenz.
1885	Peters veröffentlicht »Die Usagara-Expedition« in der *Täglichen Rundschau*. Der Kaiser und Bismarck gewähren widerwillig einen Schutzbrief über »Petersland«. Frieda von Bülow lernt Carl Peters kennen. Der Bruder Albrecht von Bülow geht nach Ostafrika. Protest des Sultans von Sansibar gegen die Annexion seines Hinterlands. August: Deutsche Flottendemonstration vor Sansibar, 60 Geschütze sind auf den Palast des Sultans gerichtet. Bargasch erkennt deutsche Ansprüche »in vollstem Umfang« an.
1886	Oktober: Frieda von Bülow gründet mit Martha und Eva von Pfeil und elf weiteren Damen der Berliner Gesellschaft den *Deutschnationalen Frauenbund für Krankenpflege in den Kolonien*. Berlin und London stecken ihre ostafrikanischen Aktionsgebiete ab. Dem Sultan von Sansibar wird zwischen Witu und der Mündung des Rovuma ein 16 Kilometer breiter Küstenstreifen zuerkannt.
1887	Februar: Stanley geht auf Emin-Pascha-Expedition. Juni: Frieda von Bülow trifft in Sansibar ein. Juli: Präliminarvertrag zwischen

Peters und Sultan Bargasch über die Verpachtung des Küstenstreifens zwischen den Flüssen Umba im Norden und Rovuma im Süden an die *Deutsch-Ostafrikanische Gesellschaft* (DOAG). Keine Bestätigung des Vertrags in Berlin. August: Hans Meyers erster Versuch, den Kilimandscharo zu besteigen. Erste Ostafrika-Artikel Frieda von Bülows erscheinen.

1888   Januar: Die DOAG ruft Peters nach Deutschland zurück. Der *Deutschnationale Frauenbund* ruft Frieda von Bülow zurück. Bagamoyo wird Hauptstadt. Vertrag über die Verpachtung der Küstenhäfen an die DOAG wird unterzeichnet. Juli: Meyers Ankunft zur zweiten Kilimandscharo-Expedition. 16. August: Bei der Übernahme der Küste durch die DOAG kommt es zu Unregelmäßigkeiten beim Hissen der Flagge. Der Aufstand der arabisch-indischen merkantilen Oberschicht bricht aus. November: Deutschland und England beschließen Blockade der Küstenhäfen.

1889   Januar: Der Reichstag beschließt Verteidigung Deutsch-Ostafrikas. Carl Peters geht auf Emin-Pascha-Expedition. Frieda von Bülows *Reisescizzen und Tagebuchblätter aus Deutsch-Ostafrika* erscheinen. 6. Oktober: Hans Meyer steht auf dem Kibo-Gipfel. Mandara feiert des Kaisers Geburtstag. Hermann Wissmann wirft mit einer Armee von schwarzen Soldaten den Küstenaufstand nieder. Dezember: Frieda von Bülow lernt Lou Andreas-Salomé kennen.

1891   März: Friedas Mutter stirbt. Friedas Carl-Peters-Roman *Der Konsul* erscheint. Deutsch-Ostafrika wird Kronkolonie. Beginn des Wahehe-Aufstands. Peters am Kilimandscharo als Reichskommissar: Er lässt seine Konkubine Jagodjo und den Diener Mabruk hängen.

1892   10. Juni: Albrecht von Bülow stirbt als Carl Peters' Nachfolger bei einem Gefecht am Kilimandscharo. Emin Pascha wird von Sklavenhändlern ermordet. St.-Paul-Illaire findet das Usambaraveilchen. Die *Roman-Zeitung* lobt: *Frieda von Bülow hat es nicht weit bis zu dem Gipfel, den eine Annette von Droste-Hülshoff und eine Marie von Ebner-Eschenbach im deutschen Schrifttum behaupten.*

1893   10. Februar: Cuno von Bülow begeht Selbstmord. Mai: Frieda von Bülow reist zum zweiten Mal nach Afrika. Sie übernimmt die Insel und die Farm ihres Bruders Albrecht in Tanga.

1894   Frieda von Bülow kehrt aus Tanga zurück, um einen Investor zu finden.

1896   Der Roman ihres zweiten Afrika-Aufenthalts *Tropenkoller* erscheint. Carl Peters geht zurück nach London. Dreitägiger Peters-Skandal im Reichstag. Frieda von Bülow stellt sich in Maximilian von Hardens Zeitschrift *Die Zukunft* auf seine Seite.

1899   *Im Lande der Verheißung* erscheint.

1909   12. März: Frieda von Bülow stirbt an Unterleibskrebs in Dornburg an der Saale.

Literatur (Auswahl)

FRIEDA VON BÜLOW

Reisescizzen und Tagebuchblätter aus Deutsch-Ostafrika, Berlin 1889, neuverlegt beim trafo Wissenschaftsverlag, hrsg. von Katharina von Hammerstein, Berlin 2012

Am anderen Ende der Welt, Berlin 1890

Der Konsul. Vaterländischer Roman aus unseren Tagen, Berlin 1891

Deutsch-Ostafrikanische Novellen, Berlin 1892

Ludwig von Rosen. Eine Erzählung aus zwei Welten, Berlin 1892

Margarete und Ludwig, Stuttgart 1894

Tropenkoller, Berlin 1896

Im Lande der Verheißung, Dresden 1899

Im Hexenring. Eine Sommergeschichte vom Lande, Stuttgart 1901

Wenn Männer schwach sind, Berlin und Leipzig 1907

Das Portugiesenschloß. Eine Erzählung von der ostafrikanischen Küste, Berlin und Leipzig 1907

Die Schwestern. Geschichte einer Mädchenjugend, Dresden 1909

Frauentreue, Dresden 1910

Seit 1887 erschienen zudem Reiseberichte aus Ostafrika, hauptsächlich für die Unterhaltungsbeilage der *Täglichen Rundschau* und Helene Langes seit 1893 erscheinender Zeitschrift *Die Frau. Monatszeitschrift für das gesamte Frauenleben unserer Zeit*. Da die Unterhaltungsbeilage der *Täglichen Rundschau* während eines Jahres jeweils mit fortlaufender Seitenzählung erschien, sind im Text statt der einzelnen Ausgaben nur Jahr und Seitenzahl angegeben.

Nachlass Bülow/Münchhausen in der Staatsbibliothek Preußischer Kulturbesitz, Berlin, Handschriftenabteilung.

CARL PETERS

Gesammelte Schriften, 3 Bände, München und Berlin 1943

Die deutsche Emin-Pascha-Expedition, Hamburg und Braunschweig 1907

Lebenserinnerungen, Hamburg 1918

Wie Deutsch-Ostafrika entstand!, Leipzig 1940

SONSTIGE LITERATUR

Andreas-Salomé, Lou, *Lebensrückblick*, Frankfurt a. M. 1968

Baer, Martin/Schröter, Olaf, *Eine Kopfjagd. Deutsche in Ostafrika*, Berlin 2001

Bargna, Ivan, Afrika. *Der schwarze Kontinent*, Berlin 2008

Barttelot, W. G., *Stanleys Nachhut in Jambuja unter Major Edm. M. Barttelot*, Hamburg 1891

Baumann, Oscar, *In Deutsch-Ostafrika während des Aufstandes*, Wien 1890

Bechhaus-Gerst/Leutner Mechthild (Hrsg.), *Frauen in den deutschen Kolonien*, Berlin 2009

Becker, Felicitas/Beez, Jigal (Hrsg.), *Der Maji-Maji-Krieg in Deutsch-Ostafrika*, Berlin 2005

Bittner, Dirk, *Große illustrierte Geschichte von Ostafrika*, Wolfenbüttel 2012

Blixen, Tania, *Afrika. Dunkel lockende Welt*, Zürich 1986

Broszinsky-Schwabe, *Kultur in Schwarzafrika. Geschichte – Tradition – Umbruch – Identität*, Leipzig, Jena, Berlin 1988

Casati, Gaetano, *Zehn Jahre in Afrika und die Rückkehr mit Emin Pascha*, 2 Bände, Bamberg, Bucher'sche Verlagsbuchhandlung 1891

Clough, Patricia, *Emin Pascha, Herr von Äquatoria*, München 2010

Czernin, Monika, *»Jenes herrliche Gefühl der Freiheit«. Frieda von Bülow und die Sehnsucht nach Afrika*, Berlin 2008

Decker, Kerstin, *Lou Andreas-Salomé. Der bittersüße Funke Ich*, Berlin 2010

Deppe, Charlotte und Ludwig, *Um Ostafrika. Erinnerungen*, Dresden 1925

Falkenhorst, Carl, *Auf Bergeshöhen Deutsch-Ostafrikas*, Stuttgart, Berlin, Leipzig 1890

Falkenhorst, Carl, *Deutsch-Ostafrika, Geschichte der Gründung einer deutschen Kolonie*, Stuttgart, Berlin, Leipzig 1890

Fiedler, Matthias, *Zwischen Abenteuer, Wissenschaft und Kolonialismus. Der deutsche Afrikadiskurs im 18. Und 19. Jahrhundert*, Köln 2005

Graichen, Gisela/Gründer, Horst, *Deutsche Kolonien. Traum und Trauma*, Berlin 2005

Hoechstetter, Sophie, *Frieda Freiin von Bülow. Ein Lebensbild*, Dresden 1910

Junker, Wilhelm, *Reisen in Africa*, Band 3 (1882–1886), Wien 1890

Kundrus, Birthe (Hg.), *Phantasiereiche. Zur Kulturgeschichte des deutschen Kolonialismus*, Frankfurt a. M. 2003

Lange, Werner P., *Henry Morton Stanley. Sein Weg nach Afrika*, Berlin 1990

Längin, Bernd G., *Die deutschen Kolonien. Schauplätze und Schicksale 1884–1918*, Hamburg, Berlin, Bonn 2005

Leue, August, *Dar-es-Salaam. Bilder aus dem Kolonialleben*, Berlin 1903

Meyer, Hans, *Zum Schneedom des Kilimandscharo*, Leipzig 1888

Meyer, Hans, *Zum Gipfel des Kilimandscharo. Ostafrikanische Gletscherfahrten*, hrsg. von Reinhard Escher, Leipzig 1989

Paasche, Hans, *Die Forschungsreise des Afrikaners Lukanga Mukara ins innerste Deutschland*, Hamburg 1921

Paasche, Hans, *Im Morgenlicht. Kriegs- und Jagderlebnisse in Ostafrika*, Neudamm 1925

Pfeil, Joachim Graf von, *Zur Erwerbung von Deutsch-Ostafrika*, Berlin 1907

Prince, Magdalene, *Eine deutsche Frau im Innern Ostafrikas*, Berlin 1905

Reichard, Paul, *Deutsch-Ostafrika. Das Land und seine Bewohner, seine politische und wirtschaftliche Entwicklung*, Leipzig 1891

Roegels, Fritz Carl, *Mit Carl Peters in Afrika*, Berlin 1938

Saint Paul Illaire, Walter von, *Suaheli-Handbuch*, Stuttgart und Berlin 1890

Schweitzer, Georg (Hrsg.), *Emin Pascha. Eine Darstellung seines Lebens und Wirkens mit Benutzung seiner Tagebücher, Briefe und wissenschaftlichen Aufzeichnungen*, Berlin 1898

Scurla, Herbert (Hrsg.), *Zwischen Kap und Kilimandscharo. Reisen deutscher Forscher des 19. Jahrhunderts durch Südostafrika*, Berlin 1974

Stanley, Henry Morton, *Im dunkelsten Afrika*, 2 Bände, Leipzig 1890

Wehler, Hans-Ulrich, *Bismarck und der Imperialismus*, Köln 1969

Welsch, Ursula/Pfeiffer, Dorothee, *Lou Andreas-Salomé. Eine Bildbiographie*, Leipzig 2006

Wildenthal, Lora, *German Women for Empire, 1884–1945*, Durham 2001

Zache, Hans (Hrsg.), *Die deutschen Kolonien*, Wiesbaden 2004